国家社会科学基金资助项目
“燕山大学优秀学术著作及教材”基金项目

哲史论衡

张云飞 李秀红◎著

燕山大学出版社
·秦皇岛·

图书在版编目（CIP）数据

哲史论衡 / 张云飞，李秀红著 .— 秦皇岛：燕山大学出版社，2023.4

ISBN 978-7-5761-0491-2

Ⅰ. ①哲… Ⅱ. ①张… ②李… Ⅲ. ①哲学—研究②史学—研究 Ⅳ. ①B②K0

中国国家版本馆 CIP 数据核字（2023）第 029004 号

哲史论衡

ZHESHI LUNHENG

张云飞 李秀红 著

出 版 人：	陈 玉	责任编辑：	柯亚莉
封面设计：	方志强	责任印制：	吴 波
出版发行：	燕山大学出版社 YANSHAN UNIVERSITY PRESS	地 址：	河北省秦皇岛市河北大街西段 438 号
邮政编码：	066004	电 话：	0335-8387555
印 刷：	秦皇岛墨缘彩印有限公司	经 销：	全国新华书店

开 本：	710mm×1000mm 1/16	印 张：	24	字 数：	340 千字
版 次：	2023 年 4 月第 1 版	印 次：	2023 年 4 月第 1 次印刷		
书 号：	ISBN 978-7-5761-0491-2				
定 价：	68.00 元				

序　言

《论衡》是东汉思想家王充的传世名著。“衡”在汉语中指的是秤杆，泛指秤。王充曾说：“故《论衡》者，所以铨轻重之言，立真伪之平。”① 哲学与历史学犹如天平之两端，在这两端之间如何寻找一个平衡点，正是把这本书名为《哲史论衡》的初衷。

本书的主题属于学科比较研究。哲学和历史学是相互独立的两个一级学科，在社会建制、学术研究规范以及意见表达机制等方面都存在着明显差异，我们在充分重视和尊重这种学科差异的基础上，侧重于研究和阐述两个学科之间的内在统一性，希望在哲学内部确立历史的地位，在历史学内部发掘哲学的意义。

本书的主题属于历史哲学研究。哲学和历史学的关系问题是历史哲学研究的一个重要问题，对于二者之间的区别和联系的论述是历史哲学研究的题中应有之义。本著作借鉴维柯、赫尔德、德罗伊森、兰克、黑格尔、克罗齐、狄尔泰、李凯尔特、柯林武德乃至于怀特、安克斯米特等人的观点，对哲学和历史学之间的互补、交叉和融合的观点和趋势进行研究。

本书坚持运用马克思主义的理论、观点和方法进行分析。马克思主义既是作为世界观和方法论的哲学，又是具有宏观史观和历史分析的历史科学。马克思对于历史本质的分析、对于历史科学的阐述、对于历史的起点就是逻辑的起点的论述、关于历史规律和主体活动相统一的观点以及阶级

① 王充：《论衡校注·对作篇》，569 页，张宗祥校注，郑绍昌标点，上海：上海古籍出版社，2013。

分析方法等方面都对哲学与历史学的关系研究具有指导作用。

在一个人求学和研究过程中，学科选择和学科属性的比较一直是一个非常重要的问题，也是我一直保持浓厚研究兴趣的问题。

中学时代我们就熟知两句话，一句是“学好数理化，走遍天下都不怕”，另一句就是“文史哲不分家”。这可能是我们接触学科分类的最早的两句俗语。俗语所说不一定准确。例如第一句，如果只是学好数理化，没有必要的人文社会科学素养，那么在理解世界和社会交往过程中将会遇到很大的障碍。随着社会的发展，人文社会科学的重要性日益凸显。我们也经常说“文史哲不分家”，但是对于文史哲为什么不分家却缺少必要的阐释，目前从各自领域出发论述各自学科属性的成果并不鲜见，但是专题研究文史哲——特别是哲学与历史学之间的关系——的著作尚属凤毛麟角。

我在大学本科期间学习的是思想政治教育专业，大学四年所学习的科目比较庞杂，既有马克思主义理论，又有哲学、政治学、教育学、国际关系等方面的课程，最后两年还集中学习了包括刑法、民法、法理学在内的法学各科的知识。思想政治教育专业就像是一个大箩筐一样，所学课程跨越了若干个学科门类和若干个一级学科。因此，本科专业的学科归属一直是令我困惑的问题。后来，随着马克思主义理论一级学科及其所属思想政治教育二级学科的设置，这个问题逐步得以化解。思想政治教育专业的性质不能以其他任何学科来加以界定，它就是它自身。由于思想政治教育问题的综合性决定了思想政治教育专业具有综合学科的性质，它是综合运用各学科的知识，以解决受教育者现实生活和头脑中存在的思想政治问题为己任的学科，是落实立德树人根本任务的“关键课程”。本科期间一直令我困惑的问题随着理论和实践的发展在一定程度上得以化解，但是学科分类与学科比较的问题却勾起我浓厚的兴趣。

硕士期间，我的专业是马克思主义哲学，师从崔绪治教授，研究方向是管理哲学。管理哲学是在我国兴起于20世纪80年代的一门交叉学科，崔老师提倡对于管理哲学的“美学式”的建设，力图使管理哲学“自立门户、独树一帜”。他认为管理哲学主要研究管理的本质、管理的地位和作用、对管理理论发展的哲学思考、管理与生产力、管理与生产关系、管理与人的本质、管理与社会历史发展、管理的辩证法等问题[①]。他是国内最早研究管理哲学的学者之一，对管理哲学的学科建设作出了卓越的贡献。

一般来说，任何一个学科最高层次的问题都具有哲学性质，正像维也纳学派的创始人石里克所言："解释向前推进的过程最终进入的最一般的领域，就是哲学领域、认识论领域。"[②]每一个学科都有自己的研究对象，它们致力于解释这个对象是什么、如何存在以及如何解决围绕这个对象出现的相关问题。但是这些学科所涉及的终极的最基本概念，例如心理学中的意识、数学中的公理和数、物理学中的时间空间、管理学中的人性等，都需要从哲学角度加以思考和解决。管理哲学就是解决管理学领域存在的哲学问题。在攻读硕士学位期间，管理哲学的建设模式、管理学与哲学这两个学科的学科属性和交叉领域等方面的问题一直萦绕于心，学科分类与学科比较的问题再次出现于我的求学历程之中。

在高校任教的最初四年，教学和各种事务性工作占据了大量时间和精力，事务性工作越多，越是感觉到茫然，没有一个清晰的方向。在北京师范大学攻读博士学位期间，新的学术空间展现在我的面前，浓厚的理论兴趣一直伴随着我。我的博士生导师杨耕教授倡导对马克思主义哲学的实践唯物主义的理解方式，主张重读马克思，重建唯物主义历史观，追寻哲学的本性与位置，这些观点在国内学术界产生了广泛而深刻的影响。

博士期间，我的研究方向是唯物史观与社会发展。唯物史观是由马克思首先提出并加以系统论证的历史科学，具有鲜明的历史哲学性质。在博士论文选题过程中，几经周折，最初拟定的若干提纲都被导师否定。经过前后三次商讨，最终在历史哲学领域选定历史认识的真实性问题作为研究主题。我的博士论文有专门一节论述"哲学与历史学进行历史解释的差异和互补"。这个问题非常复杂，用一节的篇幅只能说个大概。在后续的研究过程中，这一节的内容最终扩展为我在博士论文之后所从事的最主要的研

① 参见崔绪治《关于开展管理哲学研究的若干设想》（未刊论文）。

② ［德］石里克：《普通认识论》，18 页，北京：商务印书馆，2005。

究课题，这一课题于2013年获得国家社会科学基金立项，课题名称是“哲学理论的历史感与历史叙述的哲学性：哲学与历史学的关系研究”。从时间方面来看，2006年持续至今的，我历时十六年思考的一个重大问题就是哲学与历史学这两个学科之间的关系问题。哲学本身是一种空的思维形式，必须借助其他学科来扩展自己的研究内容。这正是一系列哲学性质的交叉学科出现的重要原因之一，也是促使我开展历史哲学相关研究的原因之一。

不管是哲学家还是历史学家在界定自身研究领域的学科性质时，大多会在对比三个学科（哲学、历史和艺术）的基础上加以说明，哲学侧重于说明事物的普遍性和一般性，历史侧重于说明事物的个别性和特殊性，艺术则是底布上的蓝花，追求一种修辞的效果。哲学与历史学代表着人文社会科学研究的两种不同的趋向，深入研究哲学与历史学的关系具有重要的理论价值。学术界除了关注哲学与历史学的区别之外，还阐述了二者之间的联系。恩格斯在评价黑格尔时曾经指出他的思维方式以“巨大的历史感”作基础，他的著作贯穿着“宏伟的历史观”，“到处是历史地、在同历史的一定的联系中来处理材料的”[①]；在历史哲学研究领域中，柯林武德提出“一切历史都是思想史”[②]的界定，同时，当代的史学也出现了概念史研究，史学研究的哲学性质进一步凸显。哲学的生命力在于解释和统摄人类历史的深度，历史学研究侧重于揭示人类过去、现在和未来的异质性和同质性。“哲学理论的历史感”揭示了哲学靠近历史的方式，“历史叙述的哲学性”则揭示了历史学靠近哲学的特点，本书将以此为线索研究和阐述哲学与历史学这两个学科之间的关系。

从学科发展整体情况来看，面对学科知识的无限性与个人研究能力的有限性这一矛盾关系，研究者有限的时间和精力不可能全面地研究所有可能出现的问题，于是按照研究领域和研究对象的不同划分学科就成为必然的趋势。随着各门学科的深入发展，它们各自建立了复杂、自洽、相互独立的术语体系和学科规范。不同学科的学者如果要想实现跨学科研究，就

---

① 《马克思恩格斯文集》第2卷，602页，北京：人民出版社，2009。

② ［英］柯林武德：《历史的观念》，303页，北京：商务印书馆，1997。

会遭遇一堵无形的高墙，翻越这堵高墙需要长期的学术积累。哲学和历史学是既有区别又相互联系紧密的两个学科，正是因为这两个学科这种紧密且紧张的关系，哲学家和历史学家往往相互攻讦。哲学家认为历史学仅仅关注事实和例证，没有从普遍性的角度进行言说；历史学家则认为哲学家把自己先天的概念或者幻想放在历史之中，他们的言论缺乏证据和事实的支撑。对于整个学科发展现状以及哲学家与历史学家之间分歧的相关论述是本书第一章所要解决的主要问题。

哲学家是“仰望星辰的人”，在他抬头看天的时候很可能会被脚下的石头绊倒。他们关注“一个无限遥远的点”，这个点如此令人神往但又是那样地飘忽不定。哲学研究是“一片无人之域”，正像罗素所说的那样，它是运用理性的方法对那些至今没有确切答案的问题开展研究。哲学作品一般不包含以数学符号或者图表表示的公理或者定理，不关注具体的人物及其参与其中的历史事件，不以时间空间为主线展开论述，不具有类似于小说或者故事的情节结构。哲学凭借概念试图从普遍性和整体性的角度把握世界。历史学是与哲学存在明显差异的学科，时间在历史学中具有本质的重要性，没有时间就没有历史学；历史学离不开事实，它是建立在历史事实基础上的一门学科，它需要在研究文献档案、遗址遗迹遗物的基础上达到“真实再现”的目的。在一定意义上来说，哲学讲究逻辑，历史学注重事实，二者在学科性质上存在区别。本书的第二章和第三章分别对哲学和历史学的学科性质和基本特征进行了说明。

在分别界定哲学与历史学的学科性质和基本特征之后，我们需要进一步说明它们之间相互联系、相互合作的关系。哲学不是科幻小说，不是凭空的虚构，它需要在历史的基础上进行构建，哲学需要具有历史感。就历史在哲学研究中的地位和作用而言，主要包括下列方面：历史是哲学研究的逻辑起点；历史是哲学研究的材料之源与论证之基；历史是哲学看待事物的基本方式；哲学的主要研究对象是人和人类社会，而历史是人和人类社会的存在方式和根本特征；为历史服务是哲学研究的目标。历史学不能仅仅停留在具体人物和具体事件的研究上，它需要通过对这些具体人物和事件的研究得出具有普遍性和一般性的结论，否则历史研究只能是茶余饭后的谈资，而不可能对现在人们的思想和生活具有借鉴和指导的作用。历史叙述具有哲学性，这种哲学性在历史研究中的具体体现包括：历史学要构建超越偶然的普遍史以及超越局部的全球史；历史学需要借助哲学系统总结历史研究方法；历史观对于历史学家至关重要，在历史研究过程中发挥着理论框架和宏观指导的作用，历史观具有哲学性质；历史评价会受到意识形态的影响，意识形态本身是一个哲学概念，也是哲学的重要研究对象。本书第四章和第五章分别说明了历史在哲学研究中的作用和哲学在历史研究中的作用。

哲学与历史学存在对立统一的关系是我们这项研究得出的结论。哲学与历史学相统一的理论基础是逻辑与历史相统一。神学历史观、客观的或者主观的唯心主义历史观、唯物史观都在寻求逻辑与历史的统一。马克思的历史唯物主义思想是在实践的基础上实现二者的统一，逻辑和历史生成的基础都离不开实践。历史是人类实践的产物，在历史实践过程中，人们遵照逻辑开展自身的活动；逻辑是实践过程的总结，而实践过程本身呈现出历史性。黑格尔站在逻辑的基础上主张“历史与逻辑相统一”，马克思翻转了黑格尔那里“头脑倒置”的理论，站在历史的基础上主张“逻辑与历史相统一”，也就是说逻辑是对于历史过程的总结同时反作用于历史过程的东西。由此，在认识领域和实践领域同时存在逻辑与历史相统一的关系。哲学研究的是逻辑，历史学研究的是历史（过去），逻辑与历史学相统一构成哲学与历史学相统一的理论基础。对于这一理论基础的论述是本书第六章的任务。在明确了哲学与历史学相统一的理论基础之后，本书第七章进一步论述了二者相统一的模式，主要有三种：首先是作为两个独立学科相互需要的互补关系；其次是受到哲学与历史学共同影响的交叉领域，例如历史哲学、史学理论、史学史等；最后是作为一种理想形态的融合关系，哲学就是历史学，历史学就是哲学。

本书的最后部分是六篇附录，这六篇附录由我早期发表的、与本书研究主题密切相关的六篇论文构成。第一篇论文梳理了国内跨世纪（1989 至

2006年间）的马克思主义历史认识论的研究状况，第二篇论述了当代西方历史哲学的主要趋向。这两篇论文可以有效增强我们所研究课题的文献基础和理论依据。第三篇论文论述了马克思对于历史在哲学研究中的作用的看法，这篇文章发表于2012年，本书第四章的主要结构就是对这篇文章的借鉴，其基本内容也是在进一步充实这篇文章内容的基础上形成的。第四篇论文研究的主要问题是“什么是历史学”，从五个维度对之进行了解释和说明，本书第三章可以看到这篇文章的影响，同时这篇论文也可以比较集中地说明历史学的含义，是对第三章内容的补充。第五篇论文发表于《哲学研究》，可以视为本书全部章节内容的浓缩版，比较简洁地说明了哲学与历史学的关系。第六篇论文解决的是历史认识论领域存在的一个微观问题，即作者、读者与文本之间的关系问题，这一课题有助于我们从微观视角理解哲学和历史学的研究方式、叙述方式以及阅读方式。

我们研究哲学与历史学关系问题的主要思路包括下述三个方面：

（1）基本概念的界定，尤其是哲学和历史学概念的界定。哲学和历史学研究的具体内容庞杂，由此带来哲学和历史学概念界定的复杂性。问题虽然复杂，但并不是没有办法加以界定。我们将主要在马克思哲学以及作为马克思哲学直接理论来源的德国古典哲学的范围内思考这个问题的解决。马克思对于哲学是什么以及历史是什么的问题都有区别于先哲的答案，我们将对马克思的观点进行系统的总结。

（2）从维柯奠定的、经过黑格尔和马克思一直发展到后现代的历史哲学传统中总结和阐述哲学与历史学的关系。从哲学与历史学的关系来看，哲学研究有两种基本倾向，一种是脱离现实的历史发展，在观念和逻辑的基础上开展相关研究的趋向；另一种是以人类现实的历史发展为基础，由现实上升为理论的研究趋向。历史学研究也有两种基本倾向，一种是注重事实的发掘和整理，脱离哲学，强调历史事件的偶然性和一次性的趋向；另一种是注重理论模型的建立，靠近哲学，强调历史发展的必然性和规律性的趋向。

（3）综合应用古今中外的历史哲学思想对哲学与历史学相统一的理论

基础和理论模式进行总结和阐述。哲学与历史学的统一实质上是逻辑与历史的统一。对于逻辑和历史相统一的原则，黑格尔、马克思和列宁以及国内外的许多学者都曾经有过相关的论述，我们将在综述的基础上深入发掘逻辑和历史相统一原则的内涵，并在此基础上进一步阐述哲学与历史学相统一的必要性和重要性。在确定理论基础之后，我们将进一步探究哲学与历史学相统一的理论模式，它们之间相统一的三种基本模式分别是哲学与历史学的互补、交叉和融合。

专题开展哲学与历史学两个学科之间的关系研究，其理论意义和实践价值主要体现在下述三个方面：

（1）有利于在马克思主义哲学理论框架内推动关于哲学与历史学的关系的研究。马克思在大学期间主要关注的是哲学和历史①；他和恩格斯曾经在《德意志意识形态》中认为唯一的科学是"历史科学"②；在《哲学的贫困》中他明确反对"与观念顺序相一致的历史"，倡导建立"与时间次序相一致的历史"③；在出版了《资本论·第一卷》之后，马克思又把主要精力转向人类学和历史学的研究④。马克思在其学术思想发展过程中始终坚持把自

① 马克思在波恩大学和柏林大学学习的专业是法律。这一时期马克思曾经热衷于文学创作，翻译文学作品，创作诗歌和小说。后来他的兴趣发生了一次重大的转变，他在写给父亲的信中提到："写诗可以而且应该仅仅是附带的事情，因为我必须攻读法学，而且首先渴望专攻哲学。"（《马克思恩格斯全集》第47卷，7页，人民出版社2004年第2版）他在《〈政治经济学批判〉序言》中指出："我学的专业本来是法律，但我只是把它排在哲学和历史之次当作辅助学科来研究。"（《马克思恩格斯文集》第2卷，588页，人民出版社2009年版）

②《马克思恩格斯文集》第1卷，516页，北京：人民出版社，2009。

③ 蒲鲁东主张建立"与观念顺序相一致的历史"，"经济理论有它自己的逻辑顺序和理性中的系列"，并且认为自己发现了经济阶段或范畴的次序。马克思认为蒲鲁东的学说只是黑格尔理论的翻版，没有说明产生这些范畴和关系的历史运动，"经济学家的材料是人的生动活泼的生活；蒲鲁东先生的材料则是经济学家的教条"。由此，马克思主张"与时间次序相一致的历史"，概念、范畴及其相互之间的关系不是起源于人的理性，而是起源于历史和生活。详见《马克思恩格斯文集》第1卷，人民出版社2009年版，第598—602页。

④《历史学笔记》大概写于19世纪70年代末和80年代初，按照编年顺序摘录了起始于公元前91年，终止于17世纪中叶的欧洲乃至于世界各国的政治历史事件。《人类学笔记》大概写于1879—1882年，该笔记对摩尔根、柯瓦列夫斯基、梅恩、拉伯克、菲尔等人类学家、民族学家的著作进行了摘录和评述。《历史学笔记》和《人类学笔记》是马克思晚年给我们留下的宝贵精神财富，是他坚持基于历史和现实进行理论阐述的研究方法的典型表现。

己的哲学理论建立在历史事实基础之上。哲学与历史相结合是研究人及人类社会的基本途径，这本著作将沿着马克思提示的这一基本思路开展相关研究。

（2）有利于把以往零碎分散的观点加以系统地总结和提升，推进人们对于哲学和历史学关系的认识。理论家们关于哲学和历史学关系的论述散见于各种各类著作之中，有的从历史学出发论述历史学的哲学性，有的从哲学出发论述哲学的历史之维，专门以哲学和历史学的关系为主题的理论著作必将推进这种关系的研究。

（3）有利于突破哲学与历史学相互独立、各自发展的学科格局，建立以人及人类社会研究为共同主题的交流互动。哲学研究者普遍地感到需要深入了解人和人类的历史，历史学研究者也在研究过程中强调把自己的研究成果上升到哲学理论的高度。但是在研究实践中，哲学和历史学建立起了一套各自独立的学科研究队伍和学术话语体系，突破这种格局需要相关理论研究作为基础。

张云飞

2022 年 9 月 1 日

目　录

第一章　哲学家与历史学家相互攻讦

哲学起始于仰望星空，历史学起始于结绳记事，两个学科几乎具有同样长久的历史。在长期的历史发展过程中它们逐步发展出了庞大的相互独立的社会建制、相互区别的学术规范、侧重点不同的研究方法。同时，哲学与历史学面对共同的人类社会，学科研究对象屡有交叉，哲学研究需要借助历史材料，历史学研究需要进行思想总结。正是因为两个学科之间关联度较高，同时又存在着明显的差异，所以某些哲学家认为不应该像历史学家那样开展研究，历史学家也具有同样的看法。哲学家指责历史学家的研究成果具有个别性和偶然性，历史学家则指摘哲学家把自己的思辨放在了历史之中。这就给人们带来一种印象，即“一般说来，在人文社会科学中，历史学家是最敌视哲学的”[①]。这句话反过来说，似乎也能够成立。那么，哲学家与历史学家之间的恩怨情仇到底是如何发生的，他们之间争执的焦点在哪里，这是我们首先需要明确的问题。

§1　建立在区分与专门化基础上的学科类别

哲学与历史学是现代整体学科布局中的两个相对独立的学科，它们的发展和整个学术与学科的发展存在密切联系。随着现代学科体系的不断发展和演化，哲学与历史学的研究对象、学科属性和学术规范也在做出不断

① 韩震：《哲学与历史学的互动》，32页，《新视野》2000年第3期。

的调整。因此，我们要认识哲学与历史学这两个学科之间的关系首先要从分析整体学术状况和学科布局入手。

从各个学科的起源来看，它们与外部环境和社会生活的发展存在密切的联系。伴随着劳动形式的日益复杂化和分工的不断发展，社会中有一部分人就从生产领域中独立出来从事各个学科的研究。在劳动形式比较简单的历史时期，研究活动和劳动过程是结合在一起的，生产者就是研究者。但是随着劳动形式的日益复杂化，就出现了劳动过程与研究活动的分离。马克思曾经把分工放在历史过程中加以考察，他认为分工的发展过程可以分为三个阶段。首先是性行为方面的分工，不同性别的人在人类繁衍过程中承担着不同的角色。其后，由于天赋（例如体力）、需要、偶然性等方面的原因自发地或“自然地”形成的分工。在这里，天赋基于每个人的能力和表现，需要基于劳动任务的性质和特点，偶然性则来自劳动过程中工作形式和流程的改变，由于这些方面，不同的人在劳动过程中承担着不同的职能。在马克思看来，人类社会真正的分工是物质劳动和精神劳动的分离。[①] 在物质劳动充分发展之后，才产生了剩余产品。当这些剩余产品足以使社会中的一部分人从物质生产活动中独立出来，专门从事精神劳动的时候，学术研究和各个学科的建立才开始出现。

学术研究与学科的发展也不可能脱离物质生活而独立存在。精神劳动从物质生产劳动中分离出来之后，它不可能与外部环境和社会生活隔离开来。马克思认为：“意识在任何时候都只能是被意识到了的存在，而人们的存在就是他们的现实生活过程。”[②] 意识起初只是对直接的可感知的环境的意识，对于处于自身之外的其他人和其他物的狭隘联系的意识。伴随着意识的发展，意识内容日益复杂化，反映到学术和学科研究过程之中，各个学科的学术活动似乎是独立于外在的生活实践而运行的，是自我约束、自我规范的。这种观点在马克思那个时代的典型代表就是费尔巴哈，他脱离物

① 马克思关于分工的三个历史阶段的论述详见他的著作《德意志意识形态》，他是在论述独立于现存实践的意识的产生过程时提出相应的观点的。具体论述详见《马克思恩格斯文集》第 1 卷，人民出版社 2009 年版，第 534 页。

②《马克思恩格斯文集》第 1 卷，525 页，北京：人民出版社，2009。

质生产活动来谈论自然科学的直观，谈论物理学家和化学家通过自己的眼睛才能识破的秘密。马克思针对费尔巴哈的这种观点针锋相对地质问："如果没有工业和商业，哪里会有自然科学呢？"他认为："'纯粹的'自然科学也只是由于商业和工业，由于人们的感性活动才达到自己的目的和获得自己的材料的。"[①] 由此可见，一方面，自然科学研究的目的不仅仅在于解释自然现象，更重要的是在商业和工业活动中发挥自己的作用和价值，如果离开商业和工业活动，自然科学将难以实现自己的目的；另一方面，自然科学如果离开商业和工业，就会丧失自己的材料之源，没有自己的材料，自然科学也会成为无本之木、无源之水。

每个人意识发展的主体是个人，每个学科发展的主体则是学术共同体。这个学术共同体既包括前人，也包括从事现实研究的、活动着的每个人。每个学科的研究内容都是在长期历史发展过程中不断累积的结果，这正像牛顿所说的那样，我是站在巨人的肩膀上。各个学科在发展过程中都面临着学科知识的无限性与个人研究能力的有限性这一矛盾。普朗克曾经认为："科学乃是统一的整体，它被分为不同的领域，与其说是由事物本身的性质决定的，还不如说是由于人类认识能力的局限性造成的。"[②] 在人类社会发展的早期，人类累积的各个学科的知识相对有限，每一个具体的研究者还可能进行跨越多个学科的综合研究，而且在各个学科都可能有所建树。其中最典型的代表就是亚里士多德，他在形而上学、伦理学、政治学、修辞学、物理学等各个领域都起到了奠基性的作用，同时，也正因为他在各门学科同时发挥奠基作用而获得了"错误之王"的称号。其后，康德（1724—1804）被称为人类历史上的最后一位综合者，他不仅在哲学方面发挥了"蓄水池"的作用，而且在天体物理学方面颇有建树。康德之后，还曾出现在数学领域颇有建树的罗素、物理学博士出身的石里克等人。但是，整体来看，由于每个学科知识的庞大积累，每位研究者很难有时间和精力进行跨学科的研究。即使个别人有兴趣研究多个学科，他们也只是在多个学科

① 《马克思恩格斯文集》第 1 卷，529 页，北京：人民出版社，2009。

② 转引自袁曦临：《学科的迷思》，1 页，南京：东南大学出版社，2017。

中初识门庭，很难登堂入室，整体推进多个学科向前发展。在哲学的学术研讨会上，我们也可能会遇到物理学或者数学等领域的专家在会上侃侃而谈；在哲学的专业期刊上，我们也有可能读到自称数学家或者物理学家的人写的哲学论文，但是不管是这些发言还是论文，都会给人一种门外汉的感觉，这与长期从事本专业研究的学者相比也许会有一些创建，但是整体来说可取的东西并不多。由于学科之间由专业术语、学术规范和学科知识构建起来的森严壁垒，现代社会很少有人会轻易踏入自己本来不熟悉的专业领域。究其原因主要在于每个人的研究时间和精力有限，如果研究的领域和对象过于宽泛，那么，研究成果就不可能深入细致。于是，研究者就会不断收缩自己的研究领域和对象，最终形成培根曾经批评的那种学术研究局面，“在技术方面，很多人的才智和勤奋都花在了一件事物上面；在科学和哲学方面，很多人的才智和勤奋都花在了某一个人的才智上面”[①]。

为了解决学科知识的无限性与个人研究能力的有限性的矛盾，学科分化的趋势日益明显，学科的专门化与学科之间的区分日益增强。在改革开放的初期，在我国打开国门、走向世界的过程中，学术研究也开始出现繁荣发展的局面。在这种情况下，理论界在1990年前后出版了一系列系统总结国内外新学科发展状况的图书[②]，其中有一部著作还曾获得“1987年全国

① ［英］弗朗西斯・培根：《学术的进展》，26页，上海：上海人民出版社，2015。

② 这些图书包括廖子良等编著的《社会科学学科简介》［广西图书馆学会、广西中心图书馆委员会（筹）1984年内部出版］、中共浙江省委党校图书资料室编的《新学科简介》（中共浙江省委党校图书资料室1984年内部出版）、杨国埠等主编的《当代新学科手册》（上海人民出版社1985年版）、金哲等主编的《世界新学科总览》（重庆出版社1986年版）、李安瑜和杨泰俊著的《新学科之父》（江苏人民出版社1986年版）、秦功编的《现代新学科简介》（山西人民出版社1986年版）、上海人民出版社编的《当代新学科手册（续编）》（上海人民出版社1986年版）、朱长超著的《新学科巡礼》（浙江科学技术出版社1988年版）、吴定邦等主编的《当代新学科讲座》（武汉工业大学出版社1988年版）、翁其根编写的《交叉新学科便览》（河北人民出版社1989年版）、魏宏森等编著的《开创复杂性研究的新学科》（四川教育出版社1991年版）、时惠荣等主编的《当代社会科学新学科览要》（南京大学出版社1996年版）等。除了上述从自然科学和社会科学总体列举和论述新学科的著作之外，同期还比较集中地出现了一批分学科（例如经济学、体育学、医学等）论述该领域中的新学科的著作，这些著作在此就不再一一进行列举。总体来看，在19世纪80年代中期至90年代中期大概持续十余年的时间里，国内学术界对于各学科发展态势呈现出浓厚的研究兴趣，出版发表了一大批的著作和论文。这种状况与我国改革开放初期学术研究重新走向繁荣、学术界希望了解世界学科研究状况的局面是相适应的。

优秀畅销书”奖，这就是由金哲等人主编的《世界新学科总览》。在该书的“出版说明”中，作者根据上海社会科学院情报研究所同志的估算，当代世界新兴学科多达数千种，该著作收录介绍了其中的470种[①]。这部著作对于当时世界新兴学科总数只是提供了一个估值，这个估值具体是多少，四川大学图书馆、四川教育学院数理系吴维民、林水寿两位学者进行了初步统计，他们认为截至1985年6月，共有交叉学科2581个[②]。国家对于科学活动的管理是以学科为基本单位的，科研机构按照学科性质和特征来进行设置，对于信息的处理也按照学科来进行分类。《中华人民共和国学科分类与代码国家标准》（GB/T13745—2009）把学科界定为“相对独立的知识体系”，该标准共设62个一级学科或学科群，676个二级学科或学科群，2382个三级学科。这个国家标准设置的学科目录主要收录了发展比较成熟的学科，这些学科一般具有自己的理论体系和专门方法，形成了科学家群体，设置了专门的研究机构，发表了一定数量的研究成果等。除了纳入这些比较成熟的学科之外，还纳入了成长中的新兴学科，但是没有纳入萌芽中的新兴学科。纳入目录的诸学科之间相互区别、不可替代，相对独立的学科背后是相对独立的科研人员和研究机构。各个细分的学科就像身体的毛细血管一样把研究人员输送到每个研究领域的末端。

我们注意到学科之间存在界限的时候，还不应当忘记学科之间的联系，所有学科联系在一起构成人类完整的知识体系，学科与学科之间存在种属关系。恩格斯在《自然辩证法》一书中曾经针对达尔文重视偶然的差异，怀疑生物学规律和种概念的作用的观点，提出：“没有种概念，整个科学就会化为乌有。科学的所有部门都曾需要有种概念作为基础。”[③]对于学科之间的这种种属关系的研究，培根、康德、狄尔泰、李凯尔特等人在他们的著作中都做了相应的阐释。

培根主要依据人类的理解能力对人类知识进行区分，之所以把人类的

① 金哲等：《世界新学科总览》，1页，重庆：重庆出版社，1986。

② 翁其根：《交叉新学科便览》，2页，石家庄：河北人民出版社，1989。

③《马克思恩格斯文集》第9卷，481页，北京：人民出版社，2009。

理解能力作为区分的基础，主要原因在于它是人类知识的来源，不同的知识领域依据人类不同的理解能力而得以成立。于是，他根据人类的三种理解能力，把人类所有的知识分为三个领域，即“历史对应于记忆，诗歌对应于想象，哲学对应于理智”①。建立在记忆基础上的历史可以分为自然史、社会史、宗教史和学术史，他强调在他那个时期前三种历史已经有了，需要重点建设的是学术史。诗歌不需要紧随事物的逻辑，可以根据想象对自然状态中的事物进行连接或分隔。他把诗歌分为三类，即叙事诗歌、写景诗歌、寓言诗歌。画家的工作也属于诗歌性质的创作。哲学建立在人类的理智基础之上，人类通过理智来认识事物主要有三种途径，“或者深入至上帝的启示，或者局限于自然本身，或者反躬引到人类自身”②。由此，培根将哲学划分为神圣哲学（或自然神学）、自然哲学与人文学科。培根在对这些学科进行划分的过程中，同时强调知识的分布和分隔并不像相互独立的几条线那样在一个角上交汇，“而是如同一个树干的树枝，在树干停止分为枝丫以前就具有一种完整性和连续性”③。由此可见，区分是我们形成知识的前提条件，如果没有这种区分就不会有人类知识的产生与发展，区分的程度随着人类认识的深化不断加强。但是，在看到学科之间的区分的同时，我们还不应忘记学科之间的完整性和连续性，从人类知识的整体出发来建立各个学科之间的联系，从“知识树”④的角度来对之进行理解。

从西方学术发展脉络来看，学科之争伴随始终，但是比较集中地对之进行研讨的历史时期主要有两个：一个是文艺复兴时期（14—16 世纪），寻求摆脱神学束缚的理性开始构建比较完整的学科体系，这一时期的典型代表著作就是培根的《学术的进展》；另一个是启蒙运动（17—18 世纪）后

---

① ［英］弗朗西斯·培根：《学术的进展》，64 页，上海：上海人民出版社，2015。

② ［英］弗朗西斯·培根：《学术的进展》，78 页，上海：上海人民出版社，2015。

③ ［英］弗朗西斯·培根：《学术的进展》，78 页，上海：上海人民出版社，2015。

④“知识树”是笛卡尔接续培根的思想而提出的概念，他认为：“哲学好像一棵树，树根是形而上学，树干是物理学，从树干上生出的树枝是其他一切学问，归结起来主要有三种，即医学、机械学和道德学，道德学我认为是最高的、最完全的学问，它以其他学问的全部知识为前提，是最高等的智慧。”详见笛卡尔：《谈谈方法》，商务印书馆 2000 年版，第 70 页。

期，随着学科的深入发展，“现代人文学科的分化意识日益增强，由此导致学科之争频繁上演”①，其间出现的典型代表著作是康德的《学科之争》。

康德从是否有利于政府对民众施加影响的角度出发，把各学科划分为三个高等学科和一个低等学科。三个高等学科可以使政府对民众产生最强有力和最持久的影响，这三个高等学科包括神学学科、法学学科和医学学科。神学学科关系到每一个人的永恒的福祉，通过它，“政府自己能够对臣民们的思想的内核和最隐秘的意志意见有极大的影响，即揭示前者，驾驭后者”②。法学学科关系到作为社会成员的公民的福祉，它能够使臣民们的外部行为处于公共法律的管束之下。医学学科关系到肉体的福祉（长寿和健康），它促使强壮而又人数众多的民众的生存有了保障，而这样的民众有利于维持政府的统治秩序③。三个高等学科的共性是它们都建立在经书之上，圣经神学家是从《圣经》获得其学说的，法学家论证的依据来自公之于众并由最高机构核准的法典，医生的公共业务则受到政府有关部门和医学规定的监督和约束。圣经神学家和法学家之间的区别在于后者有一个可见的法律诠释者（法官、法律委员会或者立法者），而前者没有。这就造成尘世的法典处于变化之中，而圣书却不做出变化。在三个高等学科中，医学最靠近于哲学，因为医学并不像神学和法学那样从一个上司的命令获得行事规则，而是必须从事物的本性出发。医学规定不是要求医生们应当做什么，而是要求他们应当放弃什么。

除了三个高等学科之外，康德认为还有一个低等学科——哲学学科。哲学学科区别于三个高等学科的特征在于它不以上司的命令为准绳，而是服从理性的立法，以追求事物的真理性为己任。“人们把按照自律，亦即自由

① 吕和应：《德罗伊森时代的学科之争：兼论德国现代史学的诞生》，148 页，《历史研究》2015 年第 3 期。

② ［德］康德：《学科之争》，载《康德著作全集》（典藏本）第 7 卷，17 页，北京：中国人民大学出版社，2013。

③ 康德认为，从政府的角度来看，三个学科的重要性依次排列分别是神学、法学和医学。但是，对于民众来说，医生能够维持人的生命，是最重要的人物；法律专家能够保持他的偶然所得，地位次之；人只是到了最后（几乎只是到了临终时）才去找神职人员。详见康德《学科之争》，第 18 页。

地（与一般思维原则相符合地）做出判断的能力称为理性。”[①] 康德把哲学学科划分为两个部门，一个是历史知识的部门，包括历史、地理学、学术的语言知识、人文学以及关于经验性知识的博物学等；另一个部门是纯粹的理性知识，包括纯粹数学、纯粹哲学、自然形而上学和道德形而上学等。就高等学科与低等学科之间的关系而言，低等学科关注的是事物的真理性，而高等学科关注的则是事物的有用性，有用性相对于真理性来说只是一个二等的要素，因此在大学里必须有一个哲学学科，它对于高等学科起到批评和监督的作用，只有这样才能够真正促进高等学科的发展。如果说哲学学科是神学的婢女的话，那么这个婢女也是在这位仁慈的夫人前面举着火炬，而不是在她的后面提着拖裙[②]。

培根的《新工具》为建立在实验基础上的经验自然科学的发展奠定了理论基础。康德时代自然科学已经有了初步的发展，但是依然是在哲学学科的范围之内开展研究，自然科学尚未从哲学学科之中独立出来。因此这两位思想家都是从理性的研究方法出发来界定哲学的性质，并从一般意义上从哲学的性质出发界定各门自然科学。随着自然科学不断发展壮大，工具理性不断入侵并挤压价值理性的空间，这也在一定程度上刺激人文社会科学学科意识的增强。伴随着这种学科意识的增强，学科布局开始出现重新调整的动向。这种动向表现为反对借助各种自然科学来认识整个世界的想法，为人文社会科学各学科的独特性和内在价值进行论证，为人文社会科学各学科划定研究领域。这个时期的典型代表是狄尔泰和李凯尔特等人。

狄尔泰用“精神科学”这一概念指称所有以社会实在和历史实在为研究主题的学科[③]，它是由各种精神事实组成的关于人的科学，关于历史的科学以及关于社会的科学。就像培根的《新工具》为自然科学研究奠定基础和方法一样，狄尔泰自称他写作《精神科学导论》的目的就是使这部著作

① ［德］康德：《学科之争》，载《康德著作全集》（典藏本）第 7 卷，23 页，北京：中国人民大学出版社，2013。

② ［德］康德：《学科之争》，载《康德著作全集》（典藏本）第 7 卷，24 页，北京：中国人民大学出版社，2013。

③ ［德］威廉·狄尔泰：《精神科学引论（第一卷）》，13 页，北京：北京联合出版公司，2014。

在精神科学研究领域发挥类似的作用，“为所有那些把毕生精力奉献给社会的人提供帮助，帮助他们着手认识引导他们的各种原理和规则，是如何与人类社会的囊括一切的实在联系起来的”[①]。当时，有人提出把物理世界发生的变化归结为原子的运动，借助自然科学来认识整个世界的观点。针对这种观点，狄尔泰认为：“从有关自然界的机械秩序的各种事实之中，不可能推导出各种心理事实或者精神事实——这种不可能性是以这两种事实具有不同的来源为基础的。”[②] 外部的物理世界是通过各种感官在外部感知（感觉）之中给定的东西，而内在的精神世界是人们通过对各种心理事件和心理活动的内在领悟呈现出来的东西。两种事实之间的不可通约性可以通过如下的例证来进行理解，我们不可能通过研究歌德的大脑结构和身体特征来理解他在诗歌中表现的激情和创造力。精神科学有别于自然科学，这种区别建立在经验事实与精神事实之间具有不可推导性的基础之上，于是，各种精神科学构成了一个与自然科学并列发展的独立整体。在狄尔泰看来，精神科学包含着三类独特的断言，第一类断言描述的是通过感知给定的实在，这构成精神科学的知识基础；第二类断言说明的是这种实在的各个局部之间在抽象过程中的一致性，这构成精神科学的理论体系；第三类断言表达的是一些价值判断，并且规定了一些规则，这构成精神科学的实践要求。[③]

李凯尔特不赞成狄尔泰把非自然科学的各学科总称为“精神科学”，他认为狄尔泰的学科分类是只建立在质料的分类原则之上的，而没有运用形式的分类原则。[④] 他认为，狄尔泰运用自然和精神二者之间的区分来说明物理世界和心理生活对立，但是，这两个互不相同的对象不能作为专门科学分类的基础，它们并没有描述出二者之间在认识论上的本质特征，也不能从方法论上把专门科学的多样性划分开，“至少在直接可以触知的现实中，

① ［德］威廉·狄尔泰：《精神科学引论（第一卷）》，11—12 页，北京：北京联合出版公司，2014。

② ［德］威廉·狄尔泰：《精神科学引论（第一卷）》，22 页，北京：北京联合出版公司，2014。

③ 参见［德］威廉·狄尔泰：《精神科学引论（第一卷）》，41 页，北京：北京联合出版公司，2014。

④ 质料的分类原则是依据各学科的研究对象进行区分，形式的分类原则主要是依据各学科的研究方法进行区分。

没有任何东西可以在原则上避开像自然科学那样对形式的特性进行研究”[①]，例如按照自然科学模式来建设的心理学就是这样。与狄尔泰不同，李凯尔特主张用“文化科学”这个概念来指称非自然科学的诸学科的总和。对于文化科学与自然科学之间的区别既要使用质料的分类原则，也要贯彻形式的分类原则。就质料的分类原则而言，“专门科学的分工在长时间内也首先是由自然和文化的质料区别所决定的”[②]。从本原的意义上来看，自然产物是自然而然地由土地里生长出来的东西，文化产物是人们播种之后从土地里生长出来的。文化现象与人类活动相连接，它自身具有价值，是一种财富，具有一定的意义，而自然现象不具有这些方面的特征。李凯尔特认为，相比于质料的分类原则而言，形式的分类原则能够更加深刻地反映自然科学和文化科学之间的区别。在一切现实之物的异质性原理和连续性原理的基础上，他认为我们如果不对现实之物进行改造就不能形成认识，“认识不是反映，而是改造”[③]。自然科学和文化科学对现实之物的改造方式是不同的，自然科学是以同质的连续性来把握对象，以普遍性与规律性的方式来反映对象；文化科学则以异质的间断性来把握对象，以个别性和特殊性的方式来反映对象，由此历史性成为文化科学的本质规定。“当我们从普遍性的观点来观察现实时，现实就是自然；当我们从个别性和特殊性的观点来观察现实时，现实就是历史。”[④]

以上我们通过对培根、康德、狄尔泰和李凯尔特等人的学科理论的梳理，大致可以看出近代以来学科研究范式演化的过程，培根和康德对于学科的划分还受到古代学科布局的影响，把自然科学放在哲学学科之下；狄尔泰和李凯尔特虽然在学科划分的具体观点上存在差异，但是自然科学的独立已经成为不争的事实。学术界对于自然科学这个概念并没有产生多大的异议，但是对于那些非自然科学的诸学科的总和到底应该用什么名称来

① [德] 李凯尔特：《文化科学与自然科学》，16页，北京：商务印书馆，1986。
② [德] 李凯尔特：《文化科学与自然科学》，20页，北京：商务印书馆，1986。
③ [德] 李凯尔特：《文化科学与自然科学》，30页，北京：商务印书馆，1986。
④ [德] 李凯尔特：《文化科学与自然科学》，51页，北京：商务印书馆，1986。

指称，却产生了比较大的争议，比较著名的就是狄尔泰提出的精神科学以及文德尔班、李凯尔特等人论证的文化科学。众所周知，他们的意见是学术共同体在特定历史阶段上出现的学术见解，虽然在一定程度上具有合理性，但是并没有形成通说。就目前而言，学术共同体普遍接受的学科分类是按照学科的研究对象来进行划分，自然科学以自然现象为研究对象，社会科学的研究对象是人类的行为，人文科学则以人类的价值观念和精神表现为研究对象。这种从总体上把人类的知识领域划分为三个领域的学科分类原则有效弥补了狄尔泰和李凯尔特学科分类思想的不足，人文科学大致相当于他们所谓的精神科学或者是文化科学，而在人文科学与自然科学之间还有一个研究领域，这就是社会科学。对于现在以社会科学名称指称的一些学科（例如心理学），狄尔泰和李凯尔特都有所论及，但是他们还不能在精神科学或者文化科学的范畴中容纳类似于心理学的学科。这些学科以相对精确的经验的方法研究人及人类社会，它们在研究对象上不同于自然科学，在研究方法上也与精神科学或者文化科学存在明显差异。这些学科只有在社会科学这个概念中才能得到相对完整的理解。

§2　难以建立联系的知识领域

建立在区分和专门化基础上的诸学科都在一定程度上建立了自己的研究对象、研究方法和研究规范，这就像在自己领地的边缘筑起一道道无形的围墙，也像是工厂的工人在生产线上承担着不同的工种，这种情况对于各个知识领域之间的沟通造成障碍，不同的知识领域之间的联系被切断。从一般意义上而言，我们所谓的科学既是一种知识体系，又是产生这种知识体系的认识活动，还是一种社会建制。[①]因此，造成各个知识领域之间相

① 科学是一种社会建制，这主要是指为了完成科学认识活动而建立的组织系统。科研人员隶属于某一个研究机构，研究机构是整个社会系统的组成部分。这些研究机构的设立服务于人类及社会的需要，服从于政府的统一管理和调节。就我国目前而言，科学研究机构主要包括高等院校及其下属院系所、科研院所和各种类型的学会。

互独立发展局面的因素既包括科研人员自身的局限，也包括学科和社会发展状况的影响。其中存在的核心问题是上文提到的学科知识的无限性与人类认识能力的有限性之间的矛盾。

科研人员是人，而不是神，人具有自身的局限性。在现代学科发展背景下，这种局限性造成科研人员很难突破自身的学科界限，在自身比较陌生的学科中从事研究工作。科研人员自身的局限性主要表现在以下三个方面。首先，科研人员开展认识的前提是具有一定的知识结构。每个人都有眼睛，但是一个人能够看到什么，这不是由眼睛决定的，而是由人的意识决定的。眼睛只是一种物理结构，人与人之间的差异不大。意识虽然有物质器官作为基础，但是它的内容主要是在长期的生活、学习和工作过程中建构出来的。这种建构起来的东西，我们通常把它称为知识结构，在哲学诠释学中也把它称作“前有”“前见”“前把握”“前理解”“前结构”等。在人们开展认识活动之前，这些东西就存在于人的头脑之中，它构成我们进行认识和理解的条件。[①] 例如X光片，如果一个人不具备相关的医学知识就不能够从中看出病人的病灶在哪里。每个人的知识结构都是长期积累的结果，不可能在一朝一夕间完成。其次，每个人都有自己擅长的领域，同时，他们都愿意置身于安全领域之中，不愿意随意到陌生的领域开展工作。孔子曾经按照人的认识水平的不同，把人分为四类，即“生而知之”“学而知之”“困而学之”和“困而不学”。通过认真观察现实生活，我们也会发现孔子所说的现象普遍存在，同样是在学习一样东西，例如绘画、音乐、体育项目以及各个学科等，有的人学得快，有的人学得慢，有的人就是不愿意学。这就造成每个人都有自己擅长的领域，他在这个领域中不断进行积累的过程类似于在一个地基上盖起自己的房屋，每个人都会在自己的房间内感到舒适，不会轻易地进入他人的房间。在现代社会，什

① 与笛卡尔“怀疑一切”的方法论原则不同，伽达默尔把前见视为理解的必要条件，他认为“‘前见’其实并不意味着一种错误的判断。它的概念包含它可以具有肯定的和否定的价值”。理解是“形成我们历史意识的历史认识”，由此，作为历史发展结果的“前见”，它的肯定性价值得到凸显。具体论述详见伽达默尔：《诠释学Ⅰ：真理与方法》（修订译本），商务印书馆2007年版，第369页。

么都会、什么都愿意干的人往往会造成精力分散、时间浪费，结果是什么都干不成。第三，科研人员对于意义和价值的理解方式存在差异。人类对于工作的思考一般分为两个层面，一个层面是怎样开展工作，按照韦伯的术语来说，这是工具理性关注的问题；另一个层面是为了什么而开展工作，这是价值理性所关注的问题。不同的人对于工作的价值体验存在明显的差异，例如自然科学家认为哲学不解决什么实际的问题，因而研究哲学没有价值；哲学家则认为自然科学家只关注物的问题，而不关注人本身，这是一种短视的行为。凡此种种的偏见普遍存在于从事不同学科研究的人员之间。这种价值观方面的差异也严重阻碍不同学科的研究人员之间的沟通与交流。

当代的每一个学科都是在长期历史积累的基础上形成的。在这种情况下，如果一个人想在一个学科中有所成就，那么他必须满足这样几个条件：首先，他要熟悉该学科在长期历史积累的基础上形成的术语体系。每一个学科都有它的比较成形的术语体系，这些术语包括所指，也包括能指[①]，它们以严格限定的方式指称某一现象或一组现象。就学科术语的严格性和逻辑性而言，它与日常语言存在明显的区别。一个人要想在某一个学科中达到对该学科术语的熟练掌握和灵活运用需要一个长时间的学习和积累。其次，他要熟悉前人在该学科领域中积累的各种成果，这包括自然科学中的原理、定理和方法，社会科学中的典型理论、学说、观点以及它们之间的逻辑递进关系，人文科学中的典型著作和作品等。自然科学的创新体现在以适当的方法解决新问题或者以新的更有效率的方法解决老问题；人文社会科学领域中的创新主要体现为在“照着讲”的基础上实现“接着

① 所指和能指是瑞士语言学家索绪尔提出的一组概念，这一组概念在现代语言学、心理学、历史学、哲学等领域被广泛地使用。索绪尔认为：“我们把概念和音响形象的结合叫做符号，但是在日常使用上，这个术语一般只指音响形象，例如指词（arbor 等等）。人们容易忘记，arbor 之所以被称为符号，只是因为它带有‘树’的概念，结果让感觉部分的观念包含了整体的观念。”（索绪尔：《普通语言学教程》，商务印书馆 1980 年版，第 102 页）在这里，符号所蕴含的概念即所指，代表符号的音响形象（语言或文字）即能指，所以符号也就是所指和能指结合在一起的整体。

讲”[①]，“照着讲”是要在学科历史上下功夫，“接着讲”是要在学科创新上下功夫，在“照着讲”的基础上才能实现“接着讲”。第三，他要熟悉该学科从事研究工作所使用的方法，每一个学科的方法既包括研究方法，也包括叙述方法。就自然科学而言，研究人员不仅要熟悉相关的理论，还需要在实验中培养动手能力和观察能力，并把实验的结果用专业术语和理论进行系统的阐发。人文社会科学相对比较复杂，学科不同，研究方法也会有所不同，有的学科侧重于文本解读，有的学科侧重于调查研究。[②]不管是文本解读还是调查研究，在分析和整理海量资料的过程中都需要一种合理的研究方法，在研究的基础上还需要把研究的结论叙述出来。基于上述三个方面的原因，在人类社会发展的早期，一个人从事多学科的研究是比较常见的，而且学术大家往往是跨学科的。在西方，亚里士多德是典型代表。在中国，孔子在经学、史学、诗歌和教育等方面都有突出的贡献。随着学科知识的不断积累，每个学科因为术语的专业、成果的庞大以及方法的复杂在自己的领域内筑起一座座高山，造成的结果就是现代学者很难在自己的有限时间内跨学科领域作出贡献，各个知识领域之间的联系被切断。随着学科独立性不断增强，偶尔也会出现学科融合的需要，例如同一个学校内部有文理融合的问题，学科与学科之间也有交叉协同创新的问题等，但是在这方面的实践，成功的范例比较少。

社会发展状况也在一定程度上限制了学科之间的沟通与交流。社会发展状况主要包括教育状况与学科管理状况。就教育状况而言，基础教育分

---

① “接着讲”和“照着讲”是冯友兰提出的两种哲学研究思路。他在《新理学》的“绪论”中指出，所谓的新理学是承接宋明道学中的理学一派而讲的，所谓“承接”不是“照著”讲，而是“接著”讲（冯友兰：《冯友兰自选集》，首都师范大学出版社 2008 年版，第 31 页）。冯友兰在生前出版的最后一部著作《中国现代哲学史》中从哲学需要近代化的角度指出：“近代化的中国哲学，并不是凭空创造一个新的中国哲学，那是不可能的。新的中国哲学，只能是用近代逻辑学的成就，分析中国传统哲学的概念，使那些似乎含混不清的概念明确起来。这就是‘接着讲’和‘照着讲’的分别。”（冯友兰：《中国现代哲学史》，广东人民出版社 1999 年版，第 20 页）

② 历史学主要是建立在文本解读的基础之上，哲学需要在文本解读的基础上进行理性反思，艺术学侧重于写生和创作，经济学侧重于经济数据分析和模型建构，社会学侧重于调查统计分析，人类学侧重于田野调查，心理学侧重于访谈和心理实验，人文社会科学因为学科的不同，研究方法也存在一定的差别。

学科来设置课程，也分学科进行考核；高等教育的教学科研和学生管理工作也是分学科按照院系所的机构设置来独立进行的，学生修满学分之后，获得相应学科门类的学位。在这样的培养机制下，学生的学科意识呈现不断增强的趋势。义务教育阶段文科和理科教育同步进行，学生在学习过程中，有的科目学得好，有的科目学得不够好；到了高中阶段开始出现文科与理科的初步分离，开始出现文科班和理科班的分化；大学本科阶段，本科生在各个专业学院按照二级学科进行专业学习，最终获得相应学科门类的学士学位；硕士研究生的招生依然按照二级学科来进行，但是在学习和研究过程中开始接触到研究方向；博士研究生的录取工作直接就是按照研究方向来进行的。这种人才培养机制就像我们在上文中提到的那样，把一批批人才输送到庞大的学科知识体系的毛细血管之中。进入学科知识体系末端的科研人员很难打破学科的界限进行跨学科的研究。国内某些高校也尝试在二级学院之上增设学部的方式统合相近或相似的学科专业，学部的设置在一定程度上起到了促进相近或相似学科之间交流合作以及协调、优化学科布局的作用，但是到目前为止，各个学部的设置并没有实质性地改变以学院专业为单位招收学生并进行培养的机制。就学科管理状况而言，对管理对象进行分级分类管理是最便捷高效的方法。科研人员按照学科专业归属于各个院系所，科研课题的发布、申请、管理与验收，科研成果的发表与奖励，学术活动的组织与管理，科研文献的整理、存储与借阅，这些与科研活动密切相关的方面也都是以学科专业的划分为基础建立起来的。一些从事跨学科研究的成果在发表、评审与奖励方面可能面对一系列的尴尬境遇，到底要在哪个学科进行申报，这是问题所在。甲学科可能认为这不属于自己研究领域的成果，乙学科也会认为自己的学科不会这样开展研究，于是在这些交叉模糊的地带，作者的成果难以被评审专家接受并认可。

不同的研究者实质上面对的是同一个世界，作为个体的研究者都是结合自身的经历和知识结构来对这个世界分门别类地开展研究，于是在长期的历史过程中形成人类庞大的学科体系。由于科研人员自身的局限性、学科与社会发展状况的限制，这种分学科的研究在一定程度上造成了人类认识过程中的困局，这种困局可以用三个成语来加以描述，即盲人摸象、坐井观天、一叶障目。盲人摸象是我们在探索未知时可能出现的隐喻，坐井观天是我们在已知的框架内从事认识活动的隐喻，一叶障目则是我们在有限知识条件下认识无限的隐喻。

盲人摸象本来是出自《大般涅槃经》的一则佛经故事：一位国王让一群盲者触摸大象，然后问这些盲者对于大象的认识，由于盲者触摸大象的部位不同，于是，有的说大象像萝卜根，有的说像簸箕，有的说像一块大石头。佛经中用盲人摸象的故事想要说明的道理是“象喻佛性”“盲喻一切无明众生”，无明众生对于佛性的理解总是单一的、片面的。把盲人摸象应用于当前的学科研究现状，同样也能够说明问题，大象就是我们面对的整个世界，由于我们面对的世界太大，我们所知道的仅仅是世界的很小的一部分，这种状况导致我们如盲人一样，以我们看到的东西来理解整个世界。例如，同样面对一棵树，物理学家看到的是它的物理结构，艺术家看到的是它的审美价值，社会学家看到的是它对于村民的作用，经济学家看到的是它的经济价值，哲学家看到的是它在宇宙中的地位，等等。他们都是从自身的学科性质和知识结构出发来看待自己的研究对象，但是研究对象本身是一个复杂的综合体，他们各自把握到的只是对象的一个侧面而已。人类对世界进行分学科研究的方式与盲人摸象有异曲同工之妙。

坐井观天的典故源出于《庄子·秋水》，其中记录了坎井之蛙与东海之鳖的对话，坎井之蛙满足于在井栏上跳来跳去，东海之鳖则向他描述了大海的博大。于是，“井蛙不可以语于海者，拘于虚[①]也；夏虫不可以语于冰者，笃于时也；曲士不可以语于道者，束于教也”[②]。其后，韩愈在《原道》中指出：“坐井而观天，言天小者，非天小也”，原因在于“其见者小也”[③]。与中国学术思想中的“坐井观天”相类似，在西方思想史中也出现了培根所提出的“洞穴假象”。培根认为困扰人们心灵的假象共有四类，即

① 同“墟”，指井蛙生活的地方。

② 庄子：《庄子》，123—124页，北京：中国华侨出版社，2013。

③ 韩愈：《韩昌黎全集》，上海：世界书局，1935。

族类假象、洞穴假象、市场假象和剧场假象。其中，“洞穴假象是各个人的假象。因为每一个人（除普遍人性所共有的错误外）都各有其自己的洞穴，使自然之光屈折和变色。这个洞穴的形成，或是由于这人自己固有的独特的本性；或是由于他所受的教育和与别人的交往；或是由于他阅读一些书籍而对其权威性发生崇敬和赞美；又或者是由于各种感印，这些感印又是依人心之不同（如有的人是‘心怀成见’和‘胸有成竹’，有的人则是‘漠然无所动于中’）而作用各异的；以及类此等等。……因此，赫拉克利泰（Heraclitus）曾经说得好，人们之追求科学总是求诸他们自己的小天地，而不是求诸公共的大天地”[①]。把坐井观天和洞穴假象推而广之，这实质上是每个人在认识过程中都会面临的困境。每个人都是坐在井中或者身处洞穴之中来认识世界，只是不同的人的井口（或洞口）大小有所不同而已。知识丰富、心胸博大、视野开阔的人井口大一些，反之则井口小一些。当我们仅仅从一个学科出发来研究眼前的对象时，这个学科就构成我们置身于其中的那口井，我们从井口望去只能看到有限的天。

一叶障目的典故出自三国魏邯郸淳编撰的《笑林》，其中讲到一个楚国人，他在读《淮南子》的时候读到“螳螂伺蝉自障叶可以隐形”，也就是说如果找到螳螂捕蝉时遮蔽自己的树叶，拿着它可以隐形。这个楚国人千方百计找到了螳螂捕蝉时遮蔽自己的那片树叶，自以为可以隐形，于是，拿着这片树叶就到市场上在众人面前拿取别人的物品，结果被送到了官府。对于这个楚国人来说，作为障碍存在的东西不仅仅是那一片树叶，更重要的是《淮南子》这本书中的说辞以及他心中的教条主义思维方式。一叶障目这个成语典故上升到学术层面就是荀子的解蔽理论。荀子曾经有感于“诸侯异政，百家异说”[②]的现实，认为正确的东西只有一个，“天下无二道，圣人无两心”[③]。他认为之所以产生相互冲突的观点的原因深植于“人之患”，

① [英]弗朗西斯·培根：《新工具》，20—21页，北京：商务印书馆，1984。

② 北京大学《荀子》注释组：《荀子新注》，344页，北京：中华书局，1979。

③ 北京大学《荀子》注释组：《荀子新注》，344页，北京：中华书局，1979。

即“蔽于一曲，而闇于大理”[①]，对于自己主张的观点不愿意听到非议，对于自己不赞同的观点不愿意听到赞美。“故为蔽：欲为蔽、恶为蔽，始为蔽、终为蔽，远为蔽、近为蔽，博为蔽、浅为蔽，古为蔽、今为蔽。凡万物异则莫不相为蔽，此心术之公患也。”[②] 荀子认为走出这种心灵被遮蔽的困局的方法是“虚壹而静”[③]，即在认识事物的过程中要保持虚心、专心和静心，不要先入为主、三心二意、魂不守舍。这里，荀子从改变心的结构出发来达到解蔽的目的也只是看到了解蔽过程的一个方面。站在人类历史发展的角度而言，人类解蔽的过程除了研究者保持开放的心态之外，还需要认识工具的改进以及学科知识的不断积累与整合。终极的完全没有遮蔽的认识结论只能是一种理想状态，不管人类的认识如何发达，某些东西被遮蔽起来以至于研究者看不到、想不到的情况始终存在。在学科相对独立发展、诸学科之间的交流合作难以实现的情况下，研究者所属的那个学科就是遮蔽我们眼睛的那一片树叶，一叶障目的学科隐喻就是一种现实的、不以人的意志为转移的现实困境。

§3 哲学家对历史研究的质疑

我们在前两个部分从整体上论述了学科发展的一般状况，人类庞大的学科体系是建立在区分和专门化基础之上的，并且由于这种区分和专门化，各个知识领域之间很难建立相应的联系，一个学科领域内的学者在与另一学科领域内的学者交流过程中就像遇到外星人一样充满惊奇。我们的主题是研究哲学与历史学这两个学科之间的关系，这种关系既包括区别也包括联系。就两个学科之间的区别而言，既有从一般意义上而言的学科与学科之间的区分，也有由于这两个学科之间的紧密联系而产生的学科之间的分歧。哲学家和历史学家总是相互攻讦，哲学家质疑历史研究的方式方法及

① 北京大学《荀子》注释组：《荀子新注》，344 页，北京：中华书局，1979。
② 北京大学《荀子》注释组：《荀子新注》，345 页，北京：中华书局，1979。
③ 北京大学《荀子》注释组：《荀子新注》，351 页，北京：中华书局，1979。

其地位和作用，历史学家同样也对哲学研究充满疑惑。黑格尔比较深刻地揭示了哲学家与历史学家相互攻讦的原因，他认为："历史的职责，既然不外乎把现在和过去确实发生过的事变和行动收入它的记载之中，并且越是不离事实就越是真实。哲学事业的努力似乎和历史学家的努力恰好相反。"[①]正是因为哲学和历史学向着两个不同的方向努力，所以它们之间的分歧必然存在，我们在这一部分首先来看哲学家对历史研究的质疑和批评。

哲学家对历史研究的第一种质疑是它研究具体的一次性事件，其结论不具有普遍性的指导意义。亚里士多德曾经认为："诗是一种比历史更富哲学性、更严肃的艺术。"[②]他认为，历史与诗歌之间的区别不在于是否用格律文来进行写作，希罗多德的《历史》也可以改成格律文的形式，修改之后它也是历史。亚里士多德之所以得出历史不如诗歌的结论，主要依据就是看它是否具有哲学可塑性[③]。历史与诗歌之间的主要区别在于：（1）历史描述已经发生的事，诗歌则描述可能发生的事，诗歌对可能发生的事的描述基于可然或必然的原则，而历史则没有；（2）诗歌倾向于以一个真实或虚构的人名表现带普遍性的事，历史则倾向于记载具体事件，所谓具体事件是指某一个历史人物曾经做过或遭遇过的事；（3）历史描述的是"自然或偶尔发生的事件"，并且按照事件在时间内的排列顺序对之进行描述，而诗歌模仿的不仅是一个完整的行动，而且是能够引发恐惧和怜悯的事件，意外与因果关系蕴藏于其中。[④]柯林武德曾经对亚里士多德的观点进行过解释，"这就是为什么亚里士多德说诗歌要比历史学更科学的原因，因为历史学只不过是收集经验的事实，而诗歌则从这些事实中抽出一套普遍的判断。历史学告诉我们说，克罗苏斯倒台了，波吕克里特倒台了；而按照亚里士多

① ［德］黑格尔：《历史哲学》，8页，上海：世纪出版集团，2006。

② ［古希腊］亚里士多德：《诗学》，81页，北京：商务印书馆，1996。

③ "哲学可塑性"这一概念是由亚里士多德《诗学》的译者陈中梅提出的，他在自己翻译出版的《诗学》之后添加了十四篇附录，其中一篇附录的篇名为"历史"，在这篇附录中他认为："希腊哲学似乎倾向于低估历史的价值。苏格拉底和柏拉图没有鼓励学生去做历史学家，亚里士多德甚至认为历史的哲学可塑性还比不上柏拉图'声讨'过的诗。"（亚里士多德：《诗学》，商务印书馆1996年版，第255页）

④ 这三点总结参见亚里士多德《诗学》，81—82页，北京：商务印书馆，1996。

德的观念，诗歌并不做出这类单独的判断，而是做出像这类极富的人都要倒台的普遍判断”[①]。亚里士多德对于历史学研究内容的看法奠定了若干后续意见的基本格式[②]，即认为历史的研究对象是已经发生的具体事件，也就是已经发生的一次性事件。一次性事件这个概念说明了这样一种情景，那就是它只发生一次，以后就不再重复，因而在历史解释领域就不存在任何形式的因果规律或法则，也就是不存在过去曾经发生、将来也或然或必然会发生的普遍性。

哲学家对历史研究的第二种质疑涉及历史事实本身的可再现性。历史事件本身发生在过去，过去的东西具有一去不复返的特性，我们不能直接与之照面，我们对过去的历史事件的研究只能通过整理分析文献、风俗、遗迹或者遗物的方式来开展。有的历史学家认为历史事实就存在于文献之中，文献自己会说话，通过文献的整理和分析我们就可以发现过去真实的历史。对于这种想法许多哲学家认为不切实际，其中比较典型的代表是意大利新黑格尔主义者克罗齐。他把语文文献学历史归入“假历史”的行列，语文文献学历史相信历史被锁在图书馆、博物馆和档案馆里的天真想法类似于《天方夜谭》中神怪缩为一股轻烟锁在小瓶中一样，以文献为基础开展的研究最终产生的只能是文献[③]，其中并不包含对历史研究真实性与有用性的肯定。“真历史”必然是和当代人的生活紧密关联的，是为了解决当代人生活和思想中的问题而出现的，于是克罗齐提出“一切真历史都是当代史”的命题。这一命题的实质是以历史研究对于当代的有用性取代了历史认识的真实性，从当代的视角出发构建活在当代的历史，在一定程度上否定了通过文献研究过去真实历史的可能性。克罗齐的这一观念后来在美国思想家贝克尔那里得到进一步发展。贝克尔针对历史事实系统地思考了三个问题，即历史事实是什么？历史事实在哪里？历史事实发生于何时？对

① ［英］柯林武德：《历史的观念》，56—57页，北京：商务印书馆，1997。

② 比较典型的代表有德国新康德主义者李凯尔特，后现代历史哲学家海登·怀特、安克斯密特等人。

③ 克罗齐认为：“把编年史清除杂质、分成断简、重新加以组合、重新加以编排以后，它们永远还是编年史，就是说，还是空洞的叙述；把文献恢复过来、重现出来、加以描绘、加以排比，它们仍旧是文献，就是说，仍旧是无言的事物。”（克罗齐：《历史学的理论和实际》，商务印书馆1982年版，第15页。）

于第一个问题，贝克尔给出的答案是："历史事实不是过去发生的事情，而是可以使人们想象地再现这一事件的一个象征。既然是象征，说它是冷酷的或铁一般的，就没有什么价值可言了。甚至评论它是真的还是假的都是危险的，最安全的说法是说这个象征或多或少是适当的。"①对于第二个问题，贝克尔认为："它们存在于他的头脑中，或者存在于某些人的头脑中，否则它们就不存在于任何地方。"②所谓人的头脑，实质上就是人们的记忆。只有当历史事实时常出现于人们的记忆之中，而不是单纯地躺在档案之中时，它们才能在世界上产生影响。对于第三个问题，贝克尔这样回答："如果历史事实生动地展现在人们的头脑中，那么此刻它就是现在的一部分。"③这种由于历史事实本身的存在状态所引发的对于历史事实的主观主义解释最终导致把历史事实视为"一系列被认可的判断"④。这种对历史事实的主观主义阐释竟然出自专业历史学家巴勒克拉夫之口，这说明历史学学术共同体也无法解决历史事实的真实性与客观性的问题。这无疑会动摇历史研究的客观事实基础，导致把历史学与讲故事相等同，历史认识的真实性将荡然无存。

哲学家对历史研究的第三种质疑是历史学家把自己的主观好恶植入了历史研究之中。卢梭在《爱弥儿》中曾经这样评价历史，他认为："在历史中所记述的那些事情，并不是怎样经过就怎样准确地描写的，它们在历史学家的头脑中变了样子，它们按照他们的兴趣塑成了一定的形式，它们染上了他们偏见的色彩。……无知和偏袒把整个事情化了一次装。"⑤于是，我们在阅读历史过程中"只能够在几种谎言当中选一个同真实的事实最相像

① [美] 贝克尔：《什么是历史事实》，载张文杰主编《现代西方历史哲学译文集》，229 页，上海：上海译文出版社，1984。

② [美] 贝克尔：《什么是历史事实》，载张文杰主编《现代西方历史哲学译文集》，230 页，上海：上海译文出版社，1984。

③ [美] 贝克尔：《什么是历史事实》，载张文杰主编《现代西方历史哲学译文集》，231 页，上海：上海译文出版社，1984。

④ [英] 巴勒克拉夫：《当代史学主要趋势》，9 页，北京：北京大学出版社，2006。

⑤ [法] 卢梭：《爱弥儿》，331 页，北京：商务印书馆，1978。

的谎言”[①]。与卢梭相比，叔本华说得更加露骨，他曾说：“克里奥，历史女神，就像一个得了梅毒的普通妓女一样，彻底感染了谎言和谬论。”[②] 即使在专业历史学家那里也存在相同的看法，例如汤因比也认同“历史是胜利者的宣传”，只是他对于历史学家的职业操守还抱有一定的期望，他说：“胜利者确实具有一种巨大的优越性；而历史学家必须提防的事情之一，就是听任胜利者垄断对后人叙述故事的权力。”[③] 但是，这里值得注意的是胜利者并不直接书写历史，书写历史的正是为胜利者辩护的历史学家。就这一点而言，汤因比在他的代表著作《历史研究》中也有相应的论述，他认为“无论在任何时代、任何社会，历史研究都同其他社会生活一样，受到在特定的时间和地点占据主导地位的思想倾向的控制”[④]。历史学家难以避免从一种前置的立场出发开展历史研究的倾向。对于这一点，马克思与恩格斯表述得也非常清晰，他们认为：“统治阶级的思想在每一时代都是占统治地位的思想。这就是说，一个阶级是社会上占统治地位的物质力量，同时也是社会上占统治地位的精神力量。”[⑤] 在特定时代占统治地位的统治阶级的思想形成一道“普照的光”，它时刻改变着历史学家的历史书写。

哲学家对历史研究的第四种质疑是历史学家书写的历史作品本身存在瑕疵，历史书写方式需要发生根本性变革。在《历史哲学》一书中，黑格尔回顾了在“哲学的历史”出现以前的关于研究历史的其他各种方法，并指出了它们自身所包含的缺陷以及在它们的发展中包含的导向“哲学的历史”的内在逻辑。黑格尔认为，观察历史的方法大概可以分为三种，即原始的历史、反省的历史以及哲学的历史。（1）原始的历史不能有十分广大的范围，它所绘画的只是短促的时期，人物和事变个别的形态，它具有单独的、无反省的各种特点。（2）反省的历史描述的范围不限于它所叙述的

① [法] 卢梭：《爱弥儿》，332 页，北京：商务印书馆，1978。

② 转引自 [美] 希梅尔法布：《新旧历史学》，243 页，北京：新星出版社，2007。

③ [英] 汤因比、[英] 厄本：《汤因比论汤因比：汤因比与厄本对话录》，10 页，上海：上海三联书店，1989。

④ [英] 汤因比：《历史研究》，3 页，上海：上海人民出版社，2005。

⑤《马克思恩格斯文集》第 1 卷，550 页，北京：人民出版社，2009。

那个时期，相反地，它的精神是超越现时代的。这种历史可以分为四种不同的门类，这四种门类都具有一定的局限性。其中，普遍的历史造成一种困境，即著作家的精神与他所记述的那些时代的精神相脱节。实验的历史在研究“过去”的过程中涌现出“现在”，在这类历史中存在大量的道德说教。批评的历史有一个弊端，那就是往往以主观的幻想来代替历史的记录，幻想愈是大胆，根基愈是薄弱，愈是与确定的史实背道而驰，然而他们却认为愈是有价值。第四种门类是生活和思想各专门部分的历史——艺术的、法律的和宗教的，等等。它所研究的领域是分化的，但是因为它的观点是普遍的，它形成了向哲学的世界历史的一种过渡。（3）哲学的历史是黑格尔所倡导的一种历史形态，黑格尔认为：“我们所能订立的最普遍的定义是，‘历史哲学’只不过是历史的思想的考察罢了。”[①] 历史哲学就是“哲学的世界历史”，它的主要任务是考察这样一个原则，即理性向来统治着世界，现在仍然统治着世界，因此就统治着世界历史。可见，黑格尔对曾经出现过的所有历史形态都是不满意的，也就是说他对以往的历史学家的工作不满意，认为他们没有把握住历史的总体方向和实质内容，并希望亲手缔造一种全新的历史形态。在黑格尔之后，马克思为历史编撰学奠定了唯物主义基础，伴随着唯物史观的系统阐述，马克思也提出了改变历史编撰学写作形态的任务，但是这种改变与黑格尔提出从理性出发来书写历史的观点不同，他主张“从物质实践出发来解释各种观念形态”[②]。由此，马克思对于以往历史观的评价便是：“迄今为止的一切历史观不是完全忽视了历史的这一现实基础，就是把它仅仅看成与历史进程没有任何联系的附带因素。因此，历史总是遵照在它之外的某种尺度来编写的；现实的生活生产被看成是某种非历史的东西，而历史的东西则被看成是某种脱离日常生活的东西，某种处于世界之外和超乎世界之上的东西。”[③] 以往的历史只是关注重大

① 本段落总结的黑格尔观点参见他的著作《历史哲学》（世纪出版集团 2006 年版）第 7—8 页。

②《马克思恩格斯文集》第 1 卷，544 页，北京：人民出版社，2009。

③《马克思恩格斯文集》第 1 卷，545 页，北京：人民出版社，2009。

政治历史事件，关注宗教和一般理论的斗争[①]，现在需要超越这种历史书写方式，“为历史提供世俗基础”，“为历史编撰学提供唯物主义基础”，侧重于书写市民社会史、商业史和工业史。[②]黑格尔和马克思对于历史学的批评代表着两个完全不同的方向，但是他们之间的共同点在于对以往的历史编撰学不认同，希望在新的历史观基础上构建历史学新形态。

§4 历史学家对哲学研究的质疑

历史学与哲学同属人文学科，研究主题都与人及人类社会存在非常紧密的关系，但是历史学研究基于历史事实，哲学研究则偏重于思辨。年鉴学派创始人吕西安·费弗尔对于这两个学科之间的关系曾经做出如下描述：“哲学和史学，可以肯定的，这是两种思维，两种无法折中的思维。确切地来说，无法将二者加以‘折中’，以便彼此相互适应。问题是两者彼此都有自己的立场，彼此都无法无视自己的近邻，以至于在彼此相互看来，即便不是水火不容，但至少也是形同陌路。”[③]这种局面在历史学家群体中一定程度上导致“探究哲理，这在历史学家的口中，意味着……重大的过失”[④]。综合历史学家对于哲学研究的评价可知，历史学家并不从一般意义上来否定哲学，而是否定以哲学方式开展历史研究，主要反对的对象是历史哲学，特别是以黑格尔为代表的历史哲学的研究倾向。这正像福斯泰尔·德·库朗日所讲的那样“既有哲学，也有历史，但没有历史哲学”。

历史学家对哲学研究的第一种质疑是指证哲学干涉历史研究，进而希望支配历史学。这种观点的代表是德国著名历史学家利奥波德·冯·兰克，他认为历史学和哲学之间的不同之处在于，哲学是在观念领域里活动，而历史学则非得依赖现实。某些哲学家主张以概念演绎来取代外部的现实经

①《马克思恩格斯文集》第 1 卷，545 页，北京：人民出版社，2009。

②《马克思恩格斯文集》第 1 卷，531 页，北京：人民出版社，2009。

③ 转引自［法］雅克·勒高夫：《历史与记忆》，172 页，北京：中国人民大学出版社，2010。

④［法］雅克·勒高夫：《历史与记忆》，172 页，北京：中国人民大学出版社，2010。

验，兰克特别指出这种倾向在费希特那里表现得非常明显，费希特认为："如果哲学家能够从他所预设的概念整体中演绎出可能在经验中存在的现象，那么，很明显，他的工作就根本不需要经验。"①兰克认为费希特这种观点的实质是这种类型的哲学"已经通过思辨得出了它的结论，并声称要支配历史学"②。作为兰克学术思想的继承者、历史至上主义学派的代表，布克哈特在梳理历史学与其他学科之间的关系时认为，科学和数学是"我们仅有的无私的同志"，"神学和法律试图控制我们，或者至少要把我们当作弹药库，与此同时，哲学力图高踞所有学科之上，这也同时导致它在所有学科那里做客"。③这突出地反映出布克哈特站在历史学研究的基点上所采取的远交近攻的策略，正是因为远，历史学与自然科学和数学能够和平共处；正是因为近，历史学与哲学之间才会相互攻伐。诚如布克哈特所言，在西方学术思想史上，哲学是以学科总汇的面目出现的，素被称为"科学的科学"。但是随着人类认识水平的不断提升，学科格局在不断地变化。首先是伴随着宗教影响力的日益增强，神学开始从哲学中分离出去，乃至于在中世纪哲学成为神学的婢女；随着使用数学方法、建立在实验基础上的经验科学的发展，各门自然科学日益发展壮大，从哲学中分离出去；随着自然科学方法被运用于分析人类心理和行为以及社会结构，心理学、社会学、经济学等学科也从哲学中分离出去；剩下的一些实在没有办法运用自然科学方法的学科，也在区分的基础上谋求自身的独立性，历史学、文学、艺术学等学科也建立了具有自身学科特色的知识生产体系。作为"学科之母"的哲学一步步丧失自己的传统领地，由此变得"无家可归"，正是因为"无家可归"，哲学才真正实现了"四海为家"，关于世界的全部思想成为哲学的反思对象。④这正是布克哈特所说的哲学"在所有学科那里做客"。在一

① [德]兰克：《论历史科学的特征》，载刘北成、陈新主编《史学理论读本》，5页，北京：北京大学出版社，2006。

② [德]兰克：《论历史科学的特征》，载刘北成、陈新主编《史学理论读本》，5页，北京：北京大学出版社，2006。

③ Burckhardt J, *Reflections on History*, p30, London: George Allen & Unwin LTD, 1950.

④ 参见孙正聿：《哲学通论》，147—148页，上海：复旦大学出版社，2007。

些历史学家看来（并不是所有的历史学家都有这种看法），哲学这个客人不太守本分，到了别人的家里还要指手画脚。当哲学家指出历史研究中可能存在的某些哲学问题时，某些历史学家的反应是“我不在乎那个，我得继续做我的事情”[①]。

历史学家对哲学研究的第二种质疑是“哲学家从他在别处发现的，并是他以作为哲学家的特有方式发现的某个真理开始，为自己建构起所有的历史”[②]。兰克持有这种观点，他认为哲学家构建起来的是“纯粹概念的历史”，同时他们也不乐意去检测自己的观念是否正确，决意要使真正的事件从属于他的观念。这样就会造成“整个人类历史是从一个特定的原始状态朝着一个积极的目标发展的”历史观。“这种观念衍生出两种看法，一种看法认为人类历史的发展受到一种普遍的指导性的意志的推动；另一种看法认为人类拥有一辆精神列车，这辆列车将世间万物推向特定的必然目标。”[③]这两种看法在哲学上是站不住脚的，因为它们取消了人的自由并使人成为无意志的工具；这两种看法在历史上也不能得到证实，因为每个历史时代都有其自身的合理性和价值，后一个时代与前一个时代之间在物质层面存在进步，但是“就道德高度来讲不存在更高的潜力”[④]。情况可能恰恰相反，过去世界创造了道德的高点，随着历史的发展精神领域还常常出现倒退的情况。由此，某些哲学家提出的在主导理念作用之下历史朝着某一特定目标不断进步的历史观在理论上和现实中都是缺乏依据的，不能够得到证实。与兰克的观点相类似，德罗伊森认为黑格尔的《历史哲学》把社会中产生出来的事物看作是必然且不可避免的，这种抽象的思想是“没有来源”“凭空而起”[⑤]的，“这是错误的历史教条，只替保守及反动思想撑腰”[⑥]。布克

---

① ［美］海登·怀特、［波兰］埃娃－多曼斯卡：《过去是一个神奇之地：海登·怀特访谈录》，80页，《学术研究》2007年第8期。

② ［德］兰克：《论历史科学的特征》，载刘北成、陈新主编《史学理论读本》，5页，北京：北京大学出版社，2006。

③ ［德］兰克：《历史上的各个时代：兰克史学文选之一》，5页，北京：北京大学出版社，2010。

④ ［德］兰克：《历史上的各个时代：兰克史学文选之一》，9页，北京：北京大学出版社，2010。

⑤ ［德］德罗伊森：《历史知识理论》，21页，北京：北京大学出版社，2006。

⑥ ［德］德罗伊森：《历史知识理论》，31页，北京：北京大学出版社，2006。

哈特也以同样的调门批判黑格尔的《历史哲学》。他认为，历史哲学是一只半人半马的怪兽[①]，把泾渭分明的历史和哲学杂糅在一起，黑格尔的《历史哲学》就是这样的东西。黑格尔认为理性在哲学中是“被给定的”观念，世界依据理性建立秩序，因此世界历史也是一个符合理性的过程，由世界历史产生的结论“必须”是世界精神的符合理性的、必然的进步。布克哈特认为，黑格尔“所有这些命题在被‘给定’之前，首先应该是已经得到证明的”[②]，但是黑格尔“关于世界计划的大胆的假设导致了错误的结论，因为它从一开始就建立在错误的前提之上”[③]，理性在世界之前的预先存在是根本不可能得到事实证明的东西。

按照罗素的观点，哲学区别于神学和科学，哲学是以理性的方式对那些人类至今仍为确切的知识所不能肯定的事物的思考。[④]人类始终面临不能确切地加以描述或者认识的领域，我们不能只承认建立在事实基础之上的经过证实的知识，我们更需要重视从我们的头脑中产生出来的东西。以兰克、德罗伊森、布克哈特等人为代表的历史学家不能理解哲学家的这种工作方式，把哲学研究视为一种脱离事实的凭空的想象。但正是这种凭空的想象对于人类的发展具有非常重要的促进作用。哲学家的工作正是通过他们的头脑超越事实或者曾经存在过的东西。我们应该知道，除了事实和曾经存在过的东西之外，人类面向未来具有无限的创造的可能性。

历史学家对哲学研究的第三种质疑是哲学家希望以定理或者规律的方式来理解人类的历史，但是历史本身巧妙地逃脱了必然性的束缚。朗格诺瓦和瑟诺博司合著的《历史研究导论》是 19 世纪晚期实证史学的代表作，它在史学领域延续了实证主义拒斥形而上学的传统。该书作者在“前言”中明确表示自己的研究工作不是延续历史哲学的思路，而是站在批评历史哲学的立场上进行观点阐述。他们认为历史哲学存在一个严重的错误，那

① Burckhardt J, *Reflections on History*, p15, London: George Allen & Unwin LTD, 1950.

② Burckhardt J, *Reflections on History*, p16, London: George Allen & Unwin LTD, 1950.

③ Burckhardt J, *Reflections on History*, p16, London: George Allen & Unwin LTD, 1950.

④ ［英］罗素：《西方哲学史》上卷，11 页，北京：商务印书馆，1963。

些不是职业历史学家的思想家们“每以历史为其沉思玄想之一理论物，而寻求其中一切‘类同条例’与‘定律’焉。其中若干人，则拟发现一切‘统辖人类发展之定律’，因之而能‘跻历史学于实证科学之林’。然此等广博无际之抽象构思[①]，每先天的引起人所必具之怀疑心理，非仅普通民众如此，即知识优良者依然。……凡所谓空泛无际之历史哲学，既未经善于记述、谨慎不苟、明锐判断之人加以研究审查，则无论其为正确或为错误（无疑必为错误），必皆成为不可取”。[②]可见，朗格诺瓦和瑟诺博司认为以定律的方式研究历史是不可取的，其内容宏大抽象，无法得到权威历史学家的证实，无法得到史料的支撑。

就历史学是否研究因果规律的问题，中国历史学家梁启超的治史思想曾经发生180度的大转折。1921年，他认为历史研究就是要寻求具有普遍性借鉴意义的因果关系，他对于历史做出如下的界定：“史者何？记述人类社会赓续活动之体相，校其总成绩，求得其因果关系，以为现代一般人活动之资鉴者也。”[③]但是在一年之后，大约在1922年12月，梁启超由于受到德国新康德主义思想家李凯尔特的影响而对于上述结论做出重大修正，他说：“我去年著的《中国历史研究法》内中所下历史定义便有‘求得其因果关系’一语，我近来细读立卡儿特著作，加以自己深入反覆研究，已经发觉这句话完全错了！”[④]“为什么呢？因为历史现象只是‘一躺过’，自古及今从没有同铸一型的史迹。这又为什么呢？因为史迹是人类自由意志的反影，而个人自由意志之内容绝对不会从同，所以史家的工作与自然科学家正相反，专务求‘不共相’。”[⑤]梁启超之所以做出这种思想上的大转折，其根源在于没有办法处理自由与必然之间的统一关系，在他看来自由和必然之间是相互排斥的，“‘必然’与‘自由’是两极端，既必然便没有自由，

① 这句话在该书英译本里的原话是 these vast abstract constructions，结合某些理论家把历史哲学称为“宏大叙事”的观点来对之进行翻译，原文中的这句话翻译为“那些宏大的抽象建筑物”更为恰当。

② ［法］朗格诺瓦、［法］瑟诺博司：《历史研究导论》，7—8页，北京：中国人民大学出版社，2011。

③ 梁启超：《中国历史研究法》，1页，北京：中华书局，2009。

④ 梁启超：《中国历史研究法》，155页，北京：中华书局，2009。

⑤ 梁启超：《中国历史研究法》，154页，北京：中华书局，2009。

既自由便没有必然；我们既承认历史为人类自由意志的创造品，当然不能又认他受因果必然法则的支配，其理甚明”①。梁启超虽然没有明确反对历史哲学的研究倾向，反而从历史哲学家李凯尔特那里借鉴了思想资源，但是其后期的思想转变具有非常典型的代表性，反映了一部分历史学家拒斥历史必然性研究的思想倾向，这种思想倾向却是在历史研究中存在的非此即彼的形而上学思维方法造成的，最终没有形成“自由就是对于必然的认识”这样的在哲学上已经可以成为共识的结论。

哲学与历史学同属于人文科学，其研究的侧重点都在于人类的价值观念和精神表现；它们的研究工作都离不开文献，没有一定的文献阅读量，就很难在相关领域中展开思考和研究；它们的研究结论不像理工科那样表现为产品或者工具性能的改进，都缺少直接的实用价值，却在人文社会科学研究中起着基础性作用。由此可见，哲学与历史学这两个学科相互之间的关系类似于住在隔壁的邻居，它们有各自相对独立的活动场域。由于离得近，两个学科的研究人员之间偶有来往，但是相互之间充满隔阂，关系并不算融洽。我们在上文中对这两个学科研究人员之间相互攻讦的状况做了一个简单的交代，下文我们将会侧重于说明两个学科各自的特点以及探索两个学科之间消除隔阂的可能性。

① 梁启超：《中国历史研究法》，156页，北京：中华书局，2009。

第二章　概念推理：哲学把握世界的基本方式

中国古代对于文献的分类法则主要有两套体系，一个是刘向、刘歆父子编辑的中国最早的图书目录《七略》，它将各种典籍分为六艺、诸子、兵书、数术、方技、诗赋六大类，以及概论性质的辑略；另一套体系是隋唐以降形成的按照经史子集分类的“四库”或者“四部”，这一文献分类体系相比于“七略”影响更大，最终在清朝汇聚成《四库全书总目》，全书共 4 部 44 类 66 属，这就相当于我们当今的学科体系，类似于学科门类、一级学科和二级学科。如果按照现代的学科分类来进行类比，经部大致相当于现在的哲学，史部大致相当于现在的历史学，子部大致相当于现在的自然科学和艺术学，集部大致相当于现在的文学。但是，在中国古代这个庞大的文献分类体系中却找不到哲学这个词，哲学对于中国来说是一个外来词，它是由清末学者黄遵宪从日本转道引进到中国来的。因为在中国古代没有哲学这个词，中国古代有没有哲学也成为一个争讼的话题，认为中国古代没有哲学或者贬低中国哲学地位的西方思想家包括黑格尔、德里达等人。对于这个问题当前基本上可以形成如下结论：中国古代确实没有出现严格意义上的与西方相同的哲学形态，但是中国古代思想家以自己独特的方式阐释或者发展自己民族的哲学思想。在这种学术背景下，在中国的语言环境中来阐述产生于西方的哲学概念以及哲学思维方式，就是一项充满挑战性的工作，下面的论述难免会挂一漏万，贻笑于方家。但是，如果要研究哲学与历史学之间的关系，不对哲学这个学科的内涵和特征进行梳理，是万万说不过去的。既然如此，那我们当然不能够回避这个问题。我们希望通过对这个问题的探求得出一个合理的、站得住脚的答案。

§1 深思关于哲学和哲学家的五个隐喻

隐喻是人类开展认识的一种基本方式，人们通过把甲事物与乙事物联系起来从而加深对甲事物的认识。进一步而言，从认识论角度来看，人类认识事物的基本模式也是通过自己熟悉的对象来理解和认识新对象。在认识的过程中，人们总是把不熟悉、难以掌握的东西转换成自己比较熟悉、容易掌握的东西，使之得到更加具体、形象和生动的理解。对什么是哲学这个问题的解答，有一千个哲学家可能就会有一千种答案，每个哲学家对这个问题的回答都会存在或多或少的差异。在研究哲学的过程中，给我留下深刻印象的是四位哲学家关于哲学和哲学家的五个隐喻。这五个隐喻有利于我们更形象、生动地理解哲学家的工作。

第一个隐喻：仰望星辰的人

依据柏拉图在《泰阿泰德篇》中的记载，古希腊第一位哲学家泰勒斯仰望星辰而不慎落入井中，看到这一景象的色雷斯女仆嘲笑他渴望知道天上的事，但却看不到脚下的东西。[①] 在这则关于哲学家的故事中，内在地隐含着两种不同类型的人，一类是以色雷斯女仆为代表，她关注着地上、脚下的事物；另一类人是以泰勒斯为代表，他关注着天上的星辰。由此引申，柏拉图对两种类型的人进行了分析，一类是从小厮混于法庭这样的地方的人，另一类是在哲学探讨中长大的人；前一类人被训练成奴隶，后一类人则成长为自由人。柏拉图认为，法庭上的演讲者是一个“从事辩论的奴隶”[②]，他一直关心着个人的利益以及自己的身家性命，在限定的时间内发言，听命于法庭上裁决各种诉讼的主人。对于这种人来说，“自幼为奴的经历扭曲了他的成长，剥夺了他的自由精神，驱使他走上邪恶之路，恐惧和危险使他胆战心惊，青年时期的脆弱使他无法面对真理和诚实；所以，他起先是撒谎，然后是用犯错误来补偿先前之错，性情乖戾偏激，从青年到成年全无健全观

① ［古希腊］柏拉图：《泰阿泰德篇》，载《柏拉图全集》第二卷，697 页，北京：人民出版社，2003。

② ［古希腊］柏拉图：《泰阿泰德篇》，载《柏拉图全集》第二卷，695 页，北京：人民出版社，2003。

念，最后终于如他自己想象的那样，成为所谓具有难以对付的才智的人”。[①] 哲学家也有不同的追求和层次，柏拉图认为首要的哲学家不同于在法庭这种环境中成长起来的人，他们“从来不会屈尊思考身边的俗事”[②]，他们的身体虽然生活在城市之中，但是他们的思想已经插上了翅膀，飞到了天上去。由此，在哲学研究中花费了大量时间的人一上法庭辩论就会显得荒唐可笑。同理，在法庭上能够激昂辩论的人对于天上的事物也会感到一片茫然。两种人走着完全相反的两条路。

从古希腊第一位哲学家开始，“仰望星辰的人”就成为象征哲学家群体的一个隐喻。这在一定程度上造成哲学与世俗生活的脱离，这种脱离发展到一定程度，就会产生在世俗意见看来哲学研究毫无价值的观念。这种观念在中国古已有之，彭更曾经向孟子提出自己的困惑，他说：“你身后跟着数十辆车，几百个人，在诸侯间转来转去以获得自己的报酬，这样做是不是太过分了？”在他看来，孟子并没有给各个诸侯国带来什么实际的好处，却能够得到优厚的待遇，这在他看来是不可想象的。于是，孟子问他，如果一个匠人（梓匠轮舆）给你造了一辆车，你是不是要给他报酬呢？为仁义者传递了孝悌的思想，促进社会和睦，人际和谐，那么他为什么不能从你那里获得报酬呢？“子何尊梓匠轮舆而轻为仁义者哉？”[③] 同类的事情也曾经引发黑格尔的思考，他注意到人们可能普遍认为要想制成一双鞋子，那么就需要鞋匠的技术，如果未经学习，绝不敢妄事制作；“唯有对于哲学，大家都觉得似乎没有研究、学习和费力从事的必要”[④]。世俗世界之所以产生这种观念也不能够完全怪罪身处世俗之中的人们，哲学远离世俗、沉醉于天国的倾向也是造成这种局面的原因。

问题恰恰在于如果哲学回归世俗生活，那么在世俗世界会给哲学保留一个位置吗？马克思对于这个问题做出了解答。马克思从事理论批判的目的不仅仅在于解释世界，更重要的是要改变世界。就改变世界的功能来说，从事

① [古希腊] 柏拉图：《泰阿泰德篇》，载《柏拉图全集》第二卷，696 页，北京：人民出版社，2003。

② [古希腊] 柏拉图：《泰阿泰德篇》，载《柏拉图全集》第二卷，696—697 页，北京：人民出版社，2003。

③ 孟轲：《孟子》，129 页，北京：中华书局，2006。

④ [德] 黑格尔：《小逻辑》，42 页，北京：商务印书馆，1980 年第 2 版。

哲学批判是不够的，由此必须深入到经济学研究中去。所以，在《1844年经济学哲学手稿》中哲学和经济学两条研究线索交叉并存之后，经济学研究日益占据主导地位。马克思并不会因为他在后期放弃哲学研究方向而在哲学领域受到贬损，反而因为他在经济学研究领域中的突出贡献，同时，由于这种贡献到处都有哲学的观点与方法，所以他在2005年英国广播公司第4台组织的票选中以绝对优势荣登“影响我们这个时代的最伟大的哲学家”榜首。马克思在“真理的彼岸世界”消逝以后，致力于“确立此岸世界的真理”①。他在把哲学与市民社会相融合的研究倾向上做出了有益的探索。他所谓的“哲学的消极解体”②实质上是某种哲学的解体，这种哲学脱离世俗生活，在抽象的观念中构建自己的王国。这种哲学消亡之后必将产生一种面向生活世界的新哲学，这种哲学把仰望星空与脚踏实地有机结合在一起，这种哲学的理论形态就是“实践的唯物主义”。在实践的唯物主义哲学形态中，哲学的研究方式不再是脱离生活世界的“从天国降到人间”，而是切实解决人们生活和思想中实际问题的“从人间升到天国”③。

第二个隐喻：像猎人一样合围

“像猎人一样合围”④是柏拉图在《理想国》中所使用的隐喻。在《理

---

①《马克思恩格斯文集》第1卷，4页，北京：人民出版社，2009。

②《马克思恩格斯文集》第1卷，113页，北京：人民出版社，2009。

③《马克思恩格斯文集》第1卷，525页，北京：人民出版社，2009。

④ 该隐喻出自柏拉图的《理想国》，在该书的中译本中，由于译者的不同，翻译后的中文内容也有所不同。郭斌和、张竹明翻译的《理想国》（商务印书馆1986年版）对于该句的译法是：“格劳孔啊，现在正是我们象猎人包围野兽的藏身处一样密切注意的时候了。”（见该书第152页）王晓朝翻译的《国家篇》（出自《柏拉图全集》第二卷，人民出版社2003年版）相应位置的译法与上书基本一致，他把这句译为：“格老孔，现在是时候了，我们要像猎人包围野兽藏身处一样密切注视正义，别让它从我们的视野中溜走和消失。”（见该书第407页）北京大学哲学系外国哲学史教研室编译的《西方哲学原著选读》（上卷）（商务印书馆1981年版）的译法是：“现在，格老贡啊，我们像猎人一样，要合围了，要睁大眼睛瞧着，别让公道漏网，偷偷逃到我们看不见的地方去。”（见该书第115页）这三个译本对于柏拉图这个隐喻的译法有所区别，对于猎人的狩猎行为的描述两种译法是“包围”，另一种译法是“合围”，就柏拉图试图通过对话来探究问题的本质而言，用“合围”这个词来进行描述更为恰当，它隐含着两个或两个以上的人的共同动作；另外，上述前两种译法都译出了猎人合围的对象，即野兽的藏身处，后一种译法则没有明确译出合围的对象，如果进一步细究，合围的对象不应该只是藏身处，而是野兽本身。因此，综合考虑和取舍上述三种译法的差异，把柏拉图在这里所使用的方法比喻为“像猎人一样合围”比较恰当。

想国》这部著作中，苏格拉底和格劳孔以对话的形式探讨理想国家应该具备的四种品质，他们依次探讨了统治者应该具备处理国家大事的“智慧”的品质，军人应该具备维护法律尊严的“勇敢”的品质，全体公民（柏拉图在这里特别强调的是被统治者，包括生意人、儿童、女人、奴隶以及那些名义上的自由人等）都应该具有认同统治秩序、保持社会和谐的“节制”的品质。在智慧、勇敢、节制的含义明确之后，接着就进入了最关键的环节，要进一步确定对于国家来说非常重要的一个问题，即什么是“正义”。在探讨这个问题之前，柏拉图使用了“像猎人一样合围”这个隐喻。我们知道，猎人在围猎的过程中要根据自然环境判断哪种动物会在这里出没，然后根据抓痕、脚印、粪便等方面判断野兽出没的可能性以及大致方向，这可以有效地提高围猎的准确度，最后就是发现野兽之后的合围。思考哲学问题和猎人围猎的过程具有内在的契合性，这种方法在哲学上预示着要按照思维的程序一步步地解决问题，把周边问题解决之后，最终解决问题的核心。这个方法具体应用于探讨国家的品质时，就是要在分阶层地确定了统治者、军人和被统治者应该具备的品质之后，在确定了智慧、勇敢与节制的含义之后，正义才会显露出它的踪迹，因为正义是贯穿于前三种品质之中的，它是“能够使节制、勇敢、智慧在这个城邦产生，并在它们产生之后一直保护着它们的这个品质”①。在柏拉图看来，“每个人必须在国家里执行一种最适合他天性的职务，……正义就是只做自己的事而不兼做别人的事”②。综合起来看，柏拉图所概括的理想国家品质就是统治者有治国的智慧，军人有拥护法律的勇敢，被统治者有维护社会和谐的节制，各阶层都要具备各司其职、各尽所能的正义，这样国家才不至于毁灭，才能够保持繁荣稳定。

哲学上“像猎人一样合围”的过程就是在哲学上使用归纳与演绎的方法。最早应用归纳方法的典型代表是苏格拉底，亚里士多德曾言：“两件大事尽可归之于苏格拉底——归纳思辨与普遍定义，两者均有关一切学术

① ［古希腊］柏拉图：《理想国》，154 页，北京：商务印书馆，1986。

② ［古希腊］柏拉图：《理想国》，154 页，北京：商务印书馆，1986。

的基础。”[1] 苏格拉底的归纳并不远离事物，但是柏拉图却与苏格拉底不同，他把事物存在的原因归之于理念，从理念出发注重演绎的方法，诸如上述他在《理想国》中对于国家品质的论证，也是先确定节制、勇敢、智慧与正义这四个理念，然后针对四个理念来进行分析论证。在哲学史中存在一种非常奇怪的观点，那就是归纳与演绎相互冲突、不可协调的信念，这种信念在西方近代哲学中发展得比较典型，经验论者重视归纳，而唯理论者则重视演绎。唯理论者攻击所有归纳都是不完全归纳，都是可错的；而演绎则是从不可能错的前提出发得出确定的结论。经验论者则攻击通过演绎获得的结论都蕴含在前提之中，不可能产生新的东西，而归纳则可以形成新的结论。唯理论者认为作为演绎的前提的各种命题不是来自经验归纳，而是来自先天直观，只有先天直观的东西才是不可能错的。随着科学的发展，唯理论者当时所认为的那些不可能错的命题，例如数学中的公理、逻辑中的先验命题等，都已经被证明是有一定的适用范围的。例如，“两点之间直线最短”这一命题已经被科学证明不适用于宇观世界与微观世界。即使在宏观世界，“两点之间直线最短”这一数学公理不是论证的结果，而是通过理性直观获得的，但是从一个人准备接受这一公理的过程来看，它有大量的经验事实作支撑。于是，一般来说，演绎的前提来自归纳的结论，这正是归纳与演绎相互联结的地方。所有哲学家在哲学方面的思考无非表现为在归纳的基础上下定义，然后把这个定义作为演绎的前提通过演绎的方法不断接近事物的本质。这个过程也就是从现实中的具体上升到思维抽象，然后从思维抽象进一步发展到思维具体的过程。这个过程就像猎人合围一样，通过对各种事实或者迹象的分析找到野兽的藏身之处，然后捕获猎物，使之进入人类社会之中，发挥其功用。

① ［古希腊］亚里士多德：《形而上学》，272 页，北京：商务印书馆，1959。

第三个隐喻：一个无限遥远的点

“一个无限遥远的点”是胡塞尔对于哲学研究对象的一个隐喻①。他在《哲学作为严格的科学》这篇论文中认为，以往的哲学在追求严格科学的目标时都处在“有限的远处”，“历史上的哲学肯定是世界观哲学，只要它们的缔造者是处在智慧本欲的主宰之下；但它们同样也是科学的哲学，只要在它们之中也曾活跃着严格科学的目标”②。世界观哲学追求智慧，每一个人、每一个时代都可以构建自己的世界观，这种哲学充满个体性与时代性；科学的哲学追求明见性，“科学的‘观念’则是超时间的，而在这里，这就意味着，它不受任何时代精神的相对性限制”③。历史上的各种哲学内部都原始地包含着智慧与科学这两个目标之间的冲突，这两个目标根本没有得到区分，或者是没有得到明确的区分，因此历史上的哲学学说都处于“有限的远处”。胡塞尔认为世界观哲学与科学的哲学以某种方式相互联系，但是它们之间不能相互混淆，不能够把世界观哲学视为科学的哲学在时代中的不完善实现。世界观哲学在几千年前就已经存在，但是作为严格科学的哲学还没有开始。严格科学的哲学并不是要抛弃世界观哲学，“这两个观念的实现（假定它们两者都能实现的话）会在无限中以逼近的方式相互接近，只要我们愿意将科学的无限虚构地想象为一个‘无限遥远的点’，它们也会在无限中相互重合”④。在这个“无限遥远的点”上，胡塞尔试图在科学的基础上建设一种具有普全性质的世界观。

胡塞尔所讲的哲学意义上的科学并不是以物理学和数学为典型代表的

---

① 斯基拉奇是胡塞尔《哲学作为严格的科学》单行本的编者，他曾经在为该单行本撰写的“作者生平”中评论胡塞尔的讲座风格。他说他曾经听过胡塞尔的许多讲座，但是这些讲座并不特别成功，“他仿佛是在自言自语，没有激情，没有文学渲染”，但是给人印象深刻的是他对于“无限的任务”“无限远的点”的强调，他“以一种动人的方式，就好像思想在自己陈说着，独立于所有顾忌，独立于所有现实，眼里只有‘无限的任务’（他最喜欢的一句话）。在陈说中，他确立一个‘无限’远的点，他可以暗示这个点的可见性，即使他并不为通俗易懂的可解释性作努力”。（胡塞尔：《哲学作为严格的科学》，商务印书馆1999年版，第110—111页）

② ［德］胡塞尔：《哲学作为严格的科学》，58页，北京：商务印书馆，1999。

③ ［德］胡塞尔：《哲学作为严格的科学》，59页，北京：商务印书馆，1999。

④ ［德］胡塞尔：《哲学作为严格的科学》，60页，北京：商务印书馆，1999。

自然科学，他明确反对心理学把意识作为一种物理现象加以研究的倾向。他认为心理学所探讨的是意识的显现，而哲学研究的则是意识的现象，显现仅仅是意识的外部特征，而现象则要反映出意识的自身构成与自身改变，它是意识活动与反思相结合的产物。于是，面向事情本身的本质还原就是严格科学的哲学所追求的目标。胡塞尔的现象学与狄尔泰的精神科学的共同点在于他们都反对以自然科学模式开展研究的心理学，但是区别在于胡塞尔明确反对狄尔泰所代表的历史主义研究倾向，他认为哲学在通向严格科学的路途中所得出的结论是超时间性的、普遍适用的。胡塞尔认为一味沉浸在历史事物上，通过历史批判来发展严格科学的哲学是“毫无希望的努力”，科学的哲学“研究的动力必定不是来自各种哲学，而是来自实事与问题”，“哲学本质上是一门关于真正开端、关于起源、关于万物之本的科学”①。这种哲学是关于彻底之物的科学，是对于绝对清晰的开端的本质把握，这个绝对清晰的开端就是那个“无限遥远的点”。

对于“无限遥远的点”的追复观看无疑点出了哲学研究的本质特征，它是体现和证明人类思想到底能够走多远的学科。它向外探求宇宙的本质，向内穿透意识的迷局，在深邃幽暗之处验证思想的力量。这种倾向在中国古代哲学传统中充分体现于屈原的《天问》，“天问”象征着中国古代哲学家探索自然和社会本源的愿望，象征着中国古代先贤对于那个“无限遥远的点”的追寻。“遂古之初，谁传道之？上下未形，何由考之？冥昭瞢暗，谁能极之？冯翼惟像，何以识之？”②可见，屈原的“天问”引导我们思考远古的开端、天地的起源、昼夜的交替、虚实的转换等等涉及世间万物起源与本质的问题。这些问题超越我们日常生活的常识，似乎是存在于天边的无限遥远的问题。哲学正是抓住这些问题进行深入的思考，为人类整个知识体系提供前提性假设。由于这些问题无限遥远，飘浮在空中，哲学家需要保持专注不断地对之进行跟踪反思，不断地逼近问题的本质。正因为这样，哲学的思维以自由为基本特征，它较少受到外在事物的束缚。与哲

① [德]胡塞尔：《哲学作为严格的科学》，69页，北京：商务印书馆，1999。

② 熊任望：《屈原辞译注》，65—66页，保定：河北大学出版社，2004。

学相比，其他学科往往受到对象或者外部状况的牵制与束缚，例如，自然科学受制于实验，历史学受制于史实，社会学受制于社会考察，人类学受制于田野调查，考古学受制于遗址遗迹保护与挖掘等，而哲学在很大程度上是追逐“无限遥远的点”的思的事情。

第四个隐喻：一个带角的问题

尼采建构了一种另类的、艺术性质的哲学，他以“屠龙者的果敢步伐”，运用“酒神大问号”来审视人类历史中形成的知识、道德和宗教。他曾经在《悲剧的诞生》的序言中称自己抓住了“一个带角的问题”，这个带角的问题自然而然地会使人们想到公牛，但是他自己却说这种问题“倒不一定是头公牛那样的”[①]。公牛力大无比，两个角带着锋利的尖端，如果把这两个角视为问题的两端，如何处理这两端之间的关系就是哲学面临的一种严峻的考验。尼采说他抓住的这个问题有角，但不一定是公牛那样的，那就意味着他不是从问题具有对立的两端这个角度来对之进行理解，而是从这个问题的艰巨性与尖锐性角度来对之进行理解。在尼采看来，这个有角的问题“无论如何是一个新问题”，《悲剧的诞生》所解决的这个新问题就是知识本身存在的问题，“知识第一次被看作是有问题的、成问题的”[②]；此外，他还进一步提到“这本书满载着一大堆困难的问题”[③]，这些问题包括知识是什么、从何而来、目的为何，知识与道德之间的关系，知识如何造成虚弱的乐观主义，如何看待那些致悲剧于死地的东西（包括道德苏格拉底主义、理论之人的辩证法、满足和欢乐），如何构建强者的悲观主义等。这些问题之所以是非常困难尖锐的问题，主要原因在于我们在知识的基础之上不能发现知识本身存在的问题，如果我们要对知识本身存在的问题有所认识，必须把它置于知识的对立面，即艺术的基础之上来进行考察。但是纯粹的艺术家完成不了这项任务，完成这项任务需要对分析能力和追溯能

---

① ［德］尼采：《悲剧的诞生》，3 页，南京：译林出版社，2007。

② ［德］尼采：《悲剧的诞生》，3 页，南京：译林出版社，2007。

③ ［德］尼采：《悲剧的诞生》，7 页，南京：译林出版社，2007。

力有附带嗜好的艺术家，需要构建艺术家的形而上学，“用艺术家的眼光来看知识，然而用生活的眼光来看艺术”[①]，放弃论证，重视体验，充分尊重生命。尼采自己把向这个方向所做的努力称为“健康型的神经病”[②]，他通过对带角的问题的关注构建起与苏格拉底主义的知识和基督教的道德完全不同的悲观主义。

通过上文对尼采“一个带角的问题”的分析，我们大致可以总结出哲学问题之“角”的两种类型。一种是以尼采本人的观点为代表的犀牛型的角，它关注知识本身存在的问题，这个问题的特点在于两个方面，一方面，它是一个新问题，在尼采之前没有人认真思考这个问题；另一方面，它是一个困难的问题，解决这个问题意味着对苏格拉底以来知识传统的挑战，另外，还要跳出知识的范围，从艺术的角度来对之进行审视。这个问题像犀牛的角一样珍贵新奇，一样难以对付。于是，对于这个问题的答案，“人们不得不寻找，却一次也不愿意寻找”[③]。

哲学问题之“角”的第二种类型是公牛型的角。虽然尼采说他抓住的那个带角的问题不一定是公牛那样的，但这不能说明公牛型的哲学问题之“角”不存在，反而说明尼采认识到哲学问题之“角”除了自己抓住的那个之外，还有类似于公牛的哲学问题之“角”。犀牛型的角是因为其新奇困难而得名，公牛型的角是因为它常见但难以解决而得名。与犀牛不同，公牛头上的角有两只，斗牛士抓住其中任何一只，都可能受到另一只角的伤害；当他试图把两只角都抓住时，似乎危险性会更大，直接被顶得人仰马翻。公牛的两只角象征着哲学问题的二律背反，这种二律背反在康德那里得到了比较经典的论述。康德把人的认识能力分为感性、知性和理性，感性获得经验材料，知性把经验材料与概念结合起来，理性则是对概念的分析。人一方面执着概念，另一方面要面对经验材料，理性与感性在知性中交汇。不与经验材料发生任何关系的理性就是纯粹理性。在康德看来，

① ［德］尼采：《悲剧的诞生》，4 页，南京：译林出版社，2007。
② ［德］尼采：《悲剧的诞生》，6 页，南京：译林出版社，2007。
③ ［德］尼采：《悲剧的诞生》，3 页，南京：译林出版社，2007。

纯粹理性总是面对相互矛盾的正反两个命题，这就是纯粹理性的背反论，也就是纯粹理性的辩证学说。这种辩证学说不是人们仅仅出于某种随心所欲的意图而提出的带有任意性的诡辩，而是纯粹理性面对的永远不可消除的、自然的、不可避免的幻相。① 纯粹理性之所以会产生二律背反，其根本原因在于理性在经验性综合的连续性过程中试图让根据经验法则而有条件地得到规定的东西摆脱一切条件，在其无条件的总体性中来把握它。于是就会产生一系列的先验理念，这些先验理念自然地、不可避免地存在着相互冲突的正反两个命题②，由于这些命题得不到任何经验的支持，哲学家对这些命题难以做出真假的判断，于是在二律背反的命题中做出选择的依据“只是我们的利益”③。康德认为，如果一位哲学家宣布摆脱一切利益，不在这些二律背反的命题中选择其一作为自己的立场，那么他就会“处于一种不断的动摇状态”，“今天在他看来显得可以确信的是，人的意志是自由的；明天，如果他考察那不可解开的自然链条的话，他又会认为自由无非是一种自欺，而一切都只是自然而已”④。于是，纯粹理性的二律背反就像是公牛的两只角一样，在哲学这片土地上横冲直撞，把所有试图制服它的人顶得措手不及、颜面尽失。于是，哲学家需要勇气才能面对这些带着公牛角的问题，历史上的哲学家们前赴后继为这些问题的解决贡献自己的智慧。

---

① 详见［德］康德：《纯粹理性批判》，358 页，北京：人民出版社，2004。

② 康德认为自己已经“只能有这么多，不多也不少”地列举了先验理念的四个冲突，这四个方面的冲突试图解决的问题包括：“世界是否有一个开端、是否它在空间中的广延有某种边界，是否在什么地方、或许在我的思维着的自我中有某种不可分的和不可破坏的单一性，还是除了可分的东西和暂时的东西外什么也没有，是否我在我的行动中是自由的，还是像其他存在物一样由自然和命运之线引导的，最后，是否有一个至上的世界原因，还是自然物及其秩序就构成了我们在我们的一切考察中都必须在其面前止步的最后对象。”（康德：《纯粹理性批判》，人民出版社 2004 年版，第 387 页）这四个问题可以简要概括为：时间空间的边界问题、世界的可分性问题、人的自由问题以及有关世界存在的终极原因问题。对于这四个问题的回答都有正反两个方面的命题。

③［德］康德：《纯粹理性批判》，388 页，北京：人民出版社，2004。

④［德］康德：《纯粹理性批判》，394—395 页，北京：人民出版社，2004。

第五个隐喻：一片无人之域

罗素曾经在《西方哲学史》的“绪论”中论述了哲学、科学与神学之间的区别，他认为哲学是介乎神学与科学之间的东西，并且它同时是遭受神学与科学双方夹击的“一片无人之域”①（罗素所使用的英文原文是 a No Man's Land②）。哲学之所以遭受双方的夹击，是因为它从研究对象和研究方法上都与其他两个学科存在明显的分歧。科学是使用理性的方法得出确切的知识，一切确切的知识都属于科学；神学则是使用权威（不管是传统的权威还是启示的权威）的方法形成超乎确切知识之外的教条；哲学在研究方法上类似于科学，在研究对象上类似于神学，它是人们使用理性的方法“对于那些迄今仍为确切的知识所不能肯定的事物的思考”③。哲学研究的问题包括心与物的关系问题、宇宙的统一性问题、自然律是否存在的问题、人在宇宙中的地位问题、人的生活方式问题、善与智慧的本质问题等。这些问题在实验室中是找不到答案的，同时，各种神学针对这些问题给出了非常确切的答案，但是神学的这些答案不是在理性的基础上得出的，这些确切的答案在现代意识中饱受质疑。哲学致力于对这些问题的研究（studying），但不是对之的解答（answering）。

理性的运作应该产生一个确定的结论，正如科学运用理性的方法得到确切的知识一样，但是哲学运用理性却得不出任何确定的结论；同时，对于人们不能认识的东西只能通过信念来加以确定，正如神学通过传统的权威或者启示的权威得出确定的答案一样，但是哲学却偏偏要运用理性的方法对那些人类尚不能确定（也许永远不能确定）的东西做出研究。这样必然会生出无限的是非，于是哲学同时受到科学与神学的两面夹击，形成一片无人之域。

在这一领域中之所以“无人”，其主要原因在于，一方面是人类未知的

---

① ［英］罗素：《西方哲学史》上卷，11 页，北京：商务印书馆，1963。

② Russell B, *History of Western Philosophy and its Connection with Political and Social Circumstances from the Earliest Times to the Present Day*, p10, London: George Allen and Unwin LTD, 1946.

③ ［英］罗素：《西方哲学史》上卷，11 页，北京：商务印书馆，1963。

领域广大，当你深入到这些未知领域的时候，看不到任何的开拓者，是一片处女地；另一方面由于问题的艰难，找不到解决它们的希望，鲜有人涉足其中。针对这一点，罗素的态度是即使哲学问题找不到答案，但是由于这些问题本身的重要性[①]，我们也要去寻找。如果我们要进一步了解哲学做出确定的结论会有多么艰难，我们可以从维特根斯坦前后两个时期在这个问题上的观点的变化略窥一斑。前期，他认为哲学可以做出确定的结论，《逻辑哲学论》中所阐述的“真理”是“不可反驳的，并且是确定的”，可以言说的哲学“问题基本上已经最后解决了”[②]；至于那些不可言说的事情，也就是哲学中的形而上学问题，“一个人……就应当沉默”[③]。十六年之后，他在后期作品《哲学研究》的“前言”中坦然承认“在我写的第一本著作中有严重错误”[④]。维特根斯坦在《逻辑哲学论》中充满着理论自信与自负，但是经过十六年持续不断的哲学思考之后，《哲学研究》则充满着理论方面的狐疑和伤感。“我曾几次企图将自己的成果联结为一个整体，然而都没有成功。此后我认识到我永远也不会成功。我所能写的最好的东西充其量不过是一些哲学论述。”[⑤]“我把这些东西发表出来是心存疑虑的。尽管本书是如此贫乏，这个时代又是如此黑暗，给这个或那个人的头脑中带来光明也未尝就不可能是本书的命运——但当然，多半是没有可能的。”[⑥]由此，在《哲学研究》中我们看到了一个与《逻辑哲学论》中迥异的维特根斯坦。罗素与维特根斯坦之间是亦师亦友的关系，《哲学研究》的出版时间比罗素的

① 罗素从两个角度论证了哲学问题的重要性。首先是以历史学家的身份来看待这个问题，“自从人类能够自由思考以来，他们的行动在许多重要方面都有赖于他们对于世界与人生的各种理论，关于什么是善什么是恶的理论。……要了解一个时代或一个民族，我们必须了解它的哲学；要了解它的哲学，我们必须在某种程度上自己就是哲学家”。另外，从面临宇宙孤寂的恐怖感的个人角度来看，“教导人们在不能确定时怎样生活下去而不致为犹疑所困扰，也许这就是哲学在我们的时代仍然能为学哲学的人所做出的主要事情了”。（罗素：《西方哲学史》上卷，商务印书馆 1963 年版，第 12—13 页）

② ［奥地利］维特根斯坦：《逻辑哲学论》，21 页，北京：商务印书馆，1962。

③ 同样的结论既出现于该书的“序”，也出现在正文的最后一句，详见维特根斯坦《逻辑哲学论》的第 20 页和第 97 页。

④ ［奥地利］维特根斯坦：《哲学研究》，2 页，北京：商务印书馆，1996。

⑤ ［奥地利］维特根斯坦：《哲学研究》，1 页，北京：商务印书馆，1996。

⑥ ［奥地利］维特根斯坦：《哲学研究》，3 页，北京：商务印书馆，1996。

《西方哲学史》早一年，罗素在《西方哲学史》中所抱持的哲学研究没有确定的答案的观点并不排除受到了维特根斯坦的影响。

综上，哲学家的特质集中体现在他是“仰望星辰的人”，为了保持对天上事物的关注，他可能会掉入现实生活的坑中。哲学研究的方法可以通过“像猎人一样合围”进行形象的表述，先解决周边问题然后再深入核心，先解决简单的问题然后再解决复杂问题，先抓住事物的现象然后深入到事物的本质。就哲学研究的对象而言，它既是“一个无限遥远的点”，也是“一个带角的问题”，如果把人的思想比喻为一个黑洞的话，哲学家投入其中就会面临着各种艰难考验，在坠落的过程中可能会被某个问题之“角”挂住，永远不可能触及那个无限遥远的点。就整个哲学研究领域而言，它是“一片无人之域”，到处都是未经开垦的荒芜之地，到处都是荆棘丛生的问题之林。

§2 哲学作品区别于其他学科作品的特征

哲学作品[①]是哲学思想的主要载体，它以外在的可见可感的形式（其中包括文字、声音、图像、影视等）传承人类的哲学思想。任何学习哲学或者对哲学感兴趣的人都曾经阅读浏览过哲学作品，但是对于“如何界定哲学作品”“哲学作品的主要特征是什么”“如何创作哲学作品”这类问题却很少有人谈及[②]。一般来说，为了解决“哲学是什么”这个问题，首先需要解决“哲学作品是什么”这个更为基本的问题，因为哲学作品是哲学的外在表现形式，我们认识事物总是透过外在可把握的现象认识它的本质。在欧洲中世纪，奥卡姆的威廉曾经提出“如无必要，勿增实体”的定理，这个定理素被称为“奥卡姆剃刀原理”。我们在分析哲学作品的过程中，首先要运用“奥卡姆的小剃刀”把那些不属于哲学作品本质特征的东西剃掉，

① 这一节的标题中之所以用“哲学作品”这个名词来指称哲学领域中产生的各项成果，主要是因为这个概念所涵盖的哲学表现形式较多，其中包括著作、论文、未完成的手稿、读书笔记、录音带、纪录片、网络视频公开课等。

② 在上述三个相互联系的问题中，研究者对于“如何创作哲学作品”这个问题的论述相对较多。

剩下的东西就是我们要寻找的哲学作品区别于其他学科作品的核心特征。这是一个带角的问题，我们将像猎人一样进行仔细的甄别，最终完成对这个问题的合围。

哲学作品一般不使用数学符号或者图表来进行表达。[①] 在这方面，它与自然科学的著作或论文的区别比较明显，哲学作品主要在三个方面区别于自然科学著作，“哲学里没有证据；没有定理；没有可以用是或否的形式回答的问题”[②]。翻开任何一本自然科学的著作，我们可以发现里面充斥着用数学符号或者图表表示的公式或定理。自然科学主要关注的是自然界中的物质，物质本身没有意识，没有目的，它是自在的。虽然每个具体的物质形态之间都存在一定的差别，例如天底下没有两片相同的树叶，同一条生产线生产出的每个产品都存在细微的差别，但是这些差别并不具有本质的重要性，这一个可以用那一个来进行代替，每个个体之间实质等同。把差别去掉之后的每一个具体的对象就可以简化为同类现象中的一个数字，可以用数学符号或者图表来进行统计。人的意识的外在表现、人类社会的结构和演进在一定程度上具有与自然物质相类似的稳定性特征，因而心理学、社会学等学科也依据自然科学的模式来进行构建。但是，哲学首先关注人，关注人在世界中的地位和作用，人与自然物质之间的主要区别在于人有意识、有目的地开展活动，由于人的意识活动的自由特征，每个个体都具有自身的价值，用一个个体来代替另一个个体的时候往往意味着对生命本身的否定，一个理想的社会不是以否定个体价值的方式存在的，而是相反，在其中“每个人的自由发展是一切人的自由发展的条件”[③]。这样，哲学研究就不可能以数学的方式进行整齐划一的研究，哲学研究的重点不在于定量，而主要在于定性，“×× 是什么”是典型的哲学追问方式。

---

① 在哲学的各分支学科中，比较特殊的当属逻辑学。在逻辑学之中，辩证逻辑使用数学符号相对较少，而形式逻辑则存在大量使用数学符号的现象。就形式逻辑而言，虽然在其作品中大量使用数学符号，但是这些数学符号的功能不在于运算，而是推理，按照一定的形式从未知推出已知，在这一点上形式逻辑与自然科学存在明显的差异。

② Waismann F, Harré R, *How I See Philosophy*, p1, London: Macmillan, 1968.

③《马克思恩格斯文集》第 2 卷，53 页，北京：人民出版社，2009。

真正的哲学作品不关注具体的人物及其参与其中的历史事件。某个人物的名字或者事件只是为了增加论述的准确性以及说明思想发展脉络而有所涉及，除此之外，真正的哲学作品不会大篇幅地渲染人物及其事迹。在这一点上，哲学作品与历史学作品存在明显的区别。不可否认的是，有些哲学著作也会涉及哲学家及其生平事迹，这类现象在哲学史著作和哲学的科普著作中比较常见。罗素的《西方哲学史》就是这类哲学史著作的典型代表，他在介绍每位哲学家的思想之前总是先介绍这位哲学家的生平事迹，甚至是一些花边新闻，例如笛卡尔如何躲在壁炉里面思考、如何给瑞典女王克里斯蒂娜讲授哲学、他的私生女在几岁时死亡等。[①] 从中我们可以看到，哲学家的生平事迹自然可以增加著作的趣味性，但是对于理解哲学家本人的思想并没有什么实质性的帮助。英国学者西蒙·克里切利曾经写过一本“搞笑”的书——《哲学家死亡录》，这本书可以被视为面向大众的哲学科普著作，它介绍了由古至今 190 余位哲学家的生平、思想及其死亡事件。可以说，这本著作并不是一本严谨严肃的哲学著作。作者本人在写作此书的时候没有使用任何说明文献出处的脚注，其中很多事件的真实性非常令人怀疑[②]，作者本人也承认这本书的写作“不会那么精确”[③]，很多材料来自维基百科，而维基百科的材料良莠不齐，“在维基百科的浑水中，我已经湿了鞋，有时甚至淹没双脚到膝盖”[④]。虽然书中记录的哲学家们千奇百怪的死法频频引人发笑，但是这本书所讲的并不是哲学，真正的哲学不可能是这种样子，它仅仅是哲学笑话的汇集而已。真正的哲学作品虽然是由处于生活中的哲学家写出来的，但是读者在其中找不到作者本人生活的痕迹，这正像黑格尔所说：“当我思维时，我放弃我的主观的特殊性，我深入于事情之

---

① [英] 罗素：《西方哲学史》下卷，79—82 页，北京：商务印书馆，1976。

② 例如该书作者在“怀疑论学者和一些不怀疑的美国人”篇目之下记录了马克思的人生遭际，不管是把马克思归入怀疑论学者的行列，还是归入不怀疑的美国人的行列都非常成问题。另外，该书在行文过程中提到了某些材料来自马克思本人写给他人的信，这些信件到底是哪一封，脚注中没有，书后添加的参考书目中也根本没有列入马克思本人的著作。

③ [英] 西蒙·克里切利：《哲学家死亡录》，4 页，北京：商务印书馆，2015。

④ [英] 西蒙·克里切利：《哲学家死亡录》，278 页，北京：商务印书馆，2015。

中，让思维自为地作主，倘若我参杂一些主观意思于其中，那我就思维得很坏。”[①] 由此可见，哲学家的生平事迹相比于他的哲学思想而言是非常次要的东西，现实中的哲学家只是身处哲学作品幕后的某个人物而已。

哲学作品不是以时间或空间为主线来展开论述的。这是哲学与历史学相区别的另一个主要特征。翻开一本哲学著作，我们就会发现，哲学家的具体观点并不是与时空结合在一起，哲学家不会说这个观点只适用于某个时期，也不会说它只是针对某个国家的情况而言，他们的观点往往具有超时空的特点。在这里我们需要把哲学的研究方式与叙述方式区别开。就哲学的研究方式而言，它是以考察历史为起点的，以避免观念的顺序与时间的次序相悖；就哲学的叙述方式而言，观念的顺序是主导性原则，时间的次序则是补充性原则。因为哲学叙述方式的独特性，如前文所述，这就造成许多历史学家对哲学研究的质疑，他们认为哲学家把自己的主观虚构放在了历史之中。这些历史学家也许并不明白，这正是思想自由的哲学表征，哲学关注的是思想中产生的问题，不受外在条件限制的、凭借理性展开的对于世界的思考具有自身独特的价值。如果说哲学作品偶有例外的话，哲学史著作是个例外，哲学史是哲学发展的历史，涉及历史就会有时间和空间，这类著作的各章节内容必定是以时间和空间的顺序进行编排，以期整理出整个哲学发展的脉络。时间和空间决定了某个哲学家或者某个学派在这本著作中出现的顺序，说明了某种哲学思想产生于某个时期某个地点以及它与这个时代之间的关联，制约了不同的哲学家或者学派相互之间的理论批判与继承关系。除此之外，哲学史著作在叙述每个哲学家或者学派的观点时又具有超时空的特点。

哲学作品所使用的语言并不注重修辞的效果。在这一点上哲学作品与文学作品（尤其是诗歌）相区别。良好的修辞对于哲学思想的表达必定会有所助益，在这方面做得比较好的哲学家包括庄子、卢克莱修、尼采等人。庄子以优美的文字、奇幻的想象来表达自己对于世界的思考；卢克莱修以抑扬六步格写作了哲学长诗《物性论》，阐述了自己的原子哲学和无神

① ［德］黑格尔：《小逻辑》，83 页，北京：商务印书馆，1980 年第 2 版。

论思想；尼采是近代诗人哲学家的表率，他自称自己的作品是用血写成的格言[①]，里面充满着夸张和比喻。虽然某些哲学家借用文学的方式来撰写哲学作品，但是就哲学作品本身而言，修辞手法并不是必需的东西。绝大多数的哲学经典著作读起来都比较枯燥乏味，没有生动的语言，没有华丽的修辞，但这就是哲学，它带给我们的是解释的明晰性与理解的透彻性，以理论的方式观看这个世界。存在主义哲学家雅斯贝尔斯也具有同样的看法，他认为："在一定程度内，当思想笼罩一切时——仅仅是思想本身绝对不可以统治一切——我们讲的就是哲学。在某种程度上当画面和形体笼罩一切时，那我们所讲的就是诗歌。"[②]哲学思想要通过一定的语言形式来进行表达，但是语言形式本身并不是哲学。

哲学作品并不具有类似于小说或者故事的情节结构。如果我们要撰写一部小说或者讲述一个故事，那么就需要有一个主角和许多配角，他们在特定的场景中开展活动，这些活动有开端、发展、高潮和结局，这就构成一个比较完整的情节结构。哲学作品也会有一定的结构，但是这种结构不同于小说或者故事以人物或者事件为核心构建起来的情节结构，它是一种以基本问题或者主导概念为核心构建起来的逻辑结构。以基本问题为核心构建逻辑结构的典型著作是康德的《纯粹理性批判》，这本著作所要解决的总课题就是"先天综合判断是如何可能的"，这个总课题又可以分为四个子课题：纯粹数学是如何可能的？纯粹自然科学是如何可能的？形而上学作为自然的倾向是如何可能的？形而上学作为科学是如何可能的？[③]综合分析这些问题的总体目标就是要为人类的理性划界，什么是我们能够认识的，什么是我们不能够认识的。以主导概念为核心构建逻辑结构的典型著作是黑格尔的《小逻辑》，这本著作以绝对理念为核心系统揭示了它的演进过程。黑格尔认为哲学的研究对象是理念，理念不仅仅是"应当如此"，它更是"真实如此"，也就是说，理念具有现实性，它依据自身所具有的辩证本

① ［德］尼采：《苏鲁支语录》，34 页，北京：商务印书馆，1992。

② ［德］雅斯贝尔斯：《大哲学家》，9 页，北京：社会科学文献出版社，2005。

③ 参见［德］康德：《纯粹理性批判》，15—17 页，北京：人民出版社，2004。

性在不断的外化过程中产生现实中的各种事物、社会状况、典章制度等。[①]黑格尔的辩证法就是他的逻辑学，它揭示了概念自身的演化规律，每个概念都包含着矛盾，都包含着自己否定自身的可能性，于是概念从正题演化为反题，再进一步演化为合题。“正如从简单范畴的辩证运动中产生出群一样，从群的辩证运动中产生出系列，从系列的辩证运动中又产生出整个体系。”[②]于是，黑格尔的《小逻辑》就是依据这样的逻辑结构搭建起来的。总之，不管是康德的《纯粹理性批判》，还是黑格尔的《小逻辑》，它们在内在的结构形式上追求的不是情节结构，而是逻辑结构，在这一点上哲学作品明显区别于以小说为代表的文学创作。

哲学作品不包含以数学符号或者图表表示的公理或者定理，不关注具体的人物及其参与其中的历史事件，不以时间或空间为主线展开论述，不注重修辞的效果，不具有类似于小说或者故事的情节结构。在我们利用“奥卡姆的小剃刀”把哲学作品所包含的不应归属于哲学本质特征的上述的各种要素去掉之后，哲学作品剩下的只是一些抽象的概念以及由这些概念组成的哲学特有的逻辑结构。初入哲学门庭的学生普遍都会感叹哲学著作晦涩难懂，但是我们注意到在被他们称为读不懂的哲学著作中可能没有一个生僻字，每个字都认识，每个字单独拿出来都能比较确切地知道它的发音和含义，但是当这些字连成句子，构成段落，最终结合成为一本著作时，初学者就会像读天书一般困难。初学者之所以有这般遭际，主要的原因就在于哲学著作由具有特定含义的概念构成，这些概念具有高度的抽象性，并且只有在特定的逻辑结构中才能恰当地理解其含义。这正是哲学作品区别于自然科学、历史学、文学艺术等学科作品的本质特征。

§3 哲学家的群体特征与哲学工作的基本环节

哲学家是身处社会之中的一个特殊的群体。哲学家的生活方式与工作

---

① 参见［德］黑格尔：《小逻辑》，45页，北京：商务印书馆，1980年第2版。

②《马克思恩格斯文集》第1卷，601页，北京：人民出版社，2009。

方式应该区别于政治家、自然科学家、社会科学家和人文学家，否则他就没有独立存在的意义与价值。哲学家千人千面，他们对待生活、社会和世界的态度各异，有类似于苏格拉底的牛虻式的哲学家，有类似于皮浪的追求内心平静的哲学家，有类似于庄子的消极避世的哲学家，有类似于康德的终身与思辨联姻的哲学家，有类似于尼采的悲观色彩浓重的哲学家，也有类似于马克思、恩格斯的关注现实、以改变世界为己任的哲学家。①

某个哲学家个体有自己的生活和工作，对特定的哲学家做出相应的评价并不算太难。但是如果我们试图超越哲学家个体而为群体画像，这将面临相当大的挑战，难免出现以偏概全、挂一漏万的现象。在这方面雅斯贝尔斯曾经做出过尝试，他提出了大哲学家的标准并依据这些标准对大哲学家进行了挑选和编组。他认为大哲学家应该满足三个层面的八条标准。第一个层面是确定大哲学家的外在条件，其中包括两条标准：第一，必须有著作流传，这些著作可以表现为他们言行的记录以及体现在他人著作中的断篇残章；第二，他们的著作对后来的大哲学家产生有据可查的影响，直至今日仍然是我们取之不尽、用之不竭的源泉。第二个层面是他们的哲学思想所应具备的条件，其中包括三条标准：第一，他的哲学思想是超越时代的；第二，他的哲学思想是独创的，他的智慧用于扩展人类和世界本身的视野，后来者可以从这种独创性中得到自身独特的根源性；第三，他的思想具有内在的独立性，但是这种独立性不是以妄自尊大为特征的，而是以人际的相互依赖和有力量修正自己的看法为特征的。第三个层面是大哲学家思想作品中所具有的一定的客观性质，其中包括三条标准：第一，自古以来伟大哲学的标准乃是一种方式，一种科学如何在其中起作用的方式，而哲学的科学性主要表现为其内容上的系统的逻辑性；第二，伟大的哲学具有普遍性，这种哲学透过所有的特殊性目的，在整体之中给我们指示了生活的道路；第三，大哲学家是人们的榜样，这种榜样的影响力不是通过

① 上述分类参考了陈先达的相关论述，在引用过程中文字内容做了一定的调整，详见陈先达的论文《马克思主义哲学家的理论风格》［《云南师范大学学报（哲学社会科学版）》2006年第6期，第1—2页］。

权力获得的，而是通过智慧（以批判的方式提问）获得的。[①]

雅斯贝尔斯挑选和编组大哲学家的标准为我们思考哲学家的群体特征提供了有益的借鉴。但是，在思考这个问题的过程中，我们要注意如下的事实：从事哲学研究工作的人并不都是哲学家，能够称为哲学家的人也并不都是“大”哲学家。我们在这里试图加以概括的并不是哲学家群体中少数杰出人物的特征，也不是对哲学感兴趣、闲来没事喜欢谈谈哲学的那些人的特征，而是把哲学作为职业和人生追求的那部分人的特征。在这些人中，有的可能终生都没有产生任何代表性成果，也没有在一定范围内产生过相应的影响。因而，我们所说的哲学家群体特征并不是雅斯贝尔斯大哲学家标准的低配版，而是对哲学家思想和学术活动特征的“再思”。总的来看，哲学家的群体特征可以表现为下列四个方面。

第一，哲学家是思考大问题的理论之人。这些问题之所以是大问题并不是因为哲学家之“大”，现实中的很多哲学家并不具有大格局、大气魄，而是由哲学的学科性质决定的，哲学研究的问题具有前提性、普遍性和终极性，罗素[②]、内格尔[③]、所罗门[④]等人都曾罗列哲学需要研究的问题表。与之相比，恩格斯对这些问题进行了高度凝练和清晰的表达，他把全部哲学

---

① 雅斯贝尔斯关于大哲学家标准的论述详见其著作《大哲学家》（社会科学文献出版社 2005 年版）第 10—14 页，作者在引用过程中对相关段落进行了概括和总结。

② 罗素在《哲学问题》（商务印书馆 2007 年版）这本著作中列举了“我认为可以发表一点肯定的和建设性意见的问题”（见该书第 17 页），这些问题包括：世界上有没有一种如此确切的知识，以至于一切有理性的人都不会对它加以怀疑呢？（第一章）究竟有没有物质这种东西，以及它的性质是什么？（第二～三章）如何理解唯心主义及其各种形式？（第四章）如何认识知识的来源及其性质？（第五～十三章）哲学的性质与价值是什么？（第十四～十五章）同时，他在《西方哲学史》（何兆武、李约瑟译，商务印书馆 1963 年版）的“绪论”中以排比句的形式列举哲学需要加以研究的但是没有确切答案的一系列问题，这些问题我们已经在前文（详见本章第 1 节）中有所涉及，在这里不再赘述。

③ 美国纽约大学教授托马斯·内格尔在《你的第一本哲学书》（当代中国出版社 2008 年第 2 版）中主要列举了哲学需要研究的九个问题：关于我们心灵之外的世界的知识、关于他人心灵的知识、心灵与大脑之间的关系、语言如何可能、我们是否有自由意志、道德的基础、何种不平等是不公正的、死亡的本性、生活的意义。

④ 美国得克萨斯大学奥斯汀分校教授罗伯特·所罗门和凯思林·希金斯在《大问题》（广西师范大学出版社 2014 年第 4 版）中分章节论述了下列问题：哲学的性质、生活的意义、上帝、实在的本性、真理的追寻、自我、自由、道德和好的生活、正义和好的社会、非西方哲学、美。

的基本问题概括为思维与存在的关系问题，这个问题又可以细分为回答思维与存在何者为本原的第一性问题与回答思维能否反映存在的同一性问题。[①]哲学研究的问题具有“大”的属性，对这些问题开展研究的方式是进行理论论证，哲学家是比较典型的理论之人[②]。18世纪法国唯物主义者狄德罗编辑出版的1772年版《百科全书》曾经登载一幅版画，这幅版画的标题比较长，名为“如果这里有什么东西是你知道的，就要清晰地表达它；如果这里有什么东西是你不知道的，就要去寻找它”。这种类型的理论之人在求知欲的主导之下不断地围绕大问题探索未知领域。

第二，哲学家是冷静的旁观者。理论的功能主要包括：（1）把某一现象说清楚，运用理性的方法对之进行分析和说明；（2）对某一观点进行系统的论证，在这种观点与其他观点之间建立联系；（3）通过系统的说明引起人们的注意，从而促进问题的解决。理论的含义从浅到深包含三个层面，理论代表的是一种道理或理由，进而围绕这个道理或理由形成观点，最后形成系统的理性认识，构建理论体系。由此可见，所谓理论就是为了引起人们的注意，为了说明某个问题而通过人们的理性认识能力构建出来的观点或学说体系。哲学家是理论之人，他以理论的方式进行观看或者观赏，在观看或者观赏过程中他们并不是主动地加入，而是冷静地旁观，这正如孔子站在河岸之上看着东逝的河水，感叹“逝者如斯夫”。正是因为哲学家的冷静旁观者角色，在现代媒体强势传播的时代，不管是电视、广播等传统媒体，还是微博、微信、微视频等自媒体，都很少能看到哲学家的身影，他们主要是借助图书、学术报刊的形式传播自己的思想理论观点。

---

① 参见《马克思恩格斯文集》第4卷，277—279页，北京：人民出版社，2009。

② 对于理论之人，尼采曾经做出非常负面的评价。他曾经把理论之人比喻为一个色鬼，其探寻知识的过程类似于剥去智慧女神雅典娜身上的衣服，不断地追寻一个毫无遮蔽的女神；他也曾经把理论之人比喻为“想挖一个洞一直穿透大地的人”，“他们当中每个人都认识到，即使尽毕生最大的努力，他也只能挖出巨大深度中极小的一部分，就这一小块地方会在他眼前被邻居所干的活儿重新覆盖起来，乃至于在第三个人看来，显然还是靠自己的力量选择一个新的地方来进行他打洞的尝试为好”。(《悲剧的诞生》，译林出版社2007年版，第90页）在尼采看来这些人所从事的活动徒劳无功、毫无意义，最终带来一种毫无生机的乐观主义。尼采是站在整个人类文明对立面进行理论阐述的哲学家，其理论勇气可嘉，但是其否定一个正常人理论追求的结论却是不可取的。

第三，哲学家是现实世界的建构者和批判者。按照哲学家面对现实世界的态度，可以把他们的观点分为保守主义、激进主义和中间道路。不管他们对现实世界采取什么样的态度，他们都是以概念为核心在思想观念中建构现实世界，他们都不否认哲学所具有的批判功能。苏格拉底把自己比喻为“牛虻”，向雅典人揭示事物的真相，不断地叮咬生活基本信念的脚后跟。康德认为哲学学科始终关注事物的真理性，举着火炬引领其他学科的发展。黑格尔的保守主义政治立场为人所知，但是黑格尔主义所具有的批判性也是显而易见的。恩格斯曾经在《路德维希·费尔巴哈与德国古典哲学的终结》一书中揭示了黑格尔辩证法的革命性，这种革命性突出表现在下述命题之中：“凡是合乎理性的东西都是现实的，凡是现实的东西都是合乎理性的。”[①] 这一命题把现实性与合理性相等同，合乎理性的东西向现实转化，转化为现实之后理性的辩证运动并没有终止，起初合乎理性的现实的东西就会转化为不合乎理性的东西，不合乎理性的东西则会逐步丧失其现实性，最终被新的合乎理性的东西所代替。这就揭示了理性依据自身所具有的矛盾性向现实转化的必然性，以及现实作为理性表现的阶段性。马克思的理论更是具有鲜明的批判性，他批判了黑格尔辩证法的神秘方面，发现并发展了“神秘外壳中的合理内核”，构建了辩证法的合理形态，“辩证法在对现存事物的肯定的理解中同时包含对现存事物的否定的理解，即对现存事物的必然灭亡的理解；辩证法对每一种既成的形式都是从不断的运动中，因而也是从它的暂时性方面去理解；辩证法不崇拜任何东西，按其本质来说，它是批判的和革命的”[②]。

第四，哲学家是新学科的探路者。哲学相对于其他学科而言起步较早，也较早地形成了相对完备的形态。梳理学术发展史可以发现哲学具有母学科和根学科的特征，构成现代学科体系的诸多学科最初或者是作为哲学的分支学科，或者是借助哲学学科的帮助而逐步成形。古希腊，亚里士多德在逻辑学、形而上学、物理学、气象学、生物学、医学、伦理学、政治学、

① ［德］黑格尔：《法哲学原理》，11 页，北京：商务印书馆，1961。

②《马克思恩格斯文集》第 1 卷，22 页，北京：人民出版社，2009。

美学、修辞学、诗学等领域都有开创性的贡献，可以说，那时各个学科尚处于哲学的襁褓之中。漫长的中世纪，对上帝的信仰阻碍了人类建造通天塔[①]的步伐，人类探求知识的进程相对停滞，包含各门学科萌芽的哲学成为论证上帝存在的工具。文艺复兴之后，培根的《新工具》为实验方法的确立起到了奠基作用，哥白尼的《天体运行论》被恩格斯誉为“自然科学的独立宣言”[②]，自此之后，各门自然科学逐步成熟，开始离开哲学独立设置。德国历史学家兰克在反对黑格尔的历史哲学的过程中构建客观主义历史学，希望在原始档案的基础上“如实直书”，他把自己的工作室称为实验室，历史科学与哲学开始分道扬镳。法国哲学家孔德在其代表著作《实证哲学教程》中正式提出社会学的概念，希望以实证主义方法开展社会静力学和社会动力学研究。德国哲学家冯特在莱比锡大学建立了第一个心理实验室，心理学开始依照自然科学的模式开展研究，心理学开始从哲学中分离出去。由此可见，在现代各个学科发展的过程中，哲学家充当了非常重要和关键的探路者的角色，现代学科分化的过程在一定程度上可以理解为哲学大家庭逐步瓦解的过程。爱因斯坦对于这个过程的理解也是非常深刻的，他认为：“如果把哲学理解为在最普通和最广泛的形式中对知识的追求的话，那么，显然，哲学就可以被认为是全部科学研究之母。”哲学的这种地位在历史上是这样，在现在和未来也是这样。各门具体科学的研究者局限于用现成的方法探求未知的领域，而哲学家则以自由的精神开疆拓土。这种开疆拓土的作用一方面通过各门具体科学研究者借助哲学方法来实现，另一方面通过哲学家对相关问题的深入思考来实现，目前哲学界关于元宇宙、人工智能等问题的研讨就有孕育新学科的可能性。

我们在论述了哲学家所具有的四个方面的群体特征之后，进一步来看一看哲学家开展哲学工作的基本环节。哲学家的工作由五个基本动作构成，

① 通天塔的典故出自《圣经·旧约·创世纪》第 11 章，又称为巴别塔，“巴别”是变乱的意思。《圣经》记载，大洪水过后，诺亚的子孙来到示拿地（古巴比伦附近），由于他们语言相同，他们计划建造一座城和一座塔，塔顶通天，以昭示人的力量。耶和华为了阻止他们建造通天塔，就使他们具有不同的口音，说不同的语言，分散居住于各地。于是，他们便停止了建城造塔的计划。

② 参见《马克思恩格斯文集》第 9 卷，406 页，北京：人民出版社，2009。

即：体验、阅读、思考、对话和写作。在这五个基本动作中，最为核心的动作是思考。人类具有理性能力，每个人都具有思考问题的天赋。当人类要做一件事的时候，总是要想一想这件事的性质、结果以及必要的程序，它是否可靠，是否有利，是否具有成功的可能性，等等。思考了这些问题，思考者并不会成为哲学家。哲学家考虑的问题不是这样的问题。哲学家能够超越具体事件本身而对那些具有普遍性和基础性的问题进行思考。黑格尔把哲学比作黄昏后起飞的密涅瓦肩上的猫头鹰。他之所以把哲学比喻为猫头鹰，主要原因就是他认为哲学思考的本质是反思，也就是把事件的终点作为思考的起点，在事件转化为概念和思想之后，以这些概念和思想为对象展开对世界的思考，思考的结果是一些带有普遍性的结论。因此，哲学在本质上离不开思考，哲学是思考的事业。在哲学史上，哲学家都具有自己独特的思考方式。苏格拉底喜欢在雪地中思考，笛卡尔喜欢在火炉的隔层中思考，康德喜欢在散步的过程中思考，海德格尔喜欢在山间的小屋中思考，等等，每个哲学家都离不开特定的思考方式。

哲学离不开思考，但是思考的展开需要一定的条件，条件主要有两个，这就是体验和阅读。试想一个人如果不接触事物、没有人生经历、不对他人的著作进行阅读，他能够开展普全的思考吗？显然不能。我们通常认为那些不具有扎实根基的思考方式是“幼稚”的，幼稚的东西不能称之为哲学。哲学家如何摆脱这种幼稚状态呢？他们能像地质学家那样进行野外考察，像物理学家那样进行试验，像人类学家那样走进原始部落吗？不可否认，上述的一些方式是那一类人摆脱在自己学科内的幼稚表现的必经途径，但不是哲学家应该采取的途径，我们没有发现哪位哲学家从事过上述的活动，同时也没有必要要求哲学家去从事上述活动。哲学家一方面有他自己的生活，他在不断地体验着自己的生活；另一方面他从事必不可少的阅读活动，哲学家首先需要经历一个“照着讲”的阶段，才能走向“接着讲”，“我们的哲学，只有在本质上与前此的哲学有了联系，才能够有其存在，而且必然地从前此的哲学产生出来”[①]。与“前此的哲学”产生联系的必然的方

① ［德］黑格尔：《哲学史讲演录》第一卷，9页，北京：商务印书馆，2009。

式不是通过经验，而只能通过阅读来达到，在阅读的过程中掌握哲学的发展历程，沿着哲学发展的内在思路，针对某一片面的不周全的思想展开批判，推动哲学向前发展。康德是典型哲学家的代表，他终身没有离开自己的家乡哥尼斯堡，终身未娶，每天过着有规律的阅读生活，在阅读中不断探求世界的真理。由此可见，哲学家思想的源泉主要有两个，一个是对时代和生活的体验，另一个就是对先哲的阅读。任何哲学创见都离不开这两个基本的活动方式。

哲学家在体验和阅读的基础上进行思考，思考结果的对外呈现方式有两种，即对话与写作。对话是一种在两人或多人之间展开的语言交流方式，同时也是一种双向或多向的思维改造活动。前此的思考通过语言表达出来，实际上就是把个人体验和阅读的结果呈现在他人面前，从而争取主体间的认同，使个体的思维获得普遍的外观，也就是突破个别性走向普遍性的过程。可见，对话对于哲学家来说具有极为重要的作用。但是，对话还仅仅是把思维结果用口头语言表现出来，还具有很大的局限性和随意性。克服这些缺陷的途径就是写作，即以书面语言的形式表达思维结果，从而使思维具有一种固定的外观。从口头语言向书面语言的发展，是从声音到文字、从流动到固定、从短暂到长久、从零散片面到系统全面的发展过程，这一发展过程代表着哲学思维的质的飞跃。

哲学工作的基本环节应该只包括上述五个方面，不多也不少，刚刚好。有的人要求哲学家烧掉“扶手椅”而走向实验哲学，这里所谓的“扶手椅”是指运用思想实验做先验的概念分析。烧掉“扶手椅”之后，哲学家要以经验科学和实验调查的方法来开展哲学研究。这种观点非常荒谬，哲学家的思维是借助概念展开的自由的思维，本来没有“扶手椅”，现在要求哲学家按照自然科学的方式方法开展哲学研究，这就好像把一个本来健康的人安置在扶手椅中一样。如果有哲学家有兴趣的话，可以开展实验哲学研究，但是需要明确的是，实验哲学不是哲学的未来发展方向，也不是一般哲学所应具有的特征。除此之外，如果有人要求哲学家像人类学家那样开展野外考察或者像记者那样进行战地报道，这也将会严重超出哲学家的业务范围。哲学家就是要按照哲学学科的要求来开展工作。

§4 解答“哲学是什么”这一基本问题的三种思路

自从哲学出现以来，研究的问题和兴趣出现过若干次重大的转向，由本体论转向认识论，由认识论转向语言学。就目前研究状况而言，在一定程度上也出现了向本体论的回归。在这个不断转向的过程中，哲学研究的范围以及哲学的定义总是处于变动之中。“哲学是什么”这个基本问题是如此地难以回答，以至于对一位哲学家来说，最恶毒的问题莫过于问他什么是哲学。但是，从另一方面讲，每一位哲学研究者在一定阶段都会迫切需要对这个问题做出解答，他需要不断地面对内心和他人的提问：“哲学是什么”或者“哲学有什么用”。对于这个问题的理解与时代密切相关，随着时代的发展，人们对哲学的理解明显表现为三个阶段，即“哲学就是爱智”“使哲学接近科学的模样”和“哲学是对于人生有系统的反思的思想”。

（一）哲学就是爱智

英文单词 philosophy 是从古希腊文演化来的，它由两个词根构成，φιλο- 是“爱”和“追求”的意思，-σοφία 是“智慧”的意思，两个词合起来就是“爱智慧”“追求智慧”。在汉语中，哲学是对 philosophy 的翻译，翻译者是日本思想家西周，后经严复转译到中国来。在严复之前，中国文字中没有“哲学”这个词，只有“哲”字，我国第一本字典《尔雅》解释“哲”字为“哲，智也”，“哲”就是智慧，“哲学”就是智慧学。从词源学角度来看，哲学是离不开智慧的。但是哲学到底是什么样的智慧，在哲学史上存在着不同的理解，最早的解说模式来自苏格拉底。

在古希腊，苏格拉底的一个故交凯勒丰到德尔斐神庙问太阳神阿波罗，有没有人比苏格拉底更智慧？女祭司传出神谕说：“没有人更智慧了。”苏格拉底知道这件事后，他想：“为什么太阳神说我是世界上最智慧的人呢？神的这句话是什么意思呢？我知道自己根本就没有智慧，大的小的都没有，我怎么能算是最智慧的呢？”苏格拉底为了找到问题的答案，开始和其他人辩论，他和诗人、政客、工匠展开各种形式的辩论，在辩论过程中苏格拉底发现他们也是那样的无知，只是他们都不肯承认罢了。他最终得出结论：“只有神才是真正智慧的，那个神谕的用意是说，人的智慧没有多少价值，或者根本没有价值。”[①]这也就是说智慧是属于神的，人本身并没有智慧，只有“爱智”或者“追求智慧”才是人的自然倾向，爱和追求被标示为一种无止境的运动，人永远达不到拥有智慧的状态。人所追求的智慧就是知道自己无知，就是“认识你自己”。

为什么知道自己无知是一种智慧呢？无独有偶的是，古希腊另一哲学家芝诺画了两个圆圈来说明这个问题。小的圆圈代表知识少的人，小圆圈的面积小，所占有的知识也少，接触的未知领域也少，他就较少地产生疑问，就更容易傲慢和自大，知识越少的人越怕别人说自己无知；大的圆圈代表知识多的人，大圆圈的面积大，所占有的知识也多，他接触的未知领域也多，产生的疑问也越多，因此他更加清楚地意识到自己的无知。越是认识到自己的无知，就越谦卑，就越能以人类的事业为己任，越能与宇宙合而为一，他就越伟大。[②]所以，哲学是爱智慧，而智慧就是知道自己无知，或者说是认识你自己。

对于苏格拉底来说，人并不具有智慧，只是能够爱智慧或追求智慧，那么我们就要问，如何才能爱智慧、追求智慧呢？也就是说对智慧的爱或追求表现在什么地方？苏格拉底认为自己不做别的什么事情，“只是劝说大家，敦促大家，不管老少，都不要只顾个人和财产，首先要关心和改善自己的灵魂，这是更重要的事情”[③]。对于国家，“我这个人，打个不恰当的比喻说，是一只牛虻，是神赐给这个国家的；这个国家好比一匹硕大的骏马，可是由于太大，行动迂缓不灵，需要一只牛虻叮叮它，使它的精神焕发起来”[④]。这些就是苏格拉底对于他人、对于国家所做的事，他做这件事非常

① 北京大学哲学系外国哲学史教研室：《西方哲学原著选读》上册，68页，北京：商务印书馆，1981。

② 该事例参见沈跃春：《哲学：不知之知》，《人民日报》2005年4月8日第15版。

③ 北京大学哲学系外国哲学史教研室：《西方哲学原著选读》上册，68—69页，北京：商务印书馆，1981。

④ 北京大学哲学系外国哲学史教研室：《西方哲学原著选读》上册，69页，北京：商务印书馆，1981。

忙碌，以至于没有时间参加任何公务，连自己的私事也没有工夫管，导致自己一贫如洗。即使是在这样的情况下，苏格拉底的意志依然坚定，他说："只要一息尚存，我永不停止哲学的实践，要继续教导、劝勉我所遇到的每一个人。"[①]由此看来，苏格拉底对哲学的爱和追求表现在不断地进行思考、进行辩论、教导身边的每一个人，这也就是他所说的"哲学的实践"。进一步而言，对智慧的爱与追求主要表现为对智慧的思考，不断地追问，表现为思维的延续性。海德格尔说哲学是面向思的事情[②]，这是对从希腊肇始的、由苏格拉底所坚持的哲学精神的体现；国内的某些学者的观点与此类似，孙正聿认为哲学是对"自明性"的分析[③]，是把简单的问题变复杂，是"没事找事"[④]，把常识作为思维的对象，从而寻求对世界本质的理解。思维是哲学的生命线，思维停止的地方也就是哲学终结之处，不断地思维表现出我们对智慧的不断地爱和追求。

那么，这样的哲学思维有什么用呢？我们来看看纽约大学哲学系[⑤]对这个问题有什么样的看法。纽约大学哲学系《2007年春季学期本科生课程安排》载有一篇名为《为什么要学习哲学》的短文，文中指出："哲学的学习是通过为自己的观念辩护以及对他人思想的评价，从而清晰准确地表达自己思想的一种训练。简言之，哲学提供思维的训练。这是一种在任何专业领域都有价值的技能。"在该文中，作者进一步指出哲学技能在法律、商业和医学等事务中发挥着越来越重要的作用，许多法学院、商学院和医学院开设了相应的哲学课程。另外，经过严格的哲学训练的学生在各种重要的考试中，

① 北京大学哲学系外国哲学史教研室：《西方哲学原著选读》上册，68页，北京：商务印书馆，1981。

② 海德格尔在其著作《面向思的事情》（商务印书馆1996年版）中认为"必须对那无可回避、但又先行的东西思索一番"，要"谨慎地深思事情"，这里的事情有两个，即：不是存在者的"存在"和不是时间性的东西的"时间"。

③ 孙正聿：《简明哲学通论》，4页，北京：高等教育出版社，2000。

④ 孙正聿：《思想中的时代：当代哲学的理论自觉》，4页，北京：北京师范大学出版社，2004。

⑤ 根据是Wiley Blackwell组织的the Philosophical Gourmet Report，这个报告主要对英语区大学哲学系进行排名，其中非常重要的榜单就是Ranking of the Top 50 Faculties in the English Speaking World，纽约大学哲学系历年都是排在第一位，具体数据详见https://www.philosophicalgourmet.com/overall-rankings/，引用日期为2022年8月15日。

例如GRE（美国的研究生入学考试）、GMAT（美国的工商管理研究生入学考试）和LSAT（美国的法学院入学考试）等，表现都非常出色。然而，这些并不是说明我们为什么要学习哲学的最重要的问题，更为重要的是，“大学时光并不仅仅是一种专业的训练，它是思考人生基本问题的一个最好的机会——关于个人和社会的价值，关于现实以及自己的本质。学习哲学促使我们思索一些终身受用的问题和培养相关的兴趣，它可以使你熟悉经常会在生活中发生的论辩的技巧，能帮助你在类似的事务中处于具有说服力的位置。在一些特别的事例中，它甚至可以帮助你确定终身的人生方向”。

（二）使哲学接近科学的模样

人类爱智慧、追求智慧，最终却得不到智慧，空劳想望的水中之月立刻引起了哲学家们的反叛，苏格拉底的再传弟子亚里士多德就是其中的代表人物。亚里士多德的《形而上学》开篇第一句话就指出：“求知是人类的本性。”每当人们觉得困惑与惊异的时候，就觉得自己是无知的；每当人们想把这些令自己困惑与惊异的事情搞清楚，就是为了去掉自己的无知，从而获得智慧。亚里士多德的形而上学就是为了去掉自己的无知，达到对事物本质的认识。对事物认知的水平有高低之分，即：感觉、记忆、经验与技术。所有的动物都有“感觉”，但是只有一部分的动物有“记忆”，既有记忆又有感觉（主要是听觉）的动物才能够加以教诲。人类从记忆积累经验，同一事物的屡次记忆最后产生对这一事物的经验。经验不同于技术，它只是把握了特殊的东西，而技术则把握了普遍的东西。在以上的各个认知阶段，都在一定程度上存在智慧，但是智慧的高低却是有分别的。亚里士多德认为，“智慧就是有关某些原理与原因的知识”[①]。懂得越多的人越有智慧（研究普遍的东西）；谁能懂得众人所难知的事物我们也称他有智慧（研究抽象的东西）；谁能更擅于并更真切地教授各门知识的原因，谁就更富于智慧（可以传授的东西）；为这门学术本身而探求的知识总是较之为

① ［古希腊］亚里士多德：《形而上学》，3页，北京：商务印书馆，1959。

它的应用而探求的知识更近于智慧，高级学术也较之次级学术更近于智慧（为自身而存在的东西）；处于支配而不是被支配地位的人更具有智慧（具有权威性的东西）。有经验的人较之只有官感的人更有智慧，技术家较之经验家，大匠师较之工匠更有智慧，而理论部门的知识比之生产部门更应是较高的智慧。因此，“所有其它学术，较之哲学确为更切实用，但任何学术均不比哲学为更佳”[①]。哲学的功能不是认识自己无知，而是通达最高级最普遍知识的途径。

但西方进入中世纪之后，哲学变成了为基督教神学进行论证的工具，丧失了自身的独立性，哲学成为一种运用理性形式，通过抽象的、烦琐的辩证方法论证基督教信仰、为宗教神学服务的思辨哲学，被视为异端的思想被压制，社会处于一片死气沉沉之中。对于这一时期的哲学我们也会像黑格尔那样“穿七里靴尽速跨过这个时期”[②]。16世纪，西方出现了人文和科学的复兴。在一个较短的时期内，科学凭借其无可辩驳的证实性和实用性在世界范围内获得了发言权，科学成了解说世界的最好的工具，而形而上学由于其不可证实性一度受到批判和质疑。科学的辉煌成就和形而上学的窘境促使思维敏锐的哲学家开始思索一个问题：哲学能否像科学那样成为一门具有确定结论的严格的科学？这一时代课题在哲学内部产生了激烈的争论。在最初的阶段人们紧紧围绕“真正的知识来自何处”这一问题而展开，一派认为真正的知识来自经验，遵循归纳的逻辑，这就是所谓的以培根、洛克和休谟等人为代表的经验论；另一派认为真正的知识来自人的直观，来自天赋观念，遵循演绎的逻辑，这一派形成以笛卡尔和贝克莱等人为代表的唯理论。

伴随着无休止的哲学争论，科学的脚步却没有半刻稍息，这促使哲学进一步向科学靠近，人们提出了像科学那样建设哲学的要求。黑格尔提出了一个时代的任务：“出一把力气，使哲学接近科学的模样，终于能够丢掉爱智

① ［古希腊］亚里士多德：《形而上学》，6页，北京：商务印书馆，1959。

② ［德］黑格尔：《哲学史讲演录》第三卷，233页，北京：商务印书馆，1959。

的称号，成为真正的知识——这就是我所要做的工作。”[①]按照这一要求，黑格尔以绝对精神的概念为核心建造了一个绝对唯心主义的哲学体系，整个世界成为绝对精神外化和演化中的一个环节，甚至拿破仑也只是骑在马背上的绝对精神。这样每一个事实及其概念在绝对精神的世界中都有了确定的位置，哲学也像科学那样获得了确定性，具有了“科学的模样”。其后，孔德希望在实证的基础上建立社会静力学与社会动力学。胡塞尔也认为：“人类文化的最高兴趣在于要求造就一门严格科学的哲学；因此它无论如何必须从这样一个意向中获得活力，即：对一门在严格科学意义上的哲学进行新论证。”[②]罗素在青年时代也曾经设想：“就像数学在物理世界中的应用那样，终有一天会有一种像机械数学一样精确的人类行为数学。”[③]按照这一思路向前发展就有了对语言的逻辑分析，即以现代数理逻辑为工具，着重从形式方面分析日常语言和科学语言中的命题，以求得出精确的哲学结论。

综观哲学家们以科学的模式建设哲学的原因大致有以下三种：首先，哲学本来就是最高最普遍的知识或智慧，科学本身并不是专指自然科学，哲学本身就是科学；其次，受到自然科学研究的精确性、客观性、有效性的鼓舞，希望以自然科学的模式来建设哲学；第三，不管是自然科学，还是心理学、历史学等等，都没有达到完善的科学状态，哲学的目标是成为严格的科学。

应该说，在长期发展的互生环境中，哲学与自然科学之间的联系还是相当紧密的。一方面哲学以具体科学为基础，以具体科学的成果为自身生长的土壤。假如离开了具体科学，哲学就会成为无源之水、无本之木。哲学史告诉我们，哲学的每一次飞跃都是与科学的巨大进步相伴而生的。例如，哲学从古代向近代的转化伴随着牛顿三大力学定律和原子的发现，马

---

① 北京大学哲学系外国哲学史教研室：《西方哲学原著选读》下册，361 页，北京：商务印书馆，1981。在贺麟、王玖兴翻译的黑格尔的《精神现象学》（商务印书馆 1979 年版）中，相应的文句是这样翻译的：“我在本书里所怀抱的目的，正就是要促使哲学接近于科学的形式，——哲学如果达到了这个目标，就能不再叫做对知识的爱，而就是真实的知识。”

② ［德］胡塞尔：《哲学作为严格的科学》，6 页，北京：商务印书馆，1999。

③ Russell B, *Portrait from Memory and Other Essays,* p15, New York: Simon and Schuster, 1956.

克思主义哲学的创立伴随着能量守恒与转化定律、细胞学说和生物进化论等三大发现，现代哲学则是伴随着科技革命的蓬勃发展。这正如恩格斯所指出的那样，“推动哲学家前进的，决不像他们所想象的那样，只是纯粹思想的力量。恰恰相反，真正推动他们前进的，主要是自然科学和工业的强大而日益迅猛的进步”①。另一方面，科学史也证明，每一位科学家都在不同程度上具有自己独特的哲学观念，他们的科研活动都是自觉或不自觉地在某种哲学世界观和方法论的指导下进行的。科学家除去他所研究的专门领域之外，他首先是个人，作为人就要对周围世界和他所处的社会进行理性的思考，而这种思考从本质上来说就是哲学的。哲学对科学研究的指导作用并不是说对科学家的具体科研活动和科研结论提供指导，而是说给作为人的科学家提供一种世界观和人生观，从而使科学家对自己的人生进行检查，能够有意义地生活，提供一种作为人的终极关怀。哲学对科学研究的指导作用并不是说某一位哲学家对另一位科学家的科研工作横加干涉，而是说科学家自己通过对人生和周围世界的系统性的反思形成自己的世界观和人生观，从而对自己的科研工作有所助益。曾经有一个人问我：科学家转向哲学到底是一种堕落，还是一种升华？苏格拉底就曾经说过：“没有经过检查的人生是不值得活的。”科学家也是人，作为人如果对人生和周围世界没有认真的思考，那就无疑是一种堕落；如果经过了认真的思考，那必将是人生的升华。

人们希望把哲学建设成为科学的模样，但是哲学毕竟不是科学，从学科性质和研究对象方面来讲它们都有本质的不同，这决定了哲学变不成科学。哲学与科学之间的区别主要表现在以下两个方面：

第一，哲学所研究问题的范围具有普遍性。无论是自然科学还是社会科学，都是以自然或社会领域中的某一方面为对象，它所研究的问题是具体的，限于特定的领域，而哲学以整体的世界为对象，它所研究问题的范围具有普遍性。在古希腊罗马时期，哲学是包括各种实证知识在内的知识

①《马克思恩格斯文集》第4卷，280页，北京：人民出版社，2009。

总汇，这个时候的哲学正如法国著名哲学家、数学家笛卡尔所说的那样，它是一棵树，形而上学是它的树根，物理学是树干，医学、力学、伦理学等学科构成它的枝叶。这时的哲学有三大主题：上帝（第一存在）、物质（自然界）和灵魂（精神界）。后来随着知识领域的不断分离，上帝成为宗教学的研究对象，物质或自然界成为自然科学的研究对象，精神也日渐成为实验心理学的研究对象，哲学被驱逐出它的“世袭领地”而变得“无家可归”了，从而面临失去研究对象的严重危机。但是，正是因为“无家可归”，哲学才具有“四海为家”的胸怀，转而研究整个世界，研究那些带有普遍性、一般性的问题。例如，医学研究人为什么会生和死，而哲学研究人应该怎样看待生与死、人的价值、人生的意义等问题。

第二，哲学研究自我和对象的关系。实证科学也以世界为对象，也存在研究的结论与对象是否符合的问题，但实证科学不研究自我与对象的关系，而只研究对象自身的规律。撇开人单纯研究对象自身，这是实证科学的特点。哲学不同，哲学研究自我和对象之间的关系，其中包括人与世界的关系、思维和存在的关系、主体与客体的关系等。比如说，就眼前的这支粉笔，我们就可以开始哲学的追问：是我们的观念构成粉笔呢，还是我们对粉笔的反映构成我们的观念？我们的思维能够反映粉笔吗？辩证法是事物本身所具有的吗，还是说辩证法是人们对事物进行整理的主观形式呢？等等。这些是基本的哲学问题，它们都关涉自我和对象的关系问题。

（三）哲学是对于人生有系统的反思的思想

哲学首要的议题就是关注人。在我看来，处理哲学与人生的关系，实质上就是回答哲学对人有什么用的问题。对于这个问题的认识有下列三种情形。

（1）**哲学是无用之学**

有的人说哲学是无用之学，电脑坏了，不能用哲学修电脑；电路坏了，不能用哲学修电路，所以哲学无用。中国思想家老子曾经指出“无用之用”，《老子·第十一章》中讲到：“三十辐共一毂，当其无，有车之用。埏埴以为器，当其无，有器之用。凿户牖以为室，当其无，有室之用。故有之以为利，无之以为用。”三十根辐条连成一个车轮，当辐条与辐条之间是中空的时候，我们才能够把它当作车轮来用；我们和泥造一个器具，当它中间是空的时候，我们才能把它当作一种器具来使用；我们盖起房子，留下门和窗户，当房间内部是空的时候，我们才能把它当作房间来使用。于是，老子得出结论，“有”（一种实体）可以给我们带来实在的利益，但是“无”（一种空虚）对我们来说才是有用的东西。哲学看似没有用，但是正是这个没有用，才是它的大用之所在。哲学不会使我们发财，不会使我们修理坏掉的电器，也不会使我们在法庭诉讼中赢得官司，但是它会使我们选择有意义的生活。

（2）**哲学是大用之学**

詹姆士在他的著作《实用主义：一些旧思想方法的新名称》中讲到："你们每一个人都有一种哲学；讲到你们，最有趣和最要紧的事是你们的哲学怎样决定你们各人的世界观。"①既然每个人都有一种哲学，那么哲学对每个人的作用就不可小觑。詹姆士由此出发认为哲学决定着人的世界观并在很大程度上影响着人的行为，哲学是大用之学。他在《实用主义：一些旧思想方法的新名称》一书的开头就引用了切斯特顿的一段话来说明这个问题："关于一个人的最实际和最重要的事到底还是他的世界观。我们觉得对一个女房东来说，考虑房客的收入固然重要，但更要紧的还是懂得房客的哲学；我们认为对一个即将杀敌的将军来说，知道敌人的多寡固然重要，但更重要的是知道敌人的哲学。我们认为，问题并不是有关宇宙的理论是否影响事物，而是归根到底还有什么其他的东西能够影响事物。"②

（3）**哲学是境界之学**

我国著名的哲学家、哲学史家冯友兰在《中国哲学简史》这本著作中从哲学的功用角度探索了哲学的定义，他认为："哲学就是对于人生有系统的反思的思想。"③他主张，只要一个人没有死，他就活在人生中。但是对于

① ［美］詹姆士：《实用主义：一些旧思想方法的新名称》，5 页，北京：商务印书馆，1979。

② ［美］詹姆士：《实用主义：一些旧思想方法的新名称》，5 页，北京：商务印书馆，1979。

③ 冯友兰：《中国哲学简史》，1 页，北京：北京大学出版社，1996。

人生有反思的思想的人并不多，其反思的思想有系统的就更少。哲学家必须进行哲学化，这就是说，他必须对于人生有反思的思想，然后有系统地表达他的思想。作为有系统地反思人生的哲学的功用是什么呢？冯友兰认为，哲学的功用不在于它能够给人提供或增加积极的知识，比如，如何修电脑、如何改电路等实际的知识，它的功用在于提高心灵的境界，在于达到超乎现实世界的境界，获得高于道德的价值。具体地说就是哲学能使一个人成为人，而不是成为某种人，不是使人成为电脑或电路工程师那样的专门人才，而是使人懂得人之所以为人的道理，在于使人获得人生的意义和价值。所以哲学可以指导我们的人生，指导我们的生活。

§5　哲学凭借概念整体把握世界

对于一般人来说，哲学作品是晦涩、难懂的。一般人之所以具有这样的感觉，首要原因在于哲学作品的表现形式的特殊性。可以说，哲学作品也追求明晰性，但是与其他学科相比（例如文学、历史学等），哲学的明晰性却有不同的要求。康德把明晰性划分为两种，一种是“凭借概念的那种推理的（逻辑的）明晰性”；另一种是“凭借直观的直觉的（感性的）明晰性，即凭借实例或其他具体说明的明晰性”①。哲学要求的是第一种明晰性，不能满足的是第二种明晰性。哲学的论证是以概念的形式表现出来的推理过程，一个概念构成推理过程的一个环节，如果对于一个概念的理解出现问题，对于下面的论证的理解也会相应地出现问题。另外，在哲学论证过程中，刻意忽略了事例和事实的说明，读者需要在对哲学作品的理解过程中自己把概念中隐含的那些事例和事实还原出来，需要在阅读过程中把作者写作时头脑中出现的问题还原出来，这些东西都不是作者在作品中明晰地指示出来的，需要读者在阅读过程中加以破解，这个破解的过程增加了读者阅读哲学作品的难度，所以一般人会认为哲学作品晦涩难懂。哲学的

① ［德］康德：《纯粹理性批判》，6页，北京：人民出版社，2004。

这种表现形式是和它作为最高级、最普遍的知识形式的要求相适应的，真正的科学内行并不对哲学要求通俗化的实例和说明，一本哲学著作的生命力不在于它的通俗易懂，而在于人们在理解这本著作时所需要花费的时间，理解需要的时间越长，那么这本著作的生命力越强，表现力也就越强，“有些书，如果它并不想说得如此明晰的话，它就会更加明晰得多”①。

与康德的说明有些类似，黑格尔对于哲学表现形式的说明大致是这样的，他划分了表象和概念两种不同的意识，“我们所意识到的情绪、直观、欲望、意志等规定，一般被称为表象。所以大体上我们可以说，哲学是以思想、范畴，或更确切地说，是以概念去代替表象”②。哲学的认识过程也是对事物的表象的抽象过程，把表象化为概念，再通过概念来把握表象，概念和表象之间是一种譬喻关系，某个人知道思想和概念，但不一定知道这些思想和概念所体现的表象、直观和情绪。这就是说哲学之中都是一些思想和概念，对于某一个思想和概念，我们也许知道这个名词，但是我们不一定知道这个思想和概念所隐含的表象；或者，我们即使知道某个概念所隐含的表象，但是对于它在推理过程中的应用又是糊涂的。所以，一般人会认为哲学作品难以理解。

历史上的每一位大哲学家都有自己所提出的标志性概念，这些概念奠定了这位哲学家在哲学史上的独特地位。比如，在中国哲学史中，孔子成仁，老庄无为，墨子兼爱非攻，韩非子的法，公孙龙的名，邹衍的五德，以及后来程朱的理，陆王的心等；在西方哲学史中，泰勒斯的水，毕达哥拉斯的数，柏拉图的理念，亚里士多德的实体，笛卡尔的天赋观念，洛克的白板，休谟的恒常联结，莱布尼茨的单子，康德的先天综合判断，黑格尔的绝对精神，马克思的实践，胡塞尔的现象，海德格尔的此在等。在大哲学家的思想之中，每一个概念都不是独立存在的，而是在相互联系之中说明问题，构成体系。

哲学概念的形成一般具有两种情况。一种情况是此概念就存在于日常

① ［德］康德：《纯粹理性批判》，7页，北京：人民出版社，2004。

② ［德］黑格尔：《小逻辑》，40页，北京：商务印书馆，1980年第2版。

语言之中，某位哲学家赋予其特定的含义。这正如威廉·冯·洪堡所说的那样："在句子结构和语序上，很多东西并不能简单还原为规则，而是依赖于特定的说话人或作家。因此，语言具有为语法的多样性提供自由和丰富手段的优点。……如果不改变语言的声音，也不改变语言的形式和规则，通过观念的不断发展，思想力量的增强，以及情感的更深入的渗透，时间往往会把过去不具备的东西添加到语言之中。于是，同一个声音获得另外的意义，在相同的外观下呈现出不同的事物，相同的语法组合规则使人联想到观念的不同组合顺序。这种状况是一个民族文学（尤其是诗歌和哲学）的持续发展的结果。"[①] 另一种情况是哲学家根据自己对于问题的理解，对日常语言中的词根或者单词进行重新的分化组合，另辟新词。"声音形式是语言为思想而创造的表达方式，它也可以被视为语言创造的适合自己的容器。如果这种创造要成为一种真正完整的创造的话，那么它只能上溯至语言的原始发明阶段，对此种情况我们一无所知，只能预先把它假定为一个必要的假设。但是，在语言形成的中间阶段，将现有的声音形式应用于语言的内在目的必定是可能的。通过内在的澄明和对外部环境的守护，一个民族可能会把一种完全不同的形式植入传统的语言之中，从而使这种语言成为一种完全不同的新语言。"[②] 洪堡在这里揭示了实现语言转化的两个途径，一个是内在的澄明，另一个是对外部环境的守护。哲学家在创造哲学新概念的过程之中正是遵循了这两条路径。所谓内在的澄明，就是深刻揭示这些概念自身的含义。所谓对外部环境的守护，就是在与外部概念和外部对象的比较分析中划清边界，厘清范围。通过内在的澄明和对外部环境的守护创造出的新概念在某些哲学家构建起来的理论体系中比比皆是，德国哲学家海德格尔是另辟新词进行思想表达的典型代表。

哲学概念一般具有以下几个方面的特征。

---

① Humboldt W V, *On Language: The Diversity of Human Language-Structure and its Influence on the Mental Development of Mankind*, pp86-87, Translated by Peter Heath. Cambridge: Cambridge University Press, 1988.

② Humboldt W V, *On Language: The Diversity of Human Language-Structure and its Influence on the Mental Development of Mankind*, p76, Translated by Peter Heath. Cambridge: Cambridge University Press, 1988.

首先是抽象性。作为一种认识方法，抽象与舍象相对。所谓抽象就是在认识一类事物时，把同类事物所具有的共同的本质特征抽出来，以达到界定这一类事物的目的；舍象是在认识某一个事物的个体特征时，把这一个事物与其他事物相区别的稳定的特征抽出来，以达到认识这一个体的目的。抽象与舍象是同一个认识过程的两个方面，当我们把事物的某些属性从事物的总体中抽出来规定这一事物的时候，同时也就意味着把该事物所具有的其他属性舍弃掉。作为一种认识结果，抽象与具体相对。经过前面讲到的思维抽象与舍象过程所获得的认识结果就是抽象，未经思维抽象过程加工的感性对象就是具体。有的概念可以直接还原为具体的感性的对象，但是哲学概念是若干次思维抽象的结果，根本不可能依靠人类的感觉系统去感知它，也就是说我们既看不到它，也触摸不到它。例如孔子的仁，孟子的义，黑格尔的绝对精神，马克思的商品价值等，我们不可能用显微镜或者望远镜来进行观察，它们都是思维抽象的结果。

其次是普遍性。人类使用概念把握对象，但是概念与概念之间存在种属关系，这就像红富士、黄元帅、国光等都是苹果，苹果、香蕉、梨等都是水果，水果、蔬菜、鸡蛋等都是食物……在概念的这种层级结构中，哲学所应用的概念是在人类所有的概念中属于最高的、最具普遍性的概念。石里克曾经在著名物理学家普朗克指导之下以一篇题为《光在不均匀层的反射》的论文获得物理学博士，曾经针对爱因斯坦的相对论发表专著，同时他在哲学领域还是逻辑实证主义和维也纳学派的创始人，因此他既是世界著名的哲学家，也是有广泛影响的物理学家。故而，他对于哲学与具体科学之间关系的论述具有很强的说服力。他认为：“任何科学问题都会把我们引向哲学，只要我们把问题追索得足够深远。当一个人在某个特殊科学中获得了知识（从而知道这个或那个现象的原因）时，当探索的头脑又进一步追问原因的原因（也就是追求可以从中推引出他所获得的知识的更一般的真理）时，他很快就达到他的特殊科学的手段已不能使他再继续前进的地步。……解释向前推进的过程最终进入的最一般的领域，就是哲学领域、认识论领域。因为最一般科学的终结的基本概念，如心理学中的意识概念，数学中的公理和数的概念，物理学中的空间和时间的概念，最后只允许作哲学的或认识论的澄清。”[①]

第三是关联性。某一个哲学概念在特定的理论体系之中并不是孤立存在的，而是处于广泛的相互关联之中。马克思在《哲学的贫困》中批判了以蒲鲁东为代表的“与观念顺序相一致的历史”，在蒲鲁东的背后站着的是黑格尔，以黑格尔为代表的哲学是从先验概念出发来构建整个体系，概念与概念之间相互联系、相互推导，最终形成体系，“正如从简单范畴的辩证运动中产生出群一样，从群的辩证运动中产生出系列，从系列的辩证运动中又产生出整个体系”[②]。马克思在这里用简约的语言真实地揭示了黑格尔哲学的内部结构。黑格尔本人也是这样来进行阐释的，他认为“哲学知识的形式是属于纯思和概念的范围”[③]，“哲学的每一部分都是一个哲学全体，一个自身完整的圆圈。但哲学的理念在每一部分里只表达出一个特殊的规定性或因素。每个单一的圆圈，因它自身也是整体，就要打破它的特殊因素所给它的限制，从而建立一个较大的圆圈。因此全体便有如许多圆圈构成的大圆圈”[④]。马克思反对黑格尔的唯心主义体系，但是并不反对他的辩证法思想，辩证法在黑格尔那里是以头着地，马克思把它倒过来，使之以脚着地。马克思公开承认自己是黑格尔的学生，在其著作中的“有些地方我甚至卖弄起黑格尔特有的表达方式”[⑤]。这也就是说，马克思反对黑格尔的唯心主义前提，但是并不反对理论著作所包含的诸多概念之间的逻辑关联性。推而广之，任何一部哲学著作所包含的诸多概念之间一般都存在这种逻辑关联性，否则它就不可能作为一个整体而存在。

第四是流动性。我们在阅读哲学著作时可能会经常遇到这种情况，那就是我们在著作的某一处遇到某个概念并且理解了这个概念在上下文中的含义，但是当这个概念在另一处出现时，我们把前面已经理解的含义搬到

---

① ［德］石里克：《普通认识论》，18 页，北京：商务印书馆，2005。

②《马克思恩格斯文集》第 1 卷，601 页，北京：人民出版社，2009。

③ ［德］黑格尔：《小逻辑》，43 页，北京：商务印书馆，1980 年第 2 版。

④ ［德］黑格尔：《小逻辑》，56 页，北京：商务印书馆，1980 年第 2 版。

⑤《马克思恩格斯文集》第 5 卷，22 页，北京：人民出版社，2009。

这里，却怎么也解释不通。古希腊哲学家赫拉克利特曾经说过："人不能两次踏入同一条河流。"当我们第一次踏入这条河流的时候，它是一种状态；但是，当我们第二次再踏入这条河流的时候，这条河流已经发生流变，不再是我们第一次踏入时候的那种状态了。哲学概念像河流一样，也具有这种流动性。哲学概念具有流动性的原因无非包括两个方面，一方面是词语本身的多义性，同一个能指包含不同的所指；另一方面是哲学家本人的意识也像河流一样在川流不息，同一个概念在不同的文本环境中呈现出不同的面相。黑格尔《小逻辑》的中文版译者贺麟曾经在该书的"新版序言"中感叹翻译反思（reflexion）一词的繁难，该词"在《大逻辑》和《小逻辑》里都出现得很多，特别是在本质论开始后的几节内，'反思'一词出现得更多。此词很费解"[①]。贺麟总结了翻译《小逻辑》前后两版的经验，列举了该词可能具有的六种意义，但是在正文中具体怎么来理解"反思"这个概念，贺麟建议读者自己想办法"从上下文联系去了解'反思'一词的意义和译法"[②]。黑格尔所使用的其中一个概念就具有如此令人费解的流动性，更别说整部著作所包含的众多概念都在一定程度上具有流动性，这是造成一般读者对于哲学著作望而生畏的一个重要原因。

普通人一般都会关注谋生的手段、养生的知识与日常的消遣。与此相应，哲学的形态包括作为一种职业的哲学[③]、作为一种医术的哲学[④]以及作为一种娱乐的哲学[⑤]。上述三种类型的哲学会刻意淡化哲学概念对于哲学本身的重要性，它们在论述过程中，或者尽量向现实事务靠拢，力图实现自己解决现实问题的能力；或者用大量搞笑的、超常规的事例和说明来代替哲学概念本身的逻辑性。上述三种类型的哲学并不是纯粹的哲学，最为纯粹

① [德] 黑格尔：《小逻辑》，xxi 页，北京：商务印书馆，1980 年第 2 版。

② [德] 黑格尔：《小逻辑》，xxi 页，北京：商务印书馆，1980 年第 2 版。

③ 其典型代表是现代社会的学院哲学，这种类型的哲学只是把教学研究工作当作一种职业来对待，研究哲学就是为了发论文、拿课题、获奖、晋升职务职称等非常功利性的目的。

④ 医学治疗人们身体上的疾病，心理学治疗人们精神上的疾病，哲学则是面对正常人教导他们积极地思考人生，树立正确的世界观、人生观和价值观，哲学是一种防患于未然的医术。

⑤ 这种类型的哲学就是为了满足人们日常消遣的需要，是面对哲学门外汉来讲的哲学。

的哲学形态是追求自由与真理的哲学，这种哲学正像康德所说，它是讲给真正的内行听的，而不希望引起门外汉的兴趣。这种类型的哲学并不会因为听众少就丧失自身的价值。人类追求自由和真理的过程犹如攀登一座高山，越是陡峭艰难的地方，攀登的人就越少。真正的哲学家不会因为追求自由和真理的路途艰险而退缩，正是这些人把人类的思想推进到新的高度。这种纯粹的哲学不希望通过稀奇古怪的事例和说明来吸引大众的注意，它唯一追求的就是概念的明晰性。通过以上的说明，我们知道，哲学作品表现形式的特殊性在于：它以思想和概念的形式进行论证，在论证过程中采取了隐喻的形式，省略了使论证过程通俗化的实例和说明（或者说在哲学作品中有一些实例和说明，但是它们并不占有重要的地位），从而以人类思想中存在的最高、最普遍的概念来整体把握世界。

第三章　真实再现：历史学的主要任务

凡人世间的一切事物都有其产生、发展和消亡的历史。在时间中发展并因而具有历史性的事物都可能成为历史学的研究对象，乃至于马克思、恩格斯曾经有过把历史科学视为唯一科学的想法[①]。这样一来，如果不对历

① 马克思、恩格斯在《德意志意识形态》的手稿中曾经把历史科学视为“我们仅仅知道一门唯一的科学”，它可以分为自然史和人类史。写完这段话之后，他们又把它删掉了，删掉这段话的原因可能存在两种情况。一种情况是他们认为这种观点本身是不准确的，毕竟以历史科学来统一人类所有的知识领域是一个非常宏伟的计划，不是三言两语能够说得清楚的。另一种情况是由于行文的需要，下文主要是要讲德国哲学脱离现实前提进行理论阐述的特点，这种特点表现为“整个意识形态不是曲解人类史，就是完全撇开人类史”。如果为了论述意识形态脱离现实而存在的特点，从而把它与人类史相关联，进而与整个历史科学相关联，那么这条道路就迂回得太远了，不利于突出反映该部分的主题，于是马克思、恩格斯删掉了刚刚写好的段落，重新从“现实的个人”出发来说明人类社会各个部分之间的现实联系。从上下文的关系来看，第二种情况是成立的，对于相关观点的论述没有必要追溯到历史科学的界定。但是更重要的是，从后续的文本来看，这种观点本身的不准确性是导致删除该段的主要原因，所以，把历史科学视为唯一科学的观点仅仅是马克思、恩格斯当时曾经的一种想法而已，并不是他们提出的得到论证的观点。在《德意志意识形态》之后，马克思和恩格斯对于该概念的使用情况是不同的，恩格斯若干次提到历史科学这个概念，而马克思基本上不用这个概念，由这个情况可以进一步推断，当初在写作《德意志意识形态》的手稿时，这段被删除的段落很可能出自恩格斯之手，恩格斯在后续的思想发展过程中不断对历史科学的含义和外延进行调整。1859 年恩格斯在《卡尔·马克思〈政治经济学批判。第一分册〉》这一书评中指出这本书阐述的唯物主义历史观的基本原理“不仅对于经济学，而且对于一切历史科学（凡不是自然科学的科学都是历史科学）都是一个具有革命意义的发现”（《马克思恩格斯文集》第 2 卷，第 597 页）。在这里，恩格斯把自然科学排除在历史科学之外。1877 年，恩格斯在《反杜林论》中把上述观点进一步细化，从而把整个认识领域分为三大部分，第一部分是能用数学方法处理的科学，第二部分是研究活的有机体的科学，第三部分是按历史顺序和现今结果来进行研究的、属于观念上层建筑的历史科学（参见《马克思恩格斯文集》第 9 卷，第 92—94 页）。1886 年恩格斯在《路德维希·费尔巴哈与德国古典哲学的终结》一文中又指出：“关于社会的科学，即所谓历史科学和哲学科学的总和。”（《马克思恩格斯文集》第 4 卷，第 284 页）这里，恩格斯进一步把哲学科学与历史科学相并列，把它们总称为“关于社会的科学”。需要注意的是，在同一篇文章中，恩格斯还曾提到“包括哲学在内的历史科学”（《马克思恩格斯文集》第 4 卷，第 313 页）。在同一篇文章之中，恩格斯对于哲学和历史科学关系的论述存在明显不一致的地方，出现这种不一致的原因可能在于哲学本身既具有历史性质，也具有超越历史的性质，它既属于历史科学，也不属于历史科学。

史学研究的对象和方法进行限定，历史学本身将会变得无限庞大，无限庞大的东西对人来说就是不能把握的东西，不能把握的东西归根结底就相当于无。我们知道，并不是一切有历史的东西都能成为历史学的研究对象，历史学首先专注于研究人类活动及其踪迹的历史，但是它与通过遗址遗物研究人类活动及其踪迹的考古学不同，也与借助风俗习惯研究人类活动及其踪迹的人类学和民族学不同，它主要借助于文献档案来开展研究。

真实的历史转化为文献档案，在文献档案的基础上进行历史学研究。在真实历史、文献档案与历史学这三级关系之中，德国客观主义史学的奠基人兰克相信历史学家能够"如实直书"，但是这种观念在后现代主义历史哲学中遭受广泛的质疑。在这些后现代主义者看来，历史事实是构建起来的，历史学不可能达到认识过去的客观性目标，主张以文学艺术的形式来构建当代的历史学。面对后现代主义历史哲学家，我们可能会问，他们所认为的历史学如何区别于虚构的、供人消磨时光的文学作品呢？历史学的严肃与严谨表现在哪里？人类真的不需要严肃严谨地面对我们的过去了吗？对于历史事件的客观真实性的追寻是一回事，在追寻过程中能否达到认识的客观真实性又是另一回事，我们不能因为对后者存在疑问而放弃我们对客观真实性的追寻，这正如苏格拉底所说，人类永远不能得到智慧，但是人类需要不断地爱或追求智慧。不管时势如何变迁，我们通过研究文献档案努力追寻对过去事件的真实再现，这始终是历史学的主要任务。正是追求真实再现的历史学才显示了其自身区别于其他学科的独特价值，只有真实地知道我从哪里来才会知道我要到哪里去，否则人类将会始终处于一种无根的飘摇状态，现代社会将无可挽回地走向浮躁和无意义的生活。历史学既然如此之重要，那么何为历史学？历史学区别于哲学的特征主要有哪些？这将是我们在本章中展开论述的主要问题。

§1　时间在历史学中的作用

时间对于历史学的重要性是毋庸置疑的，在这里我们只需要举几个历史学家和思想家的看法就能够充分体现出历史学的时间性。法国年鉴学派的创始人之一马克·布洛赫在其代表著作《历史学家的技艺》中认为：“我们已把历史学称为‘人类的科学’，那还是太含糊，有必要加上‘时间中的’定语。史学家并非抽象地思索人类，在他们的思想中总是自然而然地注入时代的气息。”①法国思想家和文化人类学家列维－斯特劳斯曾经指出：“没有日期就没有历史学；要相信这个说法，只要想想小学生是怎样学好历史的就够了。……如果日期不是历史的全部内容，也不是其最有趣的部分，那么没有日期历史也就不复存在了，因为历史的全部的独特性和特殊性正在于理解在前和在后之间的关系，如果历史的各个事项不能，至少是潜在地，被标以日期的话，历史就必然会解体。”②法国巴黎第一大学教授普罗斯特也认为：“历史学家站在现在向过去提问，问题针对的是起源、发展和轨迹，这些都处在时间之中，要由日期来标记。”③历史学区别于其他学科的一个重要特征就在于它的叙述中内置了时钟，这个时钟所显示的时间是历史学本身不可祛除的因素，在这一点上历史学与哲学存在本质的不同，哲学作品之中不会有时间，即使偶尔出现时间也不具有本质的重要性。

人类对于时间本身的理解主要存在三种方式。

第一种理解方式是以牛顿为代表的绝对时间观。牛顿区别了绝对的、真实的和数学的时间与相对的、表象的和普通的时间，他认为：“绝对的、真实的和数学的时间，由其特性决定，自身均匀地流逝，与一切外在事物无关，又名延续；相对的、表象的和普通的时间是可感知和外在的（不论是精确的或是不均匀的）对运动之延续的量度，它常常被用以代替真实时间，如一小时，一天，一个月，一年。”④绝对时间脱离外在事物而均匀流逝，它只能通过外在事物的等速运动来进行测量，但是现实之中，“能用以精确测定时间的等速运动可能是不存在的。所有运动都可能加速或减速，

① ［法］马克·布洛赫：《历史学家的技艺》，24页，上海：上海社会科学院出版社，1992。

② ［法］列维－斯特劳斯：《野性的思维》，295—296页，北京：商务印书馆，1987。

③ ［法］安托万·普罗斯特：《历史学十二讲》，103页，北京：北京大学出版社，2018年第2版。

④ ［英］牛顿：《自然哲学的数学原理》，10—11页，西安：陕西人民出版社，2000。

但绝对时间的流逝并不迁就任何变化”[①]。

第二种理解方式是以爱因斯坦为代表的相对时间观。在爱因斯坦看来，时间不是与外在物质脱离的均匀不变的流逝，它与物质运动状态紧密相关，“在广义相对论中，空间和时间的学说，即运动学，已不再表现为同物理学的其余部分根本无关的了。物体的几何性状和时钟的运行都是同引力场有关的，而引力场本身却又是由物质所产生的”[②]。与物质运动相关的时间空间表现为钟慢尺缩效应，也就是说，当物体运动速度接近光速的时候，物体周围的时间会迅速变慢，空间会迅速缩小。

第三种理解方式是以康德为代表的作为先天形式条件的时间观。在康德看来，时间不可能是外部现象的任何规定，它既不属于形状，也不属于位置等等；同时，我们也不能够想象某种没有现实对象却仍然现实存在的东西，因而它也不是独立存在的东西。“时间不过是内部感官的形式，即我们自己的直观活动和我们内部状态的形式。……因为这种内部直观没有任何形状，我们也就试图通过类比来补足这一缺陷，用一条延伸至无限的线来表象时间序列，在其中，杂多构成了一个只具有一维的系列，我们从这条线的属性推想到时间的一切属性，只除了一个属性，即这条线的各部分是同时存在的，而时间的各部分却总是前后相继的”[③]。康德所认为的时间是先于对象存在的、依附于主体的、属于内感官的一种先天形式条件，它是我们把握内部现象的直接条件，一切外部现象都会转化为内部现象，从而它也间接地是我们把握外部现象的条件。

如果对比牛顿、爱因斯坦和康德这三个人提出的时间观念，我们可以发现牛顿以钟表指针的匀速运动来思考时间本身，不管物质对象的性状如何，钟表指针的运动速率都不会发生相应的变化；爱因斯坦依照物质运动的跨越一定距离所用时间的多少来思考时间本身，跨越相同一段距离，速度慢的物体用的时间长，速度快的物体用的时间短，如果物体以光速运动

---

① ［英］牛顿：《自然哲学的数学原理》，12 页，西安：陕西人民出版社，2000。

② ［德］爱因斯坦：《什么是相对论？》，载《爱因斯坦文集》第一卷，112 页，北京：商务印书馆，1976。

③ ［德］康德：《纯粹理性批判》，36—37 页，北京：人民出版社，2004。

的话，那么它跨越这段距离的时间为0；康德依照主体对于时间的内部感知来理解时间本身，每个主体都先天地具有时间观念，他运用时间这种先天形式来把握关于我们灵魂的内部现象，同时也运用它去整理他面对的外部现象，于是人的理性“以一个受任命的法官的身份迫使证人们回答他向他们提出的问题”①。我们不能简单地以正确或者错误来评价上述三种时间观，可以说，这三种时间观揭示了时间的三种面相，这三种面相在历史研究过程中都有不同程度的表现。法国年鉴学派历史学家布罗代尔曾经把历史的时间分为地理时间、社会时间和个人时间三种类型②。地理时间几无变化，这类似于牛顿所提出的绝对时间；社会时间变化的节奏平缓，它由于经济、国家、社会和文明类型的不同而有所区别，这相当于爱因斯坦所提出的相对时间；个人时间充满短暂、急促、紧张不安的波动，因为个体的不同其变化的节奏也有很大的区别，这相当于康德所提出的主观先天的时间。

没有时间，就没有历史学。时间在历史学中占有重要的地位，发挥着关键作用，历史学家把自身置于过去留存下来的文献档案之中，通过对时间顺序的梳理来揭示一个事物的起源与发展的基本脉络。时间在历史学中的重要地位和作用可以概括为以下几个方面。

首先，历史学家以特定时间选择研究主题，以时间顺序组织材料。我们在浏览历史学著作和论文的时候，都会发现一个显著的特点，那就是属于历史学研究的绝大多数作品的标题中都有明确的时间标识，或者是以朝代为标识，例如先秦、唐朝、清晚期等；或者以历史人物生活或者统治的

---

① ［德］康德：《纯粹理性批判》，13页，北京：人民出版社，2004。

② 布罗代尔在其代表著作《地中海与菲利普二世时代的地中海世界》的“前言”中曾经针对时间变化快慢的不同分三个部分来研究地中海世界。第一部分是研究人与其环境之关系的历史。这是“由不断重演、反复再现的周期构成的历史”，这是“几乎毫无变化的历史”，这是“几乎不受时间影响的历史”，这是“人与无生命世界交往的历史”。第二部分是社会史，在这部分中布罗代尔逐次考察了地中海世界的经济、国家、社会和文明，并试图揭示所有这些来自深层的力量如何作用于错综复杂的战争舞台。这种历史是“关于群体和集团的历史”，是“一个节奏平缓的历史”。第三部分是传统的历史、个人的历史、事件的历史。“这是由短暂、急促、紧张不安的波动构成的历史。最轻微的运动，根据定义，也是极端敏感的运动，它能引起这种历史的全部领域颤动。”根据上述三个部分的区别，布罗代尔将历史时间划分为三种类型，即地理时间、社会时间和个人时间。（这部分的引文出自布罗代尔：《论历史》，北京大学出版社2008年版，第3—5页）

年代为标识，例如乾隆年间、美国威尔逊政府、德罗伊森时代、前康德时期等；或者以时间节点、特定的年份、日期区间为标识，例如新中国成立以来、改革开放以来、1924年、1906—1933年等。这类现象不一而足，比比皆是，这正显示出历史学研究的独特性，哲学、文学、社会学、政治学等相关学科的作品都不会如此来拟定标题。这表明历史学家在开展研究、选择研究主题之初就会首先考虑时间因素，因为所要研究的时间和年代不同，能够找到的文献资料、该时代的特征、该对象的研究价值以及研究者本人的兴趣也会有千差万别。历史学家要研究过去，但不是所有的过去都会成为他的研究对象，他首先就要选择一个时间点或者时间段作为自己的研究对象。研究对象和研究主题确定之后，就要按照时间和主题来收集、整理、分析、选择相关的资料，最终把这些资料以特定的组织方式呈现在自己的历史叙述之中。

其次，时间是确定历史事件之间因果关系的核心线索。梁启超曾经以因果关系为核心来界定历史，他说："史者何？记述人类社会赓续活动之体相，校其总成绩，求得其因果关系，以为现代一般人活动之资鉴者也。"[①] 历史学"校其总成绩"的任务就是通过确定因果关系来"算总账"。"夫成绩者，今所现之果也，然必有昔之成绩以为之因；而今之成绩又自为因，以孕产将来之果；因果相续，如环无端，必寻出其因果关系，然后活动之继续性，可得而悬解也。"[②] 历史学要以研究因果关系为己任，在这方面历史学研究的典型特点是由结果追溯原因，这与自然科学在实验中设置各种条件来获得结果的活动正相反。原因与结果之间的关系首先表现为时间上的前后联结，在后的事件经常伴随着在前的事件出现，于是我们认为在前的事件是原因，在后的事件是结果。历史学上如果要确定两个事件之间存在因果关系，那么就需要符合最基本的要求，那就是因果之间不能出现时间上的混乱或者倒置。在后出现的事件不可能成为在前出现的事件的原因。如果一项研究在确定两个时间的因果关系时出现这种时间上的倒置，那么这项研究结论就可以直接被证

① 梁启超：《中国历史研究法》，1页，北京：中华书局，2009。

② 梁启超：《中国历史研究法》，3页，北京：中华书局，2009。

伪。如果两个事件出现的时间相距遥远，那么这两个事件之间是否存在因果性就非常值得怀疑。例如关羽和秦琼是两个不同时代的人物，如果出现类似于关羽战秦琼的事例，那么它也可以直接被证伪。

第三，时间是历史分期的关节点。克罗齐曾经认为历史学家在选材时没有逻辑标准可用，选材是为了满足实用的目的，具有主观性；同样，历史学家为了剧情的需要而进行历史分期，历史分期是内在于思想的，而不是外在的和自然的。“思索历史当然就是把历史分期，因为思想是机体，是辩证，是剧，作为机体、辩证和剧，它就有它的时期、有它的开始、有它的中间、有它的结尾、有剧所含有的和要求的其他理想段落。”[①] 历史分期确实是在人的主观思维中对于过去发展过程的把握，但是这种把握不能完全归之于人的主观设定，它在一定程度上反映了历史的真实发展过程。每一个事物在其自身发展过程中都会表现出一定的渐进性和阶段性，自然界的事物是如此，人类社会中的事物也是如此。种子种入土中会发芽、长成植株、开花、结果、落叶、枯萎，每个人都有出生、成长、求学、就业、死亡，历史上每个朝代都面临各种矛盾的演化和兴亡交替的规律，这些都是有迹可循的。过去是已经发生的、客观存在的，不管历史学研究的结论如何都不可能改变过去，只能改变我们对于过去的叙述方式而已。不同的历史学家对于同一个历史过程所划分的历史时期可能会有所不同，但是这并不能否定历史过程本身所具有的阶段性，我们需要做的正是以更加合理的方式来确定历史上的各个时期。各个历史时期的起止点是以历史事件为标志的，这些历史事件包括一个重要人物的就职、免职或者死亡，一条法令的颁布，一次会议的召开，一个重要机构的建立或者解体，一个国家的建立或者灭亡等，这些历史事件都有一个相对准确的时间节点（即使这个时间节点相对比较模糊，这也不影响我们对于历史事件基本过程的把握），以此时间为关节点就可以对某一历史过程进行分期。

第四，时间是历史研究结论的检验标准。作为历史研究结论检验标准

① ［意］克罗齐：《历史学的理论和实际》，86页，北京：商务印书馆，1982。

的时间主要包含两层含义。其一是指在历史文本中论述的历史事件的时间顺序是否正确。历史事件都发生在特定的时间和空间，时空是内置于历史事件中的一个核心特征。没有时间标记的历史事件只能是孤立的事件，如果能够合理推测它的时间性，那么它就会构成一个完整事件的一部分，如果不能推测其时间性，那么它或者被当作文学传说来处理，或者直接被历史所遗忘。那些有明确时间标记的历史事件，我们还需要把它放在历时或者共时的可能性中来考察它在时间序列中的地位和作用，在相同的空间内具有共时性的事件必然存在相互呼应的关系，围绕相同主题展开的历时性事件也必然存在内在的关联。此外，历史学研究的一项重要任务就是追溯一个事物的起源，对于这一事物出现时间的确定就是一个关键的技术问题，时间方面的错乱可能直接导致研究结论被否定。作为历史研究结论检验标准的时间的第二方面含义是在以下语境中被使用的，即当下解决不了的问题留给时间去解决，随着时间的流逝，没有现实意义的问题逐步被淡忘，有现实意义的问题逐步被丰富、逐步变清晰。人类社会的认识是一个不断累积的过程，后一代人在前一代人的基础上开展相应的研究，继续推进人类的认识向前发展。前一代人解决不了的问题随着时间的推移，后一代人可能会有办法解决。例如清朝光绪帝的死因一直是历史谜团，随着技术条件的改进，人们在光绪帝的头发和衣物中检测出了砒霜成分，这就证明光绪帝死于他杀，这也就能够合理地解释比较年轻的光绪帝为什么在慈禧太后去世前一天驾崩的原因。

第五，超越时间的限制是历史研究的目的。时间在不断流逝，过去的人物不可能再生，过去的事件不可能重演。如果我们仅仅满足于对过去的简单再现，那么历史研究的意义将会丧失，对于过去的研究对现在和我们即将面对的未来将不会有任何的价值。历史研究自身的价值必然体现为对时间限制的超越，它虽然研究的是过去，但是面对的却是现在和未来。在人类的历史中，“无数的事件会显现为混乱的、暂时的，但它们全都聚合入一种极为强大的统一体，一种绝对，它就是历史。作为一位著名的历史人物、或作为一位深刻的探究者与解释者同历史打交道，就是去把握绝对”[①]。在这里，关键的地方就在于如何把握处于流逝时间中的绝对。我们可以看到，研究者从不同的角度看待历史就会有不同的结论。从微观、个体的角度出发，历史充满一次性和偶然性；但是，当我们从宏观、整体的角度去观察，历史就会呈现出一些基本原则和框架，甚至表现出一定的规律性。正是这些原则、框架甚至是规律的发现才使历史研究能够超越时间的限制，把握绝对。“在一种情况下绝对会是一种玄奥的力量，在另一种情况下绝对会是上帝，在又一种情况下绝对会是某种调控的法则或原则。”[②]不管是把历史中的绝对视为玄奥的力量，还是上帝，都会把历史引向神秘主义。只有把历史中的绝对视为某种调控的法则或原则才是对历史的比较现实的理解方式，这些法则或原则一部分是继承性的，例如孔子的学说对现在的中国人依然具有规训的作用；另一部分是开创性的，每一代人甚至每一个个体都会有自己的法则或者原则，这就构成康德所谓的绝对命令，也就是那些自己希望它成为普遍原则的原则。历史学家只有把历史之中这些具有调控作用的法则或者原则揭示出来，他的研究结论才能超越时间的限制，对现在和未来的人才具有指导意义。

§2　历史学建基于历史事实

历史学与历史事实之间的关系是非常密切的，历史学研究离不开历史事实，乃至于傅斯年从史料出发来界定历史学，他主张：“近代的历史学只是史料学，利用自然科学供给我们的一切工具，整理一切可逢着的史料。”[③]史料是历史事实的载体，历史事实是对过去历史事件的记录，历史事件本身有其发生发展过程。过去发生的历史事件数量庞大，过程复杂，不可能全部的历史事件都进入历史记载，得以记录的历史事件只是真实发生的历史过程中

① [美]莫迪凯·罗什瓦尔德：《对历史的理解：寻求流逝时间中的绝对》，载《第欧根尼》中文精选版编辑委员会主编《对历史的理解》，12页，北京：商务印书馆，2007。

② [美]莫迪凯·罗什瓦尔德：《对历史的理解：寻求流逝时间中的绝对》，载《第欧根尼》中文精选版编辑委员会主编《对历史的理解》，12页，北京：商务印书馆，2007。

③ 傅斯年：《傅斯年讲史学》，180页，南京：凤凰出版社，2008。

极少的一部分，大量的历史事实湮没在历史长河之中。纵观这个过程可见，历史事实的形成过程可以细分为三个阶段，即历史事件的发生、历史事实在文本中的第一次呈现、历史事实在历史研究中的缺席在场。

（一）历史事件的发生

因为历史事件发生在过去，人类是没有办法与过去直接照面的，历史学的研究对象不像自然科学的研究对象那样，可以借助各种仪器设备来对之进行观测，也不可能通过舞台来对之进行模拟，更不可能乘坐时空穿梭机回到过去，我们只能通过文献、遗址遗物、风俗习惯等来研究或者还原过去。于是，这里就“出现了一个很大的差距，即，已经消失了的、短暂的事件与一份证实那一事件的、保存下来的材料之间的差距”①。一些后现代历史学家把这一差距无限地放大，反对历史认识具有客观性，认为历史事实是主观建构的结果。“历史事实就不是过去发生的事情，而是可以使人们想象地再现这一事件的一个象征。”②作为象征的历史事实不可能具有冷酷的或者铁一般的客观性，“甚至评论它是真的还是假的都是危险的，最安全的说法是说这个象征或多或少是适当的”③。这种对于历史事实的主观主义理解方式片面地夸大了历史记录者的坏心眼以及历史研究者的鉴别能力，为了充分说明历史事实的性质与特点，我们先来看看历史事件发生时的结构与性质。

历史事件具有可记录性。历史事件的当事人可以通过观察和回忆来记录该事件的发生过程，也就是说历史事件本身具有可记录性。柯林武德把历史事件区分为事件的外部和事件的内部。“所谓事件的外部，我是指属于可以用身体和它们的运动来加以描述的一切事物。……所谓事件的内部，我

① ［美］卡尔·贝克尔：《什么是历史事实》，载张文杰主编《历史的话语》，282 页，北京：中国人民大学出版社，2012。

② ［美］卡尔·贝克尔：《什么是历史事实》，载张文杰主编《历史的话语》，282 页，北京：中国人民大学出版社，2012。

③ ［美］卡尔·贝克尔：《什么是历史事实》，载张文杰主编《历史的话语》，282 页，北京：中国人民大学出版社，2012。

是指其中只能用思想来加以描绘的东西。”[①]事件的外部包括时间、地点、人物、行为、语言、文字等方面，这些方面都具有可感觉的外观，历史当事人完全可以通过经验的方式把这些记录下来。柯林武德进一步认为，历史叙述不能仅仅局限于记述历史事件的外部，还应该深入剖析历史事件当事人的心理活动及其思想状况，也就是深入细致地揭示历史事件的内部，这是历史叙述包含的不可忽视的部分，甚至是最为主要的部分。对于历史人物的思想和心理只能通过移情或同情的作用，通过借助自己的知识、思想和心理去加以揣摩，从而在作者的思想中构建观念的合理性。柯林武德一方面承认了历史事件外部的可经验性，另一方面又承认历史事件内部的主观性，这就不可避免地将历史事件的外部和内部对立起来。与柯林武德的观点相反，马克思、恩格斯则在人们的现实生活过程的可经验性基础上建立了生活和意识之间的联系。他们曾经在《德意志意识形态》中多次强调可以通过经验的方法来研究人类的历史，首先，现实的个人的活动以及他们的物质生活条件，“可以用纯粹经验的方法来确认”[②]；其次，作为新唯物主义前提的人，“不是处在某种虚幻的离群索居和固定不变状态中的人，而是处在现实的、可以通过经验观察到的、在一定条件下进行的发展过程中的人”[③]；最后，“意识在任何时候都只能是被意识到了的存在，而人们的存在就是他们的现实生活过程”[④]。这样，历史活动的主体是人，这就避免了把历史视为“僵死的事实的汇集”；同时作为前提的人又是现实的，这种现实性是可以通过经验观察到的，这就避免了把历史视为“想象的主体的想象活动”。

历史事件具有可理解性。在历史事件中活动的主体是人，人的活动与意识具有人际之间的可理解性。不管是过去的人，还是现在的人，他们头脑中掌握的知识和日常使用的工具或许有所不同，但是他们都是有感觉、

① ［英］柯林武德：《历史的观念》，300 页，北京：商务印书馆，1997。

②《马克思恩格斯文集》第 1 卷，519 页，北京：人民出版社，2009。

③《马克思恩格斯文集》第 1 卷，525 页，北京：人民出版社，2009。

④《马克思恩格斯文集》第 1 卷，525 页，北京：人民出版社，2009。

有思想的人。每个人的生活状态不同，但是他们都有自己在日常生活中要面对的问题，他们都有自己的过去。正如我们上文中指出的那样，他们的行为可以通过经验观察来确定，他们的思想和情感可以通过同情或者移情的方式来体验。进一步而言，就人的机体及其生存于其中的环境而言，其物理性质具有一定的局限性，人自身具有的能力和活动的范围受到这些物理性质的限制，特定的个体能够做出多大幅度的动作及这些动作会在多大范围内造成影响都是可以根据常人的水平和能力进行预估和评测的，智力水平稍微正常的人都会知道某些电视剧中出现的手撕鬼子、刀枪不入等场景都是虚构的。人是作为一个整体而存在的，既有行为又有思想。思想具有理想性，行为具有现实性，于是在人的一生中往往表现出思想和行为之间的脱节，一个人所想的、所说的、所写的与所做的之间往往存在不一致，这就造成认识历史事件的复杂性，通过文献档案研究历史事件的各种问题均源于此。有的学者由此认为历史研究的客观性难以企及，这是一种片面的认识，我们不能说历史研究没有客观性的方面，而是要认识到这种客观性被主观性所笼罩。历史学家对历史人物思想的研究并不比自然科学家研究一块石头更复杂，石头没有内在的思想，我们不需要理解它的目的和意图，只是通过人类的研究来规制它的活动方式；历史事件中的人与对之进行研究的人都有思想，思想与思想之间可以沟通，可以对之进行理解。面对思想和行为相脱节的现象，我们只是需要构建一种更加综合的评价体系，这正如孔子所说："始吾于人也，听其言而信其行；今吾于人也，听其言而观其行。"①

历史事件具有可传授性。可传授的东西一般具有知识的客观性与示范教育意义。历史事件是由特定的人针对特定的任务、使用特定的手段和方法、产生一定的结果和影响的过程。历史事件已经成为过去，过去不允许假设，它已经成为不可更改的事实的一部分。以克罗齐为代表的具有主观主义历史研究倾向的学者认为可以从当代出发来构建过去的历史，这是不

① 孔子：《论语》，84页，北京：人民教育出版社，2015。

切合实际的，构建起来的不是历史本身，而只能是对于过去历史事件的理解。过去是不可改变的，我们只能通过认识过去来改变现在和未来。历史事件的时间、地点、人物、过程都具有知识的客观性，在这种客观性基础之上我们可以形成对于过去的叙述，把它转化为语言和文字，借助语言和文字向外传授。在历史事件的传授过程之中，有的传授者的目的是把受教育者拉回到传统之中，有的传授者的目的是通过认识过去减少我们在未来面临的风险，以更好的方式来面对未来。在我看来，后一种态度更为可取。但是不管采取什么样的态度来对历史事件进行传授，历史事件本身都具有一定的示范和教育意义。

（二）历史事实及其在文本中的第一次呈现

历史事实在文本中的再现过程实质上是历史事件进入概念的过程，在这个过程中发生的是概念和现实的关系问题。当然，在这个问题上也存在两种相互对立的观点。一种观点认为概念和现实存在着先天的和谐，只要在概念领域中解决了问题，现实问题就会迎刃而解。这正像马克思批判德国唯心主义思想时指出的那样："有一个好汉忽然想到，人们之所以溺死，是因为他们被重力思想迷住了。如果他们从头脑中抛掉这个观念，比方说，宣称它是迷信观念，是宗教观念，他们就会避免任何溺死的危险。"[①]另一种观点认为人类现实是以扭曲的形态进入人们的概念体系，现实和概念、世界和语言是完全不同的两种东西。概念呈现的是一般化的结论，而现实只具有个别化的特征，它们没有共同的特征可言，如果说有的话，那只能是一系列的家族相似，所以事物是不能被定义的；现实是杂乱无章的，而概念是规范的、具有一定秩序的，概念反映现实必然是以剧和故事的形式对现实加以反映，以一定的情节结构来反映现实，而现实本身并不具有这样的结构；现实是无限的，而人类通过概念认识事物的能力是有限的，所以概念对现实的反映只能是盲人摸象，以个人摸到的那一部分来界定现实事

① 《马克思恩格斯文集》第1卷，510页，北京：人民出版社，2009。

物的全体。类似的观点还有很多，其实质不过是片面夸大了概念和现实之间的差异而已。

概念和现实之间的关系既非完全吻合，也不是绝对地疏离，它们在一种张力之下保持着一种若即若离的关系，这种关系的远近既取决于主体，也取决于客体。现实在我们概念体系中的呈现并不是在一个方面的作用下完成的，而是一种交互作用的结果，我们能够在自己的概念体系中反映什么，一方面取决于对象的性质，取决于对象在我们的本质力量——感官中呈现的方式，"眼睛对对象的感觉不同于耳朵，眼睛的对象是不同于耳朵的对象的"①，没有对象就不会有与之相关的认识；另一方面还取决于主体，取决于主体的知识和能力，人类对对象的感觉程度是以主体能力的不同而存在差异的，即使面对同样的一段音乐，有音乐感的耳朵和没有音乐感的耳朵对它的感知存在明显的差异。

瑞士心理学家皮亚杰使用发生学方法对儿童智力发展进行了研究，他的结论进一步确证了认识过程中的主体和客体之间的交互作用："心理发生学分析的初步结果，似乎是……认识既不是起因于一个有自我意识的主体，也不是起因于业已形成的（从主体角度来看）、会把自己烙印在主体之上的客体；认识起因于主客体之间的相互作用，这种作用发生在主体和客体之间的中途，因而同时既包含着主体又包含着客体。"② 在主体和客体的交互作用下最终形成的概念和现实之间的关系应该是这样的："一个事物的概念和它的现实，就像两条渐近线一样，一齐向前延伸，彼此不断接近，但是永远不会相交。两者的这种差别正好是这样一种差别，由于这种差别，概念并不无条件地直接就是现实，而现实也不直接就是它自己的概念。由于概念有概念的基本特性，就是说，它不是直接地、明显地符合于使它得以抽象出来的现实，因此，毕竟不能把它和虚构相提并论，除非您因为现实同一切思维成果的符合仅仅是非常间接的，而且也只是渐近线似地接近，就

---

①《马克思恩格斯文集》第1卷，191页，北京：人民出版社，2009。

②［瑞士］皮亚杰：《发生认识论原理》，22—23页，北京：商务印书馆，1981。

说这些思维成果都是虚构。”[①]概念和现实之间的关系在恩格斯的这段话中得到了合理的体现。

概念和现实之间是无限接近的过程，但永远不会重合。概念和现实之间不能够重合的原因主要有以下两个方面：第一，概念是以一种抽象的普遍化的形式来反映现实的多样性。现实事物虽然存在着共同特征，但是这些共同特征并不是完全的相似，这正像莱布尼茨所说的那样：“天底下找不到两片相同的树叶”，这些树叶都是以相同的概念得以呈现的，但是每个个体却存在着丰富的差异。任何概念都包含着这种倾向，普遍化同时代表着一种简化，把事物的差异抹去而突出其共同的特性。第二，概念对现实的反映还是对于现实的改造。未经改造的现实，由于其本身具有的流动性和异质性，就难以进入人类的概念体系。由于概念对现实之物的反映始终是一种简化和改造，所以二者之间始终不会完全重合。

虽然概念和现实之间始终不能重合，但是它们之间却是不断接近的过程。概念和现实不断接近的原因也有两个方面。第一，人类认识工具的不断改进和认识能力的不断提高。原始人和现代人所使用的工具有天壤之别；祖冲之把圆周率计算到小数点之后七位，如今在计算机的帮助下，圆周率想要多少位就能算到多少位。伴随着较为先进的工具的使用，人类认识的广度和深度也有明显的扩展，在微观方面深入到了夸克，在宏观方面深入到了遥远的宇宙天体。伴随着对自然的理解能力的提升，人类对自身的理解也在不断地深入，哲学对人类的理性和非理性的各种因素进行了深入的分析，伴随着历史的发展，哲学还在不断地开拓新的研究领域；其他领域也类似于此，原先没有研究过的领域不断地被开拓出来，进行了比较深入的研究。人类整体的认识能力在不断地提升，个人的认识能力在不同的发展阶段也表现出明显的差异，个人对历史的认识也是在不断地深入之中的。汤因比通过自己的亲身经历说明了这个问题，他认为：“变形恰恰是历史的本质，因为历史的本质正在于不断地增添自身。从 1914 年 8 月我最初

①《马克思恩格斯文集》第 10 卷，693 页，北京：人民出版社，2009。

产生撰写这部著作的冲动时起，到目前这一卷的面世，历史已经增添了不只 58 年的内容。每一次的增添都改变了历史的整体，因为整个过去都由于我们新的生活经验而显得有所不同。譬如，对我来说，修昔底德笔下的希腊，在 1914 年 8 月看上去就与 1914 年 7 月有着差异，因为在此期间，第一次世界大战爆发了，它对以往世界史的总和确实增添了具有重大影响的东西。”①

概念和现实可以不断接近的第二个原因是人类的语言在不断地丰富和完善。语言学家对于语言的起源曾经提出过若干种假设，其中有三种比较著名，这三种分别是摹声说、感叹说和杭育声说。摹声说认为，在远古时代，人们居住在野生环境中模仿动物发出的声音，语言便从此而来；感叹说认为，我们上古祖先在艰苦生活中，常常本能地发出表示痛苦、愤怒和高兴的声音，语言从此衍生；杭育声说认为，原始人共同劳动时，他们发出有节奏的哼唷声，这种哼唷声逐渐发展成语调然后变成语言。②关于语言起源的三种假说都有自身的局限，不同程度地都受到了学界的批评和质疑。且不论哪一种是正确的，我们可以从中掌握一个基本的信息，那就是语言也有一个产生和发展的过程，在其起源阶段，语言非常简单，只能承载极为简单的信息，这些语言最初或者类似于动物的叫声，或者发出简单的感叹，或者是在共同劳动中为了协调劳动者的动作而发出的信号。这时候的语言与现象的关系是非常原始的，在被物体触痛的时候，他们只能发出一声简单的“啊”。这种简单的语言经过长时期的发展，逐步有了现在的形态，这种形态伴随着世界交往的发展也不断地扩充，语言交汇的现象更加丰富了各国各民族的语言，语言的表现力进一步得到加强。因此，我们可以说，伴随着语言的发展，概念对现实的表现方式在逐步地得到完善，概念在不断地接近现实。

通过以上分析，我们可以得出结论，概念对现实的反映，也就是历史事实在文本中的第一次呈现，并不是仅仅在主体内部自我思维的结果，也

① [英] 汤因比：《历史研究》，3 页，上海：上海人民出版社，2005。

② 参见胡壮麟：《语言学教程》，7 页，北京：北京大学出版社，2007。

不是完全以印章的形式对客体的反映，而是主体和客体交互作用的结果。概念不会和现实完全重合，但是却呈现出一种不断接近的趋势。

（三）历史事实在历史研究中的缺席在场

在这里，我们有必要回顾一下叙述主义历史哲学的相关观点，这种观点的主要代表是美国历史哲学家海登·怀特。怀特的基本观点就是认为历史不过是一个个建构起来的故事，其本质是诗性的，也就是说是虚构的。怀特的代表作是《元史学：十九世纪欧洲的历史想像》，书名足以说明该书的主题。

首先，从这本书的书名中，我们可以看出他分析的主要对象，即19世纪欧洲的历史观。他侧重考察了19世纪欧洲的四个主要历史学家，即米什莱、兰克、托克维尔和布克哈特，以及同一时期四个主要的历史哲学家，即黑格尔、马克思、尼采和克罗齐。

其次，从这本书的书名中，我们也可以看出怀特的理论任务就是构建"元史学"。他所谓的"元史学"的主要任务就是发现历史学家在从事写作之前预构的在历史写作中占主导地位的比喻方式以及与之伴随的语言规则，这是历史写作的元结构，具有不可还原的性质。从探寻隐藏在历史叙述的表层结构下面的深层结构这一角度来说，怀特把他自己的理论称为"元史学"。

元史学主要研究两个方面的问题。第一方面就是所谓的历史编纂风格问题，在历史编纂风格方面，他区分了三种历史解释策略，分别是形式论证式解释、情节化解释和意识形态蕴含式解释，这三种解释策略又分别包含四种可能的言说模式。形式论证式解释可以分为形式论、有机论、机械论和情境论四种模式，情节化解释包含浪漫剧、喜剧、悲剧和讽刺剧四种原型，意识形态蕴含式解释包含无政府主义、保守主义、激进主义和自由主义四种策略。怀特通过研究这一系列历史编纂风格得出的基本观点就是同一个历史过程有不同的叙述方式，这一种风格的论述可以成立，另一种风格的论述同样能够成立。在历史编撰过程中，著作家可以把同一个历史事件表述为喜剧，也可以表述为浪漫剧、悲剧或讽刺剧；可以运用形式论的真理观，也可以运用有机论、机械论或情境论的真理观；可以使用无政府主义的策略，也可以使用保守主义、激进主义或自由主义的策略。19世纪欧洲的学者面对大致相同的历史条件产生了风格迥异的历史理论，这些历史理论难辨真假，归根结底它们都是诗性的，都是虚构的。用怀特自己的话来说就是："针对同一组事件，有许多同样可以理解并且自圆其说，然而却明显相互排斥的看法，对这些看法前后一贯的精心陈述足以摧毁历史学自诩具有'客观性'、'科学性'和'实在性'的那种自信。"① 由此，他提出了自己的主张，"我的方法是形式主义的。我不会努力去确定一个史学家的著作是不是更好，它记述历史过程中一组特殊事件或片段是不是比其他史学家做的更正确。相反，我会设法确认这些记述的结构构成"②。

元史学研究的第二方面问题是比喻理论。怀特认为历史写作本质上是一种诗性行为，历史学家预构了历史领域，并将它设置成施展其特定理论的场所，他正是利用这种理论来说明在该领域中"实际发生了什么"。怀特使用四种诗性语言的比喻名称来称呼这些预构类型，即隐喻、转喻、提喻和反讽。"隐喻是表现式的，如同形式论所采取的方式；转喻是还原式的，有如机械论；而提喻是综合式的，一如有机论。隐喻支持用对象与对象的关系来预构经验世界；转喻用部分与部分的关系；而提喻用对象与总体的关系。"③ 反讽式陈述的目的在于暗中肯定字面上断然肯定或断然否定的东西的反面，反讽要求对世界进行辩证的和相对主义的理解；反讽在一定意义上是元比喻式的，因为它自觉地意识到修辞性语言可能被误用，并在这种自觉意识中提供一种有关经验世界的非修辞性表现的前提。受到怀特深刻影响的、同属后现代历史哲学范畴的荷兰学者安克斯密特一针见血地指出了怀特观点的实质，"他的转义理论没有为像历史编撰的真相和可证实性这样的概念留有空间，而且这似乎会引起对历史学家本身认知责任的不尊敬。转义学似乎把怀特的船吹离了安全的科学港湾，而刮到充满危险的文学和

① ［美］海登·怀特：《元史学：十九世纪欧洲的历史想像》，53页，南京：译林出版社，2004。

② ［美］海登·怀特：《元史学：十九世纪欧洲的历史想像》，3—4页，南京：译林出版社，2004。

③ ［美］海登·怀特：《元史学：十九世纪欧洲的历史想像》，47页，南京：译林出版社，2004。

艺术的大海之中。《元历史学》把历史编纂转变成文学了”[①]。

第三，从这本书的书名中我们还可以看出怀特对于历史编纂的总体观点，他认为历史编纂就是一种历史想象，具有虚构的性质。他从西方文论中争论最激烈的问题——“现实主义的”文学表现问题——中受到启发，把现实主义文学面临的问题转化为历史编撰需要面对的问题，“在某种意义上，我颠倒了他们的论述。他们会问，一件‘现实主义’艺术品的‘历史性’成分是什么？我要问，‘现实主义’历史编撰的‘艺术性’成分是什么？”[②]由于历史编纂具有艺术性，而且他发现了这种艺术性在历史编纂中的表现，即历史编纂的风格和比喻修辞方式。所以怀特把历史学视为文学，视为诗歌，视为一种存在着预构的、背离现实的故事，历史学就是讲故事，其本质上就是一种“历史想像”。

综合考查怀特的观点，我们可以发现怀特的元史学存在着以下三种缺陷。

第一，存在着对于历史作品的编纂风格和比喻方式进行简单化理解的趋向。在他的论述中，他自己也意识到了这方面的缺陷，他在该书“导论”的注⑥中分析了这个问题。他首先说明了他的关于情节化的四种原型的设置来自诺斯罗普·弗莱的神话原型理论，弗莱把文学的叙述结构概括为四种基本类型，即春季的叙事结构——喜剧（糟糕的开始，美好的结局）；夏季的叙事结构——传奇（代表着一种英雄神话，是社会的统治阶级或知识界的权威阶层表现自己理想的方式）；秋季的叙事结构——悲剧（从理想状态走向灾难和堕落）；冬季的叙事结构——嘲弄和讽刺（对传奇的戏谑性仿作，将传奇的神话般的形式运用到更具现实性的内容上）。[③]在文学理论界，弗莱的神话原型理论受到了广泛的批评和质疑。其中最主要的方面就是认为他的概括太僵化、太抽象了，他的分析方法对于二流的文学作品非常有用，如神话寓言或侦探小说等，但是对于那些结构复杂、层次丰富的著作，就不能够适用，这类小说包括《李尔王》《追忆似水年华》和《失乐园》等。怀特也意识到了弗莱理

① [荷兰] 安克斯密特：《历史与转义：隐喻的兴衰》，10 页，北京：文津出版社，2005。

② [美] 海登·怀特：《元史学：十九世纪欧洲的历史想像》，3 页，南京：译林出版社，2004。

③ 参见 [加] 诺斯罗普·弗莱：《批评的解剖》，232—350 页，天津：百花文艺出版社，2006。

论中的这种困境，但是他还是照搬了弗莱的神话原型理论来分析历史编纂，理由很简单，那就是他认为历史学家都是一些头脑简单的家伙，“弗莱关于虚构文学和传统文学的主要形式的分析，对于说明简单的情节化形式非常适用，碰上像历史编纂那样‘有限的’艺术形式就是如此。……准确地说，由于史学家并非（或声称不是）‘为故事’而讲故事，他倾向于以最普通的形式将故事情节化，一如神话寓言或侦探小说，或如浪漫剧、喜剧、悲剧和讽刺剧”①。由此可见，他把历史学家贬低到最低的水平，把他们视为一群头脑简单的家伙而生硬地套用他所发明的情节化结构。但现实正好相反，伟大的历史学家并不比一流的文学家逊色，反而具有运用理论解决现实问题的鲜明品格。一个人在幼稚的时候喜欢读小说，但是当他真正成熟的时候，缜密的理论分析更能吸引他的注意力，更能使他从中获得教益。历史学家存在的意义和价值正在于此。怀特想用自己简单的头脑来分析复杂的问题，其结果可想而知，必定会把复杂的问题简单化、模式化。

其二，历史编纂的风格和修辞只是形式化的东西，对于历史作品来说更重要的是其内容。只要风格和修辞建立在真实内容的基础上，我们就不能说它是虚构，而是在历史事实的基础上对于事件进程的解释。如果因为这些解释之间存在着差异，就说它们是虚构的，这种意见是站不住脚的。在现实生活中，我们往往也会发现，一个人认为某种事业具有极为重要的意义和价值，于是他以极大的热情投入到这一事业之中，但是这个事业在旁人看来可能是无所谓且不重要的，这是因为每个人对于生活都有自己的看法和主张，当你向他说明这些看法是不重要的并且是错误的时候，你就会遭到对方的激烈反驳，因为在他看来你侮辱了他视为珍宝的东西。当你受到这种待遇的时候，你就不会说这些想法或观点是不真实的，它有时候比外在的事物更加真实。历史作品也是这样，它是建立在真实事件之上的，在对真实事件的分析过程中，作者表达了自己心中的由来已久的意见和看法。这和文学作品具有本质的不同，文学作品中的事件不一定是现实中真

① ［美］海登·怀特：《元史学：十九世纪欧洲的历史想像》，10页，南京：译林出版社，2004。

实发生的，它可能只是作者头脑中的构想，通过对这个构想的描述，表达他自己对生活和世界的看法。

其三，在怀特的理论模型中没有给历史事实留下位置，他把事实本身等同于对它的解释。历史事实来自我们的头脑之外，解释产生于我们的头脑之中，二者在来源上存在本质的不同。历史事实在进入我们头脑的过程中需要经过解释的环节，但是这种解释也是对历史事实的解释，不可能是凭空捏造、无中生有。历史解释中可能包含虚构和想象的成分，但是历史解释不等同于虚构想象。描神画鬼可以天马行空，但是鬼神在现实生活中也必定有其原型。著名画家达利的画作给人奇诡荒诞的印象，但是呈现在这些画作中的物品在现实中也有其原型，变形的钟表也只是现实中钟表的变形。解释是对某个现象或者事物的解释，这就预示着这个现象或者事物本身的存在，也就是说，先有这些现象或者事物，然后才有对它们的解释。相应地，在历史编撰领域，先有历史事实，然后才有对这些历史事实的解释。离开历史事实，也就不可能有对这些历史事实的解释。历史事实是皮，历史解释是毛，皮之不存，毛将焉附？

基于上述三种原因，怀特把历史学等同于文学是错误甚至是荒谬的。在历史事实的基础之上追求真实性是历史学区别于其他学科的一个重要特征。

那么历史事实是以什么形态呈现在历史研究中的呢？历史事实发生于过去，历史研究者无法直接面对历史事实本身，只能通过它遗留在历史材料中的痕迹来对它进行建构，历史学家的主要工作围绕历史事实而展开，但是历史事实却处于缺席的状态。我们在开会时可能会遇到这样的事情，那就是，一些非常重要的人物缺席了这次会议，但是会议的议题还是要围绕他们而展开，参会的人员会考虑这些重要人物的想法，会议的决议也要考虑他们是否会认同，如果此次会议的决议背离了他们的意志，那么这个决议在具体实施过程中可能就会流产。可见，这些重要人物虽然缺席，但是他们依然在场，他们对这个会议的决议具有举足轻重的影响。历史事实在历史研究中的地位类似于这些重要人物在这次会议中的地位，它们缺席但依然在场。历史学家不能直接面对历史事实，但是他又不能离开历史事实，在研究过程中必须始终思考下列问题：历史事实是什么？我是依据哪些事实得出我的结论的？我的结论是否与历史事实相符合？

历史事实的缺席是指历史事件的实在过程已经完结，历史学家无法直接面对那个曾经出现的历史过程，也不可能与历史当事人展开对话获得他想了解的真相。但历史事实并不是无迹可寻，它始终在场，只是以文字、遗迹、遗址、遗物的形式隐藏在文献档案和其他历史资料之中。我们在前一部分已经说过，历史事实在文本中的第一次呈现虽然与它本身存在差异，但并不是完全的虚构，文本或概念是对现实的近似真实的反映。基本事实和基本过程就在那些文献资料之中，历史研究的任务就是通过对这些基本事实和基本过程的描述，在新的环境下重新给它们赋予意义。重新赋意的过程就是对历史的重作，重作的目的就是为了使人们从传统中得到解放。康有为在戊戌变法前夕，曾经写过《孔子改制考》。在此书中康有为把孔子塑造为力主改制的形象，并以孔子的名义宣扬了大同社会的理想。他关于孔子的论述可以在孔子的著作中找到依据，他所论述的孔子是孔子所具有的诸多面相之一。这不是背离历史事实，而是对历史事实的重新赋意，由此造成在封建社会被奉为权威的孔子与我一样支持改制的印象。对于康有为来说，他得出自己结论的依据，也就是说他的历史事实并不是凭空捏造的，这些历史事实就是孔子的言行，他通过孔子的言行论证的改制的要求也是来自他对现实生活的考察，是他的生活和思想的真实反映，是清王朝在积弊衰落的状态下产生的现实的要求。这一事例充分说明，历史学家所采用的事实来自他的头脑之外，他所提出的要求是他对现实的思考。历史研究依靠两条腿走路，一条腿是过去，另一条腿是现在，采用过去的事实论证和解决现在的问题，过去的事实是真实的，现在的问题也是真实的，整个历史研究都是以真实性为其追求的目标。

§3　历史学方法的含义及其特征

在当今的科学哲学研究领域兴起一种“反对方法”的思潮，这种思潮以美国科学哲学家法伊尔阿本德为代表，他提出并论证了无政府主义知识论。他认为："科学是一种本质上属于无政府主义的事业。理论上的无政府主义比起它的反面，即比起讲究理论上的法则和秩序来，更符合人本主义，也更能鼓励进步。"[①]由此可见，法伊尔阿本德提出无政府主义知识论的原因主要有两点，首先是成形的方法否定和压制人的个性与自由；其次是科学的方法阻碍了科学的进步，并且科学的进步在很大程度上"只是因为某些思想家决定摆脱某些'明显'方法论原则的束缚，或者只是因为他们于无意中打破了这些法则"[②]。正是由于以上两个方面的原因，法伊尔阿本德认为："无论考察历史插曲，还是抽象地分析思想和行动之间的关系，都表明了这一点：唯一不禁止进步的原则便是怎么都行。"[③]无政府主义知识论试图在人类的认识领域构建乌托邦，这不管是在现实生活还是在科学研究中都是行不通的。在现实生活中做任何事情都需要遵循一定的方法和程序，不对这些方法和程序进行认真的学习和应用，任何一种历史认识成果，任何一项科学的进步都不可能得以实现。人的个性与自由并不是不要方法，个性是方法的个性，只是在各种可能的方法中选择有别于他人的方法而已，人的自由也受到方法的保障，不学习、不掌握任何方法，想怎么样就怎么样，人就不可能实现任何形式的自由，世界上根本不存在没有任何保障和限制的自由。另外，科学的进步在很大程度上表现为对原有的方法和法则的突破，但是如果一个人不能熟练掌握原有的方法和法则，那么对于他来说就很难实现任何形式的进步，这些原有的方法和法则构成了牛顿所谓的"巨人的肩膀"。

从哲学层面来看，在任何学科领域之中，反对方法、"怎么都行"也是行不通的。欧陆哲学与英国哲学之间在很多方面都存在一些差异，例如在近代哲学史上，欧陆注重唯理论，而英国侧重于经验论，但是不管唯理论还是经验论，他们都非常重视方法在科学研究中的地位和作用。欧陆唯理

① [美]法伊尔阿本德：《反对方法：无政府主义知识论纲要》，I页，上海：上海译文出版社，1992。

② [美]法伊尔阿本德：《反对方法：无政府主义知识论纲要》，1页，上海：上海译文出版社，1992。

③ [美]法伊尔阿本德：《反对方法：无政府主义知识论纲要》，1页，上海：上海译文出版社，1992。

论的代表人物是笛卡尔，笛卡尔曾经认为："寻求真理而没有方法，那还不如根本别想去探求任何事物的真理，因为，确定无疑，这样杂乱无章的研究和暧昧不明的冥想，只会使自然的光芒昏暗，使我们的心灵盲目；凡是已经习惯于这样行走于黑暗中的人，目光必定大大衰退，等到看见亮光就再也受不了了。"[①]没有方法就像在黑暗中行走的人一样，很容易迷失方向；更像在大海中没有航向的船一样，任何方向的风对它来说都是逆风。英国经验论的代表人物是培根，其代表著作《新工具》全篇都是围绕科学研究的方法问题而展开。培根认为："赤手做工，不能产生多大效果；理解力如听其自理，也是一样。事功是要靠工具和助力来做出的，这对于理解力和对于手是同样的需要。手用的工具不外是供以动力或加以引导，同样，心用的工具也不外是对理解力提供启示或示以警告。"[②]培根所谓的工具实质上就是我们一般所说的方法，方法为我们的手和心提供适当的助力，扩展我们的活动范围，扩大我们活动的事功。培根曾经把那些试图赤手空拳移动一座巨大的方塔的人讥讽为疯子，他认为不借助工具和方法的助力而试图移动这座方塔是根本不可能成功的；他也曾把那些不注重方法或者使用了错误的方法而埋头寻求知识的人比喻为没有耐性的马匹，它用力咬其衔铁，毫不放松尾追它的对象，竭力与自然相搏。可想而知，这样的搏斗很难产生任何具有现实效果的成就。

在汉语中，"方法"一词出自《墨子·天志》，其中把以"规"度量圆形之法称作圆法，把以"矩"度量方形之法称作方法。在西方，"方法"一词源于希腊文，由 κάτμκοτη（沿着）和 Οδικ（道路）两个词组成，意思是沿着正确的道路前进。我们今天所说的方法，就是主体依据对客体发展规律的认识而为自己规定的活动方式和行为准则，是人们实现特定活动目的的手段和途径，是主体接近、把握乃至改造客体的工具或桥梁。从认识论角度而言，寻求某种知识的目的在于寻求真理，因此笛卡尔从这一角度出发对方法一词进行界定，他认为："我所说的方法，是指确定的、容易掌握

① ［法］笛卡尔：《探求真理的指导原则》，13—14 页，北京：商务印书馆，1991。

② ［英］弗朗西斯·培根：《新工具》，8 页，北京：商务印书馆，1984。

的原则，凡是准确遵行这些原则的人，今后再也不会把谬误当作真理，再也不会徒劳无功瞎干一通而消耗心智，只会逐步使其学识增长不已，从而达到真正认识心智所能认识的一切事物。”[①]简言之，在笛卡尔看来，方法就是为了寻求真理、增长知识而使用的确定的、容易掌握的原则。

历史学方法是一种在专门学科领域中应用的研究方法，它除了具有一般方法的特征和属性之外还表现出自身特有的规定性。美国芝加哥洛约拉大学历史学教授加拉汉（Gilbert J. Garraghan）认为：“所谓的历史学方法是指那些能够帮助我们有效地收集历史资料、精确地评价这些资料并且综合地呈现我们所获得的研究成果（通常是以书面的形式）的原则和规范。简言之，我们也可以把它界定为‘获得［历史］真理的一系列正确的程序’。”[②]在研究具体历史问题的过程中不必拘泥于某种固定的研究模式、方法和路线，但这并不意味着我们就没有必要对历史学方法进行理论化和系统化的研究和整理，经过理论化和系统化的历史学方法有利于提高历史研究中的方法自觉和历史研究者自身的自律，从而有利于促进历史研究工作的有效开展。由此可见，对历史学方法的研究和总结是开展历史研究的一个重要的层面。

波兰历史学家托波尔斯基曾经认为历史学方法所关注的问题主要有三个方面：“（1）对于历史研究中的认识活动即作为历史学家的技艺的历史科学的思考；（2）对于研究的结果，即作为关于研究领域的一系列陈述的历史科学的思考；（3）对于历史研究的内容，即过去事件这一意义上的历史的思考。”[③]马克思在《资本论》“第二版跋”中曾经对研究方法和叙述方法进行区分，托波尔斯基所讲的历史研究方法的第一方面的问题相当于马克思所讲的研究方法，第二方面相当于马克思所谓的叙述方法，“在形式上，叙述方法必须与研究方法不同。研究必须充分地占有材料，分析它的各种发展形式，探寻这些形式的内在联系。只有这项工作完成以后，现实的运

① ［法］笛卡尔：《探求真理的指导原则》，14 页，北京：商务印书馆，1991。

② Garraghan G J, *A Guide to Historical Method*, p33, New York: Fordham University Press, 1946.

③ ［波兰］托波尔斯基：《历史学方法论》，29 页，北京：华夏出版社，1990。

动才能适当地叙述出来”[①]。研究方法和叙述方法存在着差异，它们共同构成历史学方法的两个重要的方面。除此之外，历史学方法第三个方面的问题就是研究方法和叙述方法与历史研究内容的关系，即它们如何真实地反映过去的历史事件。

方法不能废除，历史学方法对于开展历史研究具有重要的意义。

第一，历史学方法为整理浩繁的历史材料提供了有效的途径和手段。梁启超就曾经感叹中国史料的丰富：“二十四史、两《通鉴》、九通、五纪事本末，乃至其他别史、杂史等，都计不下数万卷，幼童习焉，白首而不能殚。”[②]面对如此丰富的材料必然需要一定的方法对之进行整理，“我国史界浩如烟海之资料，苟无法以整理之耶？则诚如一堆瓦砾，只觉其可厌。苟有法以整理之耶？则如在矿之金，采之不竭。学者任研治其一部分，皆可以名家，而其所贡献于世界者皆可以极大”[③]。

第二，对历史学方法的研究和总结能够避免大量不必要的重复性劳作，从而提高学者在历史研究过程中的理论自觉，减少盲目性。人类认识的发展往往表现为这样一个过程，首先是从事一系列的盲目的重复性程序和步骤，然后明确认识到这种程序和步骤的内容到底是什么，进而针对其展开必要的理论反思，充分认识这种程序和步骤的缺陷和不足，在此基础上发展出弥补的措施，推动理论和方法的进步。对研究方法的自觉是其中极为重要的一环，只有实现了这种自觉之后，人们才能改正研究过程中的一些重复性错误。这也就是说：“唯有史学方法成为专门的学问以后，才能充分保留此类史学原理与技术于长远，以避免重复。积昔哲的遗产，启后学的智慧，史学方法的功用，殆莫与京。”[④]

第三，历史学方法对于其他学科领域，例如哲学、文学、教育学、经济学等，都有极为重要的借鉴意义。人类在开展长期的历史研究过程中积

---

① 《马克思恩格斯文集》第5卷，21—22页，北京：人民出版社，2009。

② 梁启超：《中国历史研究法》，1页，北京：中华书局，2009。

③ 梁启超：《中国历史研究法》，2页，北京：中华书局，2009。

④ 杜维运：《史学方法论》，2页，北京：北京大学出版社，2006。

累了丰富的关于史料考证的知识，这对于以文本研究为主的各门学问具有极为重要的襄助的作用；历史研究是针对过去事件而展开的认识活动，它发展了一系列关于如何保证对过去事件的认识的真实性的方法和原则，而人类的过去是众多人文社会科学的共同的研究主题，历史研究在这方面作出的贡献值得其他学科进行学习和借鉴；另外，通常我们也知道“文史哲不分家”，它们之间存在着密切的联系，历史事件是文学的一个重要的材料来源和研究对象，至于哲学，有的人主张哲学就是哲学史，从中可见历史因素在哲学研究中的重要作用。

历史学由于研究主题的不同而划分出来的学科领域非常之庞杂，就研究范围进行区分，包括人物传记、族群史、民族史、国别史、世界史乃至于宇宙史；就研究领域进行区分，包括政治史、文化史、经济史、社会史、概念史、史学理论等；就研究方法进行区分，包括叙事史学、比较史学、计量史学、心理史学、历史假设研究等。由于各门历史学研究主题的不同，它们在具体研究过程中所使用的研究方法也会有很大的区别。如果针对历史学各分支学科所使用的方法展开论述，那就会无限增加这部著作的篇幅，对于我们的研究主题似乎也没有必要。我们在这里主要是总括性地说明历史学在研究方法上与其他学科相区别的特征。

首先，历史学方法非常注重史料的整理与分析。当代宋史研究专家漆侠在其研究著作中认为：“古往今来的历史学著作，凡足以名家的，都有其共同点，即：具有丰富的内容，这种丰富的内容一是材料多，二是材料的准确。”[①]可见，占有材料、使用材料以及分析材料是历史研究的基本功，没有材料就不可能有历史学，傅斯年所谓的“史学只是史料学”正是从这个角度出发而进行言说的。如果我们把一部小说和一部史书拿在手上进行对比，我们可能很快就会发现它们在形式上的差异，史书一般包括脚注或者尾注，简洁扼要地说明材料的来源，而小说大多没有这些东西。史书中的注释并不是可有可无的东西，如果把这些注释去掉，历史学本身也将失去

① 漆侠：《历史研究法》，78页，保定：河北大学出版社，2003。

其自身的价值。马克・布洛赫针对某些读者和出版商抱怨脚注影响阅读的看法，认为："史学家必须言之有据，正是出于实事求是的信念，他们才简要地注明资料的来源，以备查阅。"[①]在布洛赫发表《历史学家的技艺》的时代（二战期间），历史学家在其作品中以不同的字体撰写注释和参考书目的做法依然受到质疑，但是时至今日，如果一部历史学著作或者论文没有翔实的注释和参考文献，可能没有任何一家出版机构愿意对之进行印刷，这就是布洛赫曾经预言的"理性的力量终将取得辉煌的胜利"。[②]美国历史学家赫克斯特（J. H. Hexter）曾经在《历史与理论》杂志上撰文论述历史的修辞，在这篇文章中他认为："假定物理学家和历史学家都被禁止使用脚注，除非是在引用与其主题相关的所谓的文献时，我猜想，物理学家会认为这种禁令只是一个小麻烦。但是，由于这就禁止了引用过去的文献，大多数历史学家会将此当作一个灾难。引用过去的文献是历史学家使其职责在研究中更为清晰的途径，就如试验报告是物理学家表明其职责的方式。"[③]历史研究离不开各种历史材料，这也就规定了历史研究的基本方法是收集史料和考证史料的方法。史料考证是历史学家需要具备的基本技能，在长期的史学实践过程中考证史料的方法也得到了不断地总结和提升，方法也在不断地系统化。就中国近代史学史而言，王国维提出了"二重证据法"[④]，梁启

① ［法］马克・布洛赫：《历史学家的技艺》，67 页，上海：上海社会科学院出版社，1992。

② ［法］马克・布洛赫：《历史学家的技艺》，67 页，上海：上海社会科学院出版社，1992。

③ ［美］赫克斯特：《历史的修辞》，载陈新主编《当代西方历史哲学读本》，61 页，上海：复旦大学出版社，2006。

④ "二重证据法"是王国维提出的研究中国古史的重要方法，这种方法是伴随着考古新发现和一系列新史料的面世而提出来的，这些考古新发现和新史料主要包括甲骨文的发现、敦煌藏经洞的发现、清宫内阁大库档案的发现等。在这样的历史背景下，王国维认为："吾辈生于今日，幸于纸上之材料外更得地下之新材料。由此种新材料，我辈固得据以补正纸上之材料，亦得证明古书之某部分全为实录，即百家不雅驯之言亦不无表示一面之事实。此二重证据法惟在今日始得为之。虽古书之未得证明者不能加以否定，而其已得证明者不能不加以肯定，可断言也。"（王国维：《古史新证》，清华大学出版社 1994 年版，第 2—3 页）后来，陈寅恪在《王静安先生遗书序》一文中把王国维的治史方法概括为三个方面："一曰取地下之实物与纸上之遗文互相释证。……二曰取异族之故书与吾国之旧籍互相补正。……三曰取外来之观念，与固有之材料互相参证。"（陈寅恪：《金明馆丛稿二编》，里仁书局 1981 年版，第 219 页）

超提出了积极史料和消极史料的划分①，陈垣提出了“校法四例”②等。

其次，历史学方法主要是针对事例进行解释和说明的工作。哲学需要超越具体的事例和对象以普遍化的概念来把握世界，纯粹的哲学作品之中很少见到事例和说明。哲学之外的其他学科大多针对一个具体的对象来开展研究，但是因为学科性质的不同对于对象的研究方式也存在很大的差别。自然科学主要是针对眼前的、当下的对象以实验和统计的方法来开展研究。如果有一个人对自然科学家说：公元前的某个时刻在海边曾经有一块大石头，但是现在已经没有了，你能否研究一下这块石头的性质？面对这个问题，所有自然科学家的答案应该都是否定的。文学虽然来源于生活，但是高于生活，它是以文学家的自身体验和知识储备为基础完整地叙述一个故事，文学的真实性是允许虚构的要素存在的。与自然科学和文学不同，历史学围绕过去的历史事件和人物来展开研究工作，过去历史事件的诸环节有的是可以考证的，有的则可能出现证据链条的断裂，在这证据链条的断裂之处，历史学家会以适当的想象来进行弥补。由此，历史学家在写作过程中避免不了主观因素的渗入，但是历史学家不能以虚构作为自己的研究目标，追求真实性是历史研究的基本诉求。事实上，如果读者发现一部历史学著作中包含着虚构的历史事件，那么这位历史学家的职业地位和操守将会面临非常严重的危机。历史学家的解释和说明工作是以例证的方式展开的，“历史学家经常就是这么做的：引用几条材料，来支持自己的说

① 梁启超认为：“尤有一种消极性质的史料，亦甚为重要。某时代有某种现象，谓之积极的史料；某时代无某种现象，谓之消极的史料。”（梁启超：《中国历史研究法》，中华书局2009年版，第82页）他曾经使用消极史料论证这样一个观点，即“春秋以前金属货币未通用”，他的证据是他所谓的记载春秋以前的事迹的文字（包括钟鼎款式、《诗经》、殷墟古物、《左传》、《国语》、《论语》等）中“绝无用金属之痕迹”。

② 陈垣把自己校《元典章》的经验总结为四端，合称“校法四例”。“一为对校法。即以同书之祖本或别本对读，遇不同之处，则注于其旁。”“二为本校法。本校法者，以本书前后互证，而抉摘其异同，则知其中之谬误。”“三为他校法。他校法者，以他书校本书。凡其书有采自前人者，可以前人之书校之，有为后人所引用者，可以后人之书校之，其史料有为同时之书所并载者，可以同时之书校之。”“四为理校法。段玉裁曰：‘校书之难，非照本改字不讹不漏之难，定其是非之难。’所谓理校法也。遇无古本可据，或数本互异，而无所适从之时，则须用此法。”（陈乐素、陈智超编校：《陈垣史学论著选》，上海人民出版社1981年版，第295—298页）

法”[1]。比较低劣的历史学家的例证是简单引用，缺少系统化，比较严格的历史学家则“系统地诉诸多样的史料，以探察多样的环境：各个地区，不同社会阶层。作者付出这样的努力，得出了总体结论”[2]。

第三，历史学方法日益向多学科交叉的方向发展。传统史学相对来说比较简单，与其他学科之间的界限也比较分明。“从孔子修订《春秋》到清末，经过两千余年的发展，中国传统史学形成了一个完善的理论体系。无论是四部分类法对于史籍文献的归纳整理，还是绵延不断的修史传统，都是传统史学的重要特点。至于传统史学的研究方法及其存在形式，则可以大致概括为著史、考史、评史、补史四个方面。”[3]中国传统史学主要表现出以官修为主要途径、以记载帝王将相的事迹及其活动为主要任务的学术形态。官方组织力量著史，学术界则侧重于考史、评史、补史，各方力量分工合作，形成以官方机构为核心的较为完备的历史学学术研究体系。中国传统史学与新史学的界点是1902年梁启超在《新史学》一文中发起“史界革命”，他在这篇文章中历数旧史学的六弊与三恶端，大声疾呼：“史界革命不起，则吾国遂不可救。悠悠万事，惟此为大。”[4]梁启超的“史界革命”是依照西方的学科体系来改造和建设中国历史学的滥觞。他从与天然相对的、广义的角度来理解历史概念，“凡百事物，有生长有发达有进步者，则属于历史之范围”[5]。其他的没有进步或者以循环形式生长发达的事物，不属于历史学的范围。由此造成的新史学之“新”，首先是研究范围的扩大，不再仅仅局限于人物史、政治史和战争史的研究，而是从经济、社会、文化、生态等方面多管齐下；其次是历史材料的不断丰富，地下文物不断发掘，文献档案不断解密，以往僵死凝固的遗址遗物现在借助科技手段也可以张口说话了；第三是研究方法的推陈出新，物理学、生物学、地理学、人类学、民族学、社会学、政治学、法学、哲学等诸多学科成果在历史学研究

① ［法］安托万・普罗斯特：《历史学十二讲》，330页，北京：北京大学出版社，2018年第2版。

② ［法］安托万・普罗斯特：《历史学十二讲》，330页，北京：北京大学出版社，2018年第2版。

③ 胡阿祥、颜岸青：《历史学学术规范与方法论研究》，163页，南京：南京大学出版社，2018。

④ 梁启超：《中国历史研究法》，182页，北京：中华书局，2009。

⑤ 梁启超：《中国历史研究法》，183页，北京：中华书局，2009。

中实现综合交叉，计量史、心理史、口述史、概念史等历史学新学科蓬勃发展。

§4 历史学家在历史研究中的地位和作用

当代著名历史学家白寿彝认为历史学本身就包含着矛盾，这种矛盾具体表现为："史学就其内容而言是客观的，就其表述而言是主观的；史书的首要要求是如实，是符合客观历史，而要达到这个要求的条件却在于史学家的主观，在于史学家的治史能力的性质和限度。在一定意义上甚至可以说，史学本身就是在这种矛盾不断展开的过程中发展起来的。"① 白寿彝所揭示的这一矛盾会伴随历史学的始终，真实的历史与历史学家的叙述之间始终存在一种张力，历史学家是否能够"如实直书"过去的历史是一个令许多历史学家和历史哲学家着迷的问题。对于这个问题的解答如今陷入一种困境，后现代历史哲学家看不到历史研究的客观性，片面夸大历史学家的主观性，这就造成以主观主义和形式主义来理解历史学的倾向甚嚣尘上。这种思想倾向展开论证的基本逻辑表现为："即使是最客观的历史学家本质上仍然是当代人的一分子"②，既然他是当代人，那么他就不能突破或者脱离当代的限制，以一种客观的身份或者态度去面对人类的过去。这种思维存在的主要问题就在于它的形而上学的思维方式。这种形而上学的思维方式具体表现为：矛盾的两个方面不能够并存，矛盾的这一方面必然否定另一方面；因为历史学家具有当代性和主观性，于是当代取代过去，主观消解客观，历史研究不可能以客观的方式还原过去。这些历史研究领域中的主观主义者和形式主义者以错误的思维方式形成了错误的结论。

虽然片面地以主观主义和形式主义方式来理解历史学研究是错误的，但是这种错误观点自身也具有一定的价值，这种价值主要体现为它们揭示

① 白寿彝：《史学概论》，6页，北京：中国友谊出版公司，2012。

② ［英］约翰·托什：《史学导论：现代历史学的目标、方法和新方向》，3页，北京：北京大学出版社，2007。

了历史学家在历史研究过程中不是单纯地被动接受历史事实，而是具有自己的主动性，历史学家的主观因素会渗透到历史研究结论之中。历史学家在历史认识过程中存在的主观因素主要包括认识主体的想象、情感、社会背景、知识结构、意识形态、伦理道德观和价值观等方面。在历史写作过程中是不是可以清除这些主观因素的影响？在清除了这些主观因素之后，我们能够获得的是一个什么样的历史？如果不能清除的话，历史学研究应该采取什么样的路径？取得什么样的效果？包含主观因素的历史叙述是否舍弃了对于历史认识真实性的追求？通过对这些问题的研究可以充分彰显历史学家在历史研究中的地位和作用。

历史学家在历史研究中的主观性和主体性主要表现在下列五个方面。

首先，在材料的选择过程中，对材料的取舍和剪裁是由历史学家来完成的，选择什么，放弃什么，都会有一定的主观因素渗透。爱德华·卡尔在《历史是什么》一书中认为，历史学家所依赖的文献档案是主体选择的结果。他分析了德国政治家斯特雷泽曼身后留下的300箱官方、半官方以及私人文件的性质，认为："这些档案并没有告诉我们发生了什么，只是告诉我们斯特雷泽曼心里所想的已经发生的事情，或者是他想要别人想象，甚至他自己想象已经发生的事情。"[①]历史事实类似于文献档案的命运，卡尔认为在主体之外并不存在客观的历史事实，历史事实都是主体选择的结果，历史学家总是把那些对自己有用的材料作为历史事实，把那些没有用的或者反面的、与之对立的材料归入非历史事实的行列。卡尔将历史事实比喻为海洋中游泳的鱼，"事实的确不像鱼贩子案板上的鱼，事实就像在浩瀚的，有时也是深不可测的海洋中游泳的鱼；历史学家钓到什么样的事实，部分取决于运气，但主要还是取决于历史学家喜欢在海岸的什么位置钓鱼，取决于他喜欢用什么样的钓鱼用具钓鱼——当然，这两个要素是由历史学家想捕捉什么样的鱼来决定的。总体上来看，历史学家可以得到他想得到的事实。历史意味着解释"[②]。历史学家对材料的取舍和剪裁具有主观性，这一

① ［英］爱德华·卡尔：《历史是什么》，102页，北京：商务印书馆，2007。

② ［英］爱德华·卡尔：《历史是什么》，108页，北京：商务印书馆，2007。

点是毋庸置疑的，但是这与历史事实本身是否虚构还是一个不同层面的问题，只要这个历史学家使用一定的方法、为了特定的目的钓到的那条鱼是真实的鱼，那么历史学家选取材料的目的主观性并不影响该项研究内容的客观性。

其次，历史学家在历史叙述中不可避免地会包含着一定的情节化结构。海登·怀特把这些包含在历史叙事中的情节化模式归结为四类，即：以米什莱为代表的浪漫剧模式、以兰克为代表的喜剧模式、以托克维尔为代表的悲剧模式和以布克哈特为代表的讽刺剧模式。在海登·怀特看来，真实的历史并不具有历史叙述中所呈现出来的那些结构，情节化模式是历史学家头脑中的原型结构，各种历史事实被统合在这个结构之中，“从而在一个全面的或原型的故事形式中构成了他的叙事”[①]。历史学家在叙述过程中应用的情节化结构可能并不符合历史事件的真实发生过程，但是这并不能够说明历史事件本身不具有情节化结构，历史事件本身都有发生的过程、完成的任务及其最终结局和影响，历史学家需要做的正是如其实际所是的那样反映历史事件的过程及其结果。在这里，历史学家的主观性主要表现在对历史事件过程及其结果的认识具有主观性。不同的历史学家对同一历史事件的过程和结果的认识存在差异。

马克思在《路易·波拿巴的雾月十八日》中曾经论述了不同作者对同一历史事件的不同叙述：“维克多·雨果只是对政变的主要发动人作了一些尖刻的和机智的痛骂。事变本身在他笔下被描绘成了一个晴天的霹雳。他认为这个事变只是某一个人的暴力行为。他没有觉察到，当他说这个人表现了世界历史上空前强大的个人主动性时，他就不是把这个人写成小人物而是写成巨人了。蒲鲁东呢，他想把政变描述成以往历史发展的结果。但是，在他那里关于政变的历史构想不知不觉地变成了对政变主角所作的历史辩护。这样，他就陷入了我们的那些所谓客观历史编纂学家所犯的错误。相反，我则是证明，法国阶级斗争怎样造成了一种局势和条件，使得一个

① ［美］海登·怀特：《元史学：十九世纪欧洲的历史想像》，9页，南京：译林出版社，2004。

平庸而可笑的人物有可能扮演了英雄的角色。”[①] 如果按照海登·怀特提供的分析模式，雨果对波拿巴的分析属于浪漫剧模式，蒲鲁东对之的分析遵循兰克的喜剧模式，而马克思对波拿巴的分析则呈现出一种讽刺剧模式。对于同一个历史过程，一个历史学家可以通过浪漫剧模式加以表现，另一个历史学家则可以通过喜剧或讽刺剧模式加以表现。他们所表现的内容相同，但是分析的路线以及所得出的结论却各异。造成这种局面的原因在于，一方面是历史事件本身的复杂性，另一方面是历史学家观察和分析历史事件的主观性。历史学家在分析复杂的历史事件时只是抓住其中的一个或几个方面来进行论述。历史事件所具有的诸方面之间关系和地位有所不同，有的方面是根本的、主要的，有的方面则是附属的、次要的。抓住历史事件根本的和主要的方面进行论述的历史学家，对于该事件的论述就比较深刻；反之，则相对比较肤浅。这正如毛泽东曾经在《矛盾论》中指出的那样："研究任何过程，如果是存在着两个以上矛盾的复杂过程的话，就要全力找出它的主要矛盾。捉住了这个主要矛盾，一切问题就迎刃而解了。……万千的学问家和实行家，不懂得这种办法，结果如堕烟海，找不到中心，也就找不到解决矛盾的办法。”[②]

第三，历史学家通过移情把握历史人物思想的研究方式具有一定的主观性。在上文中，我们曾经涉及柯林武德对于历史事件的内部和外部的划分。历史叙述不能仅仅局限于记述历史事件的外部，即对历史事件的时间、地点、人物和发生过程的简单描述，还应该深入剖析历史事件当事人的心理活动及其思想状况，也就是深入细致地揭示历史事件的内部，这是历史叙述包含的不可忽视的部分，甚至是最为主要的部分。对历史人物的思想和心理通过外部观察捕捉不到，只能依靠移情的作用，通过自己的知识、思想和心理去加以揣摩，从而在作者的思想中构建起观念的合理性，这就不可避免地在历史著作中渗入主体性因素。那么这里就会出现这样的问题，即历史著作中所反映出来的历史人物的思想和情感，是历史人物的真实想

① 《马克思恩格斯文集》第2卷，465—466页，北京：人民出版社，2009。

② 《毛泽东选集》第一卷，322页，北京：人民出版社，1991年第2版。

法呢，还是历史学家借历史人物之口说出的自己的观点和想法？很多思想家在人的行为和人的思想之间划出一道不可逾越的鸿沟，好像一个人的行为和思想之间不具有任何的对应关系。这种观点片面夸大了人的思想的独立性，对于认识历史事件毫无意义。现实的情况是，一个人的行为必定会有特定的思想观念作为支撑，思想对于行为来说，有的是后起的，有的是先行的。火烧到手人会本能地做出缩手动作，手缩回来之后才会意识到自己的手被火烧到了，这里的思想观念就是后起的。在历史事件之中，思想观念总是作为先行的东西出现，有了一定的目的和想法之后才会有一定的行为。反过来，我们可以通过观察一个人的行为合理地推测其思想和动机。既然是推测而不是直接证明，那么这种推测的结果就依赖于历史学家的知识储备、人格品质以及职业自律，推测的结果就有可能带有历史学家的主观色彩。

第四，历史学家评价历史人物和历史事件需要依据一定的伦理和政治标准来进行。目前，伦理和政治标准的相对性已经成为理论界的共识，它会随着主体、阶级、文化或者民族的不同而有所差异。西方人注重个体的自由和平等；中国人则更注重大一统的国家理念，对国家强盛、民族振兴寄予厚望。这反映出中国人和西方人在政治标准方面的差异。中国人非常重视子女对父母的孝，认为“万事善为本，百善孝为先”；西方人表现出的这种孝的观念并不明显，他们更加强调个体的意义和价值，更重视人格的独立。这反映出中国人和西方人在伦理标准方面的差异。以不同的伦理和政治标准评价同一件事情，其评价的结果也必然存在着差异。客观主义史学的代表人物兰克主张超越不同的观点与派别之间的对立，以执中的不偏不倚的态度，“到它们存在的根基处探究它们，并且完全客观地描绘它们”[①]。不偏不倚的态度代表着在评判相互对立的两种派别时，不偏向于其中任何一方，以一种历史学家的完全中立的立场对它们进行客观的评价。质言之，这就是要求一个历史学家在书写历史时把自己隐藏起来，不使自己

① [德]兰克：《论历史科学的特征》，载刘北成、陈新主编《史学理论读本》，10页，北京：北京大学出版社，2006。

的观念和倾向在历史著作中表现出来。历史学家在这里就变成了一个透明的隐形人，通常我们会说“文如其人”，兰克的治史思想则倾向于“文不见其人”。

那么，这种清除研究主体的伦理和政治标准的客观叙述真的能够实现吗？我们从历史和现实中可以发现，一方面，现实中的人会有一定的伦理和政治标准，他依照这个标准或者是在这个标准的约束下进行人际交往和社会实践，伦理和政治标准内在于人类历史之中；另一方面，历史学家本身也具有一定的伦理和政治标准。在这方面，即使是兰克本人在其著作中也不能够完全保持一种政治中立和杜绝主观色彩的不偏不倚的立场。他的保守主义的政治立场在他的历史著述中充分表现出来。伊格尔斯通过分析兰克在担任《历史一政治杂志》编辑期间所撰写的文章，得出这样的结论，这些文章中的“绝大部分是直接维护复辟时期普鲁士的制度和他自己的喜好”①。由此，历史研究就呈现为这样一个过程，一位本身具有伦理和政治标准的研究者对那些内在地包含伦理和政治诉求的人的思想和行为开展研究。对于这个过程，客观主义史学要求研究者放弃或封锁自身的伦理和政治标准，以不偏不倚的态度去研究历史剧中人的伦理和政治诉求。这个过程怎么可能实现呢？一个不具有伦理和政治体验的人怎么可能理解其他人丰富的伦理和政治实践呢？历史学家自身的伦理和政治标准在历史研究中发挥的作用也许正像安克斯密特所说的那样，“恰恰是因为伦理的、政治的（另外，甚至更明显的是认知的）价值如此死死地与历史著述缠绕在一起，它们在这门学科以往既促成了最优秀的成果，也导致了最糟糕的情况”②。

第五，历史学家的前见影响历史著述。前见是伽达默尔在哲学解释学中经常用到的一个概念，在不同的历史时期人们对待前见的态度有所区别。前见在启蒙运动中一向具有否定性意义，其含义大致相当于偏见，启蒙运动把前见区分为由于人的威望而来的前见和由于过分轻率而来的前见，也就是权威的前见和轻率的前见。在启蒙运动看来，“轻率是我们在使用自己

① ［美］格奥尔格·伊格尔斯：《德国的历史观》，89页，南京：译林出版社，2006。

② ［荷兰］安克斯密特：《为历史主观性而辩（下）》，《学术研究》2003年第4期。

理性时导致错误的真正源泉。反之，权威的过失在于根本不让我们使用自己的理性。……对于古老的东西，对于权威东西的错误的先入之见，乃是本身必须要打破的东西”[①]。伽达默尔反对启蒙运动的这种对待前见的态度，他的工作就是为作为前见来源的权威和传统正名。他认为：“人的权威最终不是基于某种服从或抛弃理性的行动，而是基于某种承认和认可的行动——即承认和认可他人在判断和见解方面超出自己，因而他的判断领先，即他的判断与我们自己的判断相比具有优先性。”[②]

权威可以是人，也可以是一种传统，传统是一种“无名称的权威”。权威和传统都是建立在每个人的自由和理性基础之上的，每个人对权威和传统不是一种被动的服从过程，而是建立在自由基础上的理性判断。来源于权威和传统的前见在解释过程中必然发挥着作用，“一切理解都必然包含某种前见”[③]。这种前见是在主体进行理解和解释之前从权威或者是传统那里获得的一种知识结构，这种知识结构在理解过程中与他人的和文本的见解保持一种开放的态度，“这种开放性总是包含着我们要把他人的见解放入与我们自己整个见解的关系中，或者把我们自己的见解放入他人整个见解的关系中”[④]。历史学研究本质上是一种对于过去的诠释，作为诠释主体的历史学家在开展研究活动之前也具有自己的前见，这些前见来自该领域中的权威和传统。没有这些前见，头脑中一片空白的历史学家没有办法开展研究。每一位历史学家都是以前见为基础开展历史研究工作，他的前见与他人的、文本的见解之间不断实现视域融合，在双向保持开放的过程中不断逼近事情的本质。

---

① ［德］伽达默尔：《诠释学Ⅰ：真理与方法——哲学诠释学的基本特征》，377页，北京：商务印书馆，2007。

② ［德］伽达默尔：《诠释学Ⅰ：真理与方法——哲学诠释学的基本特征》，380页，北京：商务印书馆，2007。

③ ［德］伽达默尔：《诠释学Ⅰ：真理与方法——哲学诠释学的基本特征》，368页，北京：商务印书馆，2007。

④ ［德］伽达默尔：《诠释学Ⅰ：真理与方法——哲学诠释学的基本特征》，366页，北京：商务印书馆，2007。

§5　历史学研究的基本环节

历史性是各种事物所具有的普遍性质，一方面每个事物都在特定的时间段上出现并存在，事物出现的时间不同会造成不同的作用和结果。自然现象和社会现象都具有这方面的特征，例如在烹饪过程中因为火候和加入调料的时间的不同会做出不同口味的菜肴，在社会发展过程中历史人物和事件出现的时间更不可能发生根本性的倒置。另一方面，具体事物都是在历史发展的整体链条中获得自身的定位的，在这一点上，社会现象表现得尤为突出，例如一件艺术品只有把它放在艺术发展史中才能得到充分的理解。历史学研究的任务就是要真实再现事物的历史性，历史学对历史性事物的真实再现内在地包含着反思、理解、解释和应用四个基本环节。对于这四个基本环节的认识，我们需要借助伽达默尔的哲学诠释学[①]来进行。在伽达默尔看来，反思、理解、解释和应用是相互关联的四个环节，我们在这里对这四个环节做一个整体的说明。

（一）反思与解释学循环

反思是理解和解释得以实现的途径。关于反思我们先从黑格尔谈起，我们知道，黑格尔非常推崇反思的方法，他在《小逻辑》的“导言”中明确区分了一般思想与哲学反思，“反思以思想的本身为内容，力求思想自觉其为思想”[②]。一般思想的对象是某物，以情感、直觉或表象等形式出现；哲学反思的对象是思想，这种思维活动的产物“包含有事物的价值，亦即本质、内在实质、真理”[③]。孙正聿对“构成思想”与“反思思想”的区分来自黑格尔，并且是对黑格尔上述区分的比较深刻的理解。孙正聿认为，构成思想是以“世界”为对象，历史地（发展地）构筑“属人的世界”；反思思

① 哲学诠释学的出现是现代哲学理论中的一个重大进展，哲学诠释学是在圣经诠释学、语文学诠释学、法学诠释学和普通诠释学的基础上发展起来的对于人类行为中的理解和解释现象进行一般的哲学论证的理论成果。

② ［德］黑格尔：《小逻辑》，39页，北京：商务印书馆，1980年第2版。

③ ［德］黑格尔：《小逻辑》，74页，北京：商务印书馆，1980年第2版。

想则是以“思想”为对象，揭露这些思想的内在矛盾以及这些思想之间的矛盾，从而为人类思想敞开自我批判的空间，推动人类思想的变革，推动人类社会的进步与发展。[①]

在黑格尔看来，反思是以思想为对象的，而思想是在对事物加以认识的过程中形成的，当反思发生时，思想的对象（即事物）已经消失或处于完成状态之中了，因此反思也就是一种后思，是在事物结束其发展过程之后而开展的思索。反思也是一种反复思索，是经过第一次思索形成思想之后，对思想的再次思索。反复思索的目的在于通过外部认识内部，透过现象认识本质，进而“寻求那固定的、长住的、自身规定的、统摄特殊的普遍原则”[②]。反思是从事物的特殊性上升到普遍性的途径，面向思想的反复思索确保了普遍性的获得。但是这种反思没有提供其可以实现的具体道路，同时这种普遍性的要求带有非常浓厚的绝对精神的色彩，给人一种主观任意虚构的感觉。

与黑格尔不同，在诠释学的语境中反思的具体内容得到了规定，解释学循环实质上是反思的具体化。解释学循环的内容曾经先后出现三种不同的规定，解释学循环的第一种含义体现在古代修辞学和近代诠释学之中。古代修辞学和近代诠释学首先注意到这样一种现象，部分和整体处于普遍的联系之中，只有把个别词放在整个句子中才能理解其含义，与此相类似，个别句子处于与整个文本的联系之中，个别文本处于与一个作家全部著作的联系之中，而作家的作品又处于有关的文字类以及文学整体之中。“理解的运动就这样不断地从整体到部分又从部分到整体。理解的任务就在于从同心圆中扩展被理解的意义统一体。所有个体和整体的一致就是当时理解正确性的标准，缺乏这种一致则意味着理解的失败。”[③] 理解是在文本的局部和整体之间的循环，这种方式的解释学循环局限于个体与整体的形式关系范围内，循环运动仅仅围绕文本进行并在对文本完成了的理解中被扬弃，这种循环运动的适用范围过于狭窄，并且没有认识到理解的真正本质。这

① 参见孙正聿：《简明哲学通论》，45 页，北京：高等教育出版社，2000。

② ［德］黑格尔：《小逻辑》，76 页，北京：商务印书馆，1980 年第 2 版。

③ ［德］伽达默尔：《诠释学Ⅱ：真理与方法——补充和索引》，67 页，北京：商务印书馆，2007。

在历史学研究中的表现就是基于文献以及文献之间的关系来再现过去。

其后，解释学循环在海德格尔的分析中获得一种全新的含义。海德格尔在其代表著作《存在与时间》中认为："把这个循环降低为一种恶性循环是不行的，即使降低为一种可以容忍的恶性循环也不行。在这一循环中包藏着最源始的认识的一种积极的可能性。当然，这种可能性只有在如下情况下才能得到真实的掌握，那就是：解释领会到它的首要的、不断的和最终的任务始终是不让向来就有的先行具有、先行视见与先行掌握以偶发奇想和流俗之见的方式出现，它的任务始终是从事情本身出来清理先行具有、先行视见与先行掌握，从而保障课题的科学性。"[①] 海德格尔在这段话中表达的思想非常明确，首先他说明了解释学循环绝不是恶性循环，而是一种良性循环；其次人们在开展认识之前总是具有一定的前见、前有和前把握；第三，解释的首要的、不断的和最终的任务是避免前见、前有和前把握以偶发奇想和流俗之见的方式呈现出来，使我们的思想直接面对事情本身。在这里海德格尔表现出非常强烈的面向事情本身做本质直观的现象学倾向。海德格尔界定的解释学循环与上述的第一种循环方式相比具有明显的差别，海德格尔不是在单纯文本的范围内来界定解释学循环，他在这种循环中还加入了前见和事情本身两个要素，解释的首要任务不再是文本作者的原意，而是通过文本的阅读在前见的作用下面向事情本身，解释在文本、前见和事情本身之间形成循环。这正像伽达默尔所指出的那样："理解主要是指：对事物的理解，然后才是指：突出和理解他人的意见本身。所有诠释学条件中首要的一条就是事物理解，即和同样的事物打交道。"[②] 前见并不是一种固定不变的、不断改变认识对象性质的思维结构，它总是处于不断地改变

① ［德］海德格尔：《存在与时间》，179 页，北京：生活 · 读书 · 新知三联书店，2006 年第 3 版。附注：从伽达默尔的《真理和方法》中可以看出上文引用的海德格尔这一段话对他发生了重要的影响，《真理与方法》一书中至少两次对之加以引用，第一次引用出现于《诠释学 Ⅰ》（商务印书馆 2007 年版）第 363 页，第二次引用出现于《诠释学 Ⅱ》（商务印书馆 2007 年版）第 69—70 页。洪汉鼎对于这段引文的翻译与陈嘉映等人的翻译有所不同，其中主要的差别在于他把"先行具有""先行视见"与"先行掌握"分别译为"前有""前见"和"前把握"，笔者认为洪汉鼎的译文比较简洁，而且充分地表达了原文的意思。

② ［德］伽达默尔：《诠释学 Ⅱ：真理与方法——补充和索引》，74 页，北京：商务印书馆，2007。

和适应过程之中，从而不断地接近事物本身，因而理解就在前见和事情本身之间呈现出一种良性的循环结构。可见，这种诠释学循环是理解者和他人针对事物本身而展开的对话过程，他人的意见在文本中体现出来，在理解过程中，文本的含义得以澄明，理解者本身的前见得到修正，从而不断地接近事情本身。海德格尔揭示了历史学研究的第二个层面，历史学不是局限于文献的语言学研究，而是历史学家要在前见的作用下突破文献面向事情本身，真实再现历史发生过程。

伽达默尔在传统诠释学和海德格尔诠释学的基础上对理解的循环结构进行了进一步的说明，他的进一步的发展具有一个明显的特征，这就是他对已经包含在海德格尔思想中的历史意识做出了更加深入的说明。他认为历史主义者的天真主要表现在两个方面。首先他们认为我们可以置身于过去的时代精神当中，以该时代的概念和观念而不是以自己的概念和观念来思考，并以此达到历史客观性。历史主义者没有认识到时间距离的存在，而这种时间距离是不可克服的，我们永远不可能抛弃自身的概念和观念而置身于过去的时代精神之中，我们总是在自己的前见、前有和前把握之中去理解过去的历史事件。但是这并不是说明时间距离在认识论上具有消极的意义，正相反，时间距离的存在具有完全积极的意义：“实际上应该把时间距离当作理解的积极的和建设性的可能性来认识。时间距离被习俗和传统的持续性填满，正是在习俗和传统的光照中所有传承物向我们显示。……只有当所有这些实际关系都已逐渐消退，这些作品本身的结构才会显露出来，我们才能对作品中所说的进行那种可以要求普遍性有效性的理解。把文本或艺术创作品中存在的真实的意义析取出来，本身乃一个无尽的过程。引导这种析取的时间距离是在经常的运动和扩展中得到理解的，这就是它对于理解具有的创造性方面。时间距离可以让具有特定性质的前见消退，并使对真正的理解有帮助的前见浮现出来。”①

历史主义的天真还表现在下述第二方面，即它忘记了自己的历史性。

① ［德］伽达默尔：《诠释学Ⅱ：真理与方法——补充和索引》，75 页，北京：商务印书馆，2007。

“真正的历史思考必须同时想到它自己的历史性。只有这样，它才不会去追逐某个历史对象（历史对象是我们不断研究的对象）的幽灵，而是学会在对象中认出自身的他在性并因而认识自己和他者。”[①]历史主义忽略了时间距离的积极作用，也忽略了自身的历史性，因而历史主义本身实质上是一种缺乏历史意识的思维模式。伽达默尔通过分析历史主义的天真，揭示了理解者的前见与传承物之间在时间距离作用下的循环结构，从而在这种循环结构中发现理解和解释的本真意境。

时间距离是历史学家普遍面对的一种现象，有的学者因为历史学家与历史事件之间存在着时间距离而否定历史学家真实再现历史事件的可能性，这是把时间距离完全看作一种消极因素的表现。时间距离虽然具有一定的消极作用，但是更为重要的是它所具有的积极的建设性，历史事件跨越时间距离，向我们敞开对之进行理解的各种可能性，不断接近事情本身。这就是历史学研究在时间距离的作用之下历史学家自身与他者之间的视域融合，视域融合本身内在地包含着一种反思性的循环过程。

（二）理解与解释

理解和解释曾经被视为两种具有明显区别和冲突的研究方式，这正像德国哲学家卡尔－奥托·阿佩尔在其著作中指出的那样：“为了给历史科学的或者更一般地讲，‘精神科学’的方法论的自由性主张提供一个认识论基础，J.G. 德罗伊森的《历史概论》（1858）和狄尔泰的《精神科学引论》（1883）首先把‘解释’和‘理解’作为专门的术语进行了区分。与被认为是以因果解释和定律论解释为基础的自然科学相反，历史学和精神科学被认为是以作为‘理解的艺术学’的解释学为基础的（施赖伊马赫，A. 伯克）。”[②]这种在理解和解释之间做出区分的观点影响深远，除了上面提到的那些人物外，持有相似或相近的观点的人还包括孔德、H.T. 布克尔、J.S. 穆勒、文德尔班、李凯尔特以及马克斯·韦伯等人。下面我们以德罗伊森的

① ［德］伽达默尔：《诠释学Ⅱ：真理与方法——补充和索引》，76 页，北京：商务印书馆，2007。

② ［德］阿佩尔：《解释－理解争论的历史回顾》，56 页，《哲学译丛》1987 年第 6 期。

相关主张为例来简要说明这种理论主张。德罗伊森非常强调历史方法对于确定历史学范围的作用，他认为："历史方法用得上的地方及范围，就是历史学的范围。历史方法与历史学及历史思考是同一范围而不同层次的问题。"① 历史方法是科学方法的一种，它与玄思方法、物理方法相区别。（哲学、宗教的）玄思方法是运用逻辑工具对事物开展认识，物理方法是用物理工具对事物进行说明。但是，与上述两种方法不同，"历史研究不是说明的工作，不是解说前事如何决定后事；不是把现象放在定律中，解说它的必然性；也就是说，不把后来发生的事仅仅视为是前事的结果及发展"②。由此可见，历史研究不以发现因果定律为基本指针，历史方法的特色是以研究（主要是伦理方面）的方式进行理解的工作。所谓理解，就是指把个体放在历史整体之中进行归类、定位，从而进一步比较和检查个体之间存在的细微的差别和矛盾。例如，对一件艺术品的理解过程，首先需要把古典的艺术观在心中重温一遍并掌握它们的整体性，其后，新的艺术品就会在这个整体的脉络中具有其一定的地位，这样他就理解了那些新的创作。"人，只有在道德团体中（家庭、民族、国家、教会）理解别人以及被人理解之后，才具有自己的整体性。"③ 在德罗伊森看来，对人的理解实质上是使之融入整体并在整体中为之定位的过程，这就是历史方法的独特之处。在德罗伊森看来，理解和解释是两个相互区别的认识过程，历史科学以理解的方式开展研究，而自然科学以解释（或说明）的方式开展研究，两个不同的学科领域在研究方法上存在着泾渭分明的界限。

历史科学进行理解，自然科学进行解释，理解和解释之间的区别主要在于是否对因果规律加以研究，这种把理解和解释进行割裂的看法是一种没有任何根据的混乱的划分，理解和解释之间并不存在上述的区分。这种混乱在德罗伊森那里就明显地表现出来，德罗伊森用德语中的 erklären（说明，解释）来标识物理的方法，用 verstehen（理解）来标识历史的方法，

① ［德］德罗伊森：《历史知识理论》，2 页，北京：北京大学出版社，2006。

② ［德］德罗伊森：《历史知识理论》，29 页，北京：北京大学出版社，2006。

③ ［德］德罗伊森：《历史知识理论》，12 页，北京：北京大学出版社，2006。

实质上 verstehen 在德语中也有“解释”之意；另外，德罗伊森在《历史知识理论》第一章中用理解和解释区分了历史方法和物理方法（§14）之后，又在第二章中着重论述了历史解释的四种形式（§37—§42），这一部分的德文标题是 Die Interpretation，interpretation 译为中文就是“注释”或“解释”，这就说明历史方法也是一种解释，第二章的论述与他在第一章中的区分明显冲突。此外，德语中的三个词，即 erklären、verstehen 和 interpretation，它们都含有英语 interpret（解释）的含义。从词语的意义角度来看，以什么样的方式（规律或个体描述）进行理解和解释并不是 erklären 与 verstehen 这两个词的本义。可见，从是否研究规律的角度划分理解和解释之间的界限是不能成立的，以理解和解释划分历史方法和物理方法也必然会造成认识上的混乱。

理解和解释并不是相互冲突的两个过程，而是存在内在统一的一个过程的两个方面。理解和解释的内在统一首先在浪漫主义诠释学中揭示出来，理解可以被视为理解者的一个内在的领会过程，解释则可以被视为一种说出或表达。“解释不是一种在理解之后的偶尔附加的行为，正相反，理解总是解释，因而解释是理解的表现形式。”① 解释以理解为前提，理解者只有自身对于文本加以理解之后才能向他人进行解释；解释是理解的表现形式，解释是以语言和概念表达自己理解之后的内容。

理解和解释不是分离的，而是统一的。明白了这样一个关系之后，我们就会知道，什么是理解与什么是解释这两个问题实质上是一个问题，解答了其中之一，另一个问题的答案就会自行呈现。关于这个问题，我们在下一个部分中还会从“历史学研究的标准和任务”的角度涉及，所以在这里不会涉及过多的因素，主要是在伽达默尔的哲学诠释学语境中来看待这个问题。

伽达默尔认为：“真正的历史对象根本就不是对象，而是自己和他者的统一体，或一种关系，在这种关系中同时存在着历史的实在以及历史理解的实在。一种名副其实的诠释学必须在理解本身中显示历史的实在性。因

① ［德］伽达默尔：《诠释学 I：真理与方法——哲学诠释学的基本特征》，418 页，北京：商务印书馆，2007。

此我就把所需要的这样一种东西称之为‘效果历史’。理解按其本性乃是一种效果历史事件。”[①]效果是在多种因素混合作用下所呈现出来的结果。在伽达默尔看来我们所谓的历史并不是纯粹的历史实在，也不是纯粹的偏离历史实在的历史理解的实在，而是二者混合的产物，在这两种因素混合作用下产生的历史就是所谓的“效果历史”。而理解从本质上来说就是一种效果历史事件，对于理解的这一界定包含着以下四个方面的内容：

（1）作为理解对象的文本本身是历史实在和历史理解的实在混合的产物，换言之，文本之中包含着事件本身，同时也包含着他者对事件的理解。

（2）理解首先意味着对某种事情的理解，其次才意味着分辨并理解他人的见解。这就说明理解者在进行理解之前已经对某件事情具有前见、前有和前把握，并且是为了进一步了解这个事情而去理解他人的见解。理解得以开展的前提是承认他人对该事情的理解比自己完满或完备，为了加深对该事情的理解必须去理解他人的意见。由此，理解就在三个因素的作用下得以开展，这三个因素分别是理解者的前见、事情本身以及他人的见解，这就使理解成为这三个因素综合作用下的效果。

（3）理解的过程同时是视域融合的过程。每个人都是在一定的处境中从事理解的，而这个处境就是所谓的视域，“视域就是看视的区域，这个区域囊括和包容了从某个立足点出发所能看到的一切”[②]。每个人由于其立场、观点和方法的不同总是具有一定的视域，但视域并不是固定不变的，而是处于不断地变动之中，我们可以讲到视域的狭窄、视域的可能扩展以及新视域的开辟等等。引起理解者的视域变化的主要因素就是视域融合，“旧的东西和新的东西在这里总是不断地结合成某种更富有生气的有效的东西”[③]。

（4）“与历史意识一起进行的每一种与传承物的照面，本身都经验着文

---

① ［德］伽达默尔：《诠释学Ⅰ：真理与方法——哲学诠释学的基本特征》，407—408页，北京：商务印书馆，2007。

② ［德］伽达默尔：《诠释学Ⅰ：真理与方法——哲学诠释学的基本特征》，411页，北京：商务印书馆，2007。

③ ［德］伽达默尔：《诠释学Ⅰ：真理与方法——哲学诠释学的基本特征》，416页，北京：商务印书馆，2007。

本与现在之间的紧张关系。诠释学的任务就在于不以一种朴素的同化去掩盖这种紧张关系，而是有意识地去暴露这种紧张关系。正是由于这种理由，诠释学的活动就是筹划一种不同于现在视域的历史视域。历史意识是意识到它自己的他在性，并因此把传统的视域与自己的视域区别开来。但另一方面，正如我们试图表明的，历史意识本身只是类似于某种对某个持续发生作用的传统进行叠加的过程，因此它把彼此相区别的东西同时又结合起来，以便在它如此取得的历史视域的统一体中与自己本身再度相统一。”[①]由此可见，理解就是在前见和时间距离的作用下针对某个事情本身而进行的视域融合的过程，质言之，理解就是一种效果历史事件。在理解过程之中，前见是经过认真思考的理性选择的结果，时间距离起着积极地筛选各种前见的作用，视域融合趋向于“更富生气的有效的东西”，这些结论充分显示了伽达默尔所具有的对于人类知识和前途的乐观主义态度。

（三）诠释学中的应用问题

在古老的诠释学传统里（尤其是在德国18世纪虔信派神学家J.J.兰巴赫那里），理解的行动是由三个要素所构成的，这三个要素分别是理解、解释和应用。后来，浪漫主义诠释学片面强调了理解和解释两个要素的内在统一，理解总是解释，解释是理解的表现形式，解释的过程实质上已经是理解的应用的过程。浪漫主义诠释学关于理解和解释内在结合的观点造成了诠释学问题里的第三个要素（即应用）与诠释学不发生任何关系。我们在这里应该注意区分，解释是理解的表现形式，也就是把理解到的东西用概念和语言表现出来，但是解释并不等于应用，应用是理解过程中包含的另一个要素。

在伽达默尔看来，“在理解中总是有某种这样的事情出现，即把要理解的文本应用于解释者的目前境况”[②]。他一方面反对18世纪虔信派把理解、

① ［德］伽达默尔：《诠释学Ⅰ：真理与方法——哲学诠释学的基本特征》，416—417页，北京：商务印书馆，2007。

② ［德］伽达默尔：《诠释学Ⅰ：真理与方法——哲学诠释学的基本特征》，418页，北京：商务印书馆，2007。

解释和应用视为三个分离的“技巧”，另一方面反对浪漫主义诠释学排斥应用而把理解和解释视为内在结合的两因素说。他认为：“应用，正如理解和解释一样，同样是诠释学过程的一个不可或缺的组成部分。”[①]在这里，我们可以看出伽达默尔所具有的实用主义倾向，他不是把理解和解释局限于纯粹知识领域的探讨和言说，而是使之突破知识和思维的界域，具有了实践的向度，即：文本的意义总是要适合于其正在对之讲述的具体境况。法学诠释学和神学诠释学是注重应用的典范，伽达默尔通过对它们的分析得出这样的结论：“语文学诠释学同法学的和神学的诠释学原先形成的紧密联系依赖于这样一种承认，即承认应用是一切理解的一个不可或缺的组成要素。不仅对于法学诠释学，而且对于神学诠释学，在所提出的文本（不管是法律文本，还是福音布道文本）这一方和该文本被应用于某个具体解释时刻（不管是在判决里，还是在布道里）所取得的意义这另一方之间，都存在一种根本的对立关系。一条法律将不能历史地被理解，而应当通过解释使自身具体化于法律有效性中。同样，一份宗教布道文也不能只被看成是一份历史文件，而应当这样被理解，以致它能发挥其拯救作用。在这两种情况里，都包含这样的事实，即文本——不管是法律还是布道文——如果要正确地被理解，即按照文本所提出的要求被理解，那么它一定要在任何时候，即在任何具体境况里，以不同的方式重新被理解。理解在这里总已经是一种应用。”[②]

理解总是解释，理解在这里已经是一种应用，于是理解、解释和应用就成为理解过程中存在的不可分离的内在结合的三个要素。理解和解释总是包含着一个应用的维度。我们在教学实践中也经常会遇到这样的情况，学生总是具有一定的接受性，他对某些东西由于熟悉而容易接受，对另一些东西因为疏离而不容易接受，专科、本科和研究生具有不同的知识和情感背景，我们对于这些不同的学生讲授相同的内容总是要采用不同的方式

① [德]伽达默尔：《诠释学Ⅰ：真理与方法——哲学诠释学的基本特征》，419页，北京：商务印书馆，2007。

② [德]伽达默尔：《诠释学Ⅰ：真理与方法——哲学诠释学的基本特征》，419—420页，北京：商务印书馆，2007。

进行，“备学生”是教师备课过程中的一个基本的内容，这也就是伽达默尔所说的理解和解释总是要应用于具体境况在教学领域中的表现。

综上可见，理解在本质上是一种效果历史事件；反思是理解的途径，反复思考，经过理解的循环，我们才能不断地逼近事情本身；理解总是解释，解释是理解的表现形式，是把理解到的东西运用概念和语言表述出来；理解和解释总是包含着一种应用的维度，也就是把我们理解到的东西应用于当下的具体境况。理解、解释和应用是理解过程中存在的内在结合着的三个要素。历史学研究的基本环节就是在反思的基础上围绕历史事件进行理解和解释，进而把通过理解和解释获得的结论应用于解决人们思想和生活中遇到的实际问题。

§6　历史学研究的目标与任务

自从历史学的起始以来，历史学家在真实再现历史事件的过程中，一方面让事实说话，另一方面他自身的理解和解释也在发挥作用。古希腊早期的历史学家，例如希罗多德和修昔底德，“他们的叙述大部分是他们亲眼所看见的行动、事变和情况，而且他们跟这些行动、事变和情况的精神，有着休戚与共的关系”①。这两位历史学家虽然亲身经历了那些历史行动、事变和情况，但是在他们的历史记述中依然有大量的理解和解释的痕迹。对此我们以被称为“政治史学之父”的修昔底德为例来加以说明。

修昔底德在《伯罗奔尼撒战争史》一书中大量使用了历史人物的演说词，那么，这些演说词是从何而来的呢？修昔底德讲道：“在这部历史著作中，我利用了一些现成的演说词，有些是在战争开始之前发表的；有些是在战争时期中发表的。我亲自听到的演说词中的确实词句，我很难记得了，从各种来源告诉我的人也觉得有同样的困难；所以我的方法是这样的：一方面尽量保持实际上所讲的话的大意；同时使演说者说出我认为每个场合

① ［德］黑格尔：《历史哲学》，1 页，上海：世纪出版集团，2006。

所要求他们说出的话语来。”[①]可见，出现在修昔底德著作中的演说词是混合的产物，一方面是演说者所说的话的大意，另一方面是作者的理解和补充。即使是第一方面也是在作者理解的基础上形成的，那些演说词的大意是在作者听清楚和理解了之后的产物。

在说明了修昔底德著作中的演说词的情况之后，我们再进一步看一看他关于亲身经历的历史事件的记述是如何形成的。他说：“关于战争事件的叙述，我确定了一个原则：不要偶然听到一个故事就写下来，甚至也不单凭我自己的一般印象作为根据；我所描述的事件，不是我亲自看见的，就是我从那些亲自看见这些事情的人那里听到后，经过我仔细考核过了的。就是这样，真理还是不容易发现的：不同的目击者对于同一个事件，有不同的说法，由于他们或者偏袒这一边，或者偏袒那一边，或者由于记忆的不完全。我这部历史著作很可能读起来不引人入胜，因为书中缺少虚构的故事。”[②]可见，修昔底德在自己史书中的记述主要有两个来源，一个是自己看见的，另一个是别人看见然后讲给他听的。他为了尽量去除这些叙述中的虚构因素，也做出了自身的努力，也就是他所谓的“仔细考核”。那些他亲眼所见和道听途说的东西都经过了他的“考核”，他没有说明自己“考核”的具体程序和步骤是什么，但是我们可以知道，他这里所谓的“考核”无疑是他对历史人物和事件的理解和解释的过程。

修昔底德的治史经验告诉我们，理解和解释是历史学家进行历史研究不可或缺的方法和途径[③]。修昔底德虽然处于史学发展的原始阶段，但是他的研究模式在当代历史学研究领域依然具有示范效应，千百年来历史学家就是依靠对于历史人物和事件的理解和解释来书写历史的。

历史研究是为了对某一历史人物或事件提供一种合理的理解和解释，“历史方法的特色就是以研究的方式进行理解的工作”[④]。理解首先有一个主

① ［古希腊］修昔底德：《伯罗奔尼撒战争史》，19—20页，北京：商务印书馆，1960。

② ［古希腊］修昔底德：《伯罗奔尼撒战争史》，20页，北京：商务印书馆，1960。

③ 我们在这里并不是强调理解和解释是历史研究的唯一的方法和途径。我们认为除了理解和解释之外，经验和实证也能在历史研究中发挥一定的功效，但是其在历史学研究中的重要性低于理解和解释。

④ ［德］德罗伊森：《历史知识理论》，10页，北京：北京大学出版社，2006。

体，也就是谁在理解，这个理解的主体显然是“我”，但理解不是在封闭的自我范围内展开的，它必然有一个外部的指涉，这种外在的指涉可以是他人的语言、行为或者是曾经发生过的事件。理解有两种不同的模式，第一种模式是以我为中心去理解他，第二种模式是我从他的立场出发去理解他。第一种模式往往造成误解，第二种模式就是我们通常所谓的换位思考或移情。移情就好像一个心灵潜入到另外一个心灵一样，这是实现历史理解的主要渠道。理解与解释稍有差别，我们通常不会说“你理解一下你刚才说的话”，而是说“你解释一下你刚才说的话”。解释同样具有一个外部的指涉，但与理解所不同的地方在于解释是把自己已经掌握的东西向他人进行阐述，也就是向另一个人进行述说。解释以理解为前提，理解以解释为旨归。理解和解释是一而二、二而一的关系。进一步而言，在谈及解释时必然涉及解释什么以及怎么解释，也就是说我们说明和解释了什么对象才能说我们达到了历史学研究的目标和任务，这就进一步涉及历史解释的标准问题。

有许多理论家曾经围绕历史解释的可靠性标准进行过阐述和论证，其中较有代表性的是德罗伊森、柯林武德和亨普尔等人。柯林武德认为历史解释的目的就在于还原作者以及历史行为人头脑中的问题，他相信答案就隐藏在问题之中，我们如果要对柏拉图进行理解和解释，那么我们只需要做到还原柏拉图在写作时心中产生的问题，就达到了理解和解释的目的；对于历史人物的理解也是这样，我们知道他在一定时间一定地点做了什么事，但是这并不能说就完成了解释的任务，我们还需要还原历史人物在当时的历史情景中在他的心中产生的问题。

亨普尔与柯林武德的观点有所不同，他认为：“与经验科学的其他任何领域一样，在历史学中，对一个现象的解释在于把现象纳入普遍经验规律之下；解释的可靠性标准不在于它是否诉诸我们的想象，并不在于它是根据有启发的类比提出来的，或是使它显得似乎真实的其他方法——这一切在假解释中也可以存在——而唯一地在于它是否依赖于有关初始条件和普遍规律的被经验完全证实的假设。”① 在亨普尔看来，历史解释的可靠性标准在于是否

① ［德］亨普尔：《普遍规律在历史中的作用》，52 页，《哲学译丛》1987 年第 4 期。

能够把一种历史现象纳入一种普遍规律之下，并且对这一历史现象得以发生和发展的初始条件进行合理的设定；只有做到了这些，我们才能说对一种历史现象进行了可靠的解释。亨普尔的这种理论被称为“解释的覆盖率模型”，它有力地回击了某些历史哲学家把历史事件仅仅视为一次性和偶然性事件的相关理论，偶然地仅仅出现一次的事件是没有办法得到合理解释的。

在柯林武德看来，如果我们能够还原历史人物心中的问题，我们就达到了历史解释的目标；在亨普尔看来，如果我们能够把历史事件放在规律的框架之中，我们才算是达到了历史解释的目标。柯林武德和亨普尔从不同方面揭示了历史解释的目标和任务。作为德国专业的历史学家和历史理论家，德罗伊森在他的《历史知识理论》一书中曾经就历史解释的问题做出过较为系统的阐述和论证，下面我们将主要针对德罗伊森的相关观点展开分析。

德罗伊森认为：“解释不是以前事来说明后事，更不是用历史条件下必然的结果来说明一件演变出来的事。解释是将呈现在眼前的事赋予意义；是把呈现在眼前的资料，将它所蕴涵的丰富的因素，无限的、打成了结的线索，松开，拆清。经过解释的工作，这些交杂在一起的资料、因素，会重新变得活生生，而且能向我们倾诉。”①德罗伊森在这里把我们的思维带向了历史解释的标准问题，也就是说做到了什么才算把一件事情解释清楚了。“以前事来说明后事”必然引起对于事件源头的不断追溯，这必然是一个无限追溯、没有终结的过程，世界上的任何事件都不可能存在一个绝对的源头，所以这种解释方法不能算作一种合理的解释。“用历史条件下必然的结果来说明一件演变出来的事”这种解释方式容易造成把现在的状态固定化、模式化，好像过去已经包含了现在状态的一切条件，现在只是过去的简单延续而已，“这样的看法是根本否定了历史活动中的人的自由道德的行为；否定了别人的权力；否定了新的开始的可能性；以及否定了历史的一贯性；否定了道德世界及历史世界的本质”②。可见，这种解释方式也不是一种行

① ［德］德罗伊森：《历史知识理论》，33页，北京：北京大学出版社，2006。

② ［德］德罗伊森：《历史知识理论》，32页，北京：北京大学出版社，2006。

之有效的合理的解释。正确的解释应该是“将呈现在眼前的事赋予意义”，“解释的本质是：把过去发生的各类事情，一方面视为是促使某个意念展开及其实现的原因，另一方面视之为其限制”①。过去与现在虽然不是一种前者必然造成后者的关系，但是二者之间存在千丝万缕的联系，这种联系一方面表现为现在是从过去之中生发出来的，过去是现在发生发展的基础和条件；另一方面表现为过去的状况制约着现在的状况，过去限制着现在的发展程度。

在德罗伊森看来，历史解释就像人行进一样，人的行走可以分为四个环节，历史解释也可以分成四个步骤。人在行走中需要经历四个环节：（1）肢体机械性的前展；（2）因地形的平坦、光滑及硬度不同而有的肌肉之松弛紧张；（3）有支配躯体的意志；（4）有想借行进达到的目的。②

与行进的第一步骤相类似的是实用性的解释，它是“借着事件本身所含的自然因果来掌握考证过的历史事件，并且试着把它们的发展过程重新组织起来”③。这是历史解释的第一阶段，即说明历史事件的发生和发展过程。

与行进的第二步骤相类似的是条件的解释，也就是针对过去事件形成和发展的条件做出解释。这些条件主要包括三个方面，即空间、时间和（物质的及精神的）媒介物，用中国古代战争中的术语进行概括就是天时、地利、人和。这两种说法稍有出入之处就在于“人和”，除了人的因素之外，媒介物同时还蕴含着对于物质条件的满足，也就是事件的发生发展具备了必要的工具和材料等。

与行进的第三步骤相类似的是心理学的解释，它是“要在历史事实中找寻推动此历史事实的意志力”④。历史事件总是人的行为过程，而人总是在自身的意志的支配下采取行动，因此对历史行为人的意志的研究和揭示是历史解释的微观层面。心理学的解释是历史解释的重要内容之一，但是

---

① [德] 德罗伊森：《历史知识理论》，29 页，北京：北京大学出版社，2006。

② 参见 [德] 德罗伊森：《历史知识理论》，33 页，北京：北京大学出版社，2006。

③ [德] 德罗伊森：《历史知识理论》，35 页，北京：北京大学出版社，2006。

④ [德] 德罗伊森：《历史知识理论》，36—37 页，北京：北京大学出版社，2006。

这种解释自身却具有很大的局限性，这种局限性一方面表现为某人的意志力并不是完全灌注在一件事情上，另一方面表现为某一事件绝非只受到人的意愿的影响。德罗伊森注意到了历史发展方向与个人意志相违背的现象，但是并没有揭示历史运动与个人意志相互作用的机制，后来恩格斯曾经就此做出过详细的说明，恩格斯曾经提出历史运动的平行四边形原理，每个意志都对合力有所贡献，但是每个意志力的方向都与合力的方向不相吻合，“因为任何一个人的愿望都会受到任何另一个人的妨碍，而最后出现的结果就是谁都没有希望过的事物”①。可见，历史发展方向与个人意志之间并不存在稳定的可靠的联系，历史解释仅仅局限于说明历史行为背后的个人意志显然是不够的。

历史解释的第四个步骤，即理念的解释，正是弥补了上一步骤的不足，由微观的个人心理学方面的解释转向较为宏观的团体的理念方面的解释。这里的理念是指超出个体范围而为两个或两个以上的人共同信奉的思想和观念。德罗伊森认为，每个婚姻都是婚姻理念或多或少成功性的表现，夫妻双方必定对共同实现的理想及生活方式多少有所自觉。②夫妻是这样，一个团体、一个单位、一座城市、一个国家等无不如此，这些或大或小的团体的理念通过各种形式表现出来，例如年度计划、总结报告、短期或中长期规划、包括宪法在内的各种法律法规等。一个团体中每个成员的行为并不都是这个团体理念的表现，“事实上，这些理念只表现于接近理念的各个行为所构成的一连串、延续的活动中。理念本身迫使有不断表达它的行为出现。也只有在不断的外露、形成现象之过程中，才有理念的存在。它需要历史，它的展现就是历史的形成及生长。历史是理念的不断向前展现及生长”③。德罗伊森在这里论述了理念与人的行为之间以及理念与历史之间的关系，他肯定理念的存在，肯定理念对行为的要求，肯定理念与历史之间的协同性，这具有一定的合理性，历史的发展过程在一定程度上表现出一

---

①《马克思恩格斯文集》第10卷，592—593页，北京：人民出版社，2009。

② 参见［德］德罗伊森：《历史知识理论》，39页，北京：北京大学出版社，2006。

③［德］德罗伊森：《历史知识理论》，39页，北京：北京大学出版社，2006。

种理念的发生发展的过程或多种理念相互交织、相互斗争的过程，种种历史事实都能够说明历史之中确实存在着理念。一种理念在某一特定的历史时期确实能够支配人的思想和行为，在农民战争中平均、平等、均田免粮等口号往往能够号召大批的农民投身于革命，在资产阶级革命中自由、平等、博爱的思想鼓舞着人心，等等。

但是这种理念的支配作用并不能绝对化而成为世界的本体，理念总是人的理念，总是通过人类社会的各种现象而表现出来的，任何理念都没有强制性地压制人性的道理，任何理念的实现必须基于人们的主观意愿的表达，否则它将丧失任何得以实现的现实途径。另外，理念并不是一成不变的，它在历史过程中不断地经历着变动和发展，一种理念产生出来，不断地发挥自身的作用，在发生作用的过程中，理念自身的缺陷与不足也不断表现出来，在旧理念的基础上不断形成新理念，新理念最终会取代旧理念而取得支配地位；在一般情况下，各种理念就这样往复运动，不断演化，从而以一种虚假的形式构成了貌似真实的理念自身的历史运动，这种理念运动的本质无非就是人群的思想和行为而已。基于上述分析，我们知道，在历史之中，超出个体范围之外的理念确实存在，而且真实地发生着作用，一种理念可以鼓舞人的情绪、支配人的行为，一种理念可以引起一场革命，可以推动社会的根本变革。可见，历史解释的最为重要的一环就是理念的解释。

德罗伊森较为全面、系统地论述了历史研究的任务，从他的论述中，我们可以总结出历史学研究的任务就是看它在历史解释之中能否“将呈现在眼前的事赋予意义”，而什么样的解释才能够说为呈现在眼前的事赋予了意义呢？我们在历史解释中解释了哪些因素才能说达到了解释的目的呢？答案就是我们在上面论述的四种解释，即实用性的解释（说明历史事件的大致经过）、条件的解释（说明历史事件得以形成和发展的空间、时间以及媒介物等三个方面的条件）、心理学的解释（说明历史行为人的情绪、意志等心理因素对于历史事件的影响）以及理念的解释（说明那些支配着历史行为人的超出个体范围的包括伦理道德观念和政治、哲学思想等在内的理念）。

§7 历史学的科学性与艺术性

对于历史认识中的价值尺度的探讨进一步涉及关于历史学性质的争论。关于历史学性质问题的探讨可以追溯到古希腊时期，一直到现代围绕这个问题的争论依然很热烈，各种观点之间的歧异也很明显。强调事实在历史学研究中重要作用的学者倾向于把历史学视为一种科学，强调价值在历史学研究中具有重要作用的学者倾向于把历史学视为一种艺术。下面我们分别说明关于历史学性质的几种不同的观点并最终尝试运用历史唯物主义基本原理及其方法论解释、解决这一问题。

（一）历史解释的科学性

正像罗素在1954年的一次演讲中讲到的那样，科学派的主张主要包括两个方面："从一种比较平凡的意义上说，科学只是指弄清历史事实。……史学企图成为符合科学的东西，还有一层意思，……在这种意义上说，自然科学已成功地发现了各种事实之间的相互联系，历史学也力求用同一种方法去发现联结各种事实的因果律。"① 科学派认为历史解释能够达到自然科学的标准，罗素正确地揭示了他们所坚持的两个主要观点。他们首先相信我们通过历史解释能够弄清历史事实，历史事实自身会说话。法国著名历史学家库朗日相信历史也是和数学一样纯的科学，只要把数学论证形式和逻辑原理运用到史料的解释上就可以实现。严格地说，库朗日认为解释不是他的事，他只是揭示。如果正确运用的话，历史文献将会为自己说话。有一次，他向学生讲述早期法国的制度，学生突然鼓起掌来，于是他向学生们说："这不是我在讲话，而是历史通过我在讲话。"兰克本人虽然不属于科学派，但是他的理论主张在一定程度上也反映了科学派的要求，他把自己的工作室称为"实验室"，同时相信能够通过对原始文献的研究达到"如实直书"。

科学派除了相信能够弄清历史事实之外，他们还认为历史解释的目标

① ［英］罗素：《历史作为一种艺术》，载张文杰《现代西方历史哲学译文集》，131—132页，上海：上海译文出版社，1984。

在于发现历史因果法则。实证主义哲学家孔德就曾经提出建设“社会物理学”的方案，他希望通过观察去发现制约人类社会的“坚定不移的法则”，“实证哲学的目的是把社会现象从神学和形而上学强加在它身上的约束中解放出来，并把物理学、化学和生物学中比比皆是的法则的科学理论照原样引进社会研究中”[①]。通过比附于自然科学，实证哲学希望发现一般社会演化的法则。实证哲学对历史学的研究产生了非常重要的影响，英国历史学家亨利·托马斯·巴克尔（Buckle）和法国历史学家希坡利特·A.泰恩（Taine）是把孔德思想应用于历史解释的两位重要的学者。“巴克尔认为历史学家的崇高任务就在于寻找文明发展的规律，他的著作开卷的标题便是：‘叙述历史研究的方法和人类活动之规律性的证明。这些活动受精神和自然规律的支配，因此必须对此两组规律进行研究，而且不借助于自然科学，历史学便不能建立。’”[②]泰恩希望遵循生物学和地质学的模式来建设历史学，他认为历史是“心理解剖学”，心理学本身主要是一种机械的表现。他认为：“我这个体系——假如这也可算一种体系的话——只是一种法则，即在好几个世纪里，好几个国家和许多个人经过无数次观察到的一个一般事实。按照科学归纳的一切法则，它可以应用于尚未观察到的其他事例。它并不是一种假设、杜撰、或毫无根据的臆说。我的全部志愿就是为这种方法在阳光中取得一个位置。……我只不过是个搞解剖的人，我只不过是主张：一把解剖刀能够被宽宏大量地允许放在画笔一旁而已。”[③]

（二）科学内容的艺术再现

认为历史解释是科学的人们坚信历史解释的真实性以及历史因果法则的存在，但是在现实的历史研究中却有很多因素（其中包括研究者的立场、风格和意识形态，历史写作过程中的修辞以及情节化编排等）致使历史解释偏离历史的本来面目；另外，作为研究结果出现的历史因果法则总是出

---

① ［美］汤普森：《历史著作史》下卷，609页，北京：商务印书馆，1992。

② 张广智：《西方史学史》，243—244页，上海：复旦大学出版社，2006年第2版。

③ ［美］汤普森：《历史著作史》下卷，614—615页，北京：商务印书馆，1992。

现否证和例外，任何一项法则似乎都不是周全的。历史研究的科学地位受到质疑，寻求像自然规律那样的历史规律似乎是一种不切实际的幻想。面对这种情况，某些学者采取了一种费边主义的迁延战略，历史研究似乎既是科学又是艺术。

这种观点的主要代表者是兰克。兰克既强调历史学是一种科学，又强调它是一种艺术。他认为："历史学区别于其他所有科学的地方在于它同时又是一门艺术。历史学是有关收集、查询、洞悉的一门科学。它作为一门艺术，则是因为历史学要重现和描绘那些已经找到和认识了的东西。""正如刚才所说的，历史学必须同时是科学又是艺术。历史学永远不会是二者之一。但同时，让这两者当中的某一个更显著却有可能。就像在演讲中，历史学当然可以仅仅以科学的面目呈现。"[①]在兰克看来，历史学区别于哲学的主要之点在于历史学寻求事实的支撑，历史学研究的目的是"在全部存在之中，即在每一种环境中，在每一种存在、源自上帝的永恒之物中，识别出永恒的事物"[②]。他认为，历史研究具有科学性，这种科学性来自它对真实的追求，来自它对"永恒的事物"的探究；历史研究除了具有科学性之外，还具有艺术性，这种艺术性体现在历史学要把找到和认识了的东西通过语言再现出来，在再现和描绘事物的过程中必然应用到艺术手法和艺术结构。兰克的观点可以进一步归结为历史作品的内容具有科学性，但是历史作品的形式具有艺术性，历史学研究要谋求科学内容的艺术再现。

（三）历史研究等同于文学艺术

兰克只承认历史作品的形式具有艺术性，而否定其内容方面的艺术性，也就是内容方面的虚构性，从而维护历史学的尊严。但是致命的问题在于历史解释的内容很难达到纯粹真实的诉求，其内部必然包含着虚构的成分。由于这种状况的存在，历史研究的科学地位受到更进一步的怀疑，有的学者就不再主张历史研究是一种科学，而是旗帜鲜明地认为它是一种艺术。追溯这

---

① ［德］兰克：《论历史科学的特征》，载刘北成、陈新《史学理论读本》，4 页，北京：北京大学出版社，2006。

② ［德］兰克：《论历史科学的特征》，载刘北成、陈新《史学理论读本》，7 页，北京：北京大学出版社，2006。

种观点的渊源，我们可以在亚里士多德那里找到“历史学不如艺术”的论证。亚里士多德曾经在《诗学》中认为：“历史学家和诗人的区别不在于是否用格律文写作（希罗多德的作品可以被改写成格律文，但仍然是一种历史，用不用格律不会改变这一点），而在于前者记述已经发生的事，后者描述可能发生的事。所以，诗是一种比历史更富哲学性、更严肃的艺术，因为诗倾向于表现带普遍性的事，而历史却倾向于记载具体事件。所谓‘带普遍性的事’，指根据可然或必然的原则某一类人可能会说的话或会做的事——诗要表现的就是这种普遍性，虽然其中的人物都有名字。所谓‘具体事件’，指阿尔基比阿得斯做过或遭遇过的事。”[①] 柯林武德曾经这样解释亚里士多德的观点：“这就是为什么亚里士多德说诗歌要比历史学更科学的原因，因为历史学只不过是收集经验的事实，而诗歌则从这些事实中抽出一套普遍的判断。历史学告诉我们说，克罗苏斯倒台了，波吕克里特倒台了；而按照亚里士多德的观念，诗歌并不做出这类单独的判断，而是做出像这类极富的人都要倒台的普遍判断。”[②] 诗歌使用具有名字的人物表现带有普遍性的事物，它所描述的事物具有可然或必然性，也就是说它揭示了事物发展的规律或趋势，因而具有指导未来的功能；但是历史学仅仅描述具体的事物，它是已经发生的事件，只能说明它过去是这样发生的，却不能说明将来它可能或必然也会这样发生。历史作品的表现形式并不重要，历史作品可以用格律文表现出来，但是用格律文表现出来的历史作品依然是历史，而不是诗歌。区别历史与诗歌的标志并不在于它的表现形式，而在于它的内容，历史仅仅记述过去发生的具体的事物。正是因为历史只记述具体的事物，而不说明具有普遍性的事物，所以它不如诗歌“严肃”，不比诗歌具有更多的“哲学性”，使用柯林武德的阐述就是它不具有“科学性”。

亚里士多德对于历史学研究内容的看法奠定了若干后续意见的基本格式，即认为历史学的研究对象是已经发生的具体事件，也就是已经发生的一次性事件。一次性事件这个概念说明了这样一种情景，那就是它只发生

① [古希腊] 亚里士多德：《诗学》，81页，北京：商务印书馆，1996。

② [英] 柯林武德：《历史的观念》，56—57页，北京：商务印书馆，1997。

一次，以后就不再重复，因而在历史解释领域就不存在任何形式的因果规律或法则，也就是不存在过去曾经发生、将来也或然或必然会发生的普遍性。而自然科学的解释则是以规律和法则为基础的普遍性陈述，过去是这样，现在是这样，将来还会是这样。对当下实践的认识保证了它对于将来实践的有效性、可靠性和指导性。可见，历史研究状况和自然科学研究状况相去甚远，历史解释根本区别于自然科学对自然事物的解释，由此历史解释的科学地位受到质疑，从而认定它对规律和法则的追求是一种历史性错误，这种错误来自对自然科学研究状况的羡慕，来自用自然科学模式来建设历史科学的幻想。于是就有人大声疾呼，那些认为历史解释既是科学又是艺术的观点是根本错误的，对于历史解释性质的这种费边主义的迁延战略造成了历史研究的两难处境，一方面它被科学阵营所排挤，另一方面也被艺术阵营视为自己人中的异见分子，最终造成历史学递交给科学阵营的申请被驳回，艺术阵营也对之采取漠视和远离的策略。所以，历史研究要放弃自身的科学诉求，主动地与艺术融合在一起，也就是把自身仅仅视为一种艺术形式。这就是海登·怀特在 1966 年发表于《历史与理论》杂志上的一篇文章所表达的主旨所在，在这篇标题为《历史的重负》（“The Burden of History”）的文章中，怀特指出把历史学视为艺术与科学之间理想的中介者的观点引起了普遍的不满，造成这种不满的主要原因有两个。第一方面的原因是与历史学专业本身的性质有关，历史学家在方法上的幼稚以及对于当代科学研究状况的无知造成了他们持有上述的观点。他们没有认识到在当代的一个基本理论事实是艺术与科学之间已经发生了根本的断裂，历史学试图在其中谋求一种中介的地位是根本不可能的。第二，历史学家在艺术与科学之间所谋求的那块中立之地已经消失，人们在艺术和科学解释中发现了它们共有的构成主义性质，科学本身的客观性已经受到普遍的质疑，历史学依附科学追求历史解释的客观性就更加是一种幻想。海登·怀特得出的最后的结论似乎是艺术统一了知识各领域，自然科学的结论是人为构造而成的，历史研究也要实现隐喻结构的艺术再现。“我们不应该再幼稚地期望关于过去的某一特定时代或复杂事件与某些预先存在的‘原始事实’相‘符合’。我们应该认识到，历史学家解决‘什么构成事实本身’这个问题的方法与艺术家相似，他们都是通过隐喻对世界、过去、现在和未来加以梳理。”①

海登·怀特认为历史解释并不以真实性为其追求目标，原始事实或者历史的本来面目并不存在，历史学家从不同的情感和知识视角出发所提供的对于同一事物的不同意见都是正确的，他们之间仅仅存在再现风格的差异而已，而再现风格的差异的关键之处在于他们采用了不同的隐喻结构。他后来在 1973 年出版的《元史学》中对这种理论进行了深入阐发，他认为 19 世纪的历史作品按照情节化解释模式的不同可以分为四种类型，即：以米什莱为代表的浪漫剧、以兰克为代表的喜剧、以托克维尔为代表的悲剧以及以布克哈特为代表的讽刺剧；除此之外，按照以隐喻结构为基础的作品风格的不同，又可以把 19 世纪的历史作品分为三种类型，即：以马克思为代表的转喻模式、以尼采为代表的隐喻模式和以克罗齐为代表的反讽模式。这些不同的写作类型并不存在正确和错误之分，它们都是正确的，只是它们采用了不同的再现风格而已。在海登·怀特那里，真实性不再是历史学所追求的目标，历史学可以像文学一样进行虚构，虚构的带有研究者主体色彩的成分被合理地允许进入历史研究的内容，历史学和文学艺术融为一体，我们可以像撰写小说那样撰写历史。

（四）历史学是一种特殊的科学

把历史学视为一种艺术的观点实质上是把历史研究与文学艺术等同起来，希望人们像写小说那样书写历史著作，同时，也希望人们像读小说那样来读历史著作。这种观点赋予历史著作中存在的虚构成分以合法合理的地位，听起来没毛病，但问题在于它走向了极端。我们知道，排除了真实性因素的历史写作也就丧失了它作为独立研究领域的地位，完全被文学艺术所吞噬。历史研究归根到底与文学艺术还是存在明显的差异，历史研究

① White H, “The Burden of History” , pp130-131, *History and Theory*, Vol.5, No.2, 1966.

的对象是过去曾经发生的事件，在历史研究中对这些事件不允许进行虚构；而文学艺术所描写的对象或者是过去发生的事件，或者是并未发生的事件，不管哪类事件都允许虚构因素的存在。历史以真实性为基础，但是我们同时也可以看到在对历史事件的叙述中也存在着虚构的成分，例如历史学家以一定的情节来呈现历史事件，以突转、发现和苦难或开端、发展、高潮和结局的模式来表现历史人物或历史事件，这其中必然包含着对于原始事实的重构的成分，在重构过程中历史认识与历史的本来面目相偏离，重构必然包含着一定的虚构。因此，历史研究者在历史认知和评价过程中必然是自我指涉和自我相关的，自我渗透于对他者的认知和评价之中。因而，作为历史解释的结果既包含着真实成分又包含着虚构成分，这种状况使历史解释处于“是”与“不是”之间。从“是”的角度来说，它是一种科学；从“不是”的角度来说，它是一种艺术。这似乎再次回到了前边我们已经论述过的费边战略，也就是历史解释既是科学又是艺术的观点。通过上文的分析，我们已经看到这种费边战略内部包含着不可克服的矛盾性和不彻底性，这种观点显然是不足取的。

超越费边战略，合理地建构历史解释的独特性与合法地位，我们或许能够从柯林武德的观点中获得教益。伯里曾经说过：“历史学是一门科学；不多也不少。”柯林武德对这个观点进行了修正，他认为历史学作为一门科学并不少。在习俗的意见看来，科学就是指自然科学，但是事实并不是如此，从科学这个词的来源来看，拉丁文的 scientia（科学）来自希腊语 ἐπιστήμη（知识），意指任何有组织的知识总体，从这个意义上来说，历史学无疑是一种科学，一点也不少。虽然它不少，但却更多。因为任何一门特殊的科学所包含的内容总要比单纯的科学要多。“知识的总体不单单是有组织的，它还总是以某种特殊的方式而组织的。”[①] 由此，柯林武德得出了这样的结论，“历史学就是一种科学，但却是一种特殊的科学。它是一种科学，其任务乃是要研究为我们的观察所达不到的那些事件，而且是要从推理来研究这些事

① ［英］柯林武德：《历史的观念》，347 页，北京：商务印书馆，1997。

件；它根据的是另外某种为我们的观察所及的事物来论证它们，而这某种事物，历史学家就称之为他所感兴趣的那些事件的‘证据’。”[①]柯林武德的观点是科学派观点的变种，但是它们之间却存在着明显的差异，科学派主张以自然科学模式来建设历史科学，柯林武德则主张科学不仅仅指的是自然科学，任何有组织的知识总体都可以被称为科学，历史学是一种科学，但它是根本区别于自然科学的一种特殊的科学。从人类历史的发展来看，在历史学有资格被称为科学的时候，自然科学仅只是处在萌芽状态而已。其他理论家，例如狄尔泰、文德尔班、李凯尔特等人，在不同程度上都把历史学归结为一种特殊科学[②]，在这一点上他们与柯林武德殊途同归。

（五）历史学的学科独立性

柯林武德从科学概念的词源学上进行考察，认为科学概念并不仅仅限

① ［英］柯林武德：《历史的观念》，350页，北京：商务印书馆，1997。

② 狄尔泰毕生的工作就是为精神科学提供一个哲学认识论的基础，试图以康德回答形而上学何以可能的方式来回答精神科学何以可能的问题。狄尔泰认识到了历史经验的特殊性，但是在他关于历史意识的分析中依然存在着科学和生命哲学的冲突，这正如伽达默尔在对狄尔泰的分析中指出的那样：“我们必须承认，精神科学的知识并不是归纳科学的知识，而是具有一种完全不同种类的客观性，并且以完全不同的方式被获得。狄尔泰为精神科学所建立的生命哲学基础以及他对一切独断论的批判，甚至包括对经验主义的批判，曾经试图证明这一点。但是，支配他的认识论的笛卡尔主义却表现得如此强烈，以致在狄尔泰这里，历史经验的历史性并不起真正决定性的作用。”（伽达默尔：《诠释学Ⅰ：真理与方法——哲学诠释学的基本特征》，商务印书馆2007年版，第331—332页）可见，狄尔泰认识到了精神科学的特殊性，也注意到了历史经验的历史性，但是他依然从精神史的角度进行阐发，坚持历史研究的客观性，从而使精神科学具有明显的自然科学模式的痕迹。文德尔班和李凯尔特都是德国新康德主义西南学派的主要代表人物。文德尔班论证了历史科学与自然科学的特征，它们具有共同的研究对象，即经验材料；它们之间的主要区别在于研究方法和目的，自然科学采取从特殊到一般的普遍化的方法，它的目的在于寻找自然界中的“规律”“齐一性”和“共相”，它是一种“制定规律的”科学，而历史科学采用的是对特殊的、具体的事件进行描述的方法，或者说个别化的方法，它的目的在于把某一过去的事件再现于当前的观念中，因而它是一种“描述特征的”科学。（关于文德尔班的论述参见刘放桐：《新编现代西方哲学》，人民出版社2000年版，第87页）文德尔班仅仅从研究方法和目的的角度区别了历史科学与自然科学，李凯尔特在此基础上更进一步，从质料和形式两个方面对历史的文化科学与自然科学进行了区分，首先在研究质料，也就是研究内容方面，二者不同，文化科学以文化作为研究对象，而自然科学则以自然作为研究对象；另外，二者在研究形式，主要是研究方法上相区别，自然科学以同质的连续性研究自然对象，从而得出规律性认识，而历史科学以异质的间断性研究人类文化，从而它只能就具有特殊性和单一性的一次性事件进行描述，采取个别记述的方法。（参见李凯尔特：《文化科学和自然科学》，商务印书馆1986年版，第14—36页）

于表述自然科学，任何有组织的知识总体都可以被称为科学，于是科学成为对所有知识部门的一个总的称谓，这可以说是在科学概念上进行了重新界定，改变了科学的含义，从而使能否反映事物的真实情况以及是否反映了事物发展的规律或法则不再成为判断一门学科是否属于科学的依据。柯林武德把是否能够依照自然科学研究模式来进行历史解释的问题转化为简单的名称之争，这是一种治标不治本的策略，历史解释依然难以摆脱自然科学研究模式。在这里，德国历史学家德罗伊森曾经意识到的问题依然严重，他认为："如果我们的学科随意采用其他学科建立的观念，那么我们就必须站在他们的角度，用他们的观点看我们学科里的事情，我们会无法掌握及解释自己学科独立的问题。我们的学科会变成我们根本不想见的科学模样。"[①] 德罗伊森在这里只是指出了问题的一个方面，那就是比附于科学而把历史学建设成为科学模样；这个问题还有另一个方面，那就是比附于艺术，从而把历史学建设成为谁都不想见到的艺术模样。历史学不能总是在两个相互冲突的领域之间进行摇摆，这样会造成历史学丧失自身的独立地位，从而依附于与自身根本不同的另一个学科领域。由这样一个角度出发，关于历史解释性质的科学与艺术之争使历史学处于丧失自身独立地位的边缘，总是从另一个学科领域出发来论证历史学自身的学科性质是一种很成问题的路线。我们应该清醒地意识到历史学就是历史学，它有自身独特的研究领域和研究方法，它既不属于科学也不属于艺术，它就是它自身。

德罗伊森认为自然界中的事物不具有历史，历史是人类社会所具有的专属名词。"只要是我们所能想到的永恒的东西，或无时间性的东西，都不是历史，能够让我们称之为历史的东西，是那些踏入时间之流的东西。"[②] 自然中的事物，包括花草树木、飞禽走兽等等，自身也存在着一定的变化，但是这种变化是以重复又重复的形态出现的，"我们的精神视此类事物为恒常的，为变的不变的，视之为规律性的、材料性的或空间性的；因为形态在这种情形下重复出现。也正因为这样单调地定期重复，使时间在这种活

① [德] 德罗伊森：《历史知识理论》，119 页，北京：北京大学出版社，2006。

② [德] 德罗伊森：《历史知识理论》，120 页，北京：北京大学出版社，2006。

动中降为次要的因素；时间对这些事物的存在并不重要”[①]。人类的存在与自然物不同，它“似同而有变”，我们人的精神在不断的活动过程中，不断有新的形态出现，这些新形态出现之后并不是趋向于消亡，而是通过文字记载或反思的形式，在历史上保持一种延续性，从而不断地扩大人类的知识和活动范围，在这一点上历史现象根本区别于自然现象。

德罗伊森（1808—1884）与马克思（1818—1883）基本上是同时代人。马克思在《德意志意识形态》等著作中曾经批评过历史主义学派突出强调政治的倾向，但是在对历史概念的解释上，马克思和德罗伊森的观点基本一致。马克思曾经认为：“印度社会根本没有历史，至少是没有为人所知的历史。我们通常所说的它的历史，不过是一个接着一个的征服者的历史，这些征服者就在这个一无抵抗、二无变化的社会的消极基础上建立了他们的帝国。”[②] 马克思之所以认为印度没有历史，是因为印度自身没有发生变化，除非发生民族入侵的事件，它才会引起人们的关注。历史是和变化联系在一起的，没有变化就没有历史。另外，马克思还特别注重历史的继承性，他曾经指出：“历史不外是各个世代的依次交替。每一代都利用以前各代遗留下来的材料、资金和生产力；由于这个缘故，每一代一方面在完全改变了的条件下继续从事先辈的活动，另一方面又通过完全改变了的活动来改变旧的条件。”[③] 马克思还在《路易·波拿巴的雾月十八日》中指出：“人们自己创造自己的历史，但是他们并不是随心所欲地创造，并不是在他们自己选定的条件下创造，而是在直接碰到的、既定的、从过去承继下来的条件下创造。一切已死的先辈们的传统，像梦魔一样纠缠着活人的头脑。”[④] 这体现出人类社会的变化性，以及在变化性基础上保持的对于变化的继承性，这就是历史；而自然界中的事物（包括无机物、植物和动物）并不具有这方面的特性，它们的继承性仅仅表现为生物遗传和变异，表现为对环境的被动适应。

---

① ［德］德罗伊森：《历史知识理论》，124 页，北京：北京大学出版社，2006。

②《马克思恩格斯全集》第 9 卷，246 页，北京：人民出版社，1961。

③《马克思恩格斯全集》第 3 卷，51 页，北京：人民出版社，1960。

④《马克思恩格斯全集》第 8 卷，121 页，北京：人民出版社，1961。

写于1845—1846年间的《德意志意识形态》中有一段被作者删掉的话，在这段话中，马克思、恩格斯强调历史科学是“一门唯一的科学”[①]，它可以划分为自然史（自然科学）和人类史。作出这种划分的理由，一方面是不管自然还是人类都有自身的历史，对它们的研究就是对它们的历史的研究；另一方面是自然史和人类史彼此相互制约，对人而言具有不可分割的关系，由此才可以用“历史科学”统摄这两个方面的研究。针对这段文字而言，我们需要进一步研究马克思、恩格斯删掉这段表述的原因，一种原因可能是马克思、恩格斯认为这种表述本身是错误的，另一种原因可能是这一段陈述偏离了想要论述的主题。

结合原著上下文以及马克思、恩格斯后期的相关论述可以发现这两种原因都可以成立，但是以上述第一种原因为主。从原著上下文来看，删掉的文字确实影响了上下文的连贯性。同时，就这段文字本身的内容来看也存在一定的问题，恩格斯在后期的论述中对这一观点进行了修正。1859年，在书评《卡尔·马克思〈政治经济学批判。第一分册〉》中，恩格斯写到“一切历史科学（凡不是自然科学的科学都是历史科学）”[②]，在这里自然科学与历史科学是并列的关系。

1876—1878年间，恩格斯写作了《反杜林论》，在这部著作中，他“把整个认识领域分成三大部分”。第一类科学是“研究非生物界以及或多或少能用数学方法处理的一切科学，即数学、天文学、力学、物理学、化学”；“第二类科学是包括研究生物机体的那些科学”；第三类科学是“按历史顺序和现在的结果来研究人的生活条件、社会关系、法律形式和国家形式以及它们的哲学、宗教、艺术等等这些观念的上层建筑的历史科学”。除此之外，恩格斯还补充提到“研究人的思维规律的科学，即逻辑学和辩证法”。[③]在这里，恩格斯比较详尽地区分了人类认识领域，历史科学不再被视为“唯一的科学”，但是历史科学依然被视为研究人和人类社会的总体科学。

---

①《马克思恩格斯全集》第3卷，20页，北京：人民出版社，1960。

②《马克思恩格斯全集》第13卷，526页，北京：人民出版社，1962。

③《马克思恩格斯全集》第20卷，95—99页，北京：人民出版社，1971。

1886年初，在《路德维希·费尔巴哈与德国古典哲学的终结》一文中，恩格斯对于“历史科学”的定位又有所改变，其中包括两处相互矛盾的论述，一处是“关于社会的科学，即所谓历史科学和哲学科学的总和”[①]，另一处是“包括哲学在内的历史科学”[②]。体现在《终结》中的这一思想可以视为对《反杜林论》中学科划分思想的发展，《反杜林论》中提到的“第三种科学”（历史科学）与“研究人的思维规律的科学”进行了整合，它们一并构成“关于社会的科学”，即社会科学。历史科学在事实基础上开展研究，哲学科学则侧重于通过思辨的方式开展研究，二者在研究对象上存在一致性，但是在研究方式和方法上有所不同，二者共同构成社会科学的基础学科，社会科学的其他学科都是以这两个学科为范式发展起来的。但同时，哲学研究离不开历史研究，一方面思辨不能脱离事实，另一方面哲学的发展是人类历史的一部分，于是又有了“包括哲学在内的历史科学”这样的论述。

马克思、恩格斯对于“历史科学”的论述随着思想的不断深入前后有所变化，同时，他们所处的时代也正是现代学科体系初具雏形但尚不稳定的时代，他们对于各个学科的名称和属性的论述出现前后的不一致也是情理之中的事。虽然他们对于“历史科学”的论述存在前后的变化，但是他们把历史科学视为一门独立的学科的态度始终未变，他们突出强调要按照“历史顺序和现在的结果”来研究人和人类社会，力图避免脱离历史事实而进行纯粹的思维构建和价值批判，进而在历史的基础上实现逻辑与历史的统一。

综上可见，关于历史解释性质的科学与艺术之争持续时间长，影响面广，是历史哲学研究领域中的一个重要的问题。但是这个问题有其致命的缺陷，那就是以一种隐喻的模式，或者是从科学角度对历史解释的性质进行阐发，或者是从艺术角度对之进行阐发，在这种分析过程中恰恰忽略的是历史解释自身的独特性。我们不应该片面强调历史解释是科学或是艺术，而应该强调历史解释既不是科学，也不是艺术，它就是它自身，它由于它自身具有的独特性而区别于其他的学科领域。

① 《马克思恩格斯全集》第21卷，322页，北京：人民出版社，1965。

② 《马克思恩格斯全集》第21卷，352页，北京：人民出版社，1965。

第四章　哲学中的历史：哲学理论的历史感

通过第二章和第三章的论述，我们可以发现哲学与历史学是两个存在明显差异的学科。哲学凭借概念整体把握世界，强调的是概念之间的逻辑性，其研究结论以超越时空的形式存在。历史学则侧重于对于历史事件的真实再现，它以事实为基础展开论证，时间在其研究过程和结论中具有本质的重要性。我们在充分论证了哲学与历史学之间的区别之后，更为重要的是要进一步论证哲学与历史学之间的联系。哲学理论要有历史感，哲学家注重历史在哲学中的作用；历史叙述要有哲学性，历史学家要超越流逝时间把握绝对，历史学家要在其作品之中透过历史表象把握历史发展的本质和规律。哲学中的历史与历史学中的思想将是本书下面两章内容的核心。

§1　历史是哲学研究的逻辑起点

哲学是注重思维和语言表达逻辑性的一门学科。逻辑本身就像是一台机器，它必须有动力和原材料才能运转起来。也就是说，逻辑本身只是一种思维方式和思维程序，它需要一定的内容才能充实起来。思维的内容是依照一定的程序逐步呈现的过程，它是从一个起点开始逐步形成的。在确定了一个研究主题之后，哲学研究就像马克思所说的那样可以区分为研究方法和叙述方法。

马克思《资本论》“第二版跋”中对于研究方法和叙述方法进行了区分。他认为：“在形式上，叙述方法必须与研究方法不同。研究必须充分地占有材料，分析它的各种发展形式，探寻这些形式的内在联系。只有这项工作完成以后，现实的运动才能适当地叙述出来。这点一旦做到，材料的生命一旦在观念上反映出来，呈现在我们面前的就好像是一个先验的结构了。”[①]研究方法就是从现实具体上升为抽象，再从抽象上升为思维具体的过程。“在第一条道路上，完整的表象蒸发为抽象的规定；在第二条道路上，抽象的规定在思维行程中导致具体的再现。”[②]人们通过直观和表象把握到现实具体，但这只是关于整体的一个混沌的表象，对于这个混沌的表象，我们需要对它进行区分，在这种区分中获得越来越简单的概念，越来越稀薄的抽象。如果科学研究在这里停滞不前，那么只能获得关于现实的零碎的、表面的片段。在科学研究的过程中，我们还需要从抽象上升到思维具体，在思维中对于对象有一个整体的把握，“从抽象上升到具体的方法，只是思维用来掌握具体、把它当作一个精神上的具体再现出来的方式”[③]。于是，我们获得的是具体总体，它是总体，但是它同时又具有许多相互联系的规定性，是关于事物的各种规定性的综合。这种综合不是想象主体的想象的结果，而是把直观和表象加工成概念的这一过程的结果。研究过程结束之后才会有对研究结果的叙述过程，而叙述方法与研究方法不同，它必须以研究结果为开端走一条与研究方法相反的道路，即从思维具体出发回到关于思维具体的各种抽象的规定性，然后用这些抽象的规定性来说明现实具体的道路。于是，科学的研究方法与叙述方法相区别，研究方法是从现实的历史出发得出逻辑观念，而叙述方法则是用逻辑观念说明现实历史的过程。于是，研究的结论是从现实的历史中得来的，但是当它在文本中叙述出来之后，好像是从逻辑出发来整合历史，似乎呈现出一种先验的结构，但是这仅仅是叙述方法带来的假象而已，我们需要结合研究方法来全面地理解叙述方法，把叙述方法还原为现实的历史进程。

研究方法和叙述方法是一种相反的运动，但是不管是研究方法，还是

---

①《马克思恩格斯文集》第 5 卷，21—22 页，北京：人民出版社，2009。

②《马克思恩格斯文集》第 8 卷，25 页，北京：人民出版社，2009。

③《马克思恩格斯文集》第 8 卷，25 页，北京：人民出版社，2009。

叙述方法，都需要一定逻辑起点，这个逻辑起点都需要根源于现实的历史过程。

对于一个问题的研究，我们需要从哪里开始呢？我们可以发现，在研究过程中存在两种不同的道路。有的学者从头脑中构建起来的原理或者观念出发，来整合自己收集到的材料，支持自己观点的材料得以保留，不支持自己观点的材料则予以舍弃。与此不同的另一条道路是从现实的历史出发，在分析材料的基础上形成一定的原理和观念。第一条道路是“从天国降到人间”，构建起来的是“适应观念顺序的历史”，这条道路充分体现了逻辑在先的原则以及在此基础上的思维逻辑对于现实的整合作用，同时也会造成以自己的主观想象任意地裁剪现实的结果。这一条道路的典型代表是黑格尔，他构建起了“哲学的世界历史”，试图证明“‘理性’统治了世界，也同样统治了世界历史。对于这个在本身为本身的、普遍的、实体的东西——其他一切万有皆居于从属的地位，供它的驱策，做它的工具”①。第二条道路是“从人间上升到天国”，构建起来的是“适应时间次序的历史”，这条道路充分体现了时间在先的原则，头脑中的观念源于现实。这条道路的典型代表是马克思，他构建了唯物史观，“德国哲学从天国降到人间，和它完全相反，这里我们是从人间升到天国。这就是说，我们不是从人们所说的、所设想的、所想象的东西出发，也不是从口头说的、思考出来的、设想出来的、想象出来的人出发，去理解有血有肉的人。我们的出发点是从事实际活动的人，而且从他们的现实生活过程中还可以描绘出这一生活过程在意识形态上的反射和反响的发展”②。上述两种研究方法的出发点有所区别，第一条道路以观念为出发点，第二条道路以现实为出发点。但是这两条道路都离不开历史，前者离不开观念演进的历史，离不开哲学史发展的脉络；后者离不开现实生活的历史，离不开时代精神的总结和提炼。

对于一个问题的叙述，我们需要从哪里开始呢？

第一种叙述方法是从最基本、最简单的元素开始。每一个国家或者民

① ［德］黑格尔：《历史哲学》，23 页，上海：世纪出版集团，2006。

②《马克思恩格斯文集》第 1 卷，525 页，北京：人民出版社，2009。

族的思维方式都可以集中体现在一个哲学体系之中，例如孔子开创的儒家思想可以集中代表中国人的思维方式，以皮尔士、詹姆士和杜威等人为代表的实用主义思想可以反映出美国人的思维方式，笛卡尔的方法论则可以代表欧洲人的思维方式。笛卡尔在《谈谈方法》一书中简要地把自己研究逻辑、几何和代数这三门学问的方法总结为四条："第一条是：凡是我没有明确地认识到的东西，我决不把它当作真的接受。……第二条是：把我所审查的每一个难题按照可能和必要的程度分成若干部分，以便一一妥为解决。第三条是：按次序进行我的思考，从最简单、最容易认识的对象开始，一点一点逐步上升，直到认识最复杂的对象；就连那些本来没有先后关系的东西，也给它们设定一个次序。最后一条是：在任何情况下，都要尽量全面地考察，尽量普遍地复查，做到确信毫无遗漏。"[①]由此，笛卡尔的方法可以简要地概括为：怀疑一切，只相信没有疑问的东西；把问题进行分解；不要把问题搞得过于复杂，先从最简单的对象开始，按次序进行解决；回头看，进行全面、普遍的复查。

笛卡尔的方法告诉我们，在研究过程中需要寻找无可怀疑的那个最简单的东西，然后从这个点出发有次序地解决问题。这个点就是理论中的阿基米德点。阿基米德曾经说，给我一个支点我就能够撬动地球。这个支点对于一个哲学理论体系来说也非常重要，哲学家毕生努力的方向就是寻找这个牢固的阿基米德点，并在这一点的基础上把自己的理论体系建立起来。例如，马克思的《资本论·第一卷》就是从分析商品开始的，他在该著作的开篇就指出："资本主义生产方式占统治地位的社会的财富，表现为'庞大的商品堆积'，单个的商品表现为这种财富的元素形式。因此，我们的研究就从分析商品开始。"[②]马克思从分析资本主义社会财富的基本元素出发，按照商品—货币—资本—剩余价值—工资—资本积累这样的次序逐步扩展，最终完整揭示了资本的生产过程。马克思在《资本论·第一卷》中表现出来的叙述逻辑是笛卡尔方法论的典型表现，整个叙述体系正式从一个最基

① ［法］笛卡尔：《谈谈方法》，16 页，北京：商务印书馆，2000。

②《马克思恩格斯文集》第 5 卷，47 页，北京：人民出版社，2009。

本、最简单的元素出发，按照一定的次序由简单到复杂，全面完整地考察了对象。当我们进一步考察这个最基本、最简单的逻辑起点时，我们发现，在任何一个理论体系之中，这个逻辑起点不应该是外在于历史的。即使笛卡尔所说的那种来自内心、无可怀疑的天赋观念，它也是在历史之中呈现出来的，并且不能有悖于历史经验。如果任何一条历史经验证明了这些观念是假的，那么这些观念的无可怀疑的性质也就不能够成立。

第二种叙述方法是从提出问题开始。“求知是人类的本性”[①]，面对心灵中产生的某个问题，我们总是试图寻找答案。但是，寻找答案的过程永远始于问题，如果心灵中根本没有问题产生，那就不会有任何解答的尝试。哲学研究非常强调问题意识，每一位哲学家都需要有问题并且有解决问题的自觉，这样才能推动哲学研究不断走向深入。马克思在《集权问题》一文中强调问题要比答案更重要，只要出现现实的问题就会有答案，个人的意图和见识在问题的解答中起着很大作用，往往带有个人的色彩，但是“问题是公开的、无畏的、左右一切个人的时代声音。问题是时代的口号，是它表现自己精神状态的最实际的呼声”[②]。找到这些体现时代精神的问题并尝试对之进行解答，是哲学研究的一个重要的逻辑起点。例如，康德在《纯粹理性批判》的“导言”中首先明确的就是纯粹理性的总课题，即先天综合判断是如何可能的？在提出问题之后，紧接着就是分析问题和解决问题。在这里，提出问题构成开展哲学叙述的出发点。康德的问题并不是凭空产生的，而是深植于哲学发展的历史之中的。近代哲学的唯理论从先天原则出发展开论述，容易导致独断论；经验论把认识的权力赋予感性和知性，容易导致怀疑论。为了避免独断论的褊狭和怀疑论的不确定性，综合唯理论和经验论两种理论体系，康德提出为人的理性划界的任务，提出并论证了先天综合判断的可能性。由此可见，康德的哲学叙述方式起源于问题，而这个问题来自哲学的历史。康德的问题是这样来的，其他的问题也是这种状况，没有对于历史的考察，就不可能提出真正的问题。

---

① ［古希腊］亚里士多德：《形而上学》，1 页，北京：商务印书馆，1959。

②《马克思恩格斯全集》第 1 卷，203 页，北京：人民出版社，1995 年第 2 版。

第三种叙述方法是从学术史梳理开始。在人类学术发展的初期，到处都是处女地，早期的思想家都是自己所研究领域中的拓荒者，他们的工作是开创性的，他们在进行叙述时不可能进行学术史梳理，因为在他们之前该领域还没有开展相关的学术活动，只有自己积累的以及在人际口耳相传的经验而已。时至今日，在人类的学术活动发展几千年之后，举目望去，到处都是前人曾经工作过的痕迹，后人需要做的正是在前人工作的基础上"接着讲"。既然要接着讲，那就需要知道前人在这个领域之中做过哪些工作，这些工作把问题解决到什么样的程度，还有哪些问题没有解决或者老问题解决之后又引发了哪些新问题。写文章就像是盖房子一样，要盖新房子就需要认真地清理场地，要写好文章就需要认真地来做学术史梳理。于是许多哲学家的作品都是从学术史梳理开始的，例如黑格尔在《历史哲学》的"绪言"中强调："为了对于本讲的性质从开始就能有一种明白的观念起见，我们必须先行检查关于研究历史的其他各种方法。"[①]于是，他在这本著作中先行考察了原始的历史和反省的历史（包括普遍的历史、实验的历史、批判的历史以及生活和思想各专门部分的历史），论述了它们之间演进的逻辑关系，分别指出其中存在的问题，并在此基础上论述了哲学的世界历史的可能性和合理性。与前两种叙述方法的起点相比，以学术史梳理开始叙述典型地表现出历史是哲学研究和叙述的逻辑起点。进一步而言，上述三种叙述方法的起点有所差别，但是前两种叙述方法的起点虽然不直接是学术史梳理，但是它们间接地以学术史梳理作为背景。如果没有认真梳理学术史的功夫，任何的学术研究将是无源之水、无本之木，不可能产生深远广泛的学术影响。

§2 历史是哲学研究的材料之源与论证之基

哲学是一种以理论方式表现出来的对事物进行普遍性、全面性反思的

① ［德］黑格尔：《历史哲学》，1页，上海：世纪出版集团，2006。

意识形态。意识形态来源于人的意识，但是又与意识具有一定的区别，它是一种具有稳定性结构的意识。当一个人的意识向外扩展在人与人之间形成共识的时候，这种意识就具有意识形态的性质。作为共识的意识是如何可能的呢？究其原因，主要在于不同的主体面对大体相同的社会存在，具有大体相同的自然地理环境和人口因素，更重要的是以大体相同的生产方式从事生产和生活，在此基础之上不同的主体会形成大体相同的意识。因为每个阶级或者民族会面对大体相同的社会存在，所以同一个阶级或者民族都或多或少地具有相同的意识形态，意识形态一般具有民族性和阶级性。于是，意识形态是一个民族或者一个阶级共同具有和表现出来的意识。哲学、意识形态、意识，这是三个具有种属关系的概念。哲学具有意识形态的一般特征，同时也具有意识的一般特征。对意识特征的分析可以折射出哲学的一般特征，我们可以借助马克思的观点来分析意识的特征。马克思认为意识具有以下几个方面的显著特征。

首先，意识与语言相伴随，语言是表达意识的工具。"'精神'从一开始就很倒霉，受到物质的'纠缠'，物质在这里表现为震动着的空气层、声音，简言之，即语言。语言和意识具有同样长久的历史；语言是一种实践的、既为别人存在因而也为我自身存在的、现实的意识。"[①]意识内在于心灵，它只有转化为语言，在具有物质形式之后，才能被他人感知、把握和思考；同时，自己在意识中的思想和需要才能传达给他人。进一步而言，语言对于意识而言不是可有可无的东西，它们二者具有同样长久的历史，没有语言，意识就是一种没有区分、没有界限和关联的混沌体；没有意识，语言就是一种纯粹的动物式的鸣叫，语言与意识不可能相互独立地存在和发展。

其次，意识具有对象性。马克思认为不指向于任何对象的意识是不存在的，"意识在任何时候都只能是被意识到了的存在，而人们的存在就是他们的现实生活过程。……我们的出发点是从事实际活动的人，而且从他们的

①《马克思恩格斯文集》第1卷，533页，北京：人民出版社，2009。

现实生活过程中还可以描绘出这一生活过程在意识形态上的反射和反响的发展。甚至人们头脑中的模糊幻象也是他们的可以通过经验来确认的、与物质前提相联系的物质生活过程的必然升华物”①。人的意识不能脱离对象而存在，对于这个对象的理解不能以旧唯物主义的形式去理解，也就是说不能把它理解为可以脱离开人而存在的环境或自然界，“被抽象地理解的、自为的、被确定为与人分割开来的自然界，对人来说也是无”②。意识所指向的对象只能是人们的现实生活过程，也就是人与人以及人与自然之间在物质生产与生活中发生相互作用的过程。即使是人们头脑中的模糊幻想（例如情绪和情感的神圣发作）也和人们的物质生活过程紧密相连，人的情绪和情感也必然指向一个对象，它们不可能凭空发生。

第三，意识具有超越性。意识的超越性主要表现为它可以帮助人们克服自身所具有的动物本性，使人具有区别于动物的行为方式。马克思认为："人和绵羊不同的地方只是在于：他的意识代替了他的本能，或者说他的本能是被意识到了的本能。"③绵羊只能依靠自己的本能延续自己的生命，它不能改变自己的本能；而人具有意识，在意识的指导下可以控制和超越自己的本能。卢梭曾经指出："人的最原始的感情就是对自己生存的感情；最原始的关怀就是对自我保存的关怀。"④这种感情和关怀是纯动物性的行为，如果人类只具有这种行为就没有办法和动物相区别。伴随着人与人之间不断的接触、语言以及意识的发展，在有了固定住所之后，人们在相互协作以及家庭、民族、社会和国家之中开始对于人与人之间的关系和义务形成不同程度的认识。"随着观念和感情的互相推动，精神和心灵的相互为用，人类便日益文明化。"⑤人类日益文明化之后，"自己实际上是一种样子，但为了本身的利益，不得不显出另一种样子"⑥。卢梭《论人类不平等的起源和基

① 《马克思恩格斯文集》第 1 卷，525 页，北京：人民出版社，2009。
② 《马克思恩格斯文集》第 1 卷，220 页，北京：人民出版社，2009。
③ 《马克思恩格斯文集》第 1 卷，534 页，北京：人民出版社，2009。
④ [法] 卢梭：《论人类不平等的起源和基础》，112 页，北京：商务印书馆，1962。
⑤ [法] 卢梭：《论人类不平等的起源和基础》，118 页，北京：商务印书馆，1962。
⑥ [法] 卢梭：《论人类不平等的起源和基础》，124—125 页，北京：商务印书馆，1962。

础》一书正是揭示了在生产、交往和意识等因素的作用之下人类如何超越动物本能构建不平等社会的过程，这从另一方面也说明，正是因为有了意识的作用，人才能超越自己的本能，构建与动物种群完全不同的社会。

第四，意识具有相对独立性。意识之所以具有相对独立性，其根本原因在于人类社会的分工。分工包括三种情形，首先是性行为方面的分工，其次是由于天赋（例如体力）、需要、偶然性等等自发地“自然形成”的分工，而真正的分工是物质劳动和精神劳动的分离。“从这时候起意识才能现实地想象：它是和现存实践的意识不同的某种东西；它不用想象某种现实的东西就能现实地想象某种东西。从这时候起，意识才能摆脱世界而去构造‘纯粹的’理论、神学、哲学、道德等等。”①但是，意识的这种独立性仅仅是意识所具有的外观而已，只具有相对的性质，它自身没有历史，没有发展，是“发展着自己的物质生产和物质交往的人们，在改变自己的这个现实的同时也改变着自己的思维和思维的产物”②。

我们可以把上述意识的四个基本特征简要概括为：意识必须借助语言来进行思考，它摆脱不了物质的纠缠；意识必然指向一个对象，它是人们对现实生活过程的反映；人类借助意识超越自己的本能，这种超越是一个历史的过程；意识在脑体分工出现之后具有相对独立性，但是这种相对独立性只是外观，我们需要结合现实来对相对独立的意识进行理解。在马克思看来，由于意识具有上述四个方面的基本特征，意识就不可能是一种独立主体的思维创造过程，它是人们在物质生活和物质交往过程中形成的对于现实的反映，“观念的东西不外是移入人的头脑并在人的头脑中改造过的物质的东西而已”③。

综上可见，意识本身不创造任何东西，一种意识的形成必须以一定的材料为基础，而材料的源点就在于历史。在这里，“历史不外是各个世代的依次交替。每一代都利用以前各代遗留下来的材料、资金和生产力；由

①《马克思恩格斯文集》第1卷，534页，北京：人民出版社，2009。

②《马克思恩格斯文集》第1卷，525页，北京：人民出版社，2009。

③《马克思恩格斯文集》第5卷，22页，北京：人民出版社，2009。

于这个缘故，每一代一方面在完全改变了的环境下继续从事所继承的活动，另一方面又通过完全改变了的活动来变更旧的环境”[①]。于是，研究历史就是研究：（1）各个世代的依次交替关系，即在生产力发展的基础上，各个世代的社会结构、政治结构和观念结构的交替轨迹；（2）各个世代的物质生活条件，即他们面对的材料、资金和生产力，对于历史来说，重要的不是政治史和思想史，而是市民社会史、商业史和工业史；（3）各个世代的物质生产和物质交往活动以及在这些活动中形成的社会关系。把历史作为哲学研究的材料之源，在这一点上马克思的《资本论》[②]起到了典型的示范作用。正像俄国评论家考夫曼所指出的那样，马克思竭力去做的只有一件事："通过准确的科学研究来证明社会关系的一定秩序的必然性，同时尽可能完善地指出那些作为他的出发点和根据的事实。"[③]

历史除了是哲学研究的材料之源，同时还是哲学研究的论证之基。之所以说历史是哲学研究的论证之基，主要原因在于逻辑要在历史的基础上才能产生。马克思认为，不是逻辑决定历史，而是历史产生逻辑。他在《哲学的贫困》中针对蒲鲁东提出的“适应观念顺序的历史”与“适应时间次序的历史”进行了批判性分析。蒲鲁东认为他所叙述的理论不是适应时间次序的历史，而是适应观念顺序的历史，他自认为通过说明分工、信用、货币等经济范畴、原理、规律、观念、思想的形成情况和来历，发现了经济理论自身的逻辑顺序以及（纯粹的、永恒的、无人身的）理性自身演化的一定系列。马克思揭示了蒲鲁东与黑格尔之间的理论继承关系，黑格尔用概念的辩证法分析了宗教和法，蒲鲁东则试图把黑格尔的绝对方法运用于政治经济学。在分析蒲鲁东的经济范畴和理论的时候，实际上我们需要面临的是黑格尔的辩证法。这种辩证法是概念自身的演化规律，概念自身通过肯定与否定演化到第三个阶段——否定的否定，这也就是由正题与反题

① 《马克思恩格斯文集》第1卷，540页，北京：人民出版社，2009。

② 《资本论》是马克思主义政治经济学的经典力作，同时也在哲学领域产生了广泛影响，这正如张一兵教授所指出的那样，《资本论》是“经济学语境中的哲学话语”。

③ 《马克思恩格斯文集》第5卷，20页，北京：人民出版社，2009。

而演化出的合题的过程。概念的辩证运动产生思想，思想的辩证运动产生思想群，从群的辩证运动中产生系列，从系列的辩证运动中又产生整个体系。因此，“黑格尔认为，世界上过去发生的一切和现在还在发生的一切，就是他自己的思维中发生的一切。……没有‘与时间次序相一致的历史’，只有‘观念在理性中的顺序’。他以为他是在通过思想的运动建设世界；其实，他只是根据绝对方法把所有人们头脑中的思想加以系统地改组和排列而已”①。

与黑格尔、蒲鲁东等人试图建立“适应观念顺序的历史”相反，马克思针锋相对地论证了“适应时间次序的历史”的合理性。“适应时间次序的历史”就是按照事物的真实面目及其产生情况来理解事物，注重说明的是“范畴在其中出现的历史顺序”②。与蒲鲁东不同，马克思认为经济范畴只不过是生产方面社会关系的理论表现，是对现实生产的抽象。一定社会的生产关系并不是存在于“人类的无人身的理性”之中的永恒之物，它是人们生产出来的，生产关系与生产力密切相联，生产关系必须与生产力发展的一定状况相适应。关于范畴的来源，真实的情况应该是这样：“人们按照自己的物质生产率建立相应的社会关系，正是这些人又按照自己的社会关系创造了相应的原理、观念和范畴。”③逻辑不是外在于人类历史而产生的，而是深植于人类的历史发展过程之中。马克思曾经注意到：“每个原理都有其出现的世纪。”④例如，权威原理出现在 11 世纪，个人主义原理出现在 18 世纪。对于这种现象有两种不同的理解方式，一种理解方式是认为“世纪属于原理”，正是因为原理自身发生了变化，这些不同的原理区分了不同的世纪和时代；另一种理解方式是“原理属于世纪”，随着社会的发展，人们的需要、生产力、生产方式以及人与人之间的关系发生了变化，现实的、世俗的历史发生了变化，人们头脑中的原理和观念也就发生了变化。现实中

---

①《马克思恩格斯文集》第 1 卷，602 页，北京：人民出版社，2009。

②《马克思恩格斯文集》第 1 卷，607 页，北京：人民出版社，2009。

③《马克思恩格斯文集》第 1 卷，603 页，北京：人民出版社，2009。

④《马克思恩格斯文集》第 1 卷，607 页，北京：人民出版社，2009。

的人们既是他们本身的历史剧的剧作者，也是剧中人物。马克思在这里把每个人的现实生活过程比喻为一场历史剧，这部历史剧由剧作者来创造，但是他并不是随心所欲地创造，剧作者本身也作为剧中人物出场，他也受到剧情的限制，剧作者根据剧中人物的境遇来撰写自己的历史剧。哲学论证的逻辑不是在人们的现实生活过程之外独立发展的，而是以现实生活过程为基础而演化出来的。

历史是哲学研究的材料之源和论证之基，这一点突出地表现在哲学与哲学史的关系之中。我国哲学界曾经针对“哲学就是哲学史”这一命题展开过热烈的讨论，下面我们简要回顾一下这个相互争锋的辩论过程。

1986 年，叶秀山为了给“当代哲学是哲学史发展的结果”这一命题提供深层的理论支撑而界定了历史性的思想与思想性的历史这两个概念，他认为：“哲学史是思想（性）的历史”，说明的是当代哲学是如何从古典的哲学“走”过来的；“哲学是历史（性）的思想”，哲学的思想永远是一个过程，人类作为一个历史性的总体在哲学中思考“过去”想过的问题。基于此，叶秀山得出的结论是“我们研究哲学史的要研究现代哲学，同时也主张研究现代哲学也要研究哲学史”。① 需要注意的是，在《历史性的思想与思想性的历史：谈谈现代哲学与哲学史的关系》这篇文章中叶秀山并没有得出“哲学就是哲学史”的结论，只是说研究哲学需要研究哲学史。

2011 年，孙正聿借用叶秀山关于哲学和哲学史概念的界定，撰文揭示了“哲学就是哲学史”这一命题所具有的针对性和积极意义。他认为，“哲学就是哲学史”这个命题有两层含义：其一，哲学是历史性的思想；其二，哲学史是思想性的历史。哲学思想的历史性主要表现为它“以时代性的内容、民族性的形式和个体性的风格去求索人类性的问题”；哲学史体现了思想英雄的较量、高尚心灵的更迭以及时代精神的变革，这种特点使它具有思想性。于是，哲学史构成哲学发展的阶梯或支撑点，我们不能离开哲学史而专业地研究哲学，不能离开哲学史而以哲学方式面向现实，不能离开

① 参见叶秀山：《历史性的思想与思想性的历史：谈谈现代哲学与哲学史的关系》，《哲学研究》1986 第 11 期。

哲学史而实现哲学的理论创新。[1]孙正聿在《“哲学就是哲学史”的涵义与意义》这篇文章中充分澄清了“哲学就是哲学史”这一命题的真正含义以及它所具有的积极意义，最终希望“以‘历史性的思想’的理论自觉不断地创新‘思想性的历史’”。

在孙正聿上述文章发表之后，黄枬森和刘福森两位学者提出了不同的看法。黄枬森不赞同把哲学等同于哲学史，他认为“哲学就是哲学史”这一命题片面强调了哲学的历史性，而有悖于哲学的科学性。片面强调哲学的历史性就会造成把哲学视为许许多多哲学家的哲学，视为各种哲学的总和，从而否定一门科学的哲学的存在。如果没有一门科学的哲学，我们就没有办法分析和评价哲学史上的各派各家。与孙正聿强调“思想性的历史”对于“历史性的思想”的重要作用不同，黄枬森认为正是哲学的科学性造就了哲学的专业性、现实性和创新性。[2]三年后，刘福森撰文再次评价“哲学就是哲学史”这一命题的是与非，他认为这一命题是黑格尔“用哲学解释哲学史”的哲学史观和“用哲学史解释哲学”的哲学观的核心思想，它只能在黑格尔的形而上学思想体系的框架内才得以成立，但是这一命题对于马克思哲学观来说是无法接受的。在黑格尔看来，哲学史是绝对精神在流动时间中的“现身”，是“哲学本身”的摹本、“形式”和“现象”，于是他“用哲学解释哲学史”；同时，为了使绝对理念“思考自身”的逻辑在形式上“动起来”，使不变的逻辑表现为一种动态的“历史性”，他又“用哲学史解释哲学”。哲学史表现出绝对理念自我意识的不同阶段，后来的哲学在自身中包含先行的哲学，它比先行的哲学更丰富、更深刻。当绝对理念的自我意识完成之后，哲学也将趋向于最后完成，最后完成形态的哲学包含哲学史发展的全部成果。就此而言，“哲学就是哲学史”。马克思哲学是对黑格尔哲学的根本性倒置，“不是哲学史（精神史）的发展决定了哲学的创新和变革，而是现实社会历史的变革决定了哲学的创新和变革”，马克思不承认有超越哲学史之上的“一般哲学”或“哲学本身”的存在，哲学在

① 参见孙正聿：《“哲学就是哲学史”的涵义与意义》，《吉林大学社会科学学报》2011 年第 1 期。

② 参见黄枬森：《也谈哲学就是哲学史的含义和意义》，《北京大学学报（哲学社会科学版）》2011 第 5 期。

时间上出现于哲学史之后，哲学史上的各种哲学表现为各种特殊哲学之间的关系，于是我们再不能用哲学去解释哲学史，也再不能仅仅用哲学史去解释哲学。“哲学就是哲学史”这一命题提供给我们的是研究哲学史的考古学方法，其后果是哲学史将在我们这一代的手中停止或中断；与之不同的应该是对待哲学史的现实主义方法，结合时代的现实需要，形成适合于我们时代的新哲学。①

不同的学者对于“哲学就是哲学史”这一命题褒贬不一，但是他们之间依然存在共同认可的东西，这就是哲学与哲学史之间存在紧密的关系，哲学研究不能离开哲学史。孙正聿的论述逻辑是“离开哲学史，那么就不能……”，这里存在的问题是：a 离不开 b 并不能够说明 a 等于 b；相互依赖的关系并不能够说明二者相等的关系。黄枬森和刘福森的论述逻辑是“除了哲学的历史性，还有其他东西对于哲学来说更重要”，在这里，黄枬森强调的是哲学的科学性，刘福森强调的是哲学的现实性和时代性，可见，哲学的维度不是单一的，而是复合的。叶秀山把哲学概括为历史性的思想这一点存在以偏概全的嫌疑，只是以历史性来界定哲学思想过于简单化了。但是，他在文章中最终得出的结论应该是可以获得广泛认可的，那就是研究现代哲学的人需要研究哲学史，研究哲学史的人需要研究现代哲学，二者之间相辅相成。之所以这么去做，主要在于历史是哲学研究的材料之源和论证之基。脱离历史（哲学的和现实的），哲学将只能是一种空的形式，不会具有解答时代和现实问题的任何效力。

§3 历史是哲学看待事物的基本方式

把事物放在历史过程之中来进行思考是哲学看待事物的基本方式。历史最初是作为历史事件的记录方式出现的，随着物质生产方式和社会环境的变化，历史逐步作为事物的存在方式被反映在人们的观念之中，并逐步

---

① 参见刘福森：《“哲学就是哲学史”命题的是与非》，《哲学研究》2014 年第 4 期。

发展出历史主义的观点和理论。对于历史主义这个概念的含义，学术界并没有形成一致的意见和看法，这正如格奥尔格·伊格尔斯所说："德国、美国和意大利出版了大量有关历史主义的著作和论文，但这些论著并没能对其定义达成共识"。[①]伊格尔斯本人对历史主义的发展脉络进行了认真的爬梳，但是丰富的文献和林立的观点影响了他对于历史主义含义的总结，他最初发表于《思想史杂志》1995年第1期上的那篇文章最终以指出历史主义研究方向、但并没有明确其含义的方式终结。历史主义概念难以对之进行界定的原因主要是以下三个方面：首先，这个概念所涵盖的学者和观点庞杂，甚至存在相互冲突，例如有的学者把黑格尔的观点称为历史主义，把与之观点相反的兰克也称为历史主义；有的学者把强调历史事件和人物的个体性和一次性的观点称为历史主义，把强调历史发展规律性的观点也称为历史主义，此类现象不一而足。其次，就历史主义的源头而言，是后代学者对于前代学者观点和方法的总结，也就是说历史主义并没有真正的源头，谁提出了这种观点并进行综合论述、谁继承并发展了这种观点的思想史脉络不清晰。第三，由于历史主义这个概念的极端性，在理论和实践中容易导致相对主义和虚无主义的后果，于是历史主义一般是作为批判对象出场的。

如何来理解历史主义呢？我认为主要可以从三个方面入手。

首先，从历史主义本身的含义而言，它主张历史性是理解事物或者事件的关键因素。历史主义承认整个人类历史是变化和运动的，历史运动呈现出阶段性，每个历史阶段都有其独特性。英国学者约翰·托什曾经这样来界定历史主义，他说："历史主义学者的基本前提在于，过去的自主地位必需被尊重。他们坚持认为，每个时代都是人类精神的一种独特表现，并拥有它自身的文化和价值观。如果一个时代要理解另一个时代的话，它必须承认，时间的流逝已经深刻改变了生活条件与男人和女人的心态——甚至也许改变了人性本身。"[②]

① [美]格奥尔格·伊格尔斯：《历史主义的由来及其含义》，71页，《史学理论研究》1998年第1期。

② [英]约翰·托什：《史学导论：现代历史学的目标、方法和新方向》，6页，北京：北京大学出版社，2007。

其次，理解一个概念的非常有效的方法是明确与这个概念相对立的概念是什么，与历史主义相对立的概念主要有两个，一个是本质主义，另一个是自然主义。本质主义相信事物和人类社会在一个具有普遍性质的框架内进行运作。这种框架可以表现为基础，例如黑格尔的绝对精神；可以表现为结构，例如马克思的生产力－生产关系－上层建筑的社会运动结构；也可以表现为方法，例如文献考证法和阶级分析方法等。历史主义则主张打破这种结构框架，从每个时代自身去理解它的文化和价值。历史主义与自然主义的区别主要在于理论出发点不同，自然主义从物质基础和环境出发去理解自然界和人类社会，历史主义则是从历史发展脉络出发来理解人类社会，甚至把这种观点扩展到解释自然现象。

第三，我们还需要进一步关注历史主义观点在不同学科领域中的应用，例如法学、经济学、文学等。这些不同学科中的历史主义的共同点在于强调他们各自领域中的研究对象与历史长期发展过程存在着密切关系。例如19世纪以萨维尼为代表的历史法学派的基本观点是法律与一个民族的历史发展存在紧密的关联，每个民族的法律都具有自身的独特性和发展的过程，"法律随着民族的成长而成长，随着民族的壮大而壮大，最后，随着民族对于其民族性的丧失而消亡"①。德国经济学的历史学派以李斯特（F. List）、罗雪尔（W. G. F. Roscher）等人为代表，"这个学派反对英国古典经济学建立永恒的、普遍的经济理论的企图及其抽象演绎方法，主要根据各国历史发展的特性研究具体的经济政策"②。文学中的新历史主义的主要代表人物是美国学者格林布拉特（Stephen Greenblatt），他"将这一流派的工作重点放在对半个世纪以来的形式主义批评和历史主义批评的清算上。新历史主义进行了历史－文化'转轨'，强调从政治权力、意识形态、文化霸权等角度，对文本实施一种综合性解读，……打破那种文字游戏的解构策略，而使历史意识的恢复成为文学批评和文学史研究的重要方法论原则"③。新历史主义

① ［德］萨维尼：《论立法与法学的当代使命》，9页，北京：中国法制出版社，2011。

② 宋友文：《历史主义与现代价值危机》，20页，北京：人民出版社，2012。

③ 王岳川：《当代西方最新文论教程》，390页，上海：复旦大学出版社，2008。

作品的典型做法就是把文学作品与当时的历史形势结合起来进行分析。由此可见，自从19世纪以来，不管是法学、经济学、文学还是其他学科，都在不同程度上渗透了历史主义观点，不约而同地把它们的研究对象放在历史视域中加以观察，发现并阐发这些研究对象所具有的历史性。

正如马克思所指出的那样，“每个原理都有其出现的世纪”[①]，这一方面说明人们头脑中的原理和观念不是从来就有的，另一方面说明这些原理和观念都和一定时代的现实生活方式以及知识水平紧密相关。历史主义是与资本主义生产方式及在此基础上建立的社会形态相适应的，是资本主义生活方式在观念中的反映或者反响。随着物质生产力的发展，蒸汽机的发明和运用，封建制度下以手工作坊的形式组织生产的生产关系越来越难以为继，以雇佣劳动为基础的机器大工业的优势越来越明显，资本在社会中的统治地位逐步确立。资本是带来剩余价值的价值，它只有在流动过程中才会带来剩余价值，资本的流动速度越快带来的剩余价值就越大，流动速度决定了资本所带来的剩余价值量。如果要想加快资本的流动速度，必然要求打破加在资本身上的各种束缚，原有的僵化的体系逐步被打破，劳动力以及其他各种生产要素在不同的区域、民族和国家之间自由流动，这就造成了统一的民族和日益整合的世界市场。综合资本主义生产方式可见，“资产阶级除非对生产工具，从而对生产关系，从而对全部社会关系不断地进行革命，否则就不能生存下去。……生产的不断变革，一切社会状况不停的动荡，永远的不安定和变动，这就是资产阶级时代不同于过去一切时代的地方。一切固定的僵化的关系以及与之相适应的素被尊崇的观念和见解都被消除了，一切新形成的关系等不到固定下来就陈旧了。一切等级的和固定的东西都烟消云散了，一切神圣的东西都被亵渎了”[②]。

资本主义社会生产和生活的不断变动反映到人们的观念之中就是普遍的历史意识的觉醒，把一切对象都放在历史过程之中来进行研究，这种观念发展到极端就会产生历史主义思想和观点。如果要给历史主义找一个开

①《马克思恩格斯文集》第1卷，607页，北京：人民出版社，2009。

②《马克思恩格斯文集》第2卷，34—35页，北京：人民出版社，2009。

端的话，维柯的《新科学》起到了不容忽视的作用。维柯的“新科学”实质上是运用哲学检查语言学（实质上是历史学）的结果，试图建立“权威（凭证）哲学”。纯粹的哲学注重思辨，不讲凭证，而历史学则离不开凭证，由此可见他所建立的“权威（凭证）哲学”也就是把哲学和历史学结合在一起的历史哲学，“现在要使语言学形成一种科学，在其中发现各民族历史在不同时期都要经过的一种理想的永恒的历史图案”[①]。维柯的“新科学”诞生于最早出现资本主义生产关系的意大利，这也许不是偶然的巧合，正是说明资本主义生产关系与历史主义观点之间的耦合。在维柯之后，历史主义思想在19世纪的德国出现一次高潮，黑格尔的历史哲学与兰克的客观主义历史学代表了当时两种不同的历史研究方法，黑格尔注重绝对精神的逻辑推演，兰克注重在文献档案基础上的客观叙述，这代表着在历史问题上哲学与历史学之间存在严重的分歧。进入20世纪之后，历史主义思想逐步向主观性方向发展，克罗齐的“当代史”与柯林武德的“思想史”是这个时期的典型代表。这种主观主义和相对主义的理解方式在同期也引发了“历史主义的危机”，历史研究在科学与艺术之间徘徊不前。在这场危机之后出现了一批后现代主义者，他们对现代性意识展开批判，在他们看来，历史研究不在于发现真实的过去，历史学就是讲故事。这种观点的代表有美国的海登·怀特、荷兰的安克斯密特等人。这种观点的后果最终导致人们在电影、电视剧和文学作品中学习历史。历史主义带来了人类历史意识的觉醒，但是最终却以严肃客观的历史意识的丧失为其结局，这可谓是现代人的一个绝佳的讽刺。

历史性是人们看待事物的基本方式，但是不是唯一的方式，我们在看到人类生存的历史性的同时还要看到它的自然制约性，我们在看到人在历史活动中的主观能动性的同时还要看到它的历史规律性，我们在看到历史的变动性的同时还要注意其稳定性，我们在看到一个事物的历史继承性的同时还要看到它的时代创新性。我们不能只从一个方面出发去观察事物，

① ［意］维柯：《新科学》上册，9页，北京：商务印书馆，1989。

从这一方面去否定另一方面，而是要在事物发展过程中兼顾这两个方面。综合而言，马克思和恩格斯奠定的马克思主义哲学代表着从历史和现实、个体和普遍两个不同的角度看待事物的科学态度，事物是历史发展的结果，也是时代的产物，每个个体都有其独特的价值，但是人类社会发展呈现出普遍的规律和框架，“物质生活的生产方式制约着整个社会生活、政治生活和精神生活的过程”①，作为这个规律框架基础的生产力本身也具有历史性。这种历史性区别于黑格尔的绝对精神，绝对精神虽然具有历史性，但它既是起点又是终点。人类社会的生产力是从一定的起点出发呈现一个不断累积进化的过程，它本身没有终点。马克思主义哲学从历史性的角度去看待事物就是要用联系、发展和过程的思想去看待事物。

我们要用联系的观点看待事物。恩格斯曾经说推动哲学家前进的绝不只是纯粹思想的力量，“真正推动他们前进的，主要是自然科学和工业的强大而日益迅猛的进步”②。在恩格斯的时代，细胞学说揭示了高等有机体的相互联系的基质，能量守恒与转化定律揭示了各种运动形式之间的相互联系，生物进化论则揭示了无机物和有机物之间的相互联系。在恩格斯之后，自然科学的进步使事物之间相互联系的图画进一步完善，相对论揭示了时间、空间与物质运动之间的联系，量子力学则揭示了微观世界各种微观粒子之间的相互联系。总之，自然科学的研究成果“不仅能够说明自然界中各个领域内的过程之间的联系，而且总的说来也能说明各个领域之间的联系了，这样，我们就能够依靠经验自然科学本身所提供的事实，以近乎系统的形式描绘出一幅自然界联系的清晰图画”③。自然界的事物处于相互联系之中，人类社会中的事物也是这样。唯物史观揭示了人类社会各种领域之间的相互联系，即经济、社会、政治和文化等领域之间不是相互独立地发展的，而是处于普遍的相互联系之中。剩余价值论则揭示了社会各阶级之间的相互联系，资本雇佣劳动生产剩余价值，在这个过程中劳动者以劳动力的形

① 《马克思恩格斯文集》第 2 卷，591 页，北京：人民出版社，2009。
② 《马克思恩格斯文集》第 4 卷，280 页，北京：人民出版社，2009。
③ 《马克思恩格斯文集》第 4 卷，300 页，北京：人民出版社，2009。

式作为生产要素而存在，工人劳动获得工资；剩余价值形成之后，工业资本家获得工业利润，商业资本家获得商业利润，银行资本家获得利息，土地所有者获得地租，这些都是对于剩余价值的分割。既然自然界和人类社会中的事物都处于普遍联系之中，我们就要用联系的观点来思考世界、人生和各种价值形式。

我们要用发展的观点看待事物。事物之间的相互联系并不是静止的，而是处于运动之中的，以前没有联系的东西可以建立联系，以前以某种方式联系的东西可以改变联系方式或者变为没有联系。既然联系处于运动状态，这个运动就带有一定的方向性，前进的、上升的运动被称为发展，后退的、下降的运动被称为退步。发展和退步是事物发展同时存在的两种不同的状态，有的事物发展，有的事物退步，即使是同一事物一定阶段上发展一定阶段上退步。发展与退步两种趋势交错并存，但是事物运动的总体趋势是发展，我们应该用发展的眼光看问题，用发展的办法解决问题。例如，在马克思之前，理论家们普遍思考的一个时代课题就是深陷经济、政治和文化危机的资本主义如何克服危机以及它的未来发展方向是什么，对于这一时代课题，不同的理论家提出不同的解决方案。黑格尔极具革命性的辩证法最终得出极为保守的结论，绝对精神在当时的普鲁士制度中实现了和谐，达到了历史发展的顶峰。费尔巴哈希望通过建立爱的宗教以伦理方式解决资本主义社会面对的矛盾。大卫·李嘉图把资本视为一种永恒的自然关系，希望以发展资本主义制度的方式解决其面对的社会矛盾。西斯蒙第反对古典政治经济学的结论，希望从寻求人类的最大利益出发建立一门提高道德品质与获得幸福的科学①，通过这门科学最终得出的结论不是向前进，而是向后退，退回到宗法式的农民经济和城市手工业状态。法国和英国的空想社会主义者对资本主义制度进行了无情的批判，对未来的理想社会进行了天才的构想，但是希望通过政府和企业家的帮助来实现这种理想社会是不现实的。马克思、恩格斯在发现历史发展规律和批判资本主义

① ［瑞士］西斯蒙第：《政治经济学研究》第1卷，6页，北京：商务印书馆，1989。

制度的基础上论证了共产主义社会的基本特征及其实现的途径和必然性。他们的理论是建立在现实基础上的、以发展的眼光看待问题、以发展的办法解决问题的典型，黑格尔的理想社会就存在于现实之中，而马克思的理想社会存在于未来。

我们要以过程的观点看待事物。由于事物处于普遍联系之中并且呈现出发展的态势，这就有了恩格斯所得出的结论："世界不是既成事物的集合体，而是过程的集合体，其中各个似乎稳定的事物同它们在我们头脑中的思想映象即概念一样都处在生成和灭亡的不断变化中，在这种变化中，尽管有种种表面的偶然性，尽管有种种暂时的倒退，前进的发展终究会实现。"[①] 事物的流动与变化在古代哲学之中就有充分的表现，孔子曾经站在河岸之上感叹"逝者如斯夫，不舍昼夜"，古希腊的赫拉克利特也曾经做出"万物皆流，无物常驻"的命题。这种原初的观念伴随着哲学的发展不断地丰富，最终产生从过程角度出发进行论证的过程哲学。过程哲学的主要代表是英国哲学家怀特海。他用"机体"这个概念取代"实体"，机体处于不断流动的过程之中，"现实世界是一个过程，这个过程就是各种实际存在物的生成。因此，各种实际存在物都是创造物；它们也可称为'实际场合'"[②]。在他看来，具体存在物的流动性主要表现为两种形态，一种是具体存在物内部的"合生"，另一种是一种具体存在物向另一种具体存在物的"转化"。这也就是说，不管是具体存在物内部还是外部都具有流动性，都处于过程之中，这就促使他在过程这个概念的基础上建立了自己的宇宙观。于是，过程不仅仅具有方法论和认识论意义，它也在存在论的层面上发挥自己的作用。

§4　历史是人的存在方式与根本特征

历史对人来说绝不是像历史虚无主义所认为的那样是一种外在的东西，

---

①《马克思恩格斯文集》第4卷，298页，北京：人民出版社，2009。

②［英］怀特海：《过程与实在：宇宙论研究》，38页，北京：中国城市出版社，2003。

人类的进步不是简单地抛弃历史传统的过程，而是在传统的制约下不断实现创新发展的过程，从这一意义上来说，历史是人的存在方式和根本特征。首先，完整的“合乎人性的人”是在历史发展过程中诞生的，人在历史过程中不断地完善和发展；其次，历史性是人的根本特征，处于不同历史时代的人具有不同的知识水平和实践能力；最后，作为个体的人只有在历史整体中才能获得自身的定位。

人有自身的形成过程，而这种形成过程就是历史。“合乎人性的人”即完全意义上的人并不是从一开始就存在的人，这种人是处于不断诞生、不断完善和不断发展过程中的人。在黑格尔看来，“世界历史无非是‘自由’意识的进展”，“东方各国只知道一个人是自由的，希腊和罗马世界只知道一部分人是自由的，至于我们知道一切人们（人类之为人类）绝对是自由的”①。黑格尔只是在观念的范围内论述了自由意识的进展，马克思则对限制人类自由的现实根源及实现人类自由的现实路径进行了探索。限制人类自由的现实根源在于私有财产的存在，私有财产造成了人的自我异化，因而“共产主义是对私有财产即人的自我异化的积极的扬弃，因而是通过人并且为了人而对人的本质的真正占有；因此，它是人向自身、也就是向社会即合乎人性的人的复归，这种复归是完全的复归，是自觉实现并在以往发展的全部财富的范围内实现的复归……它是人与自然界之间、人与人之间的矛盾的真正解决，是存在与本质、对象化和自我确证、自由与必然、个体和类之间的斗争的真正解决”②。这也就是说，在存在私有财产的前提下，人的存在并不体现人的本质（自由自觉的活动）；劳动在对象化过程中生产出来的对象并不能实现劳动主体的自我确证；人的自由具有意识形态的虚假性质，还受到外在分工的必然性的制约；人的个体性笼罩了人的社会性，人的类特征（自由自觉的存在物）在一定程度上表现为脱离个体的特征。人类社会通向共产主义的道路是“合乎人性的人的复归”，这是需要在人类长期的历史发展过程中才能实现的。同时，他认为实现一切人的自由发展

① ［德］黑格尔：《历史哲学》，17 页，上海：世纪出版集团，2006。

② 《马克思恩格斯文集》第 1 卷，185 页，北京：人民出版社，2009。

的现实路径是无产阶级的革命解放运动，无产阶级在解放自身的同时解放全人类。只有无产阶级获得普遍解放的时刻，才是真正的完全意义上的人对人来说诞生的时候。

作为类的人是在历史中不断地形成和完善的，现实的个人也在历史活动中不断地发展和变化。马克思在《关于费尔巴哈的提纲》中批判了费尔巴哈对于人的本质的看法，他认为费尔巴哈对于人的本质的看法具有三个方面的局限性：（1）非历史性，把人的本质看作一种固定的、独立的东西，没有看到人的本质处于不断地变化之中；（2）抽象性，把人的本质理解为“类”，“理解为一种内在的、无声的、把许多个人自然地联系起来的普遍性”；（3）非社会性，他没有看到现实生活中的每个人都是属于一定的社会形式的，人是一种社会动物，只有在社会中才能独立的动物。在批评费尔巴哈对于人的本质的看法的基础上，马克思指出：“人的本质不是单个人所固有的抽象物，在其现实性上，它是一切社会关系的总和。”[①]在这里，马克思不是从人的外观，也不是从人的意识，更不是从人的技能出发界定人的本质，而是把人的本质界定为人与人之间联系的总和。人与人之间的联系不是固定、僵化、不变的，而是处于不断地变动之中，伴随着人类生活过程，旧的联系不断地消灭，新的联系不断地建立。与此相应，人的本质也就不会是凝固不变的，而是处于不断地运动和变化之中。此外，马克思在《德意志意识形态》中主张，人与动物相区别的不是意识、宗教或随便什么其他东西，而是物质生产和物质交往，生产本身是“以个人彼此之间的交往为前提的。这种交往的形式又是由生产决定的”[②]。物质生产和物质交往构成人的物质生活，于是“个人怎样表现自己的生命，他们自己就是怎样。因此，他们是什么样的，这同他们的生产是一致的——既和他们生产什么一致，又和他们怎样生产一致。因而，个人是什么样的，这取决于他们进行生产的物质条件”[③]。《关于费尔巴哈的提纲》是《德意志意识形态》的准

①《马克思恩格斯文集》第1卷，501页，北京：人民出版社，2009。

②《马克思恩格斯文集》第1卷，520页，北京：人民出版社，2009。

③《马克思恩格斯文集》第1卷，520页，北京：人民出版社，2009。

备材料，我们可以把上述两个方面联系起来进行解读。所谓人的本质，在其现实性上，就是在物质生产和物质交往过程中结成的一切社会关系的总和，这些社会关系包括人们在生产过程中结成的人与自然界的关系以及人与人之间的关系。这种关系绝不是处于凝固不变的静止状态，而是在人类历史过程中呈现出不同的面相。因此，不管是对于人的整体认识还是对于人类社会中的个体认识，都要重视人的历史性，历史性是人的根本的存在方式。

历史中的每个人不是脱离人类的整体历史进程而独立存在的个体，个人总是在历史发展过程中获得自己的定位。在历史整体中获得对于个体的理解符合德国的思想传统。黑格尔的历史整体是绝对精神（客观精神或理念），绝对精神不断外化，在哲学家的头脑中达到自我意识。德罗伊森的历史整体是掌握在人们思想中的历史过程，在他看来，“个别的只能在整体中被理解，而整体也只能借着个别的事物来理解”[①]。历史研究的任务就是进行解释，“解释的本质是：把过去发生的各类事情，一方面视为是促使某个意念展开及其实现的原因，另一方面视之为其限制”[②]。在马克思哲学中，历史整体被理解为在一定历史阶段上生产力与生产关系的对立统一，每个人都是在一定的生产力基础上和一定的生产关系中进行活动，于是我们要理解一定历史阶段上的个人必须联系他的现实生活条件，即他所面对的生产力和生产关系。

对于这种历史整体与个体之间的关系，我们可以在马克思所撰写的多部著作中找到相关的论述。在《德意志意识形态》中，马克思揭示了每一代人进行活动的现实前提，即“每一代都利用以前各代遗留下来的材料、资金和生产力”[③]，以前各代遗留下来的材料、资金和生产力，一方面起着促进作用，使每一代人能够在一定的基础上更好地改造旧的环境；另一方面起着限制作用，使每一代人“在完全改变了的环境下继续从事所继承的活

① ［德］德罗伊森：《历史知识理论》，11 页，北京：北京大学出版社，2006。

② ［德］德罗伊森：《历史知识理论》，29 页，北京：北京大学出版社，2006。

③《马克思恩格斯文集》第 1 卷，540 页，北京：人民出版社，2009。

动”[①]。这就是历史表现为各个世代的依次交替，后一世代是在前一世代的基础上发展而来，前后之间存在着继承和发展的关系。在《路易·波拿巴的雾月十八日》中，马克思认为“人们自己创造自己的历史，但是他们并不是随心所欲地创造，并不是在他们自己选定的条件下创造，而是在直接碰到的、既定的、从过去继承下来的条件下创造。一切已死的先辈们的传统，像梦魇一样纠缠着活人的头脑”[②]。马克思在《路易·波拿巴的雾月十八日》中表述的这种思想更加简练地反映在《资本论》“第一版序言”中，“死人抓住活人！”[③]这里的“死人”是指“古老的、陈旧的生产方式以及伴随着它们的过时的社会关系和政治关系”[④]。由此可见，在马克思看来，我们不能脱离具体的历史环境来看待历史人物和历史事件，我们必须在历史整体中考察历史个体。这就是所谓的历史分析方法，也就是在历史整体中对个体进行定位的方法。

§5 历史是哲学的服务目标

哲学首先关注的是人，人存在于历史之中，为人服务的哲学也在为历史服务。马克思在《〈黑格尔法哲学批判〉导言》中曾经说过：“真理的彼岸世界消逝之后，历史的任务就是确立此岸世界的真理。人的自我异化的神圣形象被揭穿以后，揭露具有非神圣形象的自我异化，就成了为历史服务的哲学的迫切任务。”[⑤]这里涉及的“为历史服务的哲学”显然是与“为宗教服务的哲学”相对而言的，哲学在中世纪是神学的婢女，在启蒙运动中伴随着人的觉醒，在德国哲学中完成了对宗教的批判（宗教被归之于人的世界，是人的自我异化的产物）。发展至此，哲学的任务不再是进行宗教批判，而是要进行现实批判，揭示人在现实中的自我异化。于是“为历史服

① 《马克思恩格斯文集》第1卷，540页，北京：人民出版社，2009。

② 《马克思恩格斯文集》第2卷，470—471页，北京：人民出版社，2009。

③ 《马克思恩格斯文集》第5卷，9页，北京：人民出版社，2009。

④ 《马克思恩格斯文集》第5卷，9页，北京：人民出版社，2009。

⑤ 《马克思恩格斯文集》第1卷，4页，北京：人民出版社，2009。

务的哲学”的主题从“对天国的批判变成对尘世的批判，对宗教的批判变成对法的批判，对神学的批判变成对政治的批判”[①]。可见，这里的“历史”指的绝不是单纯的过去，也不是简单地针对现在，而是把过去、现在和未来贯穿起来的人类现实的生活过程，“为历史服务的哲学”就是要“通过批判旧世界发现新世界”[②]。

马克思对旧世界的批判可以分为政治批判、哲学批判和政治经济学批判三个层面。政治批判主要表现于《莱茵报》时期发表的各种论文之中，这一时期马克思具有鲜明的激进革命民主主义倾向，主要关心的是国家、政治和法律领域中的问题。革命民主主义政治立场最终转向科学社会主义和共产主义，《共产党宣言》是政治批判的代表作。哲学批判主要表现于流亡巴黎和布鲁塞尔时期的各种著作之中，这一时期马克思具有人道主义和哲学共产主义的倾向，主要关心的是哲学和意识形态领域中的问题。哲学批判的成果是唯物史观的诞生，《德意志意识形态》是马克思、恩格斯从事哲学批判的经典著作。政治经济学批判开始于《莱茵报》时期遇到的对于物质利益发表意见的“难事”，流亡巴黎和布鲁塞尔时期是准备阶段，在此期间历史唯物主义的基本原理（从直接生活的物质生产出发阐述人类社会的经济结构，并由此进一步阐发政治结构和观念结构）基本成形，寓居伦敦时期是政治经济学批判的完成阶段。在政治经济学批判中马克思所研究的核心问题是“资本主义生产方式以及和它相适应的生产关系和交换关系”[③]。通过对这个问题的研究，马克思在劳动价值论的基础上发现了剩余价值论，提示了资本主义社会发展的特殊规律。政治经济学批判的巅峰之作是《资本论·第一卷》。政治批判、哲学批判和政治经济学批判在马克思的思想发展过程中绝不是界限明显的、相互孤立的发展阶段，各种主题之间总是存在相互渗透、相互支援、共同发展的理论格局。最初，马克思认为解决人类历史问题的关键是国家和社会，于是开始政治批判的征程；其后，对于

① 《马克思恩格斯文集》第1卷，4页，北京：人民出版社，2009。

② 《马克思恩格斯文集》第10卷，7页，北京：人民出版社，2009。

③ 《马克思恩格斯文集》第5卷，8页，北京：人民出版社，2009。

政治批判的前提进行反思，与德意志意识形态的传统观念相反，从物质生产和物质交往出发解释人的意识，确立了一般理论应该由之出发的哲学前提——“现实的个人”；最后，马克思意识到解决人类历史问题的关键不能停留在政治领域和意识领域，而是要深入到经济领域进行政治经济学批判，从物质生活的生产方式出发解释人类的政治结构和观念结构。马克思在政治经济学批判中不是单纯地对经济现象进行分析，而是要在对经济问题的分析中总结人类社会发展的基本规律，要在政治经济学批判中完成“为历史服务的哲学”。

“为历史服务的哲学”的根本目标不在于批判旧世界，而在于通过批判旧世界“发现新世界”。这个新世界的根本特征是“每个人的自由发展是一切人的自由发展的条件”①。只有社会中的每个人都得到自由发展才会有一切人的自由发展；如果社会中还有人得不到自由发展，那么类似情况就不是偶然现象，其他人随时随地都可能落入类似的境况之中。实现这个新世界的根本途径是在世界历史的基础上形成的无产阶级的日益联合，联合起来的无产阶级通过革命行动使自身从资本的统治下解放出来。无产阶级是与资本隔绝的阶级，“它必须承担社会的一切重负，而不能享受社会的福利，它被排斥于社会之外，因而不得不同其他一切阶级发生最激烈的对立”②。无产阶级处于社会的下层，只要无产阶级从它现存的生活条件中得到解放，“一切人的自由发展”才能够实现。马克思所设想的新世界的基本内容集中反映在《哥达纲领批判》中，他认为未来的共产主义社会高级阶段是“各尽所能，按需分配”的社会，实现这个社会需要具备以下三个方面的条件：（1）作为外在强制力量、从而使人感到厌倦的分工情形的消失，尤其是脑力劳动和体力劳动对立的消失；（2）劳动成为生活的第一需要；（3）个人的全面发展，并伴随着这种发展所带来的生产力的进步，使“集体财富的一切源泉都充分涌流”。③

---

①《马克思恩格斯文集》第2卷，53页，北京：人民出版社，2009。

②《马克思恩格斯文集》第1卷，542页，北京：人民出版社，2009。

③《马克思恩格斯文集》第3卷，435—436页，北京：人民出版社，2009。

马克思哲学为历史服务的基本理论路径是“通过批判旧世界发现新世界”，这与其他理论形态相比具有很大的合理性。有的学派的理论宗旨在于“回到旧世界说明现存世界”，德国以胡果、萨维尼为代表的历史法学派是其代表，他们“以昨天的卑鄙行为来说明今天的卑鄙行为是合法的”，“把农奴反抗鞭子——只要鞭子是陈旧的、祖传的、历史的鞭子——的每一声呐喊都宣布为叛乱”[①]，这种理论不是为历史服务，而是为了自己的目的对历史的杜撰。对于类似的思想，我们略加考证就能够“在种种天花乱坠的现代词句后面重新看出我们的旧制度的启蒙思想家的那种龌龊而陈旧的怪想”[②]。有的学派的理论宗旨在于“维护现存世界”，论证现存世界的永存与和谐，福山的“历史终结论”是其典型代表，这种观点没有看到人类社会是辩证发展的过程，没有从暂时性和否定性的角度去理解现存的制度。有的学派“批判现存世界回到旧世界”，这表现为各种理论中时常出现的复古主义倾向，他们试图“到我们史前的条顿原始森林去寻找我们的自由历史”[③]，在马克思看来，这种自由历史与野猪的自由历史毫无二致。有的学派“批判旧世界构想新世界”，以圣西门、傅立叶和欧文为代表的空想社会主义是其代表，他们对资本主义世界进行了无情的批判，同时对未来的理想世界进行了天才的设想，有其合理之处；但是他们没有在旧世界中找到实现新世界的有效途径，从而流于空想。与上述各种理论形态相比，马克思主张，新世界是在旧世界的基础上演化出来的，新社会形态需要在旧社会形态的胎胞中孕育成熟之后才会产生，只有在此之后它才能在人类历史中成为现实，哲学只有“通过批判旧世界发现新世界”才能够真正地为历史服务。

---

①《马克思恩格斯文集》第1卷，5页，北京：人民出版社，2009。

②《马克思恩格斯全集》第1卷，238页，北京：人民出版社，1995。

③《马克思恩格斯文集》第1卷，5页，北京：人民出版社，2009。

第五章　历史学中的思想：历史叙述的哲学性

历史学是通过例证来进行研究，如果只有单独的事例说明不了什么问题，只能说明这个事例本身是怎样的，这对于现在人们思想和生活中的问题就没有什么教育或者借鉴意义。所以，许多历史学家意识到历史学研究需要“拔高”，所谓“拔高”就是通过历史事件和人物的研究得出普遍性结论，在一定的思想理论框架之中开展历史研究或者通过历史研究构建一定的思想理论框架。我们注意到，不仅历史学家有这方面的需要，其他学科的研究人员也有这方面的需要，例如著名物理学家普朗克曾经说：“没有观念，研究就会成为无计划的活动，而耗费在它上面的精力便要归于空无。唯有观念才能使实验者成为物理学家，使编年史者成为历史学家，使古抄本鉴别者成为语言学家。”[①]某一领域中的专家与门外汉之间的区别主要在于从一定的思想观念出发统御杂多的事实材料的能力，没有这个能力，专业研究就会像墙头草一样随着不同方向的风摆动腰肢，这棵草就永远长不成大树。一个人认识对象的系统性和彻底性有赖于思想观念的支撑。历史学如果不能在事例的基础上形成思想和观念，那么研究者所得到的只能是支离破碎的情感上的惊叹，而不可能是理性的理解和解释。思想观念的最高层次构成哲学，历史学像一切其他学科一样离不开思想观念的支撑，它从具体事例上升到思想观念的过程就是历史学导向哲学的过程。经过这个过程之后，历史学本身就会具有一定的哲学性质。

① 转引自栗河冰：《马克斯·普朗克的科学思想和哲学观》，99页，《自然辩证法研究》2018年第6期。

§1 超越偶然的普遍史

亚里士多德认为历史学不如诗歌，因为历史学只关注具有偶然性的具体事件。普遍史的出现正是要克服历史学研究过程中存在的这方面的缺陷。“普遍史的第一个历史哲学概念源于基督教。在基督教那里，历史是‘神的行为的普遍表达’。到了启蒙时代，这种救赎思想被世俗化：‘人类普遍理性的内在进步思想将取代神的救赎计划的原则’。”[①] 在普遍史发展的早期阶段，法国的伏尔泰、德国的康德和席勒都曾经就普遍史进行专题论述。一般来说，普遍史不是指与偶然历史事件相区别的一种抽象实体，而是指通过对一系列偶然事件进行分析、归纳和整理所得出的具有共性的理念或规则，从而从哲学的角度揭示历史发展的普遍法则和规律。

康德对历史哲学的关注是对历史的一种展望性考察，旨在通过这种展望性考察向大家阐明过去与现在。康德历史哲学的基础是“三大批判”，在他的历史哲学中，康德强调“自然计划”或是“自然目的”的重要性。在他看来，人是有意志自由的，但是这种意志自由不能违背“自然计划”。康德在《关于一种世界公民观点的普遍历史的理念》一文中强调自然的历史是由善而开始的，因为它是神的创作；自由的历史则是由恶而开始的，因为它是人的创作。而自由的历史是由恶到善的发展过程。自由的历史即是人的自由的历史，在他看来，历史不是开始于人的先天的自由，而是开始于人的后天的自由，这种后天的自由是人的行为的自由，与本性爱自由相区别，由此康德揭示了历史的进程及历史发展的结局。他以“世界公民观点”表明了他所限定的普遍史是人类的普遍史，是超越地域限制的普遍史，不是某个民族、某个国家的历史。在他看来人类历史是一种自由意志现象，但是需要受到理性法则的制约，就像自然事件要受到自然法则的制约一样。人类历史是自由意志和理性法则共同作用的结果，二者缺一不可。人类历史如果仅仅按照每个人的自由意志来演进，那么它就会呈现出一种混乱

① ［德］腊碧士：《从普遍史、世界史到全球史——北京外国语大学“全球史研究院”成立仪式上的主旨演讲》，《中华读书报》2014 年 12 月 17 日第 18 版。

冲突的状态；如果仅仅接受理性法则的制约，那么人类历史就会按照某种“特定的规则”演进，人类历史就会从属于自然历史。

康德极力主张普遍法制支配下“公民社会”的建立，因为在他看来自然迫使人类去加以解决的最大问题就是建立一个普遍法则的“公民社会”，而要保证“公民社会”能正常运行，规则必不可少。在这里规则表现为“公民宪法”，因为“公民宪法”不仅是维持社会秩序的“主人”，也是保障公民自由界限的“普遍意志”。“公民宪法”的有效制定既离不开民主的国内关系，也离不开和谐稳定的国际关系，也就是“国际联盟”的建立。康德的这种世界主义的历史哲学其实是对欧洲大陆乃至整个世界的人类存在的历史“天意”的哲学思考，这种思考表现为一种普遍的历史观念。

在黑格尔看来，历史学家只是研究历史的偶然性，只是把偶然事件堆积在一起，这些事件发生了就是发生了，并没有特定的联系。在历史学家眼中偶然发生的历史事件是彼此孤立的，从中不能看到历史发展的规律。黑格尔认为在社会发展中各种杂乱的现象有着某种“必然”的联系，这种联系表现为理念（绝对精神）是世界的主宰，历史过程是一个“合理”的发展过程。他在《历史哲学》中指出：“从世界历史的观察，我们知道世界历史的进展是一种合理的过程，知道这一种历史已经形成了‘世界精神’的合理的必然的路线——这个‘世界精神’的本性永远是同一的，而且它在世界存在的各种现象中，显示了它这种单一和同一的本性。”[①] 黑格尔把人类历史理解为“绝对精神”的产物，各国历史是在“绝对精神”作用下向前发展的，这是一种典型的客观唯心主义历史观，但不可否认，黑格尔所揭示的历史的发展过程蕴含着丰富的辩证法思想，在运动变化中把握到的“绝对精神”给人以巨大的历史感。

马克思、恩格斯认为社会历史的发展有特定的历史规律，社会历史的发展不是神的意志、“绝对精神”的体现，也不是脱离物质生产活动的个人作用的结果。他们承认历史的主体是人，历史是追求自己目的的人的活动。

① ［德］黑格尔：《历史哲学》，9页，上海：世纪出版集团，2006。

这些人是生活于现实之中的人，是处于一定社会关系中的人，是被他们本身所处的社会物质条件决定的人。这种历史唯物主义思想克服了以往的唯心主义历史观的缺陷。列宁指出唯物主义历史观消除了以往的历史理论存在的两个主要的缺点，这两个主要缺点包括："第一，以往的历史理论至多只是考察了人们历史活动的思想动机，而没有研究产生这些动机的原因，没有探索社会关系体系发展的客观规律性，没有把物质生产的发展程度看作这些关系的根源；第二，以往的理论从来忽视居民群众的活动，只有历史唯物主义才第一次使我们能以自然科学的精确性去研究群众生活的社会条件以及这些条件的变更。"[①]由此可见，历史唯物主义揭示了历史发展的客观规律以及作为历史活动主体的群众的社会生活条件，就此意义而言，历史发展就是一种超越偶然的普遍史。

哲学家对于普遍史的研究情有独钟，历史学家也在普遍史研究领域不断地努力，其中的代表人物是德国的兰克和英国的J.B.伯里。兰克曾经把"以不带偏见的眼光观看普遍史的进展"作为终身职志，他所谓的普遍史不是简单的民族历史的汇聚，而是要"探索那些结合及支配所有民族的伟大事件及其命运的序列"[②]。这种普遍史与哲学意义上的普遍史还存在一定的差异。一般来说，历史研究存在三个层次：第一层次是具体的历史事件和历史人物的研究；第二层次是揭示不同的历史事件与历史人物之间的关联；第三层次是脱离具体的历史事件和历史人物，在抽象思维的作用之下，得出普遍性的结论。兰克的普遍史研究停留在历史研究的第二层次之上，他拒绝把历史学导向哲学，拒绝在第三层次上开展历史研究工作。由此可见，兰克的普遍史研究停留在了中途。

柯林武德曾经评价J.B.伯里是"配备有十分不平凡的哲学训练"的历史学家，"他认识到有许多哲学问题与历史研究有关"[③]。伯里致力于研究具

①《列宁全集》第26卷，59页，北京：人民出版社，1988年第2版。

② 转引自黄进兴：《从普遍史到世界史和全球史：以兰克史学为分析始点》，55页和56页，《北京大学学报（哲学社会科学版）》2017年第2期。

③［英］柯林武德：《历史的观念》，215页，北京：商务印书馆，1997。

有个体性的偶然事件是如何与具有普遍性的因果规律之间产生联系，从而说明历史思想乃至历史学具有独立性这一属性。然而伯里关于历史学性质的论述是存在矛盾的，伯里发表的剑桥就职演说“显示出一颗心灵在两种概念之间被撕裂了：一种是历史学与科学之间的不同概念，它是模糊的而有力的；另一种是两者之间无法分辨的同一性概念，它是清晰的然而无力的”①。也就是说，伯里既想论证历史学是一门科学，具有普遍性的规律，又想强调历史学是独立的，无法用普遍性来重现真实的历史。对于偶然性对历史具有决定性作用的说法，伯里认为并不可取，在他看来，“只要任何事物纯粹是偶然的，就不可能有它的历史。……历史学的真正职能就是把必然的和纯粹偶然的区别开来”②。这种偶然性可以通过历史事例来说明，法国科学家和思想家布莱兹·帕斯卡尔在《思想录》中提到，假如克利奥帕特拉的鼻子长一寸或者短一寸，或许世界就会改变。伯里认为克利奥帕特拉的相貌出众这一偶然因素，导致罗马将军安东尼痴迷于她，并采取了一系列有利于埃及的政策，影响了埃及的发展，进而对世界的发展也产生了影响，这就是因果关系链条发生碰撞从而带来不一样结果的体现。伯里认为，偶然性虽然在历史发展中具有自身的作用，但是随着时间的推移，偶然性在人类进化过程中的作用将会越来越不重要。伯里认为：“社会发展的趋势将变得越来越合符逻辑。这不仅由于人们对于生存环境的知识和经验的增长，而且由于人们对自然的控制力更强了。近年来随着民主社会的发展，其结果是社会的命运更少地被个人所掌握。知识本身增长所具有的偶然性也越来越少了。尽管偶然性因素不能被排除，然而科学进程是持续的、有系统的和稳定的。可以认为随着时间的推移，国家的命运将变得越来越独立于偶然之外，无论安妮·博林漂亮的脸蛋或克利奥巴特拉的鼻子都无需太认真对待了。”③伯里从历史偶然性观念出发来论证历史思想性质问题，虽然最终没有对历史思想的性质提出新的定义，但他的贡献在于强调了进行史学

---

① ［英］柯林武德：《历史的观念》，216—217 页，北京：商务印书馆，1997。

② ［英］柯林武德：《历史的观念》，218 页，北京：商务印书馆，1997。

③ 转引自易宁、王羽飞：《J.B. 伯里的历史偶然性观念》，95 页，《史学史研究》2016 年第 4 期。

理论研究不仅要有历史学知识，而且要有哲学知识；不仅要有对历史偶然性的考查，而且要有对历史必然性和普遍性的考查。

历史学不能停留在对偶然的、一次性事件的记述，虽然这些事件在历史进程中具有特定的意义和价值，但是缺乏普遍的适用性，不能为后世提供借鉴的作用。为了克服这一缺陷，历史学既要揭示不同人物、事件之间的联系，又要从因果联系的角度揭示历史发展的客观规律，只有规律性认识才能帮助我们跨越个体和具体事件的差异，把针对过去形成的结论运用于分析现在。在历史进程中，个别的人物和事件既体现自由意志，同时也受到客观规律的制约。正像马克思在《路易·波拿巴的雾月十八日》中指出的那样，人们自己创造自己的历史，但并不是随心所欲地创造，而是在既定的、继承下来的条件下创造[①]。于是，历史就会呈现出继承性和连续性的特征，就会表现出一种稳定的结构框架，马克思把这种结构框架明确地表述为生产力与生产关系、经济基础与上层建筑之间的矛盾运动。这就不是在偶然事例的层面上来研究人类历史，而是从普遍规律角度来开展研究。这项工作受到哲学家的普遍重视，历史学本身的发展也需要增强这一方面的研究力度，普遍史的研究正是这一需要的体现。哲学侧重于研究普遍性对象，历史学侧重于研究具体的历史事件，超越偶然的普遍史研究较为集中地体现了哲学在历史研究中的作用。

§2 超越局部的全球史

所谓全球史就是以全球视角来分析已经客观存在的世界历史的发展进程，而不是把视角局限在研究某一民族或某一国家的历史演进。全球史突破了传统视角的限制，把个体的、局部的历史联系在一起，构成整体的、全局的历史体系。全球史并不是区域史的简单汇集，不是一个一个区域历史的简单列举，它必然是超越局部区域的狭小视野从全球范围揭示历史发

① 参见《马克思恩格斯文集》第2卷，470—471页，北京：人民出版社，2009。

展整体趋势的历史。全球史并不是从来就有的，它是伴随着生产力和生产方式的变革而出现的全球交往的产物，伴随着科技革命，交通工具和通信工具的发展，人的活动范围必然打破狭小的区域限制；伴随着人类个体活动范围的扩大，就会出现突破国家和民族的界限、具有全球性质的问题，例如跨国婚姻和跨国交往就需要一定的国际法来规范和保障行为主体相应的权益；随着生产规模的扩大，环境污染和环境保护也具有全球性质；生产要素在全球范围内流动，这就需要建立与之相适应的全球贸易协定和贸易体系等。这种全球生产体系和全球交往方式最终反映在历史学研究领域就是全球史学科（其前身是世界史）的建立和发展。这里的全球史包含两个方面的含义：一个方面是指现实的历史过程，人类行为突破区域的限制，开始在全球范围内的活动和交往；另一方面是指对具有全球性质的问题与现实的研究，也就是作为一门学科而存在的全球史。前一方面是本体，后一方面是对本体的认知。下面我们论述的重点是结合马克思的历史观揭示全球史出现的历史过程。

15 世纪以后，随着资本主义萌芽，以货币为媒介的商品经济不断发展，货币的需求量大幅度增加。这时的货币不仅仅是商品交换的媒介，同时也是财富和权力的象征，那个时代被哥伦布信奉的并广为传布的信条是“黄金妙不可言，它是宝贝，谁有了它，谁便能在世上为所欲为，它甚至可以把堕落的灵魂送进天堂”[①]。西欧社会各阶层热衷于这种财富和权力的象征，但是欧洲大陆所产金银有限，不能满足他们的需求，因此东方成为他们向往的地方。当时欧洲的造船技术得到了很大的改善，中国发明的罗盘针在欧洲已经得到了应用，地圆学说也日渐流行。随着科学技术的提高和地理知识的进步，远洋航行成为一种可能，以西班牙和葡萄牙为主的国家率先踏上了寻找黄金之旅，由此开启了大航海时代。

“美洲的发现、绕过非洲的航行，给新兴的资产阶级开辟了新天地。东印度和中国的市场、美洲的殖民化、对殖民地的贸易、交换手段和一切商

① 转引自［德］朗格：《我到过天堂的边缘：哥伦布传》，236 页，北京：国际文化出版公司，1999。

品的增加，使商业、航海业和工业空前高涨。”① 新航路的开辟使葡萄牙和西班牙侵占了大片殖民地，掠夺了大量的财富，但是他们大量的财富仅仅用于消费，没有带来生产结构和生产方式的变革，没有带来社会基本结构的根本性变革。新航路的开辟和地理大发现的最大受益国是英国，英国由此走上了资本原始积累的道路，一度成为“日不落帝国”。“所谓原始积累只不过是生产者和生产资料分离的历史过程。这个过程所以表现为‘原始的’，因为它形成资本及与之相适应的生产方式的前史。”② 资本原始积累主要有两个途径：一是用暴力手段剥夺农民土地；二是用暴力手段掠夺货币财富。15 世纪末 16 世纪初，欧洲到印度的新航路的开通、美洲大陆的发现，以及环球航行的成功，使英国的对外贸易迅速增长，进一步刺激了英国羊毛出口业和毛织业的发展。英国资产阶级和新贵族为了增加羊毛供应量，把农民的耕地据为己有、强行霸占，一度使农民流离失所，失去赖以生存的土地的农民为了生计，被迫沦为农场或手工工场的雇佣劳动力。随着新航路的开辟，英国参加到贸易竞争、占领殖民地的行列，并对殖民地国家进行残酷血腥的掠夺。资本的原始积累成为资本主义生产方式的前提和基础，圈地运动使英国出现了大批有人身自由但没有生产资料的劳动者，海外殖民掠夺又使英国积累起大量的货币和财富，壮大了资本主义生产方式的物质基础，这一过程“是用血和火的文字载入人类编年史的”③。

“市场总是在扩大，需求总是在增加。甚至工场手工业也不能满足需要了。于是，蒸汽和机器引起了工业生产的革命。现代大工业代替了工场手工业。”④19 世纪初，英国已经基本上完成工业革命，成为世界上第一个工业化国家，处于“世界工厂”的地位，社会基本结构也实现了根本性的改造。率先完成工业革命的英国，“不断扩大产品销售的需要，驱使资产阶级奔走于全球各地。它必须到处落户，到处开发，到处建立联系”⑤。英国凭

①《马克思恩格斯文集》第 2 卷，32 页，北京：人民出版社，2009。
②《马克思恩格斯文集》第 5 卷，822 页，北京：人民出版社，2009。
③《马克思恩格斯文集》第 5 卷，822 页，北京：人民出版社，2009。
④《马克思恩格斯文集》第 2 卷，32 页，北京：人民出版社，2009。
⑤《马克思恩格斯文集》第 2 卷，35 页，北京：人民出版社，2009。

借雄厚的军事与经济实力，从事殖民掠夺与殖民扩张活动，抢夺原料产地，拓展商品市场，在它确立统治地位的一切地方打破了“一切封建的、宗法的和田园诗般的关系”[①]，在“现金交易”的基础上建立了从属于西方、从属于资产阶级的世界体系。

中国对于世界体系的融入是在外部强制之下走过的一个痛苦艰难然而必要的过程。位于世界东方且有着众多人口的中国成为英国倾销商品的目的地，英国输华的商品主要是纺织品、金属制品和从印度运来的棉花，英国幻想着在中国能够赚取巨大利润。19 世纪初的一位英国商人幻想只要中国每人买一顶棉质睡帽，就够曼彻斯特所有工厂生产几十年，这说明在英国人眼中，中国是一个潜在的巨大销售市场。

19 世纪初的清朝是一个独立的封建国家，农业和家庭手工业相结合的自给自足的小农经济占据着社会经济的主导地位，是简单地以第一产业为基础的经济，商品经济的规模很小，资本主义萌芽发展缓慢，加之清政府实施重农抑商和闭关锁国政策，中国的市场是封闭的。中国的国情使得英国靠纺织商品打开中国市场的计划落空，相反，中国的茶叶在英国很受欢迎，当时的英国人以品尝到中国的茶叶为荣。尤其是到 19 世纪中叶，英国的人口开始增加，对茶叶的需求量也随之增加，这就导致英国在中英贸易中一直处于贸易逆差的地位。为了改变这一现状，英国最终找到了中国人愿意买的东西，那就是鸦片，靠这种毁灭人种的方法来满足他们追逐利润的无限欲望。19 世纪中期以后，英国开始将鸦片大量输入中国，不惜采取贿赂官吏甚至武装走私等手段。“鸦片流毒，为中国三千年未有之祸”，鸦片的流入，使当时的清政府每年白银外流六百万两，国库空虚，败坏了社会风尚，摧残了人们的身心健康。种种迹象表明禁烟成为清政府的唯一选择，由此拉开了英国对中国发动鸦片战争的序幕。

鸦片战争的失败使中国签订了近代第一个不平等的条约《南京条约》，丧失了领土主权、贸易主权、关税主权以及导致大量白银外流，使得中国

---

①《马克思恩格斯文集》第 2 卷，33—34 页，北京：人民出版社，2009。

社会性质发生根本性的变化，中国逐渐由一个独立自主的国家沦为半殖民地半封建国家，占主导地位的自给自足的自然经济受到冲击，逐渐卷入世界市场中。辛亥革命开创了完全意义上的近代民族民主革命，推翻了统治中国几千年的君主专制制度，民主共和理念极大推动了中华民族思想解放。中华人民共和国的成立结束了中国一百多年来被侵略被奴役的屈辱历史，中国真正成为独立自主的民族国家，中国人民从此走上站起来、富起来、强起来的道路，鼓舞了世界被压迫民族和被压迫人民争取解放的斗争。十一届三中全会后，改革开放给一度徘徊的社会主义实践注入了新的生机，被激活的生产力向国人、向世界展现了中国现代化的巨大潜力。十八大以来，习近平总书记提出的“构建人类命运共同体”倡议向世界上那些既希望加快发展又希望保持自身独立性的国家和民族提供了全新选择，为解决人类问题贡献了中国智慧和中国方案。

马克思主义哲学突出强调联系这一特性，恩格斯指出伴随着自然科学的三大发现，我们看到植物体和动物体具有相同的细胞结构，无机界的各种力和能量形式处于相互转化和联系之中，无机界和有机界也存在一种进化关系，无机界和有机界处于普遍联系之中，于是“我们就能够依靠经验自然科学本身所提供的事实，以近乎系统的形式描绘出一幅自然界联系的清晰图画”①。自然界处于普遍联系之中，世界历史的进程也呈现出相互影响、相互制约与相互作用的特点，如果不能发现世界历史之中存在的联系，那就只能书写“例证和图解的汇集”②。把世界历史中客观存在的联系反映在思想之中，传统的区域和民族历史的书写模式就会转化为世界史和全球史的书写模式。技术的进步和交往范围的扩大使得国家间逐渐产生更多的联系，“各个相互影响的活动范围在这个发展过程中越是扩大，各民族的原始封闭状态由于日益完善的生产方式、交往方式以及因交往而自然形成的不同民族之间的分工消灭得越是彻底，历史也就越是成为世界历史”③。马克

①《马克思恩格斯文集》第4卷，300页，北京：人民出版社，2009。

②《马克思恩格斯文集》第4卷，283页，北京：人民出版社，2009。

③《马克思恩格斯文集》第1卷，540—541页，北京：人民出版社，2009。

思与恩格斯进一步举例对之进行说明，例如英国的机器抢占了印度和中国无数劳动者的饭碗，那么这部机器的发明和应用就是一个世界历史性事件。世界市场的建立和民族工业的瓦解进一步加强了“各民族的各方面的互相往来和各方面的互相依赖”①，人类历史由区域的、民族的历史转变为世界的、全球的历史，由此开启全球化的进程。

由资本扩张形成的最初的世界秩序是野蛮的殖民主义世界秩序，资本主义国家建立这一殖民主义世界秩序的目的就是掠夺其他国家的原料与财富，来扩大自己的势力范围，在世界市场中占有优势。殖民主义世界秩序随着各国发展实力不同而产生的相互竞争，进一步演化为霸权主义和强权政治，直接损害着落后国家的利益，造成局部动荡，进而影响整个世界安定。由资本推动的全球史的过程也是资本主义制度逐渐消亡的过程，由社会主义逐渐取代资本主义也是整个世界历史进程的组成部分。“生产资料的集中和劳动的社会化，达到了同它们的资本主义外壳不能相容的地步。这个外壳就要炸毁了。资本主义私有制的丧钟就要敲响了。”②资本主义制度自身弊端逐渐暴露，最终要被社会主义制度所取代，这不是局限于某几个国家的发展而言，而是整个世界历史进程的整体走向与趋势。

当今时代，全球性趋势比过去任何时候都更深入，世界各国的联系比以往任何时候都更加紧密，习近平总书记为应对这一局势，建设性地提出“构建人类命运共同体”这一新型世界秩序构想，是结合实践和时代对马克思世界历史思想的丰富和发展。“人类命运共同体”思想符合马克思的世界历史思想，正如习近平总书记强调的一样，“没有哪个国家能够独自应对人类面临的各种挑战，也没有哪个国家能够退回到自我封闭的孤岛”③。他的这一论断恰如其分地说明了历史是全球的历史，是从世界历史的整体发展和统一性方面来考察历史，那种割裂各个民族、国家历史和整个世界历

---

①《马克思恩格斯文集》第2卷，35页，北京：人民出版社，2009。

②《马克思恩格斯文集》第5卷，874页，北京：人民出版社，2009。

③ 习近平：《决胜全面建成小康社会 夺取新时代中国特色社会主义伟大胜利——在中国共产党第十九次全国代表大会上的报告》，《人民日报》2017年10月28日第5版。

史关系的说法与做法是错误的，错误的实质就在于割裂了部分与整体的关系，某些国家出现的反全球化、逆全球化以及民粹主义的思想和执政理念都只能造成国与国、人与人之间的广泛冲突，不利于世界矛盾和问题的解决。事物发展总是伴随着前进性和曲折性，全球化过程中也会出现逆向的运动过程，这种逆向的运动过程可能在特定的历史时期表现比较明显和突出，但是难以逆转在网络化和信息化基础上出现的全球交往趋势。全球化的深入发展是全球史研究的前提和基础，全球史研究可以在思想中进一步明确全球化的方向和道路，二者处于相互促进的关系之中。伴随着全球化的深入发展，必然是具有全球性质的问题凸显，必然给全球史研究带来重要的机遇和挑战。全球史是历史学学科方兴未艾的领域，如果以建立在个别性和偶然性基础上的传统历史研究方法对之开展研究必然造成困局。在全球史研究过程中，研究者需要以大历史的眼光，从长时段和宏观的领域来把握世界发展的整体趋势，而这种研究方式就不得不借助于哲学，在世界历史事实的基础上、在哲学层面上得出结论。

§3　历史研究方法的系统总结

“所有学科的研究方法不外乎由三个层次组成，即哲学方法、一般研究方法和本学科的特殊研究方法。”① 方法以及方法论会因为研究对象的不同而有所区别，在具体研究实践过程中使用什么方法要因具体的研究对象而异。方法存在于具体的研究结果背后，是得出结论或产生结果的工具、程序和手段。方法起初只是自发地形成的，研究者在得出研究结论之后，如果对方法进行系统的总结和反思，就会使方法上升为方法论，方法也会由自发状态转化为自觉状态。对方法的系统总结和反思是在思想中以概念的形式进行的，这就具有一定的哲学性质。就历史研究领域而言，其研究方法具有一定的层次性。第一个层次是来自哲学并运用于历史研究领域中的哲学

① 孔立：《历史现象的阶级分析》，59页，《福建论坛（文史哲版）》1985年第5期。

方法，第二个层次是具有跨学科性质的、在多个领域中可以同时加以运用的一般研究方法，第三个层次是在长期的历史学研究实践中形成的、具有鲜明的历史学研究特征的特殊研究方法。下面我们主要从哲学方法、一般研究方法和本学科的特殊研究方法这三个角度来分析历史研究方法，并通过这种分析说明历史研究方法的哲学性质。

（一）哲学方法

哲学借助概念整体把握世界，从对世界进行思考的普遍性而言哲学属于最高的层次。哲学在对人类社会历史领域开展研究的基础上形成了自己对历史研究方法的论述。从总体的一般层面而言，在哲学研究中产生的对历史研究具有指导意义的方法主要包括阶级分析法、矛盾分析法和历史分析法。

（1）**阶级分析方法**

人类社会是一个整体，如果要对之形成认识，就必须对之进行区分，只有区分之后才能开展进一步的认识活动。社会历史活动的主体是人，但是如果不对人进行分析的话，那么对人的认识也是不深刻的。对人进行区分的标准有很多，其中包括经济地位、社会地位、职业、受教育程度、年龄、思想方式和行为方式等。按照其在社会经济结构中所处的地位进行划分就会产生阶级。阶级分析方法是马克思和恩格斯运用唯物史观对人类社会发展和生产发展进行历史分析的方法，是马克思主义理论的重要组成部分。

什么是阶级呢？《资本论》第三卷的最后一章以《阶级》为标题进行撰写，但是在马克思的手稿中只写了其中很短的一部分，手稿就此中断了。马克思在这里提出了“是什么形成阶级”以及“是什么使雇佣工人、资本家、土地所有者成为社会三大阶级的成员”这两个关键的问题并试图进行回答，他认为是“收入和收入源泉的同一性”造成了阶级的存在，雇佣工人、资本家和土地所有者分别依靠工资、利润和地租来生活。但是这个问题同时还面临着一系列的困难，这种困难主要表现为：“一些中间的和过渡的阶层也到处使界限规定模糊起来（虽然这种情况在农村比在城市少得多)”，在此他特别提到医生和官吏，提到他们的阶级身份如何加以界定的问题；同时也存在“对于社会分工在工人、资本家和土地所有者中间造成的利益和地位的无止境的划分”的问题，对此他以土地所有者为例进行说明，他们按照所有物的不同可以分为葡萄园所有者、耕地所有者、森林所有者、矿山所有者、渔场所有者等。马克思在这里意识到不管是从阶级之间的关系还是每个阶级内部各阶层之间的关系来对社会进行说明都是一件非常困难的事情，总会存在例外，总会存在难以界定的领域。[①]这些困难对于处于阶级分析方法草创阶段的马克思而言是可以理解的，社会如此复杂，阶级分析方法也会随着社会的发展不断完善进步。马克思提出并运用阶级分析方法来分析人类的历史与现实，但是马克思并没有对阶级下过明确的定义，今天我们所熟知的阶级概念出自列宁。列宁认为“所谓阶级，就是这样一些集团，由于它们在一定社会经济结构中所处的地位不同，其中一个集团占有另一个集团的劳动”[②]。根据列宁的定义，阶级的存在即意味着剥削和压迫，意味着社会的不平等。如果两个阶级之间存在利益对立，那么就会引起阶级矛盾乃至阶级斗争。可以说所有的阶级斗争都是围绕经济利益展开的。在阶级社会中，每个人都隶属于一定的阶级，处于一定的阶级关系之中，阶级斗争贯穿社会生活的各个方面，所以，我们必须坚持阶级分析方法。

什么是阶级分析方法呢？阶级分析方法的实质，就是运用阶级和阶级斗争的观点，来观察和分析阶级社会中存在的与阶级相关的经济、政治与文化现象，分析社会中各阶级的经济地位、社会地位及其发展趋势，揭示阶级斗争的客观规律。历史学容易侧重于研究具体的个别的历史事件，历史学家比较擅长的领域是政治发展史，聚焦于具体的历史事件和历史人物。在关注历史事件的时候主要关注产生重大历史影响的事件，在关注历史人物时主要关注在历史中有具体的姓名可以稽考的杰出人物的事迹。关注这

① 本段关于马克思阶级理论的论述参见《马克思恩格斯文集》第7卷，1001—1002页，北京：人民出版社，2009。

②《列宁选集》第4卷，11页，北京：人民出版社，1995。

些历史事件和历史人物当然具有意义，历史事件和历史人物都是在特定的历史背景下发生，其产生和发展具有一定的客观性。但是，历史学如果只是研究这些异常的重大的事件以及事件中的人物的话，是具有很大的局限性的。这种局限性表现为这种异常事件可能根本不是历史的本质，真实的历史过程隐藏在海量的事实之中，历史中的每个人都对历史发展作出自己或大或小的贡献，历史过程就是这无数个人力量的汇集。对这个历史过程的研究只注重个别事件和个别人物是不行的。要从整体上对之开展研究，就要把处于特定历史阶段的人们按照经济地位分成不同的阶级加以考察，考察他们的收入来源、物质生活条件以及他们的交往方式等，从而在此基础上书写“市民社会史、商业史和工业史”①。

（2）**矛盾分析方法**

矛盾分析方法包含着广泛而深刻的内容，其中主要包括一分为二的观点，具体问题具体分析的观点，坚持两点论与重点论相统一的观点。第一，关于一分为二的观点。一个事物可以分为两个方面来进行观察和思考，这是矛盾学说告诉我们的一个一般的道理，也是可以应用到历史研究领域中的一个比较普遍的分析方法。我们在看到矛盾的双方时，还要注意矛盾双方存在着同一性和斗争性的关系，矛盾双方既同一又斗争，共同推动事物发展。第二，关于具体问题具体分析的观点。所谓具体问题具体分析就是在分析和解决矛盾问题时，在矛盾普遍性原理的指导下，对具体矛盾的特殊性进行分析。列宁曾说，具体问题具体分析是“马克思主义最本质的东西，马克思主义活的灵魂”。具体问题具体分析是解决矛盾的关键。因为矛盾具有特殊性，不同的事物具有不同的矛盾，同一事物在不同的发展阶段有不同的矛盾，矛盾双方的性质和地位也各不相同，那么就要求我们具体问题具体分析。我们现实生活中也有很多成语揭示这一道理，例如，“因材施教”“量体裁衣”“对症下药”等。在历史研究过程中，我们既要注重历史事件和历史人物的普遍性意义和价值，还要注重具体问题具体分析，看

① 《马克思恩格斯文集》第1卷，531页，北京：人民出版社，2009。

到这一事件与另一事件之间的差异，这一人物与另一人物之间的差异，结合实际情况对问题进行具体分析。第三，关于两点论与重点论相统一的观点。所谓“两点论”就是在处理矛盾问题时，既要看到主要矛盾，又要看到次要矛盾；既要看到矛盾的主要方面，又要兼顾矛盾的次要方面。如果只注重一方面，忽视了另一方面，那就是“一点论”。所谓“重点论”就是在处理矛盾问题时，要重点抓主要矛盾，抓矛盾的主要方面，不能等量齐观，不分主次。如果不能抓住重点推动问题的解决，那就会导致“均衡论”。在历史研究过程中，既要全面地收集和分析有关的历史事实和材料，又要从中找出本质的、重点的事实材料，在两点和重点之中还原历史事件的真实发生过程。

（3）**历史分析方法**

马克思和恩格斯创立的历史唯物主义的内容包括两个有机结合的方面，一个方面是历史观，侧重于揭示社会历史发展的一般规律和原理；另一个方面是方法论，把历史看作一个不断发展的过程，运用历史唯物主义的一般原理对这个过程进行分析和总结，这就是马克思主义的历史分析方法。[①]研究历史必须从历史实际出发来进行研究，这种从客观历史过程出发研究历史的方法就是历史分析方法。以黑格尔为代表的德国意识形态中蕴含的历史主义，是从天国降到人间，是通过观念的思辨来构建“适应观念顺序的历史”，是绝对精神外化和发展自己的历史过程，具有鲜明的客观唯心论的色彩。这种观点应用于历史分析，立刻招致专业历史学家（例如兰克）的批评和质疑，指责他以自己的观念随意裁剪历史。马克思和恩格斯所创立的历史唯物主义是从人间升到天国，构建“适应时间次序的历史”，研究的出发点不是观念，而是真实的历史发生发展过程。他们从真实的历史过程出发，从所研究的历史时代的社会存在出发，通过研究得出结论，结论因为研究过程而获得其合理性，从而使当时的社会意识得到社会存在的支持，从而使历史分析方法更加具有说服力。对于马克思主义历史分析方法

---

① 参见蒋大椿：《关于历史主义的几个问题》，27—28页，《安徽大学学报（社会科学版）》1979年第3期。

的把握，需要我们把历史看成是一个运动、变化、发展的过程，用发展的观点看待历史问题；将具体的历史事件放到一定的历史范围去考察；通过历史发展的内在联系，发现其客观规律。

（二）一般研究方法

首先是分析与综合的方法。分析和综合是两个相对的过程。分析法是从整体到部分的思维方法和研究方法。我们首先面对的是未经过分析过程的整体对象，经过分析过程之后，整体被划分为不同的方面和部分。综合法与分析法相对，它是从思维中的部分到思维中的整体的思维方法和研究方法，是在分析过程完成之后，把各个部分在思维中“组装”在一起的过程。分析与综合的实质，就是建立在调查研究基础上的矛盾分析法，是客观事物的辩证联系和发展过程在思维中的再现。分析与综合的关系是辩证的，分析是综合的基础，综合是分析的保障，只有将二者联系在一起，才能构成一个完整的认识过程。

其次是归纳与演绎的方法。归纳法，指的是从许多个别事例中获得一个较为概括性的理论。这种方法主要是从收集到的资料中，加以细致地分析，最后得出一个概括性的结论。结论是建立在个别事例的基础上的，是从个别到一般的思维方法。演绎法则与归纳法相反，是从既有的普遍性结论中推导出个别结论的一种方法，由较大范围逐步缩小到所需的特定范围。归纳与演绎这两种方法存在不可分割的联系。演绎必须以归纳为基础，人们先运用归纳的方法，从个别事物概括出一般性的原理，演绎才能从这一般原理出发。演绎是以归纳为前提的，没有归纳就没有演绎。归纳必须以演绎为指导，人们在对个别事例进行归纳的过程中，必须以一定的理论为指导，才能有目的地进行，否则，就会迷失方向。在同一思维过程中，归纳与演绎相互连结，相互渗透，相互转化。在历史研究过程中，历史学家在历史事实的基础上进行归纳形成一般的结论，再在一般结论的基础上进行演绎，推导出事实的具体环节。作为归纳基础的个别事实与演绎的结论相符合，这是保证归纳与演绎相统一的基础；如果二者之间存在不一致，作为归纳基础的个别事实不能通过演绎来产生和还原，这就说明或者归纳出了问题，或者演绎过程错误。历史研究需要实现归纳与演绎二者之间的一致。

第三是历史比较法。历史比较法是指通过对不同时期的历史进行比较研究，或者通过对不同地域（不同民族、不同国家）历史的比较研究，求同存异，从宏观上认识历史发展的一般规律和特殊规律。历史比较研究方法包括横向（共时性）比较和纵向（历时性）比较，横向比较指的是同一历史时期的不同历史现象的比较，纵向比较指的是不同历史时期的同一历史现象的比较。关于历史研究方法的使用条件，第一，注意历史事物的可比性，具体来说就是历史事件与历史事件相比，历史人物与历史人物相比，历史现象与历史现象相比，对同一历史时期或者不同历史时期的同类性质的历史现象和历史人物进行比较，认识此类事物或现象的发展规律。第二，要对被比较的对象进行深入的研究，如果对被比较的对象不能很好地理解和把握，那么将不能正确地比较双方。第三，要注意历史事件之间本质的联系，不要将联系停留在表面。

第四是数量方法。近年来，历史研究中的数量方法，包括数据统计、统计分析、数理模式、模拟等方法。数量方法在历史研究过程中的应用较广，已在世界范围内开展，并取得了不少研究成果。数量方法的使用，可以精确地把握历史运动的基本脉络，使过去在历史学研究过程中存在的描述性的定性研究，变成严格的定量的精确证明，从而使历史研究大大严格化、科学化和精确化。①它在国外不仅应用于经济史的研究，而且还用来研究社会史、政治史和文化史。但是需要注意的是，数量方法适用于有“量”的历史分析，只有找到各历史现象“量”的关系，才能建立数学模型，得出研究成果。关于历史研究中的定量方法，步骤如下：第一，收集数据资料；第二，整理数据资料，找到各数据间的关系系数；第三，建立数学模型，用数学化的语言来表示各历史现象之间的关系。

① 参见霍俊江：《数学方法在历史研究中的作用和地位》，126页，《学习与探索》1983年第3期。

第五是系统方法。系统方法主要包括系统论、控制论、信息论等。系统方法丰富了历史研究的程序和手段，其主要表现为下述的方面：其一是系统网络分析法，要求科研人员把考察重点放在事物的总体运动和相互作用方面（包括整体和部分、部分和部分、整体与环境的相互作用），从而促进历史学科与其他学科之间的交流发展。其二是结构功能分析法，事物的结构和功能是互相对应的，如果我们运用结构功能分析，再加上历史研究方法，那么我们可以对社会从浅层研究上升到深层研究。其三是层次分析法，事物内在联系具有层次性和历史性，运用层次分析法，可以对历史运动的多重性和多面性进行准确的说明。其四是中介分析法，历史运动是系统网络结构状，这种网络纵横的交汇点就是各种联系得以实现的中介环节。抓住这些中介环节进行研究，可以使我们更加辩证地认识研究对象。其五是无序有序过程分析法与开放式多元研究法。系统方法只是我们把握世界的一种手段，但不是包治百病的灵丹妙药。比如，系统方法可以将一个系统中子系统的相互作用分析得比较清楚，但是有大量不确定的历史现象难以定量，所以，我们要正确地对待系统方法。

第六是假说的方法。自然科学中假说的方法可以应用到历史研究中来。用马克思主义基本原理研究大量史料的过程，就是不断地运用假说的过程。历史研究中假说方法的运用，大体分为两个阶段：一是形成假说的过程，即在现有史料和历史事实分析研究的基础上提出初步的结论；二是假说提出后，经过搜集大量材料，进行研究，验证假说是否正确。

（三）历史学科的专门方法

首先是问题分析法。提出问题是研究相关历史的重要方法之一。纵观人类历史，各种问题浩如烟海，并不是所有问题都值得历史工作者进行研究。历史工作者应该选择关系国计民生、社会发展、人类前途命运的重大问题。提出问题需要勇气，当我们发现问题时，就要及时提出问题并寻求方法积极解决问题，这是一个长期的十分艰难的和复杂的过程。有人认为提出问题比解决问题还要重要，提出问题是研究工作中最关键的问题，所以，需要我们考虑诸方面的因素，结合历史事实提出和确立真正值得研究而又力所能及的问题。然后在历史问题的基础上收集整理历史事实，寻找问题的答案。

其次是史料的搜集、鉴别和考据方法。在历史资料的搜集过程中，要尽可能地多找资料，所搜索的资料一定要全面，思路要开阔，注意别人容易忽略的资料，细心地研究材料。历史过程中的资料有其特殊性。一般来说，资料是一种客观存在，但是资料也有主观性的一面，所有的文字资料在被记录下来时就已经有了主观性。因为作者在记录材料时，是带有自己的主观意识的。或许作者力求客观，但受到自身的局限，做不到完全客观。搜集资料者本身也带有主观性，因为搜集者是围绕一定的目的搜集资料的，这就使资料带有搜集者的主观色彩。因为资料具有主观性，搜集者也具有主观性，所以，我们在搜集资料时要力求客观，力求全面，避免掉入主观的泥淖。关于史料的搜集、鉴别和考据方法研究的一个新趋向就是可以采取现代化的技术手段，改变过去那种以落后的手工进行资料的搜集和整理的工作方式。计算机不仅可以进行资料的搜集和整理，而且可以对史料进行分析和考证，从而在一定程度上减轻人们工作压力，因此，我们有必要将历史资料纳入计算机网络系统之中。

第三是正确处理史论关系的方法。我们认为应该将史论结合。理论与史料的结合，不仅仅是书写历史作品的技巧问题，而且是认识问题。我们所提倡的史论结合就是理论与历史实际的结合。史论关系始终处于以下三种范围的关系之中。第一种关系，将史和论作为两种社会现象来研究，这里所说的“史”是指历史科学，“论”指历史理论，在马克思主义哲学中主要是指唯物史观。二者的关系是，前者为后者奠定了历史基础，后者为前者提供了历史研究的基本途径和根本方法。第二种关系，在历史研究中考察，这里的“史”是指具体的历史过程以及伴随这个历史过程的历史事实，“论”指的是对具体历史过程和历史事实的看法，在这个研究范围内，只能是论从史出。第三种关系，是在说明和叙述历史的过程中来看史论关系，这里的“史”是指历史著作中用的资料，“论”指著作中的观点、论点。在研究结果已经得出后，可以根据具体情况，灵活处理史论关系，既可以以论代史，也可以先史后论，寓论于史[①]。所以，我们应当根据具体的历史范围来确定理论与史料的关系。

§4 作为理论框架和宏观指导的历史观

历史学家与哲学家在各自的研究领域，认为对方的研究方式方法都具有缺陷。历史学家认为，哲学家们过分拘泥于对理论和概念的梳理；与之相反，哲学家们认为历史学家们一直过分地注重于历史事件发生的本身，忽略事件发生背后的深层次原因。哲学与历史本就是互利共生的，在历史研究的过程中，如果希望将零散的事例结合起来进一步深入挖掘其背后的逻辑关系，势必以哲学为导引探究历史发展的规律。马克思提出"为历史服务的哲学"[②]，这种哲学在历史中所起的作用就是以历史观的形式发生的，历史观是我们在进行历史研究过程中的"指导书"。在不同的历史时期，不同的历史著作家可能有不同的历史观，我们以奥古斯丁和维柯为例就可以看出这一点。神学占据统治地位的时代，人们坚信盘古开天地、上帝造物等，这一时期的历史观带有明显的神学性质。作为教父哲学的代表人物，奥古斯丁抱持着一种神学历史观。在《忏悔录》中，他认为："天主权衡时宜，对古人制定那样法令，对今人制定这样法令，古往今来都适应着同一的正义。"[③]所表达的观点是上帝主宰着一切，包括人类的历史都是由上帝设计的，人类的命运是由上帝所书写的。维柯的《新科学》标志着历史哲学的诞生，它运用哲学来检查语言学的成果，力图建立"权威（凭证）哲学"[④]，它同时也把研究主题集中于论述历史观，是历史观研究领域出现的一部具有划时代性质的著作。维柯的历史观坚信并强调人类的历史是不断发

---

① 参见蒋大椿：《论与史的关系考察》，22—26 页，《历史研究》1982 年第 4 期。

②《马克思恩格斯文集》第 1 卷，4 页，北京：人民出版社，2009。

③［古罗马］奥古斯丁：《忏悔录》，45 页，北京：商务印书馆，1963。

④［意］维柯：《新科学》上册，9 页，北京：商务印书馆，1989。

展的，其中必然蕴含着一定真实存在的客观规律，按此规律发展的历史才是理想化的历史，学者们研究此类历史才是新科学。“让我们来思索一下我们在这本书中自始至终都在许多方面对最初时期和最近时期之间［即对古代和近代各民族之间］所进行的一些比较，那么，完全展现在我们面前的就不只是罗马人或希腊人在法律或事迹方面在特定时期的特殊历史，而是（由于在杂多的发展形态中在可理解的实质上仍然现出一致性）由一种展现出一些永恒规律的理想性的历史，这些永恒规律是由一切民族在他们兴起，进展，成熟，衰颓和灭亡中的事迹所例证出来的。”①

每个历史事件的发生都是由许多因素共同促成的，当历史学家不再停留于历史事件本身，而进一步探究主要历史人物的思想动机，以及这些思想动机背后的动因的时候，必然要用到哲学的思考方式。把历史和哲学二者割裂开来加以对待就会使自己的思想带有片面性，从而难以认识历史的本来面目。例如，历史唯物主义认为，无论是具体的重要事件发生还是抽象的人们思想观念的改变，追寻到最根本的因素往往是物质因素的影响。考茨基一直坚持唯物主义历史观，但是考茨基认为马克思主义并不是哲学，而是历史科学。受到达尔文主义影响的考茨基，错误地将马克思主义与哲学割裂，从而使得他的唯物历史观具有非辩证的特性，这也是导致考茨基放弃传统马克思主义，转向民主社会主义道路的重要原因。马克思主义最主要的思考方式就是辩证法，这一方法经过实践的长期检验，被人们公认为真理，但这一真理性的哲学思考方式被考茨基所放弃，从而也迫使他走向折中主义。作为第二国际的代表性人物之一的考茨基的看法，使折中主义普遍充斥在第二国际，这也是导致第二国际最终走向分裂，左派和右派各自选择不同道路的原因。

哲学思考方式存在于不同学科和不同领域，忽略哲学的引导作用，忽视规律和逻辑的发现与研究的最明显特征就是容易走上经验主义的路线，过分强调理论必须以相关的现实事例为基础进行论证。以此为分析路径，

① ［意］维柯：《新科学》下册，597页，北京：商务印书馆，1989。

在历史的研究领域，忽视历史观中哲学的引导作用，必然会夸大个别历史事件发生的特殊原因，忽视其背后的一般历史发展规律，阻碍历史研究的连续性。法国历史学家基佐明确提出应以哲学的思维进行史学研究，基佐的历史研究方法十分贴近黑格尔的思想，注重运用理性逻辑思考问题，在尊重事实的基础上，运用逻辑联系思考各事实例证之关联。基佐在历史学方面取得的重要成就归功于他能够将历史与哲学进行联系，形成自己的历史哲学研究方法。

历史与哲学之间的争论一直延续至今，产生这一问题的重要原因，就是两个研究领域的学者们一直试图“绘画”出一条明确的界线来区分两个学科。而倾注心血将哲学与历史联系起来进行研究的学者其实不多，或者也可以说大部分在历史领域进行研究的学者并不承认其研究方法是哲学的逻辑思考。历史的研究方式方法也经过很多学派的发展与研究，例如前文所提及的历史科学、历史哲学、政治史学等多个学派都对历史研究的方法论进行详细研究，在提及历史观的过程当中不可避免的是，各学派的学者都需要对哲学与历史之间的关系进行一定的阐释。

历史与哲学在不同的研究领域拥有各自的张力，仅仅将思辨的方式融入在历史的研究当中，难以融合两个领域各自的思考优势。如果要实现哲学与历史学的互补共生，德罗伊森所表达的观念对我们来说具有借鉴意义。他认为：“那些作为，只有我们以历史眼光掌握处理它们的时候，才变成历史；它们本身并不就是历史，而是在我们的眼光下，经由我们的眼光后，才变成历史。……那些外在的，有其本身运作原因的事业，被我们的记忆、被我们的历史意识及理解力掌握之后，才变成历史。只有我们记忆所及的事，才是真正尚未逝去的过去，才是虽然过去却有现在性的事。”[①] 从德罗伊森对历史的定义中，我们可以看到，只有经过我们的记忆和思维，历史才能真正地称之为历史。如果不经过记忆和思维，这些“行为”在时间维度上来说也仅仅是过去发生的事件，与现在所进行的“行为”并无本质的区

① [德]德罗伊森：《历史知识理论》，20—21页，北京：北京大学出版社，2006。

别。当我们思考过去的这些“行为”对我们当今世界产生了何种影响、以何种形式存在于我们的思想观念之中、并经过当代人的思考与研究怎样延续至后世，真正的历史才能被我们所认知。德罗伊森的观点告诉我们，在思想中把握的记忆才是具有现在性的历史，人的思想不会满足于对具体事例的记忆和陈述，思想的本质是从具体到抽象，从抽象再到具体，第二次出现的具体是呈现在思维中的具体。思维需要材料，但是材料不是思维的本质，思维的本质恰恰在于得出普遍性、一般性的结论，这种思维必然会具有哲学性质。

当我们的目光涉及世界历史时，世界历史的研究也要以世界历史观做引导、为前提。缺失世界历史观的指引，世界历史的研究只能是盲目的、零散的事实与事例的汇集。按照一些不以哲学为指引的历史研究方式，他们单纯依赖于研究历史事件本身，从探索的初始就将自我置身于时间、空间的枷锁之中。世界史的研究从条件上来说，是以新航路的开辟为起始，经过工业革命和世界市场等多方面的发展，加速世界的联系程度的。随着世界联系的愈加紧密，历史学家意识到将整个世界联系起来进行历史研究的必要性，马克思与恩格斯通过对世界历史的关注在一定程度上意识到全球化时代的到来，“过去那种地方的和民族的自给自足和闭关自守状态，被各民族的各方面的互相往来和各方面的互相依赖所代替了。物质的生产是如此，精神的生产也是如此。各民族的精神产品成了公共的财产”①。各民族的“精神产品”，就包括各民族的历史。在世界历史到来之前，更多的学者将眼光放在某一地区或者民族的纵向研究，而忽略横向的联系。当学者们持有世界历史观这一强力的“武器”时，他们将斩断地域的“锁链”，放眼望世界，世界一直是一个整体，各民族的发展一直遵循着人类发展的一般规律。只是由于没有哲学的世界历史观指引，缺乏宏观的、长时段的“大历史”视域，世界历史中这些方面才一直被忽视。

经过长时间的摩擦与交融，历史学与哲学这两个古老的学科，共同孕

① 《马克思恩格斯文集》第2卷，35页，北京：人民出版社，2009。

育出了一个新的独立学科——历史哲学。历史哲学倾向于从普遍性和一般性的角度思考问题，它在历史学的基础上，对历史进行哲学的思辨进而达到反思的程度，反思的结果就是形成一种观念的集合，也就是我们所讨论的历史观。从众多历史哲学的代表性研究中我们可以发现，历史哲学所研究的内容就是我们所熟知的历史观，历史哲学的最终研究目标就是形成一种新的历史观。历史哲学作为独立学科拥有很多学派，从思辨的历史哲学、批判或分析的历史哲学到文明论的历史哲学。历史哲学的逐渐发展，也就代表着历史观的发展。历史哲学的发展代表着历史学的发展，历史哲学存在的本身就是为了对历史学的研究进行引导。更为重要的是，历史哲学能够向纵深发展的最主要的原因，是如何更好、更有效地将哲学与历史相契合。沃尔什把马克思也列为思辨的历史哲学家，但是马克思曾经对以黑格尔为代表的历史哲学的思辨倾向展开过激烈的批判。从这一点来说，马克思的历史理论与以黑格尔为代表的思辨历史哲学研究存在本质的区别。马克思认为过度强调先验的理念，会造成脱离实际的情况，我们研究历史而后反思，其目的是以史为镜，而脱离了实际就是天马行空。历史科学的创立就是马克思为了与历史哲学进行区分而努力的结果，唯物史观的基本要求就是要以实践为前提，哲学的思辨要以实践为前提，历史的研究要在历史事实的基础上建立“适应时间次序的历史”。

某些历史学家反感哲学的最主要原因就是认为哲学家都是浪漫主义者，思考追求的永远都是不切实际的理念与目标。就此而言，哲学确实存在一定的问题，哲学离不开历史学的襄助。英国剑桥大学荣誉教授劳埃德曾经认为：“历史可以帮助解决哲学问题。历史研究肯定马上会碰到极其尖锐的诠释学问题，即客观理解别人如何成为可能。……理解遥远的过去，理解所谓的死语言，与理解别的东西在原则上没有什么不同（尽管在实际上会有具体的困难）。……比较科学史研究使我们看到了很不相同的信仰体系。”[①] 当我们试图将自己置身于历史事实材料之中时，理解总是有不足。

① ［英］劳埃德：《历史学的科学哲学之用》，14 页，《科学文化评论》2011 年第 3 期。

当我们的哲学思辨不能尽如人意的时候，更多的历史佐证材料才是唯一的解决方式。

综上所述，历史与哲学之间的关系密不可分，而历史与哲学之间的融合合作则需要一个适当限度，并不是两者要进行明确的区分或者划清界限。历史与哲学的正确“相处模式”是在尊重历史事实的前提基础下，通过哲学的思辨与反思，形成一种正确的历史研究方式与模式，在此基础上进一步凝练形成一种指导历史研究的历史观，进而推动历史学与哲学的发展。哲学存在于历史学中的方式也是多种多样的，无声无息地发挥着重要的指导作用，历史学者们应该持包容互鉴的态度，而不是将哲学拒之门外。

§5　意识形态在历史评价中的作用

“意识形态”一词在现代学术和政治话语中属于高频词，但是当我们使用这一概念时，其确切的含义却时常成为一个难以解答的问题。我们如果要评估意识形态在历史评价中的地位和作用，作为立论的基础，我们需要首先尝试说明意识形态一词的含义。

意识形态相对应的英文单词 ideology（法语是 idéologie，构词方式与英语相同），由 idea 和 -ology 两个词根来构成，直接翻译就是“观念学科”或者“观念科学”。这一概念首先由法国哲学家特拉西（Destutt de Tracy，1754—1836）提出，在他那里，idéologie 是一门区别于形而上学和心理学的、“在科学的谱系中处于首要位置”[①] 的学科。他认为，形而上学是主要研究存在的本质、精神、智慧的等级、事物的起源和第一因的学科，它与物理学有明显的区别；与形而上学不同，idéologie 是运用物理学的方法对人的观念开展研究，它意味着对形而上学的拒斥。同时，特拉西也不满意心理学（psychology）的字面含义，从字面上来看，psychology 的意思是“science of the soul”，意味着它是关于心灵实体的知识，同时也意味着对终

① Head B W, *Ideology and Social Science: Destutt de Tracy and French Liberalism*, p33, Dordrecht: Martinus Nijhoff Publishers, 1985.

极原因的追求，而这些方面并不是 idéologie 的研究主题。idéologie 之所以在所有学科中处于首要的、基础性的地位，其主要原因在于人类所有的知识都是由观念来构成，这些知识的精确性依赖于我们做出一系列准确判断的能力。“关于观念的科学的研究对象是观念或知觉，以及思考和感知的能力”①，作为 idéologie 的观念学主要研究观念的普遍原则和发生规律。特拉西继承和发展了洛克和孔狄亚克的经验论学说，他认为，“所有的观念都来自于感性知觉，复杂观念由简单观念转变而来；知识不是来自于先天的或自明的原理，而是必须建立在特定的事实基础之上”②。他把观念等同于感性知觉，思维等同于处于感知过程中的感觉，于是意识形态（观念科学）被视为动物学和物理学的一部分，这一学科就像动物学研究动物标本一样依据感性知觉对人类思维开展研究。

特拉西首先发明并使用了 idéologie 这一词语，但是这个词语的广泛使用离不开马克思主义在世界范围内的传播。汉语把 idéologie（观念学）译为“意识形态”也是在马克思主义在中国传播的过程中实现的。据考证，“1919 年，陈溥贤第一个将日语‘意識形態’转译为中文‘意识形态’，但可惜是一个误译③，而将马克思真正的‘意识形态’（ideologie）经由日文‘観念（上の形態）’转译成中文‘观念（上的形态）’；1923 年，瞿秋白第一个将英语‘ideology’引入中文语境，但同样没有直接翻译成‘意识形

① Head B W, *Ideology and Social Science: Destutt de Tracy and French Liberalism*, p32, Dordrecht: Martinus Nijhoff Publishers, 1985.

② Head B W, *Ideology and Social Science: Destutt de Tracy and French Liberalism*, p37, Dordrecht: Martinus Nijhoff Publishers, 1985.

③ 这个词语最初转译自日本学者河上肇的《马克思的社会主义的理论体系》，河上肇所使用的日语“意識形態”概念是对德语 Bewuβtseinformen 的翻译，但是德语 Bewuβtseinformen 在《马克思恩格斯全集》中文第 1 版和第 2 版的《〈政治经济学批判〉序言》中均被译为“意识形式”，中文《全集》译法比较符合德文的原意。把 Bewuβtseinformen 译为“意识形态”是一种误译。“德语词 Gestalt、Gestaltung 和 Form 在中文中既可译为‘形式’也可译为‘形态’。严格地说来，只应该将 Ideologie 译为‘意识形态’，上面例举的三个词（指 Bewusstseinformen/die Gestalt des Bewusstseins/die Gestaltung des Bewusstseins）应该译为‘意识形式’。总之，‘意识形态’是一个总体性的概念，是由各种‘意识形式’——哲学、宗教、伦理、政治、法律等等构成的有机整体。事实上，马克思和恩格斯正是按照这样的方式来理解意识形态和意识形式之间的关系的。”［俞吾金：《意识形态论》（修订版），人民出版社 2009 年版，第 129 页］

态’，而是译成了‘社会思想’；1927 年，成仿吾第一个将德语‘ideologie’引入中文语境，并第一个将之直接翻译成今天通行的‘意识形态’，只不过同时也附上了音译‘意德沃罗基’（亦属首次，尽管 1926 年日本学界也出现了用日语片假名表称的音译法）。可见，第一个将汉语‘意识形态’一词与马克思的意识形态概念（ideologie）直接对应起来的，是中国人（成仿吾）。”① 由此可见，德语 ideologie 对应于法语 idéologie，这个单词被翻译为中文的过程比较曲折。最初“意识形态”被用于翻译德语单词 Bewuβtseinformen，从字面意思来看，这个翻译还是比较准确的，因为在德语中 Bewuβtsein 就是指意识或观念，formen 就是指形式或形态。但是，随着后续的演化，Bewuβtseinformen 被翻译为“意识形式”，而 ideologie 逐步固定地被翻译为“意识形态”并被广泛接受。在这个翻译过程中，还存在一个未解的问题，即从字面上来说意为“观念学”的 ideologie 为什么具有“形态”的性质并被翻译为意识形态？

我们首先可以看到，特拉西的“观念学”已经开始使“意识”具有“形态”的性质。他认为，观念学就是从感觉的分析中得出结论的科学，“人类只有通过分析自身的能力才能获得知识”②，“事实上，由于我们除了拥有观念之外什么都不拥有，因此我们的观念就是我们的整个存在，我们的存在本身，因此只有通过对我们的感觉以及使之联合起来的方式进行研究才能展示我们的知识的组成，它包含的内容，它的局限性，以及我们在各个领域追求真理时必须遵循的方法”③。特拉西的观念学不仅强调要通过效果和影响来研究人的观念，同时也在观念与感觉、思维与感知之间建立等式。对观念的研究等于对感觉的研究，对思维的研究等于对感知过程的研究，观念学是动物学和物理学的一部分。这就使内在于人的头脑的观念等于外

---

① 张秀琴：《马克思意识形态概念在中国的早期传播与接受：1919—1949》，139 页，《马克思主义与现实》2013 年第 1 期。

② Head B W, *Ideology and Social Science: Destutt de Tracy and French Liberalism*, p33, Dordrecht: Martinus Nijhoff Publishers, 1985.

③ Head B W, *Ideology and Social Science: Destutt de Tracy and French Liberalism*, p34, Dordrecht: Martinus Nijhoff Publishers, 1985.

在的对于事物的感知，观念不再是处于黑箱中的甲虫，它具有了可以用物理学方式加以认识的“形态”。特拉西的这种哲学思想具有马克思所批判的旧唯物主义的典型特征，即“对事物、现实、感性，只是从客体的或者直观的形式去理解，而不是把它们当作人的感性活动，当作实践去理解，不是从主观方面去理解”①。客体＝感性，感性＝观念，于是观念所具有的主观或主体属性被排除，观念等同于外在的“形态”。在特拉西那里，“观念学”就是把意识当作某种具有特定“形态”（就像物质具有某种形态一样）加以研究的、在所有科学中发挥基础性作用的学科。

如果直接从特拉西的理论出发，虽然他所说的意识已经具有“形态”的属性，但是我们一般不会把他所使用的idéologie译为“意识形态”，在他的语境中更适合的译法应该是“观念学”。我们之所以把idéologie译为“意识形态”，马克思、恩格斯对这个概念的使用发挥了关键的作用。事实上，“意识形态”这一中文词也正是在对马克思、恩格斯唯物史观相关论述译介过程中才出现的。马克思、恩格斯揭示了意识之所以具有“形态”的第二个维度，而这一维度明显区别于特拉西。在这一维度中，德语ideologie的最恰当翻译是“意识形态”，再把它翻译为“观念学”就会造成理解上的困难。

马克思与恩格斯合著的《德意志意识形态》的原文标题是*Die deutsche Ideologie*，他们撰写这部著作的主旨是：“共同钻研我们的见解与德国哲学思想体系的见解之间的对立，实际上是把我们从前的哲学信仰清算一下。这个心愿是以批判黑格尔以后的哲学的形式来实现的。”②“德意志意识形态”就是指黑格尔以后的德国哲学的诸种形式，这些哲学形式在思想方法上的共同点在于它们“同样认为思想统治着世界，把思想和概念看作是决定性的原则，把一定的思想看作是只有哲学家们才能揭示的物质世界的秘密”③。“他们彼此不同的地方在于：他们想用不同的方法来拯救他们所谓在自己的

①《马克思恩格斯全集》第3卷，3页，北京：人民出版社，1960。
②《马克思恩格斯全集》第13卷，10页，北京：人民出版社，1962。
③《马克思恩格斯全集》第3卷，16页，北京：人民出版社，1960。

固定思想的威力下呻吟的人类；他们彼此不同的地方取决于他们究竟把什么东西宣布为固定思想。他们相同的地方在于：他们相信这种思想的统治；他们相同的地方在于：他们相信他们的批判思想的活动应当使现存的东西遭到毁灭，——其中一些人认为只要进行孤立的思想活动，就能做到这一点，另一些人则打算争取共同的意识。”[①]马克思、恩格斯形象地把全部意识形态所具有的一般特征归结为“从天国降到人间”，这种考察方法是“从意识出发，把意识看作是有生命的个人”[②]。全部意识形态错误地倒置了生活和意识之间的关系，从而把意识理解为脱离现实生活独立发展并在现实生活中起决定性作用的因素。马克思、恩格斯进一步分析了造成这种状况的物质动因，即伴随着社会分工的发展而出现的物质劳动和精神劳动的分工，“从这时候起意识才能真实地这样想像：它是同对现存实践的意识不同的某种其他的东西；它不想像某种真实的东西而能够真实地想像某种东西。从这时候起，意识才能摆脱世界而去构造‘纯粹的’理论、神学、哲学、道德等等”[③]。

随着社会分工而出现的意识的独立性就是马克思、恩格斯揭示出来的意识之所以具有“形态”的第二个维度，这时，意识不仅具有外在的表现自身的“形态”（特拉西所言的意识的“形态”属性），而且意识自身成为独立发展的主体。意识变成“有生命的个人”脱离现实生活过程而独立发展，继而构造出“‘纯粹的’理论、神学、哲学、道德等等”，于是意识发展演变成为意识形态。成为意识形态的意识不再是具有流动性的、不定形的东西，而是某种固定的、具有体系性的东西。哲学史上每个哲学家都有自己的理论和体系，不同的哲学家之间又构成一定的批判和继承的关系，哲学的历史似乎是在不同理论体系相互批判和继承的关系中脱离现实生活而独立发展的。马克思认为，“这种情况一直保持到今日，但今后不应继续

①《马克思恩格斯全集》第3卷，16页，北京：人民出版社，1960。

②《马克思恩格斯选集》第1卷，73页，北京：人民出版社，1995。

③《马克思恩格斯全集》第3卷，35—36页，北京：人民出版社，1960。

存在”[①]。意识的独立性是社会分工的产物，是在特定历史阶段上出现的特定的历史现象，伴随着社会分工的发展必然带来意识的独立性（意识形态）的消亡。在马克思、恩格斯看来，意识的独立性仅仅是意识所具有的“外观”而已，它自身没有历史，没有发展。意识应该与生活建立密切的联系，随着物质生活方式的变化，意识也应当发生变化。这种变化必然打破意识所具有的“独立性的外观”，“那些发展着自己的物质生产和物质交往的人们，在改变自己的这个现实的同时也改变着自己的思维和思维的产物”[②]。马克思、恩格斯所倡导的这种摆脱意识形态束缚的考察方法要求“从现实的、有生命的个人本身出发，把意识仅仅看作是他们的意识”[③]，“从人间升到天国”。也就是说，在对人和人类社会开展研究的过程中不预设任何的理论前提，一切的结论都是在研究过程中得出的，这样可以有效祛除意识形态对研究结果的影响。

在马克思生前已经出现“马克思主义”这一称谓，同时也出现了把马克思主义当作意识形态来对待的思想倾向，针对这种思想倾向，马克思曾经明确表示“我只知道我自己不是马克思主义者”。在马克思去世之后，恩格斯针对那些把马克思主义视为“僵死的教条”的思想倾向提出了严肃的批评。1890 年 8 月，恩格斯在写给康·施米特的信中批评了德国的许多青年作家运用“唯物主义的”套语到处贴标签的行为。针对这种现象，恩格斯强调：“我们的历史观首先是进行研究工作的指南，并不是按照黑格尔学派的方式构造体系的方法。必须重新研究全部历史，必须详细研究各种社会形态存在的条件，然后设法从这些条件中找出相应的政治、私法、美学、哲学、宗教等等的观点。”[④]在这里，恩格斯力戒把马克思主义当作独立的意识形态加以研究和运用的思想倾向，力戒按照黑格尔的方式构造肢解历史的思想体系，劝导大家不能把唯物史观“当作不研究历史的借口”[⑤]。与此相

①《马克思恩格斯全集》第 3 卷，16 页，北京：人民出版社，1960。

②《马克思恩格斯全集》第 3 卷，30 页，北京：人民出版社，1960。

③《马克思恩格斯全集》第 3 卷，30 页，北京：人民出版社，1960。

④《马克思恩格斯全集》第 37 卷，432 页，北京：人民出版社，1971。

⑤《马克思恩格斯全集》第 37 卷，432 页，北京：人民出版社，1971。

反，马克思主义研究要与历史事实相结合，“这个领域无限广阔，谁肯认真地工作，谁就能做出许多成绩，就能超群出众”[①]。1890 年 9 月，恩格斯再次公开批评被《萨克森工人报》“歪曲得面目全非的‘马克思主义’”，这种“马克思主义”的特点是：“第一，显然不懂他们宣称自己在维护的那个世界观；第二，对于在每一特定时刻起决定作用的历史事实一无所知；第三，明显地表现出德国文学家所特具的无限优越感。”[②]概括起来，这种马克思主义者脱离历史事实，以文学想象的方式一知半解地肢解马克思主义。恩格斯严厉批判的这种理解和阐释方式的实质就是把马克思主义当作一种脱离现实的意识形态来对待，这种方式在理论上会造成对马克思主义的误解，在实践上会造成社会主义事业遭受挫折。

“德意志意识形态”的运行逻辑是马克思、恩格斯哲学批判的对象，同时他们也坚决反对把马克思主义作为一种意识形态来对待。那么，什么是意识形态呢？恩格斯曾经先后两次说明这个问题。

一次是在《反杜林论》中，他认为：“对世界进行研究的一般结果，是在这种研究终了时得出的，因此它们不是原则，不是出发点，而是结果、结论。从头脑中构造出这些结果，把它们作为基础并从它们出发，进而在头脑中用它们来重新构造出世界——这就是意识形态。”[③]由此可见，所谓意识形态是由其研究方式作为典型标志的思想体系，这种研究方式的典型特征就是在头脑中依靠思维的运动来构建理论体系。恩格斯指认杜林是典型的“意识形态家”，因为他是“从‘原则’出发，而不是从事实出发”来构建他的理论体系。

另一次是在 1893 年写给弗兰茨·梅林的信中。恩格斯在这封信中强调理论研究既要注重内容又要注重形式，所谓内容就是在分析基本经济事实中得出的观念以及以这些观念为中介的行动，所谓形式就是要说明“这些

---

①《马克思恩格斯全集》第 37 卷，433 页，北京：人民出版社，1971。

②《马克思恩格斯全集》第 22 卷，81 页，北京：人民出版社，1965。

③《马克思恩格斯文集》第 9 卷，345 页，北京：人民出版社，2009。

观念等等是由什么样的方式和方法产生的”[①]。恩格斯认为他和马克思比较重视对研究内容的阐发，但是“为了内容方面而忽略了形式方面”。为了进一步说明研究形式，恩格斯界定了作为马克思思想方法对立面的意识形态以及意识形态研究的方式与方法。他认为：“意识形态是由所谓的思想家通过意识、但是通过虚假的意识完成的过程。”[②]在这里，恩格斯把意识形态界定为一个“过程”，也就是运用特定的方式和方法产生结论的过程。在这个过程中，思想家“只和思想材料打交道”，或者从自己的思维中，或者从他的先辈的思维中引出思想的内容和形式；这样，由于他们局限在思想领域来研究问题，他们就会对推动思想发展的真正动力，对产生这些思想材料的“较远的、不从属于思维的根源”一无所知，因而只能满足于揭示虚假的、表面的动力。这一过程表现在历史研究领域就是把研究材料视为思维的结果，“这些材料是从以前的各代人的思维中独立形成的，并且在这些世代相继的人们的头脑中经过了自己的独立的发展道路”[③]，在纯粹思维的范围内消化来自外部的、与研究结论相冲突的、最顽强的事实。

由上面的论述可见，马克思和恩格斯对于意识形态的认识前后具有一致性，意识形态的典型特征可以概括为：倒立成像、虚假意识和独立发展。所谓“倒立成像”就是指意识形态倒置了意识和生活之间的关系，错误地认为意识决定生活，主张只要在观念中解决了问题，现实中的问题就会迎刃而解。但是，现实是一个人“要想站起来，仅仅在思想中站起来，而现实的、感性的、用任何观念都不能解脱的那种枷锁依然套在现实的、感性的头上，那是不行的”[④]。所谓“虚假意识”就是指头脑中的幻想不能解释和解决现实中的问题，“‘思想’一旦离开‘利益’，就一定会使自己出丑”[⑤]。所谓“独立发展”就是指意识变成“有生命的个人”，脱离现实，以纯粹思辨的方式发展自身，“正如从简单范畴的辩证运动中产生群一样，从群的辩

①《马克思恩格斯文集》第10卷，657页，北京：人民出版社，2009。

②《马克思恩格斯文集》第10卷，657页，北京：人民出版社，2009。

③《马克思恩格斯文集》第10卷，658页，北京：人民出版社，2009。

④《马克思恩格斯全集》第2卷，105页，北京：人民出版社，1957。

⑤《马克思恩格斯全集》第2卷，103页，北京：人民出版社，1957。

证运动中产生系列，从系列的辩证运动中又产生整个体系”[①]。意识形态所包含的上述三个方面的特征，用一句话来概括，那就是：所谓意识形态就是倒置生活与意识的关系并独立发展的虚假意识。正是这种虚假意识的独立发展过程才使这种意识具有了“形态”的性质，正是基于此，马克思、恩格斯在原著中所使用的ideologie的正确译法是“意识形态”，而不是“观念学”。马克思、恩格斯赋予了ideologie全新的含义，这一含义明显区别于特拉西最初的用法。

“在绝大多数人看来，‘意识形态’这个用语是与马克思主义紧密联系在一起的，而且他们对这个用语的反应也在很大程度上是由这种联系决定的。”[②]在马克思、恩格斯使用这一词语之后，在不断演化的过程中，它所包含的各种新的意义不断出现。曼海姆揭示了“意识形态”这一用语所包含的两种不同的可以分开的意义：一种是特殊的意义，“意识形态”被用于指称对手的某些观念和陈述，“这些观念和陈述被看作是对手对情境的实在本性或多或少有意识的伪装，而对这种情境的真实认识并不符合他的利益”[③]；另一种是总体的意义，“意识形态”是某一时代或某一社会群体（阶级）的总体性的思想结构的特征和组成成分。特里·伊格尔顿揭示了“意识形态”这一用语所包含的六个方面的意义。首先，意识形态是指社会生活中观念、信念、价值观产生的一般物质过程，这一定义在政治和认识论中都属于中性词，在一定程度上与“文化”一词相等同。其次，意识形态是表达特定的、具有社会意义的群体或阶级的状况和生活经验的观念和信念（无论是真是假），这是一种集体象征性的自我表达。第三，意识形态致力于在利益对立的情况下维护特定群体或阶级的利益并使其合法化，这是把意识形态放在一种关系或冲突中来进行考察。意识形态的第四种含义继续强调部门利益的促进和合法化，但是将其局限于起主导作用的社会权力的活动，由此会产生在社会中起主导作用的意识形态。第四种含义的意识形态还属于

① 《马克思恩格斯全集》第4卷，142—143页，北京：人民出版社，1958。

② ［德］卡尔·曼海姆：《意识形态与乌托邦：知识社会学导论》，83页，北京：商务印书馆，2014。

③ ［德］卡尔·曼海姆：《意识形态与乌托邦：知识社会学导论》，84页，北京：商务印书馆，2014。

中性词，由此延伸就会产生包含贬义的第五种意义，即意识形态是通过歪曲和掩饰帮助统治集团或统治阶级的利益合法化的思想和信念。第六种含义的意识形态继续强调虚假的或欺骗性的信念，但是这种信念不是从统治阶级的利益中衍生出来的，而是来自整个社会的物质结构，马克思所提出的商品拜物教理论就是这种意识形态的典型代表。[①] 伊格尔顿相对于曼海姆而言，更为系统地阐述了意识形态概念的含义。马克思、恩格斯所使用的意识形态概念主要是一个贬义词，但是随着其意义的不断演化，意识形态既是一个中性词，也可以是一个褒义词，其具体含义要依据不同的语境做出区分。

历史认识包括历史认知和历史评价两个部分，不管是历史认知还是历史评价，历史哲学家都在其中发现了意识形态发生作用的痕迹。历史认知是历史学家收集和确定历史事实的过程。在这一过程中，某些思想家认为理论具有先在的地位和作用，"理论先于历史"，历史学家需要借助某种理论来梳理繁杂的事实。"在过去的同一点上，经过剪裁和叠合，总是有如此多不同的面相，如此多起作用的力量，以至于历史学家总会在那里找到特别的元素，根据他的理论，这个元素显得好像占优势地位，显得让人以为是种可理解性的体系——显得好像是唯一的解释。"[②] 于是，面对历史上每时每刻都会产生的繁杂的事实，"他总是想找什么，就找到什么"。历史评价是历史学家针对历史事实做出价值判断的过程。在这个过程中，历史学家要做出好与坏、善与恶的判断就必须从一定的立场或道德观出发进行考察，离开特定的立场或者道德观就无所谓好坏、善恶。"正如伴随着每一种意识形态的是一种特定的历史及其过程的观念，因而，我认为，每一种历史观也伴随着特殊而确定的意识形态蕴含。"[③] 相对于历史认知而言，历史评价更依赖于某种意识形态在其中发挥作用，离开这种意识形态，价值判断将无法开展。

---

① 详见 Terry Eagleton, *Ideology: an Introduction*, p28-30, London and New York: Verso, 1991.

② ［法］安托万·普罗斯特：《历史学十二讲》（增订本），193 页，北京：北京大学出版社，2018。

③ ［美］海登·怀特：《元史学：十九世纪欧洲的历史想像》，31 页，南京：译林出版社，2004。

就蕴含在历史评价中的意识形态的基本类型而言，不同的思想家有不同的看法。法国思想家雷蒙·阿隆根据历史学家对于连续和断裂的态度划分不同类型的意识形态。在他看来，“历史学家不得不去解释历史，换言之，他不得不将他所追寻的连续或不连续的变迁插入到一个模式当中去”[①]。基本模式主要有两种，即革命思想和保守主义。“连续与断裂，变迁与稳定（或者说，历史多样性与人类统一性），进步与周期，这些是一个方面；保守主义与革命，灵魂的好奇心与君王的教育，乐观主义与悲观主义，这些是另一方面。这两个序列的反命题相互呼应。”[②]革命派期望通过行动改变现存的秩序，保守派则自称继承了数个世纪、数代人所积累下来的智慧。美国后现代主义史学的主要代表海登·怀特把意识形态视为被历史学家赋予“科学”或“现实”属性的、在社会实践范围内采取并遵照执行的立场，这种立场对于现存状态或者倾向于改变或者倾向于保守。他认为，历史学家的意识形态立场主要包括四种基本类型，即无政府主义、保守主义、激进主义和自由主义。[③]这四种基本立场之间的区别主要在于对社会变革的态度以及对社会变革方向的认知。它们都承认社会历史中的变革不可避免，但是保守主义者对于有步骤地改革社会现状最为怀疑；自由主义者（至少是19世纪的自由主义者）倾向用一种机械论的调节或“精密调谐”来看待社会变革；激进主义者希望在新的基础上重组社会；无政府主义者则要废弃“社会”，而代之以一种“共同体”，一般来说这种“共同体”建立在共同的“人性”意识基础之上。某一特定的历史学家“赋予历史记述的形式所具有的意识形态蕴涵，一定与上述四种不同立场之中的一种相吻合”[④]。名义上排斥意识形态、希望以客观中立的态度书写历史的历史学家，例如德国著名历史学家兰克，也难以避免其历史记述中的意识形态蕴涵，为此，海登·怀特特别指出兰克在“其叙述中语气自然是妥协性的，情绪是乐观的，

① ［法］雷蒙·阿隆：《历史意识的维度》，108 页，上海：华东师范大学出版社，2017。
② ［法］雷蒙·阿隆：《历史意识的维度》，109 页，上海：华东师范大学出版社，2017。
③ ［美］海登·怀特：《元史学：十九世纪欧洲的历史想像》，28 页，南京：译林出版社，2004。
④ ［美］海登·怀特：《元史学：十九世纪欧洲的历史想像》，31 页，南京：译林出版社，2004。

而意识形态蕴涵则是保守的”①。

意识形态本身是具有多元意义的概念，由此，我们也要多维度、有区别地看待意识形态在历史研究中的地位和作用。在这里要注意两个方面。第一方面，历史学家在开展历史认识之前要经过长期的专业训练和储备必要的理论常识，这是开展历史认识的必要条件。没有前期的理论准备，就不会有后期的历史认识活动；即使有一些关于历史事件和人物的看法，那么这种看法也会缺乏总体性和系统性。如果我们把历史学家前期储备的理论常识视为意识形态的话，那么历史学家的研究活动就离不开意识形态。但是，在这里要特别强调，历史研究要避免马克思、恩格斯所讲的意识形态研究方法，这种研究方法的典型特征在于把思想理论视为独立发展的领域，脱离事实，在“纯粹”思维的领域内研究历史。第二方面，历史学家研究历史都有一定的目的，不管是要理解他人、认识自己，还是从历史中吸取教训，这种目的性是促使历史学家研究历史的直接动机。目的与利益紧密相关，其中既有私人利益又有集团利益。正如前文所言，维护特定群体或阶级的利益并使其合法化的思想观念也是一种意识形态。历史科学的研究对象是人和人类社会，其中必定包含立场问题，正如毛泽东在延安文艺座谈会上指出的那样，“为什么人的问题，是一个根本的问题，原则的问题”②，“我们是站在无产阶级和人民大众的立场”③。历史研究不能回避意识形态立场，但是我们要防止以歪曲或者虚假的方式反映阶级立场，坚持从物质生产和物质生活领域出发揭示历史发展的动力和规律。

① [美]海登·怀特：《元史学：十九世纪欧洲的历史想像》，36页，南京：译林出版社，2004。

② 《毛泽东选集》第三卷，857页，北京：人民出版社，1991年第2版。

③ 《毛泽东选集》第三卷，848页，北京：人民出版社，1991年第2版。

第六章　哲学与历史学相统一的理论基础

古希腊哲学曾经具有包罗万象的知识总汇的地位，但是后来随着各个知识领域之内各门学科的建立和发展，哲学的传统领地被自然科学、心理学、宗教学、社会学等学科所瓜分，“这样，对于已经从自然界和历史中被驱逐出去的哲学来说，要是还留下什么的话，那就只留下一个纯粹思想的领域：关于思维过程本身的规律的学说，即逻辑和辩证法”[①]。恩格斯的这段话充分说明，在传统领地被相继瓜分之后，给哲学剩下的正是它最本质的东西，这是一个纯粹思想的领域，即逻辑和辩证法。与哲学不同，历史学关注的重点在于人类的过去，它通过文献档案、遗址遗迹等历史遗存来还原和再现过去真实发生过的历史过程。哲学的逻辑与历史学的事实之间有没有相互统一的关系以及如何实现这种统一，不同的理论家有不同的解答，其中马克思的观点给我们提供了基本思路。社会存在是哲学和历史学共同面对的对象，历史认识也是它们共同承担的任务，我们将在解析社会存在和历史认识基本属性、基本特征的基础上阐释逻辑与历史的统一是哲学与历史学相统一的理论基础。

§1　社会存在是一个不断发展的过程

社会存在概念在马克思主义哲学乃至整个马克思主义理论体系中具有

① 《马克思恩格斯文集》第4卷，312页，北京：人民出版社，2009。

基础性地位和决定性意义，是历史唯物主义实现革命性变革的关键所在。我们一般认为哲学的基本问题是思维与存在的关系问题，社会历史观的基本问题是社会存在与社会意识的关系问题，社会历史观的基本问题是哲学基本问题在社会历史观中的特殊表现形式。这种理解方式存在一些难以解决的理论问题，这些理论问题包括：社会存在与存在是什么关系？存在除了包括社会存在之外还有其他的存在形式吗？如果人的意识按照认识对象的不同划分为社会意识、自然意识和自我意识，那么社会历史观为什么突出强调社会存在与社会意识的关系，而忽视自然意识和自我意识在社会历史发展中的作用呢？这些理论问题归根结底是我们把哲学的基本问题与马克思、恩格斯对哲学基本问题的解答混同的结果。恩格斯曾经把哲学基本问题界定为思维与存在的关系问题，在这里我们要注意恩格斯对哲学基本问题的界定是针对“全部哲学，特别是近代哲学”[①]而言的，可以说，这一界定准确把握了全部哲学史发展的主线任务。马克思、恩格斯对于哲学基本问题的解答提供了全新的视角和方案，在哲学领域实现了革命性变革，他们从社会性出发来全面思考人的本质以及存在与思维的实质。

首先，所有人都是具有社会性的人。马克思在《关于费尔巴哈的提纲》中认为：“人的本质不是单个人所固有的抽象物，在其现实性上，它是一切社会关系的总和。”[②]在这里马克思否定了认识人的本质的三种思路：人不是脱离社会而独立存在的单个人，不能以孤立的个人来理解人的本质；人的本质不是固定不变的，而是处于运动变化之中的，不能以固有的思维来理解人的本质；人的本质不是单纯地通过人的头脑在思维中抽象出来的结果，要时刻注意人的现实性，不能把人的本质当作一种抽象物来对待。从人的现实性角度来看，人不能脱离社会而存在，要紧密结合人的社会性来认识人的本质，由此得出人是一切社会关系的总和的结论。后来，马克思在《1857—1858 年经济学手稿》的“导言”中进一步阐述了《关于费尔巴哈的提纲》中的观点。在这里，马克思认为英国古典政治经济学家斯密和李嘉

① 《马克思恩格斯全集》第 21 卷，315 页，北京：人民出版社，1965。

② 《马克思恩格斯选集》第 1 卷，56 页，北京：人民出版社，1995。

图关于单个的孤立的个人的假设是“十八世纪的缺乏想象力的虚构”①。这种个人不是历史的起点，而是历史的结果，个人的独立性是生产力和社会交往高度发展的结果。只有在18世纪的“市民社会”中，伴随着有史以来最发达的社会关系，才产生出关于孤立个人的想象。但是从根本上来说人是不能脱离社会而存在的，社会性不是人的外在属性或外在关系，而是人的本质属性或“一般关系”。由此而言，“人是最名副其实的政治动物，不仅是一种合群的动物，而且是只有在社会中才能独立的动物”②。

其次，所有的意识都是社会意识。马克思对于意识的分析比较集中地体现在《德意志意识形态》中，总括其观点可以分析出意识具有以下三个方面的特征。（1）意识与语言相伴随。“语言和意识具有同样长久的历史；语言是一种实践的、既为别人存在并仅仅因此也为我自己存在的、现实的意识。”③没有语言，意识就是一种没有区分、没有界限和关联的混沌体；没有意识，语言就是一种纯粹动物式的鸣叫，语言和意识在起源上具有共时性。马克思同时还确认，语言和意识都是由于与他人交往的迫切需要而产生的④。（2）意识具有对象性。马克思认为不指向于任何对象的意识是不存在的，“意识在任何时候都只能是被意识到了的存在，而人们的存在就是他们的实际生活过程”⑤。意识本身不具有先验的自主性，它的内容来自人们的实际生活过程在头脑中的反射和反响。（3）意识具有社会性。“意识一开始就是社会的产物，而且只要人们还存在着，它就仍然是这种产物。”⑥从意识的起源来看，它起初是对直接的、可感知的环境的一种意识，而环境主要由其他人和其他物来构成。这种对于环境的意识直接表现为两个方面，一方面意识到自身生活在自然界之中，产生关于自然的意识；另一方面也开始意识到人总是生活在社会之中，产生关于社会的意识（原始的部落意

① 《马克思恩格斯全集》第46卷上册，18页，北京：人民出版社，1979。

② 《马克思恩格斯全集》第46卷上册，21页，北京：人民出版社，1979。

③ 《马克思恩格斯全集》第3卷，34页，北京：人民出版社，1960。

④ 参见《马克思恩格斯全集》第3卷，34页，北京：人民出版社，1960。

⑤ 《马克思恩格斯全集》第3卷，29页，北京：人民出版社，1960。

⑥ 《马克思恩格斯全集》第3卷，34页，北京：人民出版社，1960。

识）。关于自然的意识与关于社会的意识同时发生，而关于自然的意识也是身处社会中的人对于自然的意识。从意识的发展过程来看，物质劳动和精神劳动的分工发挥了关键作用，它直接导致生产力、社会状况与意识这三个因素之间“可能而且一定会发生矛盾”[①]，这种矛盾使意识开始表现出独立于物质生产和社会交往的性质，但是意识的这种独立性只是一种外观而已，它自身没有历史，没有发展，是“发展着自己的物质生产和物质交往的人们，在改变自己的这个现实的同时也改变着自己的思维和思维的产物。不是意识决定生活，而是生活决定意识”[②]。意识所具有的上述三个方面的特征都反映出意识具有社会属性，它本质上是身处社会之中的人所具有的、与物质生产和物质交往状况相适应的社会意识。所谓社会意识是指产生于社会、反映着社会并随着社会状况的变化而变化的意识，社会意识[③]、自然意识和自我意识都是其特殊的表现形式。既然所有的意识都是社会意识，于是“从市民社会出发来阐明各种不同的理论产物和意识形式，如宗教、哲学、道德等等，并在这个基础上追溯它们产生的过程”[④]就成为历史唯物主义的主要研究任务之一。

第三，所有的存在都是社会存在。在《1844年经济学哲学手稿》中，马克思认为：“被抽象地孤立地理解的、被固定为与人分离的自然界，对人说来也是无。”[⑤]在这里马克思首先确认与人分隔开来的自为的自然界是思维抽象的结果，它不是人的认识对象，也不是人的实践对象，从认识论和生存论两个方面而言，这种自然界等同于无。进一步而言，人在意识中反映出来的自然界都是与人相联系的自然界，都是具有一定社会形式的自然界。在《德意志意识形态》中，马克思和恩格斯以樱桃树为例说明了感性世界的性质。樱桃树之所以能够成为人的感知的对象，是因为商业活动把它移

①《马克思恩格斯全集》第3卷，36页，北京：人民出版社，1960。

②《马克思恩格斯全集》第3卷，30页，北京：人民出版社，1960。

③ 这里的社会意识是指狭义的社会意识，也就是关于社会的意识。广义的社会意识是指具有社会属性的意识，它与社会存在概念相对立。

④《马克思恩格斯全集》第3卷，42—43页，北京：人民出版社，1960。

⑤《马克思恩格斯全集》第42卷，178页，北京：人民出版社，1979。

植到了我们这个地区。由此可见，“周围的感性世界决不是某种开天辟地以来就已存在的、始终如一的东西，而是工业和社会状况的产物，是历史的产物，是世世代代活动的结果……甚至连最简单的‘可靠的感性’的对象也只是由于社会发展、由于工业和商业往来才提供给他的”[①]。对于自然界或者感性世界，传统哲学都存在着误解。包括费尔巴哈在内的旧唯物主义者对自然界或者感性世界“只是从客体的或者直观的形式去理解，而不是把它们当作人的感性活动，当作实践去理解，不是从主观方面去理解”[②]。与此相反，唯心主义则抽象地发展了人的能动性方面，他们都没有真正把握甚至取消了自然界或者感性世界的客观性。马克思所提出的社会存在概念在哲学本体论上具有革命性变革意义。所谓社会存在是人或人类所把握到的所有存在的总和，是具有社会属性并随着社会的变化而变化的客观实在。这种客观实在具有在人之外独立存在的属性，但同时它也深深地打上了人的烙印，没有进入人类视野中的客观实在对人来说也是无。

行文至此，我们再次回到本节开篇提到的那些理论问题。哲学的基本问题是思维与存在的关系问题，这既是本体论、认识论的基本问题，也是社会历史观的基本问题。也就是说，一般的社会历史观没有必要也不可能存在区别于哲学基本问题的基本问题，哲学基本问题就是社会历史观的基本问题。马克思、恩格斯对哲学基本问题进行了具有革命性、综合性和科学性的解答。革命性主要表现为他们对于存在和思维的传统理解的变革，提出了全新的概念和思路；综合性主要表现为他们克服了旧唯物主义和唯心主义的缺陷，从社会性出发来理解存在和思维的本质，并在此基础上超越了唯物和唯心的对立，实现了两种思想体系的综合；科学性主要表现为他们真正地抓住了存在与思维的实质，存在是具有社会性的存在，意识是具有社会性的意识。马克思把思维与存在的关系理解为社会存在与社会意识之间的关系，“不是人们的意识决定人们的存在，相反，是人们的社会存

---

① 《马克思恩格斯全集》第 3 卷，48—49 页，北京：人民出版社，1960。

② 《马克思恩格斯全集》第 3 卷，3 页，北京：人民出版社，1960。

在决定人们的意识”[1]。《〈政治经济学批判〉序言》中的这句话集中反映出马克思对哲学基本问题的解决方案，在这里与社会存在概念相对立的是意识，而不是社会意识。究其原因在于意识的主体就是人，本身就具有社会属性，所以无须特别强调社会意识，强调之后也容易造成把具有社会属性的意识和关于社会的意识弄混淆的可能。另外，在这里不强调社会意识，也可以突出社会存在概念的重要性。马克思在社会历史观领域乃至整个哲学理论中实现革命性变革的关键之处就在于他提出了社会存在概念，强调所有的存在在本质上来说都是社会存在，它与工业和社会状况紧密相关。

在明确了社会存在概念的含义及其在马克思主义理论体系中的地位和作用之后，我们将进一步探讨社会存在的要素结构。社会存在是存在于意识之外、并被意识所把握到的对象，这是我们思考社会存在要素结构的基点。在《德意志意识形态》中，马克思、恩格斯集中论述了进入历史发展过程的五个要素（也被称为五个关系或五个事实）。其中，第五个要素是意识，前四个要素都可以被视为存在于意识之外的社会存在。第一个要素是物质生活本身的生产，这是人们为了维持生活每日每时都必须从事的历史活动，是人们对于吃喝住穿以及其他一些基本需要的满足。第二个要素是“已经得到满足的第一个需要本身、满足需要的活动和已经获得的为满足需要用的工具又引起新的需要”[2]，这同时也是第一个历史活动。满足吃喝住穿以及其他一些东西的需要是人的本能，这种需要的满足还不能把人与动物区别开，还不能说开启了人类的历史进程。只有在此基础上产生新的需要，例如火或弓箭等等在生产生活中的应用，也就是说物质生产的变革和进步才真正开启了人类的历史。第三个因素是人口的繁殖或生命的生产，“每日都在重新生产自己生命的人们开始生产另外一些人”[3]。第四个因素是社会关系的维持与变革，这里的社会关系是指“许多个人的共同活动”[4]。一定的共同活动方式与一定的

①《马克思恩格斯全集》第13卷，8页，北京：人民出版社，1962。

②《马克思恩格斯选集》第1卷，79页，北京：人民出版社，1995。

③《马克思恩格斯选集》第1卷，80页，北京：人民出版社，1995。

④《马克思恩格斯选集》第1卷，80页，北京：人民出版社，1995。

生产方式或一定的工业阶段相联系，其中最为重要的因素是“生产力”。社会关系不是存在于意识中的虚构或想象，它是一种“物质联系”[①]，这种联系的物质性集中体现于需要和生产力在其中的决定作用。第一个要素和第二个要素可以合并起来进行理解，可以被视为物质生产与更高阶段上的物质生产，它们与第三个要素和第四个要素共同构成社会存在的要素结构。同时，物质生产主要处理的是人与自然之间的关系，自然界是人类物质生产所指向的对象并且它的存在状态取决于工业与社会状况，由此自然界也是社会存在的要素之一。总而言之，社会存在的构成要素主要包括物质生产、自然环境、人口因素和社会关系。这些要素共同构成人类社会存在和发展的前提，但是它们对人类社会存在与发展的作用并不是等量齐观的，马克思准确地揭示出了物质生产尤其是生产方式在人类社会中的基础性制约作用，“物质生活的生产方式制约着整个社会生活、政治生活和精神生活的过程”[②]，这是历史唯物主义实现革命性变革的关键所在。

社会存在并不是一经形成就僵化不变的，而是一个不断发展的过程。马克思在德国学院哲学逐步转向康德，把黑格尔当作“死狗”来对待的时候，公开承认自己是黑格尔的学生，继承并发扬了黑格尔的辩证法精神。他把在黑格尔那里以头立地的辩证法倒置过来，去掉其神秘外壳，继承其合理内核。在马克思那里，辩证法是具有革命性和批判性的总体的世界观和方法论，是事物本身具有的同时也是指导人们认识事物的科学。“辩证法在对现存事物的肯定的理解中同时包含对现存事物的否定的理解，即对现存事物的必然灭亡的理解；辩证法对每一种既成的形式都是从不断的运动中，因而也是从它的暂时性方面去理解。”[③]恩格斯也曾经指出：“一个伟大的基本思想，即认为世界不是一成不变的事物的集合体，而是过程的集合体，其中各个似乎稳定的事物以及它们在我们头脑中的思想映象即概念，都处在生成和灭亡的不断变化中，在这种变化中，前进的发展，不管一切

①《马克思恩格斯选集》第1卷，81页，北京：人民出版社，1995。

②《马克思恩格斯全集》第13卷，8页，北京：人民出版社，1962。

③《马克思恩格斯全集》第23卷，24页，北京：人民出版社，1972。

表面的偶然性，也不管一切暂时的倒退，终究会给自己开辟出道路。”[①]这一伟大的基本思想自从黑格尔以来已经成为一般人的意识，由此，人们理解世界的方式发生了根本性变革，世界处于不断变化之中，这种变化最终呈现出一种不断发展的过程。

知其然更要知其所以然。我们不仅要知道社会存在是一个不断发展的过程，更要知道社会存在为什么是一个不断发展的过程。

首先，这是人类文明不断积累的结果。“历史不外是各个世代的依次交替。每一代都利用以前各代遗留下来的材料、资金和生产力；由于这个缘故，每一代一方面在完全改变了的环境下继续从事所继承的活动，另一方面又通过完全改变了的活动来变更旧的环境。”[②]动植物完全按照生物学遗传与变异规律进行种的繁衍，与此不同，人类则可以借助语言文字符号实现文明成果的代际传播与积累。动植物没有可能建立自己的图书馆、博物馆、展览馆，但是人类在这方面有着卓越的才能。人类在代际积累创新的基础上实现不断地发展，这种发展是以生产力为基础的社会结构的动态过程，生产力 - 生产关系（经济基础）- 上层建筑这个庞大的结构随着生产力的进步或快或慢地发生变革。工业和社会状况发生变化，人类所处的环境会随之发生变化，社会存在所包含的各个要素也会随之表现出发展的过程。

其次，这是人的有目的活动的结果。人的需要具有多元性并随着实践活动的开展不断发展，“已经得到满足的第一个需要本身、满足需要的活动和已经获得的为满足需要而用的工具又引起新的需要”[③]。为了满足这些需要，人就会开展有目的的活动，人为了满足需要所做出的任何行为都包含着目的性。由于人的行为具有目的性，自然的因果关系与社会的因果关系就会出现显著的差异，自然的因果是直接相关的，而社会的因果则是以目的作为中介的，人可以通过自身的目的性行为使结果在一定程度上向着有利于自身的方向发展。这种发展不是抽象的、脱离具体的对象而言的，所

① 《马克思恩格斯全集》第 21 卷，337—338 页，北京：人民出版社，1965。

② 《马克思恩格斯选集》第 1 卷，88 页，北京：人民出版社，1995。

③ 《马克思恩格斯选集》第 1 卷，79 页，北京：人民出版社，1995。

谓发展只是对于人和人类社会而言的发展。这种发展在历史进程中集中表现为从人的依赖关系发展到以物的依赖性为基础的人的独立性，再到“建立在个人全面发展和他们共同的、社会的生产能力成为从属于他们的社会财富这一基础上的自由个性”[①]。人的有目的的活动对社会存在的作用可以集中地体现在科学研究中，科学研究直接面向人们生产生活中存在的各种问题，以提出问题和解决问题为根本目的，老问题的解决带出更高水平、更深领域的新问题，这就会促使人类的实践水平不断提升、实践状况不断改善、实践领域不断深化，于是包括物质生产、自然环境、人口因素和社会关系在内的整个社会存在也会随之呈现出一个不断发展的过程。

第三，这是特定的时空条件作用下的结果。在人类社会中，做任何一件事情都需要拥有一定的时间，支配一定的空间。有限的时间创造有限的成果，无限的时间在理论上来说就可以创造无限的成果。“时间是人类发展的空间。”[②]马克思在这里使用的空间概念已经具有列斐伏尔所讲的社会性，是在社会空间和精神空间的意义上进行言说的。社会空间与主体的社会地位和社会生活领域相关，精神空间与主体精神发展的广度和深度相关。一个人如果没有自由时间，那他的社会生活空间和精神生活空间就会变得非常狭窄，“他不过是一架为别人生产财富的机器，身体垮了，心智也犷野了”[③]。进而言之，人类也是如此，人类在时间中不断丰富和发展，在时间中不断开拓自己的社会生活空间和精神生活空间。伴随着人类在时间中的空间拓展，社会存在也或快或慢地呈现出向前发展的态势。

旧唯物主义认为存在具有自为的、与人相脱离的属性，设想没有人或与人无关的自然界，并把它作为理论的前提。这种自然界是纯粹理论抽象的产物，对于人来说不具有认识论和生存论上的意义。与此相反，唯心主义则片面发展了人的能动性，把感性、对象乃至全部外部世界视为人的主观精神或某种神秘的独立于人之外而存在的客观精神的产物，以自己思维

---

①《马克思恩格斯全集》第46卷上册，104页，北京：人民出版社，1979。

②《马克思恩格斯选集》第2卷，90页，北京：人民出版社，1995。

③《马克思恩格斯选集》第2卷，90页，北京：人民出版社，1995。

的产物随意裁剪现实，从根本上取消了物的客观性和独立性。马克思从社会性出发来理解存在，从而提出社会存在这一概念，这一概念突出强调存在的社会性以及其相对于个人的独立性。它是不以人的意志为转移的、但与人存在密切关联的客观实在。这种客观实在不是一经形成就僵化不变的抽象的存在物，它与一定历史阶段的工业发展水平和社会交往程度密切关联，并随之发生变化，呈现出一个不断发展的过程。这个过程不是从思维逻辑中抽象出来的虚幻物，而是作为人们生产生活的现实前提并影响制约人的思想和行为的实际运动。在社会存在的发展过程中，时间次序和空间结构具有本质的重要性，前一阶段总是为后一阶段准备条件，后一阶段在所继承下来的条件的基础上不断开拓创新。这一过程内在地包含社会存在与社会意识的相互作用，在每一个历史阶段上人们有意识地利用创新和发展继承下来的生产力、资金、技术、设备等物质条件，从而使人类的发展过程表现为逻辑与历史的统一。

§2 历史认识呈现“同实际运动完全相反的道路”

历史包含着两个层面，其一是实在历史，其二是记述历史。实在历史是过去客观实在地发生过的历史事件以及历史人物的总和。记述历史则是这些实在历史在文本中的呈现。实在历史除了在历史记忆中留下一些模糊的痕迹之外，大部分已经隐没在历史长河之中。这些已经成为过去的实在历史是用任何魔法都不能召唤回来的，人们也不可能发明一种时间机器使自己回到过去的某个时段去做亲身的体验，就像马克思所说的，我们对于实在历史不能用显微镜，也不能用化学试剂①，一切试验的原理和方法对于实在历史都没有效果。我们无法直接面对实在的历史，“历史存在于我们的

---

① 马克思在《资本论 · 第一卷》“第一版序言”中就经济形式的研究做出上述说明。就经济形式而言，需要借助人类的抽象力来开展研究，这个观点对于历史研究同样适用。参见《马克思恩格斯全集》第 23 卷，8 页，北京：人民出版社，1972。

认识中”[1]，我们只能通过过去的遗迹、遗物和遗存来了解它。一方面是历史上存在过的人、发生过的事以及在事件发生过程中人的思想，另一方面是对这些事情的记述和描写；一方面存在于认识者的思想之外，另一方面存在于认识者的思想之中；一方面是现实，另一方面是象征性的符号。真实的历史过程在时间中呈现，而历史认识则呈现逆向生长的特征。

马克思把历史认识这种逆向生长的特征概括为“同实际运动完全相反的道路”，由此，我们可以把历史认识的特征概括为“从后思索”，把基于此特征的认识方法和思维方法概括为“从后思索法”。马克思首先在《资本论》中分析商品拜物教的性质及其秘密时提出并明确说明了“从后思索法”。按照马克思的观点，商品早在古亚细亚和古希腊罗马社会中就已经存在了，并“已经取得了社会生活的自然形式的固定性”[2]，但是，人们对商品的科学认识却是在“后来”，即资本主义社会中才获得的。究其原因，商品生产在古代社会中“处于从属地位”，而在资本主义社会中却占据统治地位，并达到了“典型的形式”。由此，马克思明确地提出了“从后思索法”，即“对人类生活形式的思索，从而对它的科学分析，总是采取同实际发展相反的道路。这种思索是从事后开始的，就是说，是从发展过程的完成的结果开始的”[3]。在马克思修订的《资本论·第一卷》法文版中，这段话的表述有所不同，法文版原文是这样的：“对社会生活形式的思索，从而对它的科学分析，遵循着一条同实际运动完全相反的道路。这种思索是从事后开始的，是从已经完全确定的材料、发展的结果开始的。”[4]马克思亲自修订的法文版与现在通用的经恩格斯修订的德文第四版相比，这段话的表述存在一定的差异，这些差异主要表现为：社会生活形式→人类生活形式；实际运动→实际发展；完全相反→相反；已经完全确定的材料、发展的结果→发展过程的完成的结果。二者之间没有本质的区别，只是法文版的论述更

① 于沛：《历史认识概论》，19 页，北京：中国社会科学出版社，2008。

②《马克思恩格斯全集》第 23 卷，92 页，北京：人民出版社，1972。

③《马克思恩格斯全集》第 23 卷，92 页，北京：人民出版社，1972。

④ 马克思：《资本论（根据作者修订的法文版第一卷翻译）》，55 页，北京：中国社会科学出版社，1983。

加精确，更符合历史认识的实际情况，例如法文版中关于“实际运动”的表述不带有方向性，它与“实际发展”相比更符合历史运动进步与衰退相伴随的复杂性；法文版在认识的起点中添加“已经完全确定的材料”，这更符合基于文献开展研究的历史认识的特点。

历史认识是“同实际运动完全相反的道路”，其原因和表现主要包括下列各点。

首先，历史认识相对于社会存在而言具有后起性或第二性。历史唯物主义的基本原理是“人们的社会存在决定人们的意识”，与此相应，认识路线不是“从天国降到人间”，而是“从人间升到天国”[①]。历史认识的出发点不是头脑中虚构出来的概念原则或原理，而是存在于人的头脑之外的历史事实。唯心主义者把历史事实视为“一系列被认可的判断”[②]，例如，美国历史学家卡尔·贝克尔认为历史事实只存在于“他（指历史学家）的头脑中，或者存在于某些人的头脑中”[③]，英国历史学家E.H.卡尔则把历史事实视为经过历史学家选择、加工和利用的结果，美国后现代历史哲学家海登·怀特则从根本上取消了历史学的科学地位，片面发挥了历史学的诗学性质，把历史学等同于讲故事。近现代唯心主义者对于历史事实客观性的围剿蔚为大观，其主要特征就是片面强调了历史学家在历史研究中的主体因素和主观作用，而忽视历史事实的首要特征是存在于人的头脑之外，先有历史事实，后有历史认识，历史认识是对于历史事实的反映。苏联历史学家A.П.利索维娜对历史事实的辩证统一的结构关系进行了分析，她认为历史事实存在一个三级结构，首先是体现在社会历史进程中的作为历史实际情况的事实，即“历史事件”的事实；其次是体现在史料学研究中的作为史料的事实，即表达为某种信息的事实；第三是体现在历史科学加以全面深入研究的科学的历史事实，即建立在马克思主义哲学基础之上的历史认识

① 《马克思恩格斯选集》第1卷，73页，北京：人民出版社，1995。

② ［英］巴勒克拉夫：《当代史学主要趋势》，9页，北京：北京大学出版社，2006。

③ ［美］贝克尔：《什么是历史事实》，载张文杰主编《现代西方历史哲学译文集》，229页，上海：上海译文出版社，1984。

论的事实①。简单来说，这就是历史实际情况的事实、史料记载中的事实以及科学的历史事实。这三个事实之间不是相互独立、相互隔离、各自发展的，而是处于相互联系之中。科学的历史事实之中虽然包含着历史学家的选择和想象，但是其基础不能脱离第一级和第二级事实。从起源和本质上来看，科学的历史事实是对社会存在的能动反映。从时间顺序来看，先有历史实际情况的事实和史料记载中的事实，后有科学的历史事实，也就是说先有社会存在，后有历史认识。

其次，历史认识的根本特征在于反思。关于反思我们先从黑格尔谈起。我们知道，黑格尔非常推崇反思的方法，他在《小逻辑》的“导言”中明确区分了一般的思想与哲学上的反思。“反思以思想的本身为内容，力求思想自觉其为思想。”②一般的思想的对象是某物，以情感、直觉或表象等形式出现；哲学上的反思的对象是思想，这种思维活动的产物“包含有事物的价值，亦即本质、内在实质、真理”③。反思是以思想为对象，而思想是在对事物加以认识的过程中形成的，当反思发生时，思想的对象（即事物）已经消失或处于完成状态之中了，因此反思也就是一种后思，是在事物结束其发展过程之后而开展的思索。反思也是一种反复思索，是经过第一次思索形成思想之后，对于思想的再次思索。贺麟在《小逻辑》中译本§21的一个脚注中认为“反思”“后思”以及“反复思索”是在等同的意义上来加以使用的，“反思德文作Nachdenken，英文作Reflection，直译应作‘后思’，实即反复思索，作反省回溯的思维之意。人对感觉所得的表象材料，加以反思而得概念，犹如反刍动物将初步吃进胃里的食物，加以反刍，使可消化”④。人们为什么要在第一次思维结束之后还要进行第二次思维，进行反复思索呢？因为现象总是包含着两面，即内面和外面、力量和表现、原因与结果。“在这里，内面、力量，也仍然是普遍的、有永久性的，非这一

① 转引自于沛：《历史认识概论》，57页，北京：中国社会科学出版社，2008。
② ［德］黑格尔：《小逻辑》，39页，北京：商务印书馆，1980。
③ ［德］黑格尔：《小逻辑》，74页，北京：商务印书馆，1980。
④ ［德］黑格尔：《小逻辑》，74页，北京：商务印书馆，1980。

电闪或那一电闪，非这一植物或那一植物，而是在一切特殊现象中持存着的普遍。感性的东西是个别的，是变灭的；而对于其中的永久性东西，我们必须通过反思才能认识。”[①]所谓永久性的东西，就是那些“固定的、长住的、自身规定的、统摄特殊的普遍原则”，普遍作为普遍并不是存在于外面的，类作为类是不能够被知觉的，所以普遍的东西是人看不到听不到摸不到的，只能依靠人的精神去加以把握。同时，对规律和普遍的认识不可能通过一次思考来达到，因此需要反思、后思，需要反复思索。反思是为了通向具有普遍性的东西，是为了把自己向普遍性的东西敞开。

黑格尔对反思理论的贡献就在于：揭示了反思这一特定思维形式的对象，即以思维为对象；揭示了反思在思维发展中的中介环节作用，即辩证否定在思维中的具体体现；揭示了反思的不同形态，并按思维“自己构成自己”的历史线索，把它们由低级到高级联系起来。但是，黑格尔对思维的反思只是在纯思辨领域中进行的，属于思辨反思的范畴。

马克思也非常重视反思在历史认识中的作用，但是马克思的反思是实践反思，这区别于黑格尔的思辨反思。按照马克思的观点，思维的反思是由实践发展所决定的，它的活力主要来自实践，而方向是“同实际运动完全相反的”。之所以“完全相反”，是因为“这种思索是从事后开始的，是从已经完全确定的材料、发展的结果开始的”[②]。马克思在实践的基础上更加强调反思的“后思”本质，思维的起点是事后，是发展的结果。除此之外，反思也需要在实践发展达到一定阶段、具备一定条件的基础上才能展开，这种条件突出地表现为事物发展到一定程度才能具备自我批判的能力和水平，这正像人类幼童不具备自我批判和反思能力，但是成人一般具有此类能力一样，“基督教只有在它的自我批判在一定程度上，可说是在可能范围内准备好时，才有助于对早期神话作客观的理解。同样，资产阶级经济只有在资产阶级社会的自我批判已经开始时，才能理解封建的、古代的和东

① ［德］黑格尔：《小逻辑》，75 页，北京：商务印书馆，1980。

② 马克思：《资本论（根据作者修订的法文版第一卷翻译）》，55 页，北京：中国社会科学出版社，1983。

方的经济”①。这就是说，反思是实践和主体发展到一定程度后，在“自我批判”基础上进行的一种思维形式。由此可见，马克思对反思理论的最大贡献，就是打破了反思的神秘性，使其从纯思辨的王国回到人的现实活动中，成为“当做实践去理解”②的一个环节。

第三，历史认识与实际运动呈现相反的过程。历史的实际运动是依照时间顺序展开的，时间的基本特征在于一维性，这种一维性表现为不可逆性、持续性和顺序性。历史人物和历史事件是存在于时间中的，它们在历史实际运动中出现的顺序不能颠倒也不会颠倒，先有孔子然后才有孟子，先有玄武门之变然后才有贞观之治。历史的实际运动中不可能出现“秦琼战吕布”这类荒谬的事件。历史认识要符合人物和事件以及各种观念在时间中出现的顺序，要研究它们依次相继的过程，但是“在按历史顺序和现在的结果来研究人的生活条件、社会关系、法律形式和国家形式以及它们的哲学、宗教、艺术等等这些观念的上层建筑的历史科学中，永恒真理的情况还更糟”③。所有科学都不可能探求永恒真理，历史科学尤其是这样。相对于有机体的研究而言的，有机界依次相继的过程是“在非常广阔的范围内相当有规律地重复着”，但是人类历史表现出与有机体完全不同的历史过程，“自从我们脱离人类的原始状态即所谓石器时代以来，情况的重复是例外而不是通例；即使在某个地方发生这样的重复，也绝不是在完全同样的状况下发生的”④。历史运动的这一复杂的状况决定了历史认识不能单纯依靠时间顺序来开展研究，历史认识的过程往往具有逆时间顺序或时间重组的性质，它从“现在的结果”出发追溯原因，从现在出发看待过去，从典型和完整的形态出发研究事物的类特征。对于历史认识过程的这种特殊性质，我们可以通过研究历史学家的研究程序来窥其一斑。在这里，波兰历史学家托波尔斯基的观点对我们来说具有借鉴意义。

① 《马克思恩格斯全集》第46卷上册，44页，北京：人民出版社，1979。

② 《马克思恩格斯选集》第1卷，54页，北京：人民出版社，1995。

③ 《马克思恩格斯全集》第20卷，97页，北京：人民出版社，1971。

④ 《马克思恩格斯全集》第20卷，97页，北京：人民出版社，1971。

托波尔斯基把历史学家所拥有的知识类型划分为资料源知识和非资料源知识。资料源知识是历史研究过程中所需要的原始资料和原始文献，也就是史料记载中的事实；非资料源知识是不通过研究原始资料而获得的知识，这类知识主要包括现时的和以常识为根据的知识、历史学之外其他学科的科学知识。他认为以往的历史学家主要关注的是资料源知识，并把资料源知识视为历史研究的最大特色。但是，“目前历史研究进步的主要条件，与其说是继续改进解读资料源知识和原始资料考证的技术，还不如说是非资料源知识的变化和扩展”[①]。历史学研究是资料源知识和非资料源知识共同作用下的结果，“仅有原始资料是不够的，仅有历史博识也同样不够”[②]。于是，他从资料源知识和非资料源知识的作用出发分析了历史学家的研究程序。

历史学家的研究程序主要包括五个步骤：选择研究的领域；提出问题；确定历史事实；因果性解释；回答疑问（新材料）。在这五个步骤中，资料源知识只在确定历史事实这一环节发挥作用，而非资料源知识的作用则贯穿历史学家研究过程的始终。[③] 历史学家的研究程序是以选择研究领域和提出问题为起点的，在这两个环节发挥作用的不是资料源知识，而是非资料源知识，也就是说不是史料的记载触发了研究兴趣和开启了研究过程，而是史料记载之外的非资料源知识发挥了关键作用。可见，历史学家并不是单纯地依照时间线索研究和阐述历史人物和历史事件（这是资料源知识的作用），非资料源知识在历史学家发现问题、提出问题、分析问题和解决问题的过程中发挥了关键的建构作用。由于历史学家所具有的非资料源知识的差异，不同的历史学家会在相同的历史事件中发现不同的东西，从而做出关于历史事件的不同的理解和阐释。历史认识的过程和结果由此呈现出不同的路线和可能性，这个过程和结果与历史实际运动不可能具有绝对的同一性，而只能是相对的同一性。

---

① ［波兰］托波尔斯基：《历史学方法论》，397 页，北京：华夏出版社，1990。

② ［波兰］托波尔斯基：《历史学方法论》，414 页，北京：华夏出版社，1990。

③ 参见［波兰］托波尔斯基：《历史学方法论》，414—415 页，北京：华夏出版社，1990。

从历史认识的起点、过程和结果来看，它与历史的实际运动呈现“完全相反”的过程。“首先是作为历史原型客体的延伸体的现实社会，接着是作为历史遗存客体的实物和文字资料，最后才是隐藏在历史的现实延伸体和遗存体后面的历史原型客体。……历史认识的形成过程，实际上就是历史研究者循着历史认识客体的三个层次逐层推移地考察和研究的过程。”①现实社会是历史认识的起点或触发点，历史遗存客体是中介环节，历史认识的结果是发现和认识历史原型客体。这个一般过程充分说明历史认识的运思过程，这一过程所达到的结果正是逻辑思维与历史过程的统一。

§3　历史、现实与未来的相互作用

正如我们在本书第三章第一节中论述的那样，牛顿以钟表指针的匀速运动来思考时间本身，不管物质对象的性状如何，钟表指针的运动速率都不会发生相应的变化。爱因斯坦依照物质运动跨越一定距离所用时间的多少来思考时间本身，跨越相同一段距离，速度慢的物体用的时间长，速度快的物体用的时间短，如果物体以光速运动的话，那么它跨越这段距离的时间将会大大压缩，物体运动本身的时间变慢、空间缩小。康德把时间视为“一切直观得以在我们心中产生的主观条件”②，每个主体都先天地具有时间观念，他运用时间这种先天形式来把握灵魂的内部现象，同时也运用它去整理他面对的外部现象，于是人的理性“以一个受任命的法官的身份迫使证人们回答他向他们提出的问题”③。我们不能简单地以正确或者错误来评价上述三种时间观，可以说，这三种时间观揭示了时间的三种面相，这三种面相在历史研究过程中都有不同程度的表现。法国年鉴学派历史学家布罗代尔曾经把历史的时间分为地理时间、社会时间和个人时间三种类型。地理时间几无变化，这类似于牛顿所提出的绝对时间；社会时间变化的节

① 庞卓恒：《史学概论》，106页，北京：高等教育出版社，1995。

② ［德］康德：《纯粹理性批判》，36页，北京：人民出版社，2004。

③ ［德］康德：《纯粹理性批判》，13页，北京：人民出版社，2004。

奏平缓，它由于经济、国家、社会和文明类型的不同而有所区别，这相当于爱因斯坦所提出的相对时间；个人时间充满短暂、急促、紧张不安的波动，因为个体的不同，变化的节奏也有很大的区别，这相当于康德所提出的主观先天的时间。

在人类历史中，就“什么是时间”这个问题的答案而言，我们应坚持一种综合辩证的态度，也就是说，对于时间的理解并不是只有唯一正确的方式，我们可以从多个维度出发对时间的本质进行解答。时间既可以用钟表来进行测量，例如某年某月某日某时某分；也可以用某个事物、事件或者人物的存续过程来进行标识，例如唐朝或者维多利亚时代；还可以体现为个人的主观心理感受，如光阴似箭或者度日如年。时间的这三个维度，在一定程度上可以分别反映牛顿、爱因斯坦和康德的时间观，也可以分别对应布罗代尔所划分的地理时间（物理时间）、社会时间和个人时间。不论从哪个角度出发来理解时间，时间的一维性都是得到公认的结论。“时间只有一维：不同的时间不是同时的，而是前后相继的（正如不同的空间不是前后相继的，而是同时的一样）。”① 依据时间所具有的这种前后相继的特性，我们可以把时间划分为历史、现实和未来。

历史是已经发生的，现实是正在发生的，未来是还没有发生的。未来永远是人们头脑中的一种设想，没有任何事情发生于未来，因为未来本来就是一种未到来的状态。历史已成为过去，由于特定的人物和时间在特定的时间地点只能呈现一种存在状态，历史已经成为事实，历史不允许假设。现实是历史与未来的交汇点，在历史条件的约束下向着未来做出谋划。历史、现实和未来的关系包含着相对性，现在曾经是过去的未来，它也将会是未来的过去。这种相对性强调了时间的流动性以及三种时态之间相互转化的关系，但是我们不能把时间仅仅视为某种没有特定载体的抽象概念。对于某种在时间之流中具有特定位置的具体事物来说，它的历史、现实和未来是确定的。在 A-B-C 的时间序列中，A 时刻是 B 时刻的历史，它已经

① ［德］康德：《纯粹理性批判》，34 页，北京：人民出版社，2004。

发生；B 时刻是现实，它正在发生；C 时刻是 B 时刻的未来，在 B 时刻时，没有任何事情在 C 时刻发生，这时，一个人对于 C 时刻只能有一种设想或计划，它并没有真正发生。就认识论而言，由于历史已经发生并产生了确定的结果，它才能成为人类认识的对象；由于未来还没有来，我们只能通过历史对之进行判断和把握，这种判断和把握有可能是正确的，也有可能是错误的。基于此，黑格尔严格地在历史的范围内规定哲学的任务，“哲学作为有关世界的思想，要直到现实结束其形成过程并完成其自身之后，才会出现。概念所教导的也必然就是历史所呈示的”①。哲学这只猫头鹰要等黄昏到来才会起飞。

历史、现实与未来之间存在紧密的联系，“我们今日的经历会在明天成为历史：我们确信围绕着我们的世界具有真实性，它是过去的一部分，历史学家则试图讲述它，或者使它复活”②。我们身处的世界是过去的一部分，同时它也将会是未来的一部分，时间的三种时态之间存在一种相互转化、相互依存的关系。在这种相互转化、相互依存的关系中，连续性与间断性同时并存，未来来自历史，但又不同于历史。这种关系在理论之中不能走向两个极端，不能因为连续性的存在而否定间断性，也不能因为间断性的存在而否认连续性。在前一种观点看来，未来只是历史的延续，不存在质变和飞跃的可能性；在后一种观点看来，历史是人类发展的累赘，人类的使命就是要忘却历史，开创崭新的未来。这两种观点都有失偏颇，没能实现历史连续性和间断性的辩证统一，没有反映历史的真实面貌。

任何事物都是运动、变化、发展的，同样历史也是处于运动、变化和发展中的，这种运动、变化和发展首先呈现出来的就是历史的连续性。历史连续性是客观存在的，不以人的意志为转移的，前后时期的历史相互联系、不可分割，后一时期的历史与前一时期的历史是一脉相承的，后一时期的历史是对前一时期历史的延续，具有前一时期的影子，正如马克思和恩格斯所说：“历史的每一阶段都遇到有一定的物质结果、一定数量的生产

① ［德］黑格尔：《法哲学原理》，序言 16 页，北京：商务印书馆，1961。

② ［法］雷蒙·阿隆：《历史意识的维度》，100 页，上海：华东师范大学出版社，2017。

力总和，人和自然以及人与人之间在历史上形成的关系，都遇到有前一代传给后一代的大量生产力、资金和环境，尽管一方面这些生产力、资金和环境为新的一代所改变，但另一方面，它们也预先规定新的一代的生活条件，使它得到一定的发展和具有特殊的性质。”[①] 新中国建设的历史充分体现了历史的连续性。新中国成立之初面临着一穷二白的局面，在此基础上开展社会主义改造，建立了社会主义制度。再经过近三十年的努力，坚持独立自主的发展道路，建立了比较完整的国民经济体系。在这些“生产力、资金和环境”的基础上，我国开启了改革开放大幕，经济社会建设持续、高速、健康发展，探索建立了中国特色社会主义道路、理论、制度和文化。在中国成为世界第二大经济体的基础上，党的十八大之后中国特色社会主义进入新时代，党和政府为了实现人民日益增长的美好生活需要，坚定地向着共同富裕的目标迈进。

历史连续性是在发展和创新中的连续，而不是对原有历史的复制和再现。历史的连续性也表现为历史新旧事物的交替，新事物在融合旧事物的同时又冲破新旧事物之间的界限。新事物对旧事物的继承构成历史连续性的主要环节，新事物对旧事物的否定构成历史发展创新的主要环节。新旧事物之间的交替促使事物发展呈现出阶段性。“一切发展，不管其内容如何，都可以看做一系列不同的发展阶段，它们以一个否定另一个的方式彼此联系着。……任何领域的发展不可能不否定自己从前的存在形式。”[②] 由辩证否定所造成的新旧事物之间的交替一方面反映出历史发展具有连续性，另一方面反映出历史发展的间断性。

历史连续性与间断性是紧密相关的两个方面，历史是连续性与间断性的统一，造成这种统一的根本原因是事物发展的量变质变规律。量变表现事物发展的连续性，质变造成事物发展的阶段性；量变改变事物的质，在连续性过程基础上出现间断性；质变同样也改变事物的量，在新的基础上重新开始量变过程。就量变引起质变的具体方式而言，恩格斯在《反杜林

---

①《马克思恩格斯全集》第 3 卷，43 页，北京：人民出版社，1960。

②《马克思恩格斯全集》第 4 卷，329 页，北京：人民出版社，1958。

论》中分析了两种情形：一种是单纯的量变引起质变，例如气态、液态和固态水之间的转化，以及化学物质元素排列组合方式的不同引起的质变；另一种是在一定的社会历史条件作用下量变引起质变，例如马克思在《资本论》中所分析的货币积累达到一定的量才能转化为资本，但是，这并不是说“任何一个货币额或价值额都可以转化为资本。相反地，这种转化的前提是单个货币所有者或商品所有者手中有一定的最低限额的货币或交换价值”①，“不是任何一个微小的价值额都足以转化为资本，而是每一发展时期和每一工业部门为实现这一转化都有自己的一定的最低限额”②。在这里，“量转化为质”并不是在单纯量变基础上实现的，它的实现还需要一定的社会历史条件。“单个的货币所有者或商品所有者要蛹化为资本家而必须握有的最低限度价值额，在资本主义生产的不同发展阶段上是不同的，而在一定的发展阶段上，在不同的生产部门内，也由于它们的特殊的技术条件而各不相同。”③“单纯的量的变化到一定点时就转化为质的区别”④，这一规律不仅在自然科学上有效，而且也可以适用于说明人类历史中的社会现象。

我们从一般理论层面考察了历史、现实和未来的相互作用并在这种相互作用中呈现出的历史连续性和间断性之后，再来分析一些典型的历史学家和历史哲学家如何看待历史、现实与未来的连续性问题。通过对他们相关理论的分析，我们才能更清晰地认识历史与未来的关系，才能进一步明确我们认识历史的目的在于预见未来。

伏尔泰在强调伟大时代和伟大人物在历史发展过程中的地位和作用的同时，也侧重强调历史的连续性。他的观点主要包括两个方面。第一，历史在连续中是不断进步的。在他看来，历史在连续性中的进步是在理性和迷信的矛盾斗争中取得的。同时，他也强调了人的能动作用对历史发展的重要意义，认为人对历史和世界的认识是不断发展且没有尽头的，所以历

①《马克思恩格斯全集》第23卷，341页，北京：人民出版社，1972。

②《马克思恩格斯全集》第20卷，138页，北京：人民出版社，1971。

③《马克思恩格斯全集》第23卷，343页，北京：人民出版社，1972。

④《马克思恩格斯全集》第23卷，342—343页，北京：人民出版社，1972。

史也是一个渐进的、没有极限的过程。他强调的历史进步，是波浪式的进步，历史是在从低谷到顶峰再到低谷的不断波动的连续中前进的。伏尔泰认为，“世界历史上只有四个时代值得重视。这四个兴盛昌隆的时代是文化技艺臻于完美的时代；是作为人类精神的崇高伟大的划时代而成为后世典范的时代”[①]。这四个时代分别是菲利浦和亚历山大的时代、恺撒和奥古斯都的时代、紧接穆罕默德二世攻占君士坦丁堡之后的时代和路易十四时代，后一个时期总是比前一个时期进步，从而路易十四时代是“最接近尽善尽美之境的时代”[②]。每个时期、每个阶段的历史都以自身为前提为之后的历史创造条件，以此保证历史的连续性。第二，推动历史处于连续状态的根本原因是理性和伟大人物。伏尔泰主张理性主义，他认为理性是使人不断发展和完善的动力，是评判人的重要标准，正是在理性的作用下促成历史连续和进步。同时，伏尔泰认为伟大的历史人物是理性的代表，对历史的发展起着指引和促进作用，“国家的繁荣昌盛仅仅系于一个人的性格，这就是君主国的命运”[③]。

按照时间线索来描述“自由”意识在地理空间中的进展，这就是黑格尔的历史哲学的核心主题。黑格尔确信“理性向来统治着世界、现在仍然统治着世界，因此也就统治着世界历史”[④]，理性以“世界历史做它的舞台、它的财产和它的实现的场合”[⑤]。理性就像一粒种子一样在世界历史舞台上继续不断地实现自身，从而使不同民族、不同国家、不同地区的历史呈现出连续性和统一性。理性在他的历史哲学中体现为“自由”意识。“自由”意识的发展在世界历史中主要经历三个阶段。历史各个过程所应当达到的目标就是在“国家”中实现“主观‘意志’和合理的‘意志’的结合”[⑥]，于是，他划分三个阶段的依据主要是个人与国家之间的关系，历史的发展体

① [法]伏尔泰:《路易十四时代》，5页，北京：商务印书馆，1982。

② [法]伏尔泰:《路易十四时代》，7页，北京：商务印书馆，1982。

③ [法]伏尔泰:《路易十四时代》，233页，北京：商务印书馆，1982。

④ [德]黑格尔:《历史哲学》，10页，上海：世纪出版集团，2006。

⑤ [德]黑格尔:《历史哲学》，50页，上海：世纪出版集团，2006。

⑥ [德]黑格尔:《历史哲学》，35页，上海：世纪出版集团，2006。

现为国家形态的不断演变。太阳从东方升起，世界历史就从东方开始。世界历史的第一阶段是东方世界，这是“历史的幼年时期”，他们只知道“一个人”是自由的，国家元首以大家长的资格处于至尊的地位，与此相对应的国家形态是专制政体。第二阶段是希腊罗马世界，他们只知道一部分人是自由的。希腊的世界是历史的“青年时代”，在这里“渐有个性的形成”，但这是在无反省的基础上实现的，还不具有稳定性，与之相对应的国家形态是民主政体。罗马的世界是历史的“壮年时代”，“一切行动既不遵照专制君主的任意，也不服从它自己的任意；相反地，‘壮年时代’乃是为着一种普遍的目的而经营，在那里边个人已经消灭，个人只能够在普遍的目的下实现他自己的目的”[①]。与罗马世界相对应的国家形态是贵族政体。第三阶段是日耳曼世界，这是历史的充斥“完满的成熟和力量”[②]的“老年时代”，在这里“我们知道一切人们（人类之为人类）绝对是自由的”[③]，“它自己的自由意志，采取了有益全体的原则的一种主观性”[④]。在这里，个人的自由在世俗世界的国家形态中得以实现，这种国家形态就是黑格尔所鼓吹的君主政体。

侧重于研究欧洲艺术史和人文主义的瑞士历史学家布克哈特认为在历史的发展中只有历史的连续性是可以认识的稳定性存在，历史的连续性是对历史进行评价的标准和参考，并且是历史存在的意义。他主张对于历史事实除了就某一特殊领域开展研究之外，还可以把它作为普遍的和历史的知识加以研究，从而充分理解处于变化状态中的人类精神。“如果我们掌握了这些分散的知识之间的有机联系，那么我们就掌握了这种永恒的人类精神的连续性。”[⑤]法国大革命构成布克哈特所处时代的背景，法国大革命使得欧洲原有的历史传统处于断裂的状态，由此产生两种不同的观点：一种主张弘扬大革命的民主自由等价值，一种抵制大革命对历史产生的影响。布

① ［德］黑格尔：《历史哲学》，99页，上海：世纪出版集团，2006。

② ［德］黑格尔：《历史哲学》，100页，上海：世纪出版集团，2006。

③ ［德］黑格尔：《历史哲学》，17页，上海：世纪出版集团，2006。

④ ［德］黑格尔：《历史哲学》，100页，上海：世纪出版集团，2006。

⑤ ［瑞士］布克哈特：《世界历史沉思录》，14—15页，北京：北京大学出版社，2007。

克哈特认为这两种观点对欧洲文化的传承都造成了威胁，他主张历史的连续性，对当时的革命潮流持抵制态度。在他看来，历史连续性就在于维护历史的传统免受破坏，而法国大革命使“个人与过去彻底断绝了联系，所有的修复工作或多或少地都是徒劳的”[①]。他认为促使历史连续的不是历史中的个别事件，而是继承欧洲传统的个人。他还特别强调历史上的危机在一定程度上能激发人的创造力，是促使文化继承的推动力，相反虚假的危机容易导致文化的断层，对历史的连续性造成一定的威胁。布克哈特的历史连续性就是在变化中来考察人类的精神，精神的东西具有历史的一面，虽然稍纵即逝，但是它“构成对于我们来说无法量度的巨大整体的一部分”[②]。在他看来，历史连续性并不是简单地保持历史的连续，也不是为了达到历史进步的前提下的连续。他反对历史进步论，反对把当前的发展状态看作是前期历史想要达到的目的和状态。可见，布克哈特的历史连续性观念具有明显的保守主义倾向，在肯定历史连续性的同时否定了历史发展中的质变和飞跃，否定了革命在人类历史中的地位和作用。

美国历史学家詹姆斯·哈威·鲁滨孙也提出了历史连续性思想，但是他与布克哈特的看法存在差别，布克哈特反对革命，在维护传统的基础上论述历史的连续性；鲁滨孙则把革命视为“变更一般的状况”从而用“新的事业去代替旧的”[③]过程，他站在新的方面赞扬新的知识总比古时的丰富，倡导建立“新史学”。鲁滨孙不满意历史学家在历史编撰过程中所具有的通病，认为历史不应该写成人名地名的汇集，不应该专门偏重政治事实的记载，不应该偏好于记载耸人听闻的最不普通的故事。鲁滨孙认为历史是一个长期积累和不断发展的过程，某一异常的历史事件不会改变历史的发展方向，推进人类社会发展的恰恰是“制度和逐渐的进化”[④]。新史学的任务正是“使社会状况和制度生出兴味而且易于了解，并有真正的联络——上文的

---

① Hinde J R, *Jacob Burckhardt and the Crisis of Modernity*, p299, Quebec: McGill-Queen's University Press, 2000.

② ［瑞士］布克哈特：《世界历史沉思录》，5 页，北京：北京大学出版社，2007。

③ ［美］鲁滨孙：《新史学》，7 页，北京：中国人民大学出版社，2011。

④ ［美］鲁滨孙：《新史学》，8 页，北京：中国人民大学出版社，2011。

‘历史的继续’——去代替君主的系统来编辑历史”[①]。新史学要把过去和现在联系起来进行研究，过去是现在的来源，只有充分了解过去我们才能理解现在，“我们现在的制度大部分都从古代相传下来的，而且唯有过去能够说明它们的来历”[②]。无论是国家层面还是个人层面，都处于这种“明白现在全靠明了过去”的连续性的状态。现在所处的时代是从过去的时代起源的，现在也在不断地发展成为将来，在人的主动创造性的基础上历史不断发展。他的这种历史进步论把历史连续性视为历史发展和进步的重要动力。同时，鲁滨孙认为历史连续性是多种因素共同作用的结果，不是单一模式的作用。他反对用片面、单一、特殊的历史事件去孤立地研究历史的连续性，而主张关注具有代表性的、影响历史发展和历史结构的并且发生在和平年代的历史成就。他强调“历史意识”的重要性，这种历史意识就是用历史的思维来研究历史，实质上就是用历史的连续性思想来看待历史问题和思考历史事件。

对于历史连续性问题大多数历史学家持赞同观点，他们注重研究历史的起源和发展，同时认为，历史过程中的因果性和目的性使得历史呈现出连续性。但是主张否定历史存在连续性的观点的理论家也不在少数，福柯是其中比较典型的代表。福柯反对历史学研究的形而上学和科学主义倾向，他认为这种类型的历史学把历史以外的东西放在历史之中，追求超历史的绝对的客观性淹没了真正的历史感。“一旦超历史的视角掌控了历史意识，形而上学就可以迫使历史意识为自己的目的服务，并通过促使历史意识满足客观科学的要求来构建自己想要的‘埃及’；相反，如果历史意识拒绝绝对的确定性，那么它就可以拒斥形而上学，成为谱系学的专有工具。”[③]形而上学和科学主义的历史观构建起来的是一种进步的、连续的历史。他认为这种历史观是对历史的虚假反映，掩盖了历史事实，是对历史的篡改和歪曲，抹杀了历史的丰富性、变化性、具体性。他为了避免他的理论与传统

① [美] 鲁滨孙：《新史学》，8 页，北京：中国人民大学出版社，2011。

② [美] 鲁滨孙：《新史学》，12 页，北京：中国人民大学出版社，2011。

③ Paul Robinow, *The Foucault Reader*, p87, New York: Pantheon Books, 1984.

的历史学相混淆，于是把自己提出的历史学理论称为考古学和谱系学，试图从微观的视角打断历史连续性的链条，从非连续性和间断性的视角看待历史。

伏尔泰在理性和伟大人物的作用中展现历史的连续性，黑格尔用客观精神的辩证发展维系历史的连续性，布克哈特站在维护传统的立场上宣扬历史的连续性，鲁滨孙则把历史的连续性理解为制度的更替和逐渐的进化。面对处于剧烈变动中的现代社会，福柯则否定历史具有连续性，以非连续性和间断性的方式看待人类历史。他们或者没有真正解释历史发展的动力和机制，或者没有辩证综合地看待历史、现实和未来的关系，对于历史连续性的研究和阐发都存在一定的偏颇。这正如马克思所言，“生产力、资金和社会交往形式的总和”是人类历史的现实基础，“迄今为止的一切历史观不是完全忽视了历史的这一现实基础，就是把它仅仅看成与历史过程没有任何联系的附带因素。因此，历史总是遵照在它之外的某种尺度来编写的；现实的生活生产被看成是某种非历史的东西，而历史的东西则被说成是某种脱离日常生活的东西，某种处于世界之外和超乎世界之上的东西”[①]。

马克思在实践观点的基础上真正揭示了历史连续性和间断性的统一。实践一方面是受到客体限制的“现实的、感性的活动”，另一方面是有主体参与其中的具有能动性的活动[②]。实践活动具有现实性，这意味着实践活动不是在思辨的头脑中展开的理论活动，而是在具备一定物质手段和条件的情况下针对现实的对象开展的物质性活动。满足实践活动所需要的物质手段和条件是在实践活动开展之前就具备的，是“工业和社会状况的产物，是历史的产物，是世世代代活动的结果，其中每一代都立足于前一代所达到的基础上，继续发展前一代的工业和交往，并随着需要的改变而改变它的社会制度”[③]。每一代的实践活动都以前一代实践活动所取得的成果为基

①《马克思恩格斯选集》第1卷，93页，北京：人民出版社，1995。

② 参见《马克思恩格斯选集》第1卷，54页，北京：人民出版社，1995。

③《马克思恩格斯选集》第1卷，76页，北京：人民出版社，1995。

础，“每一代都利用以前各代遗留下来的材料、资金和生产力”[①]。这些继承下来的“材料、资金和生产力”一方面推动人们实践活动的发展，另一方面限制人们实践活动的范围和水平。“人们自己创造自己的历史，但是他们并不是随心所欲地创造，并不是在他们自己选定的条件下创造，而是在直接碰到的、既定的、从过去承继下来的条件下创造。一切已死的先辈们的传统，像梦魔一样纠缠着活人的头脑。”[②]死人纠缠活人充分体现出历史活动的继承性和连续性。

实践活动除了具有现实性之外，还同时具有能动性。“环境的改变和人的活动的一致，只能被看作并合理地理解为变革的实践。”[③]实践的能动性特征集中地反映为革命性和批判性，“使现存世界革命化，实际地反对并改变现存的事物”[④]。人们除了在继承的历史条件下从事继承的活动之外，也在不断地变革自身以及自身的活动方式，这种变革集中地反映为社会革命。社会革命的爆发需要满足一定的客观条件，当生产关系不能适应生产力的发展要求，阻碍甚至破坏生产力时，社会革命的时代就到来了。但是，这并不是说具备一定的客观条件，社会变革就可以自动实现；而是说，在具备客观条件之后，被压迫的阶级需要通过自觉的阶级斗争推动实现社会变革。当封建制生产关系不适合生产力发展的要求时，资产阶级革命推动实现资本主义制度；当资本主义生产关系不适合生产力发展的要求时，这种不适合直接表现为无产阶级自身生活条件的恶化，从而无产阶级接过革命的领导权，爆发无产阶级革命，推动建立无产阶级专政的社会主义制度。社会革命推动社会变革，这在一定程度上会出现某些历史学家所说的“断裂”，但是这种“断裂”并不意味着出现了完全不同的人和社会，而是本来就存在的人和社会通过变革后的生产关系实现了新的组合。社会变革意味着社会历史发展出现了间断性，但是这种间断性并不意味着历史连续性的终结，

① 《马克思恩格斯选集》第 1 卷，88 页，北京：人民出版社，1995。
② 《马克思恩格斯全集》第 8 卷，121 页，北京：人民出版社，1961。
③ 《马克思恩格斯选集》第 1 卷，59 页，北京：人民出版社，1995。
④ 《马克思恩格斯选集》第 1 卷，75 页，北京：人民出版社，1995。

而是以新的方式进一步发展从前辈那里继承下来的“材料、资金和生产力”，以新的方式组织我们的生活。

历史本身是连续性和间断性的统一，历史的连续性表现为社会基本结构关系的稳定性以及社会生产生活方式的继承性。社会基本结构关系的稳定性主要是指生产力与生产关系、经济基础与上层建筑（包括政治上层建筑和观念上层建筑）之间的矛盾运动将会伴随人类社会始终。社会生产生活方式的继承性主要是指人类在工业和商业模式、风俗习惯、历史传统、思想观念等方面的前后相继。正是由于历史具有连续性，我们可以通过认识历史来预见未来。但是，人类历史的连续性毕竟不同于自然物质运动的规律性，自然物质运动的规律性具有稳定的重复性；但是人类历史的连续性是人类有目的的活动的过程，是人类实践成果不断累积的过程，在其中，简单重复和齐一的现象反而是例外。正是由于人类历史中经常出现间断性，人类的未来也常常出乎人们的意料之外。同时，我们也注意到，这些意料之外的事情在事后的反思往往也在情理之中，它们只是历史连续性表现出来的特殊形态而已。

§4　逻辑与历史相统一的基本原则

逻辑与历史的统一是黑格尔首先提出来的。该思想是辩证法的重要组成部分，同时也是认识事物、研究哲学的方法和准则。要想深入了解逻辑与历史相统一的原则，首先需要了解逻辑与历史是什么，再进一步了解二者的统一。那么何为逻辑？从狭义上来说，逻辑就是指思维的规律；从广义上来说，逻辑可以理解为规律。从本体论上来说，逻辑是事物发展的规律；从方法论上来说，逻辑是理性的思维方式和方法。逻辑还可以被理解为人们通过运用理性思维，以概念、判断、推理等形式对历史规律的认识，是由抽象到具体、从现象到本质、从感性到理性的过程。所谓历史，简单地说，是事物产生、发展、消亡的整个过程，包括自然史与人类史两种基本类型。

世界万物的联系具有普遍性，逻辑也必然不是单独存在的。当逻辑这一抽象概念与历史相联系，存在于历史中并从历史中汲取养分的时候，逻辑就对历史产生作用。逻辑与历史发展的进程在某种程度上是相一致的，逻辑是对历史的概括和总结，历史是逻辑的出发点和前提。主张唯物主义的历史学家认为，逻辑源于历史，历史是第一位的，逻辑从属于历史，并一定程度上服务于历史。历史是逻辑的材料和前提，逻辑是历史在头脑中的反映。逻辑就是对客观存在的历史的主观加工，历史是客观存在的，逻辑是客观实在在人的头脑中形成的主观映像。逻辑就是由具体到抽象、再由抽象到具体的过程，是对历史必然性的认识过程。对于历史的理性认识第一个阶段就是由现实的具体到思维的抽象，历史是纷繁复杂的，思维要从具体的历史中抽象出反映历史最本质规定性的认识；第二阶段是由思维的抽象到思维的具体，思维的抽象只是对历史的某一阶段的最本质的认识，要达到从抽象到具体，要从历史的整体去把握，着眼于历史发展的始终，从而向思维的具体转化。只有清晰正确地理解了逻辑与历史的根本内涵，才能充分理解逻辑在历史中的体现与应用以及历史对于逻辑的作用和意义。最终在此基础上坚持逻辑与历史相统一的原则。

由于“具有意识的、经过思虑或凭激情行动的、追求某种目的的人”①是历史活动的主体，人在活动过程中所具有的实现自身意图和目的的主体性造成历史事件的差异性，这种差异性进一步造成偶然性在社会历史领域中起着支配性作用的表象。但是，这仅仅是表象而已，并不是人的所有意图都能够在历史活动中得以实现，人的活动除了具有主体性之外还具有外部制约性，“无数的单个愿望和单个行动的冲突，在历史领域内造成了一种同没有意识的自然界中占统治地位的状况完全相似的状况”②。这就使历史领域中存在着与自然界相似的规律性，这种规律性是通过偶然性得到表现并通过偶然性为自己开辟道路的。在社会历史领域开展研究工作的任务就是

---

①《马克思恩格斯文集》第4卷，302页，北京：人民出版社，2009。

②《马克思恩格斯文集》第4卷，302页，北京：人民出版社，2009。

“发现这些规律”[①]。

这些规律不是在研究者的头脑中主观臆造出来的，而是通过对客观历史进程的研究而揭示出来的。这里所说的规律就是逻辑，发现了规律就是对历史中的逻辑的发现。从历史中总结出逻辑，逻辑内在于历史之中，人在发现历史逻辑之后可以有意识地用以指导人的历史活动。波普尔曾经否定人类历史存在规律性，他认为如果社会历史领域存在规律的话，那么人们就可以通过规律预见到历史事件发展的结局，于是就会采取行动避免这种结局的出现，最终造成历史没有按照规律所揭示的过程来运行。这样就会造成一个悖论，规律揭示出历史发展的进程，但是真实的历史又没有按照这个进程来运行。基于此，波普尔不承认历史发展过程中存在规律，而只承认存在着趋势。波普尔问题的症结正是没有正确认识客观规律性和主观能动性之间的关系，片面夸大人的主观能动性，从而否定人类社会客观规律性的存在。如何在人类社会历史领域中正确处理历史规律性和人的活动的主体性之间的关系呢？马克思曾经在《资本论·第一卷》的“第一版序言”中指出：“一个社会即使探索到了本身运动的自然规律……它还是既不能跳过也不能用法令取消自然的发展阶段。但是它能够缩短和减轻分娩的痛苦。”[②] 人们在尊重规律的前提之下充分发挥人的主体性，只有发挥人的主体性才能认识和利用规律，逻辑与历史之间的统一正是以这种方式来表现自身的。

逻辑对历史具有反作用，这种反作用的大小取决于特定的历史发展水平和阶段。对当前历史的总体把握能够更加完整准确且真实地反映历史的本质和事物发展的规律性，从当前历史发展的状况还能概括总结以往历史的各个片段及其内在关系，可以把当时的某个历史环节作为逻辑的一个部分，换言之，逻辑的某个部分就可以理解为当时历史整体的逻辑的一个片段。逻辑在历史中充当“修正者”的角色，历史发展中不可避免存在许多偶然性、非本质的现象，逻辑正是在去除这些不稳定因素的基础上，形成

① 《马克思恩格斯文集》第 4 卷，302 页，北京：人民出版社，2009。

② 《马克思恩格斯文集》第 5 卷，9—10 页，北京：人民出版社，2009。

具有普遍性的并且反映历史发展规律的必然性的因素。逻辑的这种修正不是随意的、主观的，而是在去粗取精、去伪存真、由此及彼、由表及里的基础上，依据客观实际、利用科学的方法、遵守一定的规则对历史的能动反映。逻辑在这种修正的基础上发挥判断的功能，通过逻辑思维判断哪些是历史的进步的可取的因素，哪些是退步的消极的因素，从而在复杂的历史进程中理清脉络。

逻辑对历史的反作用表现在逻辑的预见性。逻辑是以历史为基础的，是在对历史的总结概括基础上形成的。历史发展是漫长且复杂的，有些事件可能是偶然事件，有些事件又是历史发展中的必然，有些人物和事件推动历史的发展，同样也会存在导致历史倒退的事件和人物。如果过分强调历史的细枝末节，那必然会制约思维的发展，就像恩格斯所说："历史常常是跳跃式地和曲折地前进的，如果必须处处跟随着它，那就势必不仅会注意许多无关紧要的材料，而且也会常常打断思想进程。"① 逻辑就是在分析整理概括这些复杂历史的基础上形成对历史规律的总结，这些规律对历史的发展趋势和走向具有一定的预见性。于是在规律的指导下，人类可以主动地采取措施"缩短或减轻分娩的痛苦"。承认逻辑对历史的预见性，但是不能把这种预见性理解为"历史宿命"，一般规律对历史的作用"始终只是以一种极其错综复杂和近似的方式，作为从不断波动中得出的、但永远不能确定的平均情况来发生作用"②。不能以僵化不变的方式看待逻辑对历史的预见作用，逻辑不可能在任何情况下以不变的方式反映历史，正如上文所指出的那样，在历史发展中人的主体性也在发挥作用，人类社会的历史规律是客观性和主体性交互作用的结果，基于此，人类社会的规律性要比自然界复杂得多。

马克思认为："历史的发展总是建立在这样的基础上的：最后的形式总是把过去的形式看成是向着自己发展的各个阶段。"③ 事物都是从低级向高级发展的，向高级转化的过程中都存在过去的影子，逻辑能够很好地再现

---

①《马克思恩格斯文集》第2卷，603页，北京：人民出版社，2009。

②《马克思恩格斯全集》第25卷上，181页，北京：人民出版社，1974。

③《马克思恩格斯文集》第8卷，30页，北京：人民出版社，2009。

事物在这个过程中的发展变化，从而更清晰深入地了解事物的本质。我们说任何事物都具有两面性，同样，逻辑对历史的作用也不总是处于积极正面的状态，逻辑具有一定的延迟性，马克思把逻辑的延迟性形象地比喻为“人体解剖对于猴体解剖是一把钥匙”①。逻辑总是在历史发展的高级阶段上才能更加清晰地认识初级阶段。历史发展是前进性和曲折性相结合的过程，在这个过程中逻辑与历史的统一总是具体的、处在不断地变化和调整之中的。或是说逻辑只是对历史的一个片段、一个部分的把握，往往伴随着说服力和实践价值的缺乏，只有历史处于最后的完成阶段（这是一种理想状况），我们才能对历史有一个清晰的脉络和整体的把握，历史的本质才会浮现于我们的眼前。逻辑是“关于世界的全部具体内容的以及对它的认识的发展规律的学说，即对世界的认识的历史的总计、总和、结论”②。也就是说，逻辑建立在历史之上，是对历史的总结，没有世界的历史也就没有关于世界的逻辑。

历史是逻辑的前提，历史具有一定的客观实在性，逻辑要以历史现实为根基，围绕历史现实展开并受其制约。无论历史是前进还是倒退、是曲折的还是直线的、是跳跃性的还是平缓的，离开历史来谈逻辑没有任何价值，所以马克思与恩格斯曾经说过，“不是在每个时代中寻找某种范畴，而是始终站在现实历史的基础上，不是从观念出发来解释实践，而是从物质实践出发来解释观念形态”③。逻辑必须以历史事实和客观存在为前提展开，脱离历史发展的纯粹的逻辑就会误入黑格尔绝对精神自我外化与发展的困境。无论逻辑多么准确且超前地预见了将来的历史，它都受到历史的制约和限制。“历史从哪里开始，思想进程也应当从哪里开始，而思想进程的进一步发展不过是历史过程在抽象的、理论上前后一贯的形式上的反映。”④

历史的发展影响逻辑的发展，历史的发展变化导致逻辑也随着历史的

①《马克思恩格斯文集》第 8 卷，29 页，北京：人民出版社，2009。

② 列宁：《哲学笔记》，77 页，北京：人民出版社，1993 年第 2 版。

③《马克思恩格斯文集》第 1 卷，544 页，北京：人民出版社，2009。

④《马克思恩格斯文集》第 2 卷，603 页，北京：人民出版社，2009。

变化而调整变化。历史发展和进步，逻辑也要进一步完善和深化，以揭示历史发展的必然性。逻辑思维的发展受当时的历史环境和历史条件的影响，生产力与生产关系、经济基础与上层建筑的矛盾运动集中地反映了这一点。生产力的发展会推动生产关系的变革；与生产力相适应的生产关系的总和构成经济基础，生产关系的变革也就意味着经济基础发生相应的变革；随着经济基础的变革，包括意识形态在内的全部庞大的上层建筑也会或快或慢地发生变革。也就是说，特定的历史环境和条件（生产力与生产关系）会产生特定的思想观念（逻辑），历史环境和条件的变革会带来思想观念的变化。历史发展永无止境，同样逻辑的发展也会永不停止。对于历史的认识是一个不断继承和发展的过程，通过总结前人历史认识，立足于当前不断促进逻辑的丰富和发展。

在了解了历史对逻辑的决定作用和逻辑对历史的反作用之后，我们需要对二者的关系作进一步的阐述，以便更好地理解逻辑与历史相统一的原则。对于历史与逻辑的关系，有两种完全相反的观点：一种是“历史与逻辑相统一”，另一种是“逻辑与历史相统一”。前一种观点的代表人物是黑格尔，他认为“理性向来统治着世界，现在仍然统治着世界，因此也就统治着世界历史”①，因此历史是具有必然性的“自由”意识的进展，自由意识就是绝对精神在历史领域内的化身，逻辑在先，历史在后，历史与逻辑相统一。后一种观点是以马克思为代表的历史唯物主义的观点，认为逻辑是对历史的总结，历史是逻辑的基础和前提。逻辑与历史的统一还包括两个方面，即逻辑与客观事物的发展史相统一、逻辑与人类的认识发展史相统一，这还可以进一步理解为逻辑的东西与历史的东西的统一、逻辑的方法与历史的方法相统一。逻辑与历史相统一的原则既具有理论性质，又具有实践价值，对于理论逻辑体系的建立和客观历史、人类认识史的发展都具有重要意义。

坚持逻辑与历史相统一的原则必须以实践为基础，逻辑和历史都是在实践的基础上产生的。人类的第一个历史活动就是创造自身生存发展的物质资

① ［德］黑格尔：《历史哲学》，10页，上海：世纪出版集团，2006。

料，历史是人创造的，在创造历史的过程中，在实践的基础上逐步对历史的规律和本质有了深入的了解，即获得了历史的逻辑，同样人们也通过实践创造了逻辑的历史。“人应该在实践中证明自己思维的真理性，即自己思维的现实性和力量，自己思维的此岸性。”[①] 只有在大量实践的基础上，才能对历史有全面准确的理解，才能获得符合历史发展的逻辑，发挥逻辑对历史的促进作用，同样逻辑的发展也促进历史的进步，从而促进逻辑与历史的统一。

逻辑和历史相统一的原则，体现为逻辑的方法和历史的方法的统一，两者是相互影响、相互依存的。逻辑的方法，是建立在历史实践的基础上的，要不断接近历史事实，也就是在运用逻辑的方法的同时也要坚持历史的方法。同理，在使用历史的方法时，并不是漫无目的、主观任意地使用，而是在一定的推理、判断的基础上，得出历史发展过程中本质性的东西，也就是使用历史的方法的同时也采用逻辑的方法。

坚持逻辑与历史相统一原则的根本目的是促进历史的发展。历史是前进性和曲折性的统一，虽然说历史发展不可避免存在曲折性，但是坚持这一原则能够发挥逻辑对历史的能动作用，运用逻辑思维对客观历史的规律进行总结和掌握，并且这种逻辑思维作为一种认识对历史发展发挥一定的指导作用，减少历史发展中的阻碍。历史的发展过程可以说是人们不断追求并丰富完善历史逻辑的过程，在历史的发展中不断吸取之前历史的经验教训，总结历史发展中认识的错误，不断提高逻辑思维能力，指导人们正确地认识历史，减少甚至阻止历史悲剧的重演。

坚持逻辑与历史相统一的基本原则要坚持人类的思维逻辑的发展与客观历史的发展相统一。人类的思维逻辑是对客观历史的反映。客观历史是不断发展和变化的，要经历一个从低级到高级、从简单到复杂的过程，所以在此基础上的人类的思维逻辑也是要经历一个从片面到全面、从零碎到完整的过程，不同历史时期的人类的思维逻辑只是对当时历史的某个方面的反映，而历史的发展就要求不同时期的逻辑相互联系、相互融合，形成

---

①《马克思恩格斯文集》第 1 卷，500 页，北京：人民出版社，2009。

对历史整体的认识，从而获得具有真理性的逻辑，这种逻辑与历史的相统一，最终服务于历史的发展。

坚持逻辑与历史相统一的基本原则还要坚持人类逻辑的发展与人类认识史的发展相统一。要想对人类逻辑的发展有所了解，必须先对人类的认识发展史有一个系统全面的了解，只有在了解了人类思维发展的历史的前提下，才能理清人类思维的发展趋势和发展脉络，才能认识到人类认识史的发展过程，才能在逻辑层面对思维规律和认识规律有所了解。

逻辑与历史相统一的基本原则是人们对历史规律不断认识的产物，是人类认识历史的结晶。逻辑与历史相统一的原则是马克思主义的内在要求，是马克思主义哲学发展的源泉所在，是进行理论创新必须践行的基本规律。坚持这一原则不仅能够推动马克思主义理论的发展，而且对于我国以及其他国家历史和社会的发展具有指导意义。我们需要认清我国的历史发展趋势，理论联系实际，把握国际发展动态，发挥逻辑对历史的能动作用，准确地预料未来社会的发展趋势，同时在历史发展中总结发展逻辑，建立逻辑理论体系，坚持逻辑与历史的统一。

§5　逻辑与历史相统一的基本模式

在说明了逻辑与历史相统一原则的基本内容之后，我们需要进一步说明二者相统一的基本模式。面对纷繁复杂的现象世界，人们总是试图从中寻出连续性和统一性，探索世界的本质和本原。这就像我们面对杂乱无章、物品随处摆放的房间，总是有一种想要收拾一下的冲动，使本来无序存在的事物各归其位。一切历史都已经成为过去，它就客观地存在在那里，逻辑是人们通过抽象思维得出的认识的结果，那么人类思维的逻辑与客观存在的历史是什么样的关系，纷繁复杂的历史事件与历史现象有没有连续性和统一性，这种连续性和统一性能不能通过逻辑的方式加以把握，这是众多理论家希望加以探索的问题。有的理论家在看待这个问题的时候，只是看到历史事件的差异性和偶然性，从而放弃对历史统一性和必然性的探索。

但是即使这样，他也是在历史中寻求逻辑，只是这种逻辑是建立在差异性基础上的逻辑，在他的思想中，他所讲的逻辑也是与历史相统一的。除了建立在差异性基础上的逻辑之外，更重要的是从存在差异性的历史事件中确定连续性和统一性，从历史事件的外部深入到内部，通过现象把握历史的本质和规律。不同的思想家和理论家实现逻辑与历史相统一的基础存在差异，这种差异主要表现在逻辑起点上的差异，有的主张神创论，认为天神意旨是逻辑与历史相统一的基础；有的主张客观唯心论，认为客观精神是现实事件的基础或者基质；有的主张主观唯心论，认为自我意识是历史活动的主体；有的主张唯物论，认为逻辑生成的基点是现实的生活世界。

神话和传说是人类对社会和历史开展认识的原始方式，神创论的观点由来已久。这种观点集中反映于《圣经》的历史哲学之中，上帝是世界的创造者，也是世间万事万物的策划者和决定者，这就使宗教理论具有明显的宿命论和循环论的倾向。例如《旧约·传道书》中指出："神叫世人受苦，使他们在其中受经练。神造万物，各按其时成为美好，又将永生安置在世人心里。……现今的事早先就有了，将来的事早已也有了，并且神使已过的事重新再来。"[①]这就会造成两个方面的结果，一个方面是"凡事都有定期，天下万务都有定时"[②]；另一方面是"已有的事，后必再有；已行的事，后必再行；日光之下，并无新事"[③]。上帝的存在可以帮助我们化解理论无穷追溯的问题，构成对于人类生命和存在的终极关怀，是一切问题的终极原因，上帝背后没有其他的原因存在。神创论是实现逻辑与历史相统一的原始模式，神的意志体现为历史，反过来也同样成立，即历史是由神的意志所创造。神学历史观在各种历史理论之中也有充分的表现。例如在维柯的《新科学》之中就充分体现了天神意旨的作用，他说："在天神意旨这第一个原则、隆重的婚姻典礼这第二个原则之后，还有埋葬制度所依据的灵魂不朽的普遍信仰这第三个原则。我们的这门科学就根据这三个原则来讨论

① 出自《圣经·旧约全书·传道书》第3章第11节和第15节。

② 出自《圣经·旧约全书·传道书》第3章第1节。

③ 出自《圣经·旧约全书·传道书》第1章第9节。

它所研究的全部众多而复杂的制度的起源。”①在天神意旨的作用之下，人类依次经历三个时代，即“神、英雄和人的先后衔接的三个时代”，“诸民族都是按照这三个时代的划分向前发展，根据每个民族所特有的因与果之间经常的不间断的次第前进”②。各民族在经历了上述三个时代之后，又会在复兴时经历各种人类制度的复归历程。维柯的“新科学”在收集整理历史资料的基础上进行哲学论证，但是他的论证基础和论证结构依然不能摆脱神创论的影响，表现出宿命论和循环论的倾向。

随着人类对世界本质的认识不断深入，在东方和西方都产生了对神和上帝的怀疑甚至否定。中国人历来有“敬鬼神而远之”的传统，南北朝时期范缜就写出了《神灭论》，这一方面要远远早于西方。西方在文艺复兴时期出现理性的觉醒、人性的复归，有感于教廷的腐败，开始出现宗教的分裂和对宗教的批评。在德国，施特劳斯的《耶稣传》把神学拉回到人间，把耶稣当作历史人物进行研究，鲍威尔进一步把福音故事和耶稣视为历史的虚构，尼采则直接宣布“上帝已死”的结论。上帝死亡之后，学术研究的主流不再以上帝的名义开展，但是同时也出现了怀疑主义、相对主义和虚无主义的流行与泛滥。需要为历史的连续性和统一性寻求有别于神创论的基础和基质。每个人都有父母，每本书都有作者，人类世界中的每件物品都有生产者，自然物也有其产生和分解的过程。就人类社会中的人与物都有其创造者和生产者而言，创造者和生产者在一定程度上对于这个人或者物而言都具有神的性质，只是上帝作为终极的创造者和生产者在人类思维和理论中得以表现。基于此，许多理论都具有类神性，也就是美国实用主义思想家詹姆士所说的 likegod。客观唯心论把客观精神视为万事万物产生和发展的基础或者基质，在这里，客观精神也具有类神性，毕竟把客观精神视为派生万物的东西与宗教的神创论之间的距离并不遥远。下面我们以黑格尔为例来考察纯粹概念的基础上如何实现历史与逻辑的统一。

黑格尔在思想史中首先明确了历史与逻辑相统一的原则，但是他实现

① ［意］维柯：《新科学》上册，13 页，北京：商务印书馆，1989。

② ［意］维柯：《新科学》下册，489 页，北京：商务印书馆，1989。

这种统一的基础却是纯粹概念。在他看来，逻辑是纯粹思维的科学，而关于这门科学的研究以往是存在着严重的问题的。这些问题包括：（1）把逻辑视为抽去一切内容的思维规则，它只是知识的单纯形式，而知识的质料与这种形式之间没有任何的关联；（2）错置了思维与对象之间的关系，"对象被视为一种本身完满的、现成的东西，完全能够不需要思维以成其现实性"[①]，而思维必须适应和迁就对象，把思维看作为空的形式，其内容来自对象；（3）自从亚里士多德以来，逻辑就没有再向前发展，而亚里士多德的逻辑没有把辩证法容纳其中。这种逻辑的滞后与实践和宗教世界的精神以及科学的精神的进步状态是不相适应的。基于上述的原因，黑格尔认为"逻辑更需要一番全盘改造"[②]。他对逻辑进行改造的基本方向是在辩证否定的基础上把"有"与纯粹概念等同起来，"'有'被意识到是纯粹概念自身，而纯粹概念也被意识到是真正的有"[③]，"逻辑思想比起一切别的内容来，倒并不只是形式，反之，一切别的内容比起逻辑思想来，却反而只是〔缺乏实质的〕形式"[④]。也就是说，逻辑研究纯粹概念，概念本身是自在自为的，它就是最为真实的"有"，逻辑就是内容和形式之间的统一，对象只有在概念中才能获得其现实性。"有"是自在的概念，它存在于无机的自然之中；而概念本身则是有意识的概念或者说是被意识到的概念，它存在于有机的思维之中。基于这种区分，黑格尔把逻辑分为客观逻辑和主观逻辑，客观逻辑研究自在的概念，等同于传统的形而上学；主观逻辑则研究被意识到的概念，它的主题是研究"自由自立、自己规定自己的主观的东西"[⑤]。进而言之，客观逻辑的研究对象是存在于自然、社会及其历史之中的概念，而主观逻辑则是研究概念的概念，即反映在意识之中的概念。概念与对于概念的思维相统一，客观逻辑与主观逻辑相统一，历史与逻辑相统一，"世界历史无非是'自由'意识的进展，这一种进展是我们必须在它的必然性中

① [德] 黑格尔：《逻辑学》上卷，25页，北京：商务印书馆，1966。

② [德] 黑格尔：《逻辑学》上卷，33页，北京：商务印书馆，1966。

③ [德] 黑格尔：《逻辑学》上卷，44页，北京：商务印书馆，1966。

④ [德] 黑格尔：《小逻辑》，85页，北京：商务印书馆，1980年第2版。

⑤ [德] 黑格尔：《逻辑学》上卷，48页，北京：商务印书馆，1966。

加以认识的”[①]。

黑格尔把历史的本质归之于纯粹概念，又在辩证否定所造成的运动过程中把握纯粹概念，“认识到思维自身的本性即是辩证法，认识到思维作为理智必陷于矛盾、必自己否定其自身这一根本见解，构成逻辑学上一个主要的课题”[②]。进而，纯粹概念的运动过程反映在思想之中就形成他的哲学体系，在他的哲学体系中绝对精神在不断地外化和发展过程中又返回自身。由此，他一方面把历史的发展描述为一个过程，另一方面又为这一过程谋划了一个终点，“这样一来，黑格尔体系的全部教条内容就被宣布为绝对真理，这同他那消除一切教条东西的辩证方法是矛盾的”[③]。从具体环节来看，历史之中充满着运动变化，历史表现为一个过程；但是从整体而言又是一个封闭的圆圈，历史趋向于终结。他的丰富的辩证法思想具有历史感，但是他的体系却丧失历史性，辩证法思想被他的体系所窒息。黑格尔理论之中之所以存在这种奇怪的圆圈，其根本原因在于他把纯粹概念与历史本身相等同，把真实的、具体的历史视为抽象概念的外化。不管是什么样的概念，其内涵与外延必定存在一定的界限。与概念的有限性相比，历史本身要丰富生动得多，同时也会呈现出无限发展的过程。以有限的概念来反映无限的历史，其中必定存在难以解决的矛盾，何况黑格尔把概念等同于历史，当概念的演化即将穷尽的时候，也就会人为地为历史划定终点，在这个终点上全部历史的辩证运动也会相应地终结。这就是黑格尔理论的结局，在不该终结的地方人为地终结了历史发展的过程。

在黑格尔那里，客观存在的绝对精神或者纯粹概念实质上是把认识过程中存在的思维与存在的两极结构转化为三极结构，这种三极结构表现为：自在的概念（有）－存在（本质）－被意识到的概念（概念）。这种三极结构的优点在于解决了客观存在的事物是否内在地具有逻辑的问题，因为逻辑就是存在本身，客观逻辑（有的逻辑）与主观逻辑（概念的逻辑－本质

① ［德］黑格尔：《历史哲学》，17页，上海：世纪出版集团，2006。

② ［德］黑格尔：《小逻辑》，51页，北京：商务印书馆，1980年第2版。

③《马克思恩格斯文集》第4卷，271页，北京：人民出版社，2009。

的逻辑）存在内在的一致性。但是这仍然没有克服认识论所面临的传统困境，即我所意识到的东西只是我头脑中的东西，如何突破我的界限来认识处于我的头脑之外的事物。在这方面，主观唯心论比客观唯心论面临更少的逻辑矛盾，它在自我的基点上建立起全部理论和学说，把自我的界限视为绝对的、不可突破的界限，自我之外没有事物存在，即使存在我们也没有办法认识它。在古希腊，普罗泰戈拉就曾提出“人是万物的尺度”的命题，但是在西方，主观唯心论比较具有典型意义的代表是贝克莱，他认为万物存在但只在我的心中存在。他把观念与对象等同起来加以考察，一方面认为物是观念的集合，“只是一些可感性质或观念的集合体”[①]；另一方面主张存在就是被感知，对于我而言，一个事物的存在就是我曾经感知过它，“要说有不思想的事物，离开知觉而外，绝对存在着，那似乎是完全不可理解的。所谓它们的存在（esse）就是被感知（percepi），因而它们离开能感知它们的心灵或能思想的东西，便不能有任何存在”[②]。如果我们把贝克莱的主观唯心论运用于解说人类历史领域中存在的问题的话，他会认为历史本身并不存在，真实存在的只是我们对历史的感知，在自我意识的基础上形成我的逻辑，而我的逻辑就是我的历史，历史与逻辑二者相统一。

在贝克莱之后，康德自称实现了认识论领域中的哥白尼革命，这场哥白尼革命的真正意义在于实现了研究视角的根本置换，如果我们的直观比附于对象，那么对象是怎样的，我们永远不能够对之加以认识；如果我们让对象比附于我们直观能力的性状，那么人的直观与对象之间的关系就会变得清晰明了。于是，他提出“人的理性为自然立法”，人对自然的认识过程表现为：“依照理性自己放进自然中去的东西，到自然中去寻找（而不是替自然虚构出）它单由自己本来会一无所知、而是必须从自然中学到的东西。”[③]康德试图综合近代哲学的经验论与唯理论，在他看来唯理论导致了独断论，而经验论则导致了怀疑论，克服经验论与唯理论所面临的问题就

① ［英］贝克莱：《人类知识原理》，63 页，北京：商务印书馆，1973 年第 2 版。
② ［英］贝克莱：《人类知识原理》，21 页，北京：商务印书馆，1973 年第 2 版。
③ ［德］康德：《纯粹理性批判》，14 页，北京：人民出版社，2004。

是要提出并论证先天综合判断是如何可能的。先天综合判断从其起源来看是先天的，但是它同时也是综合命题，是纯粹知性概念与经验结合的产物，纯粹知性概念是人先天具有的，它本身是空的，其内容来自感性经验的综合。在康德这里，先天综合判断本身实际上就是逻辑与历史的统一，是运用纯粹知性概念“贯通、接受、结合”[①]历史经验的过程。

在中国，主观唯心论的主要代表是王阳明。王阳明心学的基本观点有两个。第一个观点是心外无理、心外无物，“夫物理不外于吾心，外吾心而求物理，无物理矣；遗物理而求吾心，吾心又何物邪？”[②]他认为：“身之主宰便是心，心之所发便是意，意之本体便是知，意之所在便是物。”[③]知与物是意（意志、意念）的两个方面，意念推动认知，认知构成意念；意念所指向的对象便是物，物不能脱离意念而单独存在，物只存在于人的意念之中，“如意在事亲，则事亲便是一物；意在于事君，即事君便是一物”。处于活动过程中的心便是意念，心则是身的主宰。王阳明关于岩中花树的论辩进一步说明了他的“心外无物”的观点：未看此花，则此花与汝心同归于寂；来看此花时，此花颜色一时明白起来，便知此花不在你的心外。以自我意识作为世界的本体始终存在一个困难，那就是吾心与他心之间的关系以及个体与全体之间的关系。为了合理化解这一矛盾关系，王阳明消融了我与他、内与外、个体与全体之间的区分，“天下之人心，皆吾之心也”[④]，“功夫不离本体，本体原无内外”[⑤]，“一节之知即全体之知，全体之知即一节之知，总是一个本体”[⑥]。

王阳明的第二个基本观点是知行合一，“知是行的主意，行是知的功夫；知是行之始，行是知之成。若会得时，只说一个知，已自有行在；只

① [德]康德：《纯粹理性批判》，69页，北京：人民出版社，2004。
② 王阳明：《传习录》，161—162页，郑州：中州古籍出版社，2008。
③ 王阳明：《传习录》，100页，郑州：中州古籍出版社，2008。
④ 王阳明：《传习录》，261页，郑州：中州古籍出版社，2008。
⑤ 王阳明：《传习录》，295页，郑州：中州古籍出版社，2008。
⑥ 王阳明：《传习录》，308页，郑州：中州古籍出版社，2008。

说一个行，已自有知在”[①]。他认为，如果把知和行当作两件事来对待，那就会出现这样的局面，一个人心中产生了恶念，在这种恶念没有转化为行动的情况下，就不会受到禁止，由此，我们就没有办法有效遏制心中的恶念。他提出“知行合一”这一观点的宗旨就在于告诉人们“一念发动处便即是行了”[②]，要在“一念发动处”禁止恶念的产生，不使一丝恶念存于胸中。“心外无物”与“知行合一”这两个观点之间存在密切的联系，王阳明自称这是他与朱熹相区别的两个关键点，“心、理合一之体，知、行并进之功，所以异于后世之说者，正在于是”[③]。也就是说心外无物、心外无理是本体论，而知行合一则是把本体论落到实处的方法论，既然心与物、心与理之间实现了统一，那么内在于心的知与外部事物相接触的行也要实现统一。王阳明所倡导的心与物、知与行之间的统一实质上预示着在心的基础上寻求历史与逻辑的统一，逻辑是心中的知，历史则是在心的主导之下的外部现实与行动的集合。

众多的理论家都在探索逻辑与历史相统一的可能性，以天神意旨为基础实现二者之间的统一最终只能以信仰的方式来面对和解释理论中的疑难，以客观精神为基础来实现二者之间的统一最终还是难以逃离以主观臆造来任意裁剪历史的责难，以自我意识为基础来实现二者之间的统一最终会造成历史是任人打扮的小姑娘的错觉。这些观点在一定的限度内可以对历史现象进行解释，但只是一种片面的解释。唯心主义观点试图揭示对象背后的本质，有可能是深刻的，但是如果把精神性的实体放在客观存在的自然界之上来进行考察，试图通过精神或者意念的作用来改造世界，那就有可能得出荒谬的结论，这正像马克思所说的那样：“‘思想’一旦离开‘利益’，就一定会使自己出丑。”[④] 马克思在批判超越唯物主义与唯心主义二元对立的基础上重新阐发了逻辑与历史相统一的基本原则，如果说黑格尔是

---

① 王阳明：《传习录》，30 页，郑州：中州古籍出版社，2008。

② 王阳明：《传习录》，311 页，郑州：中州古籍出版社，2008。

③ 王阳明：《传习录》，170 页，郑州：中州古籍出版社，2008。

④《马克思恩格斯全集》第 2 卷，103 页，北京：人民出版社，1957。

从逻辑出发使历史与逻辑相统一的话，马克思则是从历史出发使逻辑与历史相统一。

马克思所创立的新唯物主义既批判了从前的一切唯物主义，也批判了唯心主义。从前的唯物主义只是从客体的或者直观的形式去理解对象、现实和感性，也就是说对象、现实和感性是作为一种外在被给予的、与人无关的东西而存在，马克思认为以这种方式去理解对象是存在重大缺陷的，即“被抽象地理解的、自为的、被确定为与人分隔开来的自然界，对人来说也是无”①。从这一点而言，马克思的观点接近唯心主义，与贝克莱和王阳明的观点具有一定的类似性。马克思与唯心主义相同的地方在于充分地重视和发挥人的能动性，但是二者之间存在本质的区别，这种区别表现为马克思是在“现实的、感性的活动”基础上来进行理论阐发的，而唯心主义者抽象地发展了人的能动性，从而根本不懂得“现实的、感性的活动本身”②。在批判唯物主义和唯心主义的基础上，马克思超越了二者之间的对立，在实践基础上创立了新唯物主义，在马克思看来实践是具有能动性（革命性、批判性）与对象性的活动。实践活动的能动性表现为人是历史活动的主体，自己创造自己的历史；实践活动的对象性表现为人是在一定的物质生活条件制约之下针对现实的对象来开展活动的，这也进一步说明人在创造自己历史的时候并不是随意地创造。实践活动的能动性的发挥要以尊重其对象性为基础，“人们为了能够‘创造历史’，必须能够生活”③。作为历史活动主体的人是处于“能动的生活过程”中的人，只要描绘出这个能动的生活过程，历史就不是僵死的事实的汇集，也不是想象的主体的想象活动。由此，我们可以进一步认为，在马克思看来，逻辑与历史的统一实质上是实践活动的能动性和对象性的统一，在对象性活动的基础上发挥人的能动性，同时，人的能动性的发挥以尊重对象性活动的客观性为前提。

---

①《马克思恩格斯文集》第 1 卷，220 页，北京：人民出版社，2009。

②《马克思恩格斯文集》第 1 卷，499 页，北京：人民出版社，2009。

③《马克思恩格斯文集》第 1 卷，531 页，北京：人民出版社，2009。

第七章　哲学与历史学相统一的模式及原因

哲学与历史学就社会建制而言分属于两个不同的学科，哲学家与历史学家之间向来存在一定的分歧，哲学家认为历史学缺乏普遍性和一般性，历史学则认为哲学是缺乏事实支撑的纯粹思辨，两个相互独立发展的学科难以避免“鸡犬之声相闻，民至老死不相往来”的局面。在加快构建中国特色哲学社会科学“三大体系”的过程中，哲学和历史学打破学科藩篱、共建话语体系的任务日益迫切。共建话语体系的基础是两个学科之间不可分离的联系，哲学家和历史学家都普遍认识到这种联系的必要性和重要性。例如，作为历史学家的兰克曾经认为历史学在研究现实世界的过程中需要“哲学和诗歌中那些活跃的思想力量的联合”[①]；作为哲学家的黑格尔也认为在构建哲学的世界历史过程中，我们应当遵循的第一个条件就是“忠实地采用一切历史的东西”[②]。由此可见，哲学和历史学之间虽然存在着歧异，但是二者之间共建话语体系的要求也非常迫切，这有利于全面综合系统地把握人类的社会与历史。哲学与历史学共建话语体系的方式与途径主要包括三种：哲学与历史学之间的互补，你离不开我，我离不开你；哲学与历史学之间的交叉，你中有我，我中有你；哲学与历史学之间的融合，你变成我，我变成你。

---

① ［德］兰克：《论历史科学的特征》，载刘北成、陈新主编《史学理论读本》，4页，北京：北京大学出版社，2006。

② ［德］黑格尔：《历史哲学》，10页，上海：世纪出版集团，2006。

§1　哲学与历史学的互补

人类认识世界的前提是对世界进行区分，经过区分的世界分别构成不同学科所研究的对象。不同学科的对象、属性和研究方法都存在一定的差异，但是它们都在干着同一件事情，那就是从自己所属的学科领域出发构建起自身的世界图景，哲学家、历史学家、艺术家和自然科学家都在从事着同样的工作，都在解说他们眼前的世界，他们眼中的世界只是从不同侧面和角度所发现的世界整体的一部分而已。在人类至今所发展出的所有学科之中，哲学和历史学都具有一定的综合性，其他一切学科都包含着一定的哲学问题和历史学问题。人类一切知识体系上升到最高的层次就难以避免地从哲学层面开展思考，哲学为所有其他学科提供前提性批判，物理学的物质概念、心理学的意识概念、管理学的人的本质问题等都需要从哲学层面加以解释和解决。同时，世界中所存在的一切对象都是存在于特定的时间和空间中的，都会经历一个历史发展过程，人类社会中的一件事或者一个人乃至于自然界中的一块石头，概莫能外，都可以涵盖在历史研究范围之内。哲学问题和历史现象所具有的这种普遍性特征造成哲学和历史学的研究对象屡有交叉，就两个学科的研究实践和研究效果而言，它们之间存在着非常紧密的互补关系，这种互补关系贯穿于两个学科研究过程的各个阶段。

（一）在研究选题过程中的互补

研究选题是研究工作的起始环节，一位研究者在从事研究工作之初就需要把自己希望研究的一个问题或者一组问题确定下来。马克思曾经指出：“主要的困难不是答案，而是问题。”一个问题的答案是容易找到的，同时在解答过程中往往渗透着个人的意图和见识。相对于答案而言，问题本身更为重要，世界史本身的发展历程说明提出新问题是解决老问题的唯一办法，老问题引领着过去的时代，新问题则预示着旧时代的结束和新时代的开启。每一个时代都有它需要解答的问题，生活在这个时代中的个人为时代的问题提供带有个人意图和见识的答案，问题主导着时代，引领着时代向前进。于是，“问题却是公开的、无所顾忌的、支配一切个人的时代之声。问题是时代的格言，是表现时代自己内心状态的最实际的呼声”[①]。时代问题并不是单纯的一个问题，而是包含众多的、分为不同层级的问题的问题群。时代问题不会自己呈现、自己解答，只能通过处于这个时代的个人来进行把握和解答。分属于不同学科的研究者都在自己的学科领域之内面对这些问题，做出自己的解答。如果问题找对了，那么研究工作就会沿着正确的方向和目标前进；反之，则可能造成研究工作事倍功半。由此可见，研究选题过程对于研究工作至关重要，哲学和历史学在这一阶段上存在明显的互补作用。

哲学家主要从两个方面进行选题，或者以问题为主线，或者以人物为主线。不管是做问题研究还是做人物研究都需要兼顾两个方面：一方面需要立足于时代，另一方面需要植根于历史。就它们与时代的关系而言，问题是时代的问题，人物也是能够为解决现时代人们思想和生活中存在的问题提供帮助的人物。就它们与历史的关系而言，时代问题的产生存在历史前提，对这个问题的解答也存在着不同的历史方案，如果一个研究者对这个问题的历史一无所知，那么他对这个问题的解决也只能是空中楼阁、无本之木。此外，当一位哲学家成为研究对象时，这个人物已经是历史人物，他的思想有它产生的历史背景，同时也在历史过程中呈现出不同的面相，人们对于他的思想的理解也在历史过程中不断深化。哲学家的思想体现在文本之中，文本一经产生就会独立于作者而存在，文本在读者的阅读阐释过程中会不断地开拓价值和意义的空间。文本穿过解释的丛林才能流传到现代，在现代的情况下对历史上的哲学家进行研究，同时意味着穿过解释的丛林对历史文本的重读，但是这种重读并不单纯地意味着“回到”，而是在现时代条件下的“回归”或者“关照”。这种“回归”或者“关照”不能离开历史而单独地存在，必然是在“回归”历史的基础上来“关照”现时

①《马克思恩格斯全集》第1卷，203页，北京：人民出版社，1995年第2版。

代的问题。基于上述可见，一位哲学领域的学者不管是把问题还是把人物作为自己的研究对象，都需要梳理历史脉络，从历史中汲取智慧。进一步而言，哲学的思维在选题环节不能够脱离历史而存在，离开历史，不熟悉问题或者人物思想的历史脉络，就不可能恰当地提出问题、分析问题和解决问题。

翻开任何一本专业的历史学期刊，例如《历史研究》2018 年第 6 期，粗略浏览一下该期刊所发表文章的标题，我们就会发现历史学作品的三个明显的特征，首先是几乎每篇文章的标题都有明确的时间标识，例如近代、波斯帝国、汉武、19 世纪 50 年代、对日受降时期等。即使个别文章的标题中看不出明确的时间标识，但是在正文中的突出位置也会交代相关论题的时间范围。例如《释“乌拉齐”》，该篇论文的第一句话就对该论文所研究的时间范围进行了界说：“清朝是统一的多民族国家。清代史料里，存在诸多满、蒙语汇。”紧接着，正文第一部分的第一句话进而说明：“‘乌拉齐’一词屡见于雍、乾两朝官书。”[①]其次，从每篇文章的标题大体可以看出该文所研究的地理区域，例如欧洲、波斯、中国、苏联、西域等。第三，在每篇文章的标题中都会突出显示该文所研究的主题或者对象，例如欧洲艺术史典范、希腊流亡者、中国苦力海上死亡、边塞与西域屯田等。由此可以揭示出专业历史学家在选题过程中所考虑的三个基本因素，即：我要研究哪个时间段的历史？我要研究哪个区域的历史？我要研究什么样的主题？当然，历史学家在选题过程中对上述三个因素考虑的先后顺序有所差别，有的是先接触特定时间段的史料，然后再确定空间和主题；有的是先确定自己想要研究的空间区域，然后再确定时间段和相应的主题；也有的是先对特定主题感兴趣，然后再发现特定时间和空间条件下该主题具有典型意义。以上是影响历史学家选题过程的明线。除了上述明线之外，还存在暗线，这些暗线包括如何把过去引导到现在以及如何在一个理论框架之内对问题进行论述。对于这些暗线的思考有利于避免把论文写成材料的堆砌和

① 张建：《释“乌拉齐”》，178 页，《历史研究》2018 年第 6 期。

文献的简单整理。在历史学选题过程中的这些暗线把过去的事件导向现在并且在具有普遍性和一般性的框架内对之进行理解，这就使历史学选题过程要思考带有哲学普遍性特征的问题。

（二）在文献收集与整理过程中的互补

研究的选题确定之后，研究者确定了研究的目标和任务，随之进入定向收集和整理文献资料的阶段，这将会大大地加速研究的进程。问题产生于已知和未知之间，研究者完全认识清楚的领域不会产生问题，从来没有接触过的领域也不会产生问题，问题总是产生于已经有一定的认识但是还有许多未知的部分需要加以探索的领域。研究工作的未知首先表现为研究者本人的未知，但更为重要的是人类作为认识主体在该领域中存在的未知，探索未知的过程表现为后人对前人认识成果的不断推进。研究者自身对于自己不知道的东西有比较清晰的认知，自己在一个领域中不能说或者不能做的事情就处于自己的未知区域。探索自己的未知领域只对自身具有价值，而研究工作不能仅仅局限于探索自身的未知，而要推进人类整体的认识水平的提升。对人类未知领域的把握就不能仅仅从自身出发来进行思考，而要依靠阅读和整理相关领域中的文献资料来实现。对于包括哲学与历史学在内的人文社会科学来说，最为艰苦细致的工作就是收集、整理相关领域中的文献资料。通过文献资料的收集和整理，研究者需要明确有哪些人研究了相关的问题，做了哪些论述，把相关领域中的认识成果推进到了何种程度等方面的问题。通过对学术史的梳理和研究现状的把握，研究者才能在“照着讲”的基础上开拓“接着讲”的理论空间。

哲学与历史学都是深深地植根于文献资料的学科，在收集和整理文献资料的过程中，哲学与历史学之间存在相互需要、相互补充的关系。

就哲学而言，研究哲学需要经过专业的训练以及认真的学习和阅读。黑格尔曾经感叹于社会上的某些人从未在哲学上下功夫，但是却高谈哲学，似乎哲学没有费力从事的必要，只要有个脑袋就能够谈论它。黑格尔把研究哲学和制作一双鞋子进行比较，在某些人看来制鞋匠如果能把一双鞋子制作出来首先需要学习制鞋的技艺，但是谈论哲学却不需要事先经过学习。[①]在现代，某些人认为不具备专业知识很难在自然科学领域从事研究工作，但是他们同时认为针对特定的问题，外行人往往会比哲学领域的专家有更好的见解。这些都是哲学外行人对哲学工作的误解，外行人自以为可以把某些问题放在哲学层面来进行理解，但是他对于哲学是什么以及这个问题在哲学史中的地位可能完全没有认知。真正的哲学内行在收集和整理历史文献的基础上对思想家的谱系以及相关问题的不同解决方案有清楚的认知。一种思想观点不可能无缘无故地产生于一个人的头脑之中，它既是历史的产物也是个人对相关问题不断追索的产物，正如马克思所说："观念的东西不外是移入人的头脑并在人的头脑中改造过的物质的东西而已。"[②]在哲学研究过程中，具有客观实在性[③]的物质的东西来自历史上的文献，哲学工作是建立在哲学史的基础上的具有接续性和创造性的精神工作。哲学的接续性和创造性都需要在历史之中生成，哲学的历史主要以文献资料的形式存在于当下的生活，并以这种形式不断影响着现在。

就历史学而言，文献资料具有本质的重要性，如果说其他学科在不同程度上可以离开文献资料而存在的话，历史学则绝不可能脱离文献资料而存在。没有了文献资料，也就不会有历史学本身。在历史学家收集和整理资料的过程中，哲学思想和哲学家具有非常重要的地位和作用。首先，同一历史事件会以不同的方式产生其社会效应，有不同学科领域的专家学者对之进行研究，哲学家对历史事件的反思是其中非常重要的方面，历史学家在研究这一历史事件的过程中需要总结和梳理哲学家的文献资料。马克思在《路易·波拿巴的雾月十八日》的"1869年第二版序言"中提到雨果、蒲鲁东曾经以不同的方式研究波拿巴政变。雨果把这场政变描述为由一个人的暴力行为导致的晴天霹雳，蒲鲁东把这场政变界定为历史发展的结果，

① ［德］黑格尔：《小逻辑》，42页，北京：商务印书馆，1980年第2版。

②《马克思恩格斯文集》第5卷，22页，北京：人民出版社，2009。

③ 按照列宁的理解，所谓客观实在性包含两个方面的规定：首先是能够被人的感觉所感知；其次是不依赖于人的感觉而存在。从这两个方面而言，历史文本具有客观实在性，也就是所谓的物质性。历史文本从人的思想中产生，但是一经产生就具有了物质外观，具有了独立于人的意识而存在的物质性。

马克思自己则通过对法国当时的阶级斗争形势的分析，说明了“一个平庸而可笑的人物”如何扮演了英雄的角色[①]。如果后人再对同一历史事件进行研究，雨果、蒲鲁东和马克思的文章就会成为重要的文献资料，而这三人都不是专业的历史学家。历史学家在选择文献资料的时候也不会以作者是否是专业历史学家作为标准。其次，历史学家如果想要避免“剪刀加糨糊”的简单的材料堆砌的命运，就要通过文献资料中的记载来还原历史人物内心中的思想活动，对于人物思想的研究上升到一定层次必然包括哲学层面的问题。思想内容有不同层次的表现，其中包括历史人物参与历史事件的直接的动机和目的，具体行为的指导原则和根本方法，体现出哲学性质的世界观、价值观和人生观等方面。如果历史学家在整理文献资料过程中不注重梳理历史人物的世界观、价值观和人生观，那么他的研究工作只能停留在事情的表面。第三，历史学家在整理事实材料的过程中，需要形成和贯彻一定的方法，最高层级的方法论是带有哲学性质的。历史研究领域的技术形态的方法论涉及文献检索的方法、制作卡片的方法、材料排序的方法等方面；理论形态的方法论涉及文献资料的分类、历史事实的性质、历史学家在形成历史事实过程中的作用等方面；哲学形态的方法论是在历史研究过程中形成的，但是同时又是超越具体的历史研究过程，以普遍化、一般化的形态表现出来，其中包括唯物的方法、批判的方法、辩证的方法、矛盾分析方法、阶级阶层分析方法、历史分析方法等方面。

（三）在研究成果撰写过程中的互补

文献资料的收集和整理进展到一定的阶段，随之就会进入研究成果的撰写阶段。成果的写作过程涉及战略和战术两个层面。战略和战术最初是在军事领域中所使用的两个术语，战略是指具有全局性、整体性和长远性的问题及其解决办法，战术则是指导具体战斗的方法和策略。具体到研究成果的撰写过程而言，战略层面的问题包括贯穿研究成果始终的主线或核

① 《马克思恩格斯文集》第2卷，465—466页，北京：人民出版社，2009。

心观点、主要任务与分项任务之间的相互支撑关系、宏观的结构框架、意识形态蕴含等方面，战术层面的问题包括材料的选择与编排、段落之间的逻辑关系与逻辑层次、语法与修辞等方面。不管是哲学，还是历史学，它们在研究成果撰写过程中都包括战略和战术两个层面的问题，就这两个层面而言，哲学与历史学存在着紧密的互补关系。

哲学不能是空中楼阁。哲学是凭借概念展开的对人生和世界的普全性思考。概念本身不是来自理念世界或者是人的先天禀赋，而是对经验世界的历史总结。每个概念都有其自身的历史，其内涵和外延在历史发展过程中不断呈现新的理解空间。例如自由概念和自由精神是历史发展到资本主义阶段的产物，在前资本主义社会基本上没有人强调自由概念或者自由精神，主要原因在于前资本主义社会自由尚未成为生产关系得以运行的基本条件，而没有自由资本主义生产关系将难以为继。资本的基本特征是流动性，流动速度越快，带来的利润就会越大；反之，利润空间将会缩减甚至消失。加快资本流动速度的基本条件就是各种生产要素在市场中的自由流动，这表现为劳动力的自由以及打破条块分割、壁垒森严的市场限制，从而造成自由的市场。自由在生产关系之中的统治地位确立之后，必然要求渗透到政治上层建筑和观念上层建筑之中，由此带来政府结构和政府理念的变革，带来哲学、宗教、艺术、政治法律思想等具有意识形态性质的整个观念上层建筑的变革。马克思、恩格斯在《德意志意识形态》中突出强调他们的历史观“和唯心主义历史观不同，它不是在每个时代中寻找某种范畴，而是始终站在现实历史的基础上，不是从观念出发来解释实践，而是从物质实践出发来解释各种观念形态”[①]。进而，从哲学作品写作的战略层面而言，历史是哲学研究的逻辑起点，历史是哲学看待事物的基本方式，为历史服务是哲学研究的根本目标；从哲学作品写作的战术层面而言，历史构成哲学研究的材料之源和论证之基。[②] 哲学是在特定历史条件下开展的对带有普遍性质的问题的思考，论证过程和结论虽然带有普遍性，但是它

---

①《马克思恩格斯文集》第 1 卷，544 页，北京：人民出版社，2009。

② 对于相关观点的论证请参考本书第四章各节的内容。

脱离不了产生它的历史和时代特征。不管是哲学作品写作的战略还是战术层面，它都离不开具体的历史条件和历史阶段。

历史学不能只盖低层建筑。自然现象虽然有变化，但是这种变化呈现出一定的周期性以及个体与个体之间的可替代性，例如一棵树春天发芽开花、夏天枝繁叶茂、秋天结果落叶、冬天只剩下枯枝，第二年这个周期再重复一遍。社会历史现象虽然有许多共同性，但是事件与事件之间、人与人之间的差异明显，历史上只有一次玄武门之变，也只能有一个孔子。由于个体生命具有独特性和一次性特征，这个人就很难用另一个人替代，对于父母而言，我们不可能用其他人来代替他们的子女。对于特定的时代而言，历史学家也强调时代的独特性和非连续性，例如兰克就强调每个历史时代都有其特定的趋势和自己的理想，历史不是一种直线上升的运动，而是“一条按其自身方式奔腾不息的长河”，“历史学家的首要任务是研究人类在特定历史时代的所思所为”①。在历史上，这种观点又有新康德主义西南学派的历史哲学思想予以赞助，例如李凯尔特认为与自然科学相对的文化科学只能以异质性和间断性来一次性地把握对象，不能把它的结论化约为普遍化的规律，而所谓历史概念等同于“就其特殊性和单一性而言的一次发生事件这个概念”②。于是，从这样的历史观出发，某些历史学家就像蚂蚁一样不断地累积事实材料，并且通过事实材料的列举来撰写历史学作品，这种状况最终造成柯林武德所说的那种“剪刀加糨糊”的研究局面。由事实材料的堆积所形成的历史学作品只能盖起低层建筑，在历史研究过程中“见畸而不见齐”，只停留在差异性和一次性的层面最终可能造成历史学研究教育和借鉴意义的丧失，只能成为茶余饭后引起一片惊叹的谈资。克服这种缺陷所要走的必然的途径就是把历史学研究导向哲学，从一次性事件中发现一般性和普遍性，从偶然性之中发现必然性和规律性。历史事件和历史人物纷繁复杂，从短时段和微观的角度出发，我们可能很难发现其中的一致性和规律性，但是当我们把历史放在一个长时段之内，从宏观的视

① ［德］兰克：《历史上的各个时代：兰克史学文选之一》，7—8 页，北京：北京大学出版社，2010。

② ［德］李凯尔特：《文化科学和自然科学》，17 页，北京：商务印书馆，1986。

角对之进行把握，就会发现历史的规律性，从哲学的高度把握历史的整体进程，由此从一个局部事件中我们可以得出普遍的结论，研究这个事件所得到的结论才能对其他事件具有教育和借鉴意义。

（四）在所产生的社会效果上的互补

我在研究过程中曾经专门撰文论述过作者、读者和文本之间的关系，这种关系主要表现为：作者是文本的创作者，这种创作不是简单的虚构，语言文字总是包含着一定的思想以及思想所指向的对象；读者是文本的理解者，这种理解不是从读者出发的一种单向的行为，理解的结果只可能是读者和作者的思想融合的产物；任何文本都有一定的社会定位，这种定位主要表现为作者在文本写作过程中都要预设自己的理想读者，作者对于理想读者的预设随时改变着他的文本规划。任何一个学科的学者在撰写自己的研究成果时都不单纯是为了自己把问题搞清楚，更主要的是为了解决一定的社会问题，引起社会的关注，产生一定的社会效应。在文本写作过程中也存在马克思所说的对象化与自我确证的过程。思想观点原本只存在于人的头脑之中，文本是这种思想观点的外化和对象化，作为文本的对象的产生正是作者自我力量的确证。文本在社会中所引起的社会反响越大，就越能够证明文本的现实性，就越能够增强作者的自我价值的实现，从而达到自我确证的效果。这正像工厂生产出来的产品只有销售出去才能实现自身的价值一样，也像教师只有培养出优秀的人才才能体现自身作为教师的价值一样。哲学作品和历史学作品面世之后都会在社会中产生一定的效果和效应，它们所产生的社会效果在一定程度上存在互补的关系。

哲学与历史学同属于人文科学，人文科学与自然科学、社会科学存在明显的差异。自然科学是在实验的基础上运用数学的方法来精确地说明自然现象的本质和属性。与自然科学不同，人文科学和社会科学都在关注人和人类社会。但是，人类内在地包含两个方面，一个方面是人的思想，另一方面是人的行为。思想和行为之间存在着紧密的关联，思想可以外化为行为并且通过行为实现自身，行为背后有某种思想作为指引并通过这种指引体现出明显的目的性和计划性。社会科学研究人类在社会和文化方面的行为表现，其中包括做出这种行为的物质生活条件、社会结构和社会功能、环境与人的行为之间的关系等方面，这些都是可以通过经验观察得以确定的。人文科学所研究的对象主要是内在于人的思想和动机，这些方面在经验中有所表现，但是不能通过直接研究经验得到确证，对人的思想的研究需要借助抽象和同情的方法。人文科学对个人、民族乃至于人类社会具有精神塑造和价值引领的作用。同属于人文科学的哲学与历史学的核心功能正在于此，即通过这两个学科的研究对人乃至于人类社会起到精神塑造和价值引领的作用。价值是与事实相对而言的，自然科学和社会科学都是建立在事实基础上的科学部门，人文科学则是侧重于研究价值的科学部门。人文科学各学科侧重点在于研究价值，价值本身不能脱离事实而单独存在，都以一定的事实作为基础。事实在人文科学各学科中所起的作用是不同的，历史学直接以历史事实作为基础开展研究，没有历史事实就没有历史学；哲学观点和学说不讲证据，而是以逻辑分析作为自己的论证基础，但是这种逻辑分析不能以违背历史事实的形式独立存在。

哲学和历史学在对人乃至人类社会进行精神塑造和价值引领过程中发挥作用的方式存在差别，也正是由于这种差别的存在两个学科之间存在互补的作用。对人乃至人类社会的精神塑造和价值引领主要表现为鉴真伪、明是非、知善恶、辨义利。

历史学是通过再现历史事件和人物的方式来进行研究，在研究过程中说明何人在何时何地何种条件下做了哪些事，他是怎么做的，造成什么样的后果，有什么样的影响，等等。针对这些具体的历史事件，历史学家还需要鉴别材料的真伪，说明行为的对错，区分善恶，正确处理义与利之间的关系。例如司马迁所写的《史记》，在记录历史人物的思想和行为之后，都会以“太史公曰”的方式发表自己对于历史事件和历史人物的评论，通过评论的方式达到鉴真伪、明是非、知善恶、辨义利的目的。他在《项羽本纪》中就曾经这样来评价项羽一生的功过是非，他说：“自矜功伐，奋其私智而不师古，谓霸王之业，欲以力征经营天下，五年卒亡其国，身死东城，尚不觉寤而不自责，过矣。乃引‘天亡我，非用兵之罪也’，岂不谬哉！”[①]《史记》中这种“由史引论”的方式正是历史学家对人乃至人类社会发挥精神塑造和价值引领作用的主要方式。

哲学家与历史学家不同，他们是通过概念推理的方式来把握对象，具体的事例和说明在哲学作品中并不具有重要的地位，在具体的历史条件和环境下从事写作的哲学家力图得出超越具体的时空限制的、具有普遍性和独立性的结论。他们不是针对具体的事例来评判其是非对错与善恶，而是直面问题本身，回答什么是真理、什么是善良、什么是正义。哲学提出具有普遍性质的问题，开展前提性批判，只有这些问题明确之后，我们才能够针对具体的历史事件和人物鉴真伪、明是非、知善恶、辨义利。例如黑格尔在《小逻辑》的“导言”中说明了哲学全书的性质，这种哲学全书要避免作为“零碎知识的聚集”的命运，它与实验物理学和历史学不同。实验物理学和历史学的共同特征是“以外在形象反映概念自身发展过程”，“前者是认识自然的理性科学，后者为理解人事以及人类行为的科学”[②]。哲学不是以零碎的、偶然的、实证的方式把握世界，而是以全体的、普遍的、有机的方式把握世界。如果说历史学的研究是“由史引论”的话，哲学的研究则是“以论证史”，哲学所构建起来的是具有普遍性的理论框架，这种理论框架具有历史感，获得历史事实的支撑，但是历史事实却是以缺省的方式在哲学作品中存在和现身的。

哲学与历史学具有不同的研究兴趣和研究倾向。哲学通过概念推理建构起理论体系，把经验的世界消融在理论之中；历史学以保存人类过往的记录为己任，主要目标在于从历史之中吸取经验和教训。由于哲学本身思辨的特征，哲学研究容易忽视历史事实，而历史学则可以为之提供丰富的事实材料，所以马克思在出版《资本论·第一卷》之后投入大量的时间和精力去研究历史学和人类学，这一方面可以进一步深化前期的研究成果，另一方面可以通过对人类历史的研究找到超越资本主义、实现未来新世界

① 司马迁：《史记》，61 页，郑州：中州古籍出版社，2010。

② ［德］黑格尔：《小逻辑》，58 页，北京：商务印书馆，1980 年第 2 版。

的途径和方法。由于历史学本身注重收集和整理文献资料的特性，历史学研究容易出现碎片化的倾向，而哲学则可以为之提供宏观的理论指导，从个别的、偶然的事实中梳理出普遍性的、必然的结论。由此可见，从社会效果而言，哲学与历史学存在相互补充的作用，哲学弥补历史学理论思维的不足，历史学弥补哲学缺省事实材料的不足。

§2 哲学与历史学的交叉

由于所有的人面对同一个世界，不同的学科只是从一个侧面来对之进行把握，但是人们所面对的世界却处于有机的相互联系之中，相互联系的世界必然要求突破僵化的学科界限，在学科相互交叉的过程中发现世界的新面相。学科渗透和交叉的现象在当前科学研究过程中普遍存在，由于两个或者两个以上的学科存在相互交叉的领域，在这些领域中就会出现边缘学科；由于所需要解决的问题的复杂性，单纯从一个学科着眼很难对之进行解释和解决，这就需要运用多学科的知识对之进行综合研究，这就会形成综合学科；多个学科都需要借助某一学科的理论和方法来进行研究，那么这个学科就会在不同学科的研究过程中具有自己的地位和作用，这一学科就构成为横断学科。从这个层面而言，哲学和历史学都具有一定的横断学科的性质，所有学科的问题上升到最高层次都具有哲学性质；所有学科的对象都处于历史过程之中，要对之进行历史研究。具体到两个具有横断性质的学科而言，哲学与历史学之间也存在着相互交叉的领域。李大钊曾经认为："哲学和历史相接触点有三，即是：哲学史；哲理的历史；历史哲学。"[①]"立在史学上以考察其与哲学的关系，约有四端"，即作为史学研究对象的哲学、历史观渊源于哲学、对于历史事实性质的考察需要借助哲学以及史学研究方法与哲学存在密切联系。[②] 我们在下文中也按照李大钊所提示的路径从两个方面来考察哲学与历史学之间的交叉，即哲学领域中存在的

① 李守常：《史学要论》，61页，北京：商务印书馆，1999。

② 李守常：《史学要论》，62—63页，北京：商务印书馆，1999。

与历史学相交叉的学科以及历史学领域中存在的与哲学相交叉的学科。通过这两个方面的研究，我们试图明确这两个学科之间存在的广泛的渗透与交叉的领域。

（一）哲学领域中存在的与历史学相交叉的学科

我们在前一节所论述的哲学与历史学的互补关系侧重于说明在哲学研究过程中需要借助历史学的研究成果与方法，在历史学研究过程中需要借助哲学的理论与方法。在这种互补关系中，哲学与历史学还是作为相互独立的学科而存在，二者之间的互补关系是以外在的形式存在的。本节所关注的重心是哲学与历史学在相互渗透和交叉基础上形成的边缘学科或者是综合学科，这些学科既具有哲学的性质也具有历史学的性质，只是由于其研究的侧重点不同，而分属于哲学与历史学这两个不同的一级学科。

在李大钊所论述的哲学与历史学的三个接触点中，哲理的历史，是用哲理的眼光去写历史，属于史的性质。同时，哲理的历史并不具有独立的学科地位，所以我们这里不单独谈论哲理的历史。在哲学领域中存在的与历史学相交叉的学科主要包括两种：一种是哲学史，另一种是历史哲学。

哲学史研究主要以三条路径来开展研究。第一条路径是以哲学问题为中心来进行历史梳理，例如某个哲学问题的学术史梳理，这具有研究综述的性质，是针对某个哲学问题开展研究的必修课，这种途径在不同的哲学作品中以零碎或者系统的方式广泛存在。就问题本身而言，它也存在一个发生、发展、消亡——有的情况下还存在复生——的过程，对问题的解释和解决在历史之中呈现出相对完整的发展链条。第二条途径是以人物或者流派为中心进行历史梳理，在当代中国发展比较完善的是马克思主义哲学史的研究。马克思主义哲学史的研究在中国起步于20世纪70年代末，但是它也有它的前史。马克思的《〈政治经济学批判〉序言》和恩格斯的《路德维希·费尔巴哈与德国古典哲学的终结》可以视为马克思主义哲学史研究的开端，其后在西方和苏联以传记或者马克思主义哲学问题梳理的形式存在，在中国，马克思主义哲学史最终发展成为独立的学科。第三条路径是以不同的民族、国家或者地域的哲学思想为核心进行历史梳理，目前发展比较完善的是西方哲学史，著作较多，体系较为完整。中国哲学史起初是以模拟西方哲学史的方式存在，在其草创阶段，不管是胡适还是冯友兰都存在以西方哲学史的问题来裁剪和梳理中国哲学史的问题，这种研究方式可能造成中国哲学史与西方哲学史研究的同质化现象，难以凸显中国哲学史研究的民族精神及其时代价值。这种局面曾经一度使中国哲学史研究陷入“危机”之中。随着西方中心主义观念的不断消解和民族文化自信的不断觉醒以及研究进程的不断深入，中国本土产生的哲学理念和哲学精神不断受到重视和研究，并建构起具有民族特色的哲学话语体系和话语结构，例如对和合思想和天人合一观念的研究能够弥补西方哲学理念的不足。

历史学理论与方法在哲学史研究过程中具有重要的地位和作用，哲学史本质上来说就是针对哲学思想来进行历史学的研究。在研究过程中存在两种不同的思路：一种是单纯以哲学问题为核心来进行历史梳理，这种研究思路从本质上来说对历史学理论和方法的借鉴并不多，哲学问题产生的历史环境以及该问题在具体的历史环境中的合理性被忽略，它还是以哲学思考为核心来进行研究。另一种是把哲学问题或者哲学人物放在当时的历史环境中来进行研究，考察每个观点所产生的社会、经济、政治和文化环境。如果脱离这些具体的历史条件来理解某个哲学观点，我们很可能把它拉到当代，以当代的思想和条件来考察它的合理性，因而不能准确理解这个观点本身所具有的历史合理性，这就很可能把它视为荒谬的观点而简单地予以抛弃或者否定。哲学史研究的真正价值在于还原哲学问题或者哲学问题的历史性，这正像美国哲学史家 M. 弗雷迪所说的那样，我们不能把哲学史研究局限在狭窄范围内，专门从事“图解记录式”的内部哲学史的研究；而是要突破狭窄范围，在更加宽泛的范围内研究外部哲学史，真正使用历史学的理论和方法来开展哲学史的研究。①

历史哲学是哲学与历史学相互交叉所产生的另一项重要成果，但是这

① 参见［美］M. 弗雷迪：《作为一门学科的哲学史》，32—33 页，《国外社会科学》1989 年第 7 期。

种交叉不是理论和方法方面的交叉，而是研究对象方面的交叉。它本质上来说是一般哲学的一个特殊的研究领域，是运用哲学的一般方法（用思想和概念反映现象）来研究人类的历史过程、历史问题，以及历史研究过程中存在的一系列前提性问题，关注的核心是实在历史与记述历史之间的关系问题。实在历史是过去确实发生过的各种事件的集合，记述历史是对这些事件的记录。由于对实在历史和记述历史的关系问题的不同回答，于是就产生了历史本体论、历史认识论和历史方法论。历史本体论主要研究实在历史和记述历史的“第一性”问题，是实在历史在历史研究中具有优先性，还是记述历史具有优先性的问题。黑格尔所主张的自由精神在世界历史中的主宰作用、兰克对于历史事实的客观主义阐释、克罗齐所主张的“一切真历史都是当代史”以及柯林武德所主张的“一切历史都是思想史”等对历史本质的理解方案都属于历史本体论的研究范围。历史认识论主要研究实在历史和记述历史之间的“同一性”问题，也就是记述历史能否反映或者正确反映实在历史的问题。历史认识论研究是历史哲学所重点研究的领域，学者们在这个领域中所研究的问题主要包括历史学性质的科学与艺术之争、历史认识的客观性或者真实性问题、规律性和差异性的关系问题等。历史方法论围绕记述历史如何反映实在历史的方法问题而展开。黑格尔主张利用反思的方法，德罗伊森主张利用理解的方法，狄尔泰主张体验、表达和理解相结合的方法，马克思认为现实的个人的活动和他们的物质生活条件可以用纯粹经验的方法来加以确认，实证主义主张利用自然科学的实证的方法，新康德主义西南学派主张历史领域只能适用个体描述的方法，等等。历史哲学家对于历史方法的研究不一而足，彼此处于激烈的争论之中。

英国历史哲学家沃尔什认为，自从历史哲学产生以来，它就沿着两条不同的道路前进：一条道路是思辨的历史哲学，主要代表是黑格尔、马克思、斯宾格勒和汤因比等人，他们以历史过程作为研究对象，以因果联系的方式把历史视为一种全面计划的展开过程，构建历史的形而上学与目的论；一条道路是批判的历史哲学，主要代表是狄尔泰、李凯尔特和克罗齐等人，他们以历史思维作为研究对象，把历史学理解为提供知识的一种形式，这种知识具有具体的和个别的特征。批判的历史哲学主要研究四组问题，其中包括历史知识的本性、历史中的真理与事实、历史的客观性以及历史学的解释。沃尔什对于思辨的历史哲学抱有非常负面的评价，他认为这种历史哲学思想通常的品质是“大胆的想象、丰富的假设、一种追求统一性的热情，但那又不外是在蹂躏被归之为‘单纯’经验的各种事实而已”[①]。他反对思辨的历史哲学的理由是这些哲学家干了历史学家该干的事情，“创立这样一种理论的任务并不属于哲学家而是属于历史学家”[②]。在他看来，历史研究的程序应该是：历史过程——历史思维——历史哲学。历史学家针对历史过程开展研究形成历史思维，历史哲学家再针对历史思维进行研究形成历史哲学思想。这样做造成的后果是仅仅把哲学思维限制在批判或者分析的范围之内，而没有看到哲学更重要的一个特征是思辨，历史学家的作用是整理零碎的事实，而哲学家的任务是整合这些事实形成普遍化、一般化的表述，而这种具有普遍性质的结构框架恰恰存在于真实的历史过程之中。沃尔什对思辨的历史哲学的质疑正表现为实证主义哲学拒斥形而上学思想的遗毒，而形而上学是第一哲学，没有形而上学的哲学是无本之木、无源之水。

思辨的历史哲学与批判的历史哲学只是历史哲学研究的两条不同的道路，两者存在相互渗透、相互作用的关系，思辨之中有批判，批判之中有思辨。就马克思所创立的历史唯物主义而言，革命性和批判性是其重要的品质和特征。同样，被指认为批判的历史哲学家的李凯尔特关于自然和文化的区分也突出反映出思辨的特性。没有思辨，就像没有批判一样，都不会产生哲学。《历史哲学——导论》的译者何兆武曾经提出历史哲学与历史学哲学的概念，“历史哲学是历史的形而上学（这里的‘形而上学’一词是中性的，不含贬义），而历史学哲学则是历史的知识论”[③]。他所谓的历史哲

① ［英］沃尔什：《历史哲学——导论》，4 页，桂林：广西师范大学出版社，2001。

② ［英］沃尔什：《历史哲学——导论》，20 页，桂林：广西师范大学出版社，2001。

③ 何兆武：《历史哲学与历史学哲学》，7 页，《湛江师范学院学报（哲学社会科学版）》1999 年第 3 期。

学相当于思辨的历史哲学，而历史学哲学则相当于批判的历史哲学，二者的研究目标和任务存在差别，不能以这一方来否定另一方存在的价值与意义，只是“从逻辑上说，研究历史学哲学就应该先行于历史哲学”[①]。历史学研究事实，历史学哲学分析论证历史学研究中存在的各种知识论上的问题，历史哲学则在历史事实和历史理论的基础上开展前提性批判。何兆武的这种观点相对于沃尔什而言要客观合理，比较正确地反映出思辨的历史哲学与批判的历史哲学之间的关系。思辨的历史哲学与历史学之间的交叉反映为共同的研究对象，即历史过程本身；批判的历史哲学与历史学之间的交叉则表现为以哲学的方式研究历史思维。思辨与批判不是截然对立的关系，而是相互补充的关系，它们都有利于我们更好地认识历史现象和历史过程。

（二）历史学领域中存在的与哲学相交叉的学科

就目前比较成熟的历史学学科划分而言，划分学科的依据一般包括四条，即时间、区域、研究方法和研究对象。以时间为标准划分的学科包括通史和断代史，通史方面包括中国通史和世界通史，中国通史可以分为不同的历史阶段来进行研究，例如中国古代史、中国近代史和现代史，进而也可以按照朝代来进行细化，世界通史也可以按照时间进程来分阶段研究。以区域为标准进行划分，就可以把历史学分为世界史和区域史，区域史方面包括亚洲史，非洲史，美洲史，欧洲史，澳洲、大洋洲史等，以各洲为单位划分的区域史又可以按照国别和民族进一步细分。以研究方法来进行划分，历史学可以分为年代学、概念史、口述史、心理史学、计量史学等。以研究对象为标准进行划分，历史学可以分为史学史、史学理论、历史文献学以及各种专门史[②]。

不管以什么标准来划分历史学学科门类所包含的各门学科，它们都会

---

① 何兆武：《历史哲学与历史学哲学》，7 页，《湛江师范学院学报（哲学社会科学版）》1999 年第 3 期。

② 专门史也可以称之为专业史，针对某一特定的问题、现象和学科的历史展开研究，例如哲学史、文学史、经济史、医学史、建筑史等。有的历史学家在从事专门史的研究，但是一般情况下专门史是放在相应的学科中开展研究，例如哲学史属于哲学学科门类，医学史属于医学学科门类。

以特定方式涉及一定的哲学问题，各个时间段有属于这个时代的哲学思想，各个区域也存在不同的哲学形态，各种历史学研究对象也在一定程度上涉及哲学问题，这些属于我们在前一部分中所讲到的哲学与历史学之间的互补现象。就哲学与历史学之间的交叉、渗透而言，在所有的历史学学科中，史学史、史学理论和世界史这三门学科的哲学属性比较明显。

（1）**史学史与哲学之间的交叉**

历史学在中国的起源较早，在长期发展过程中演化出丰富多样的门类和记录方式[①]，把历史学作为一门相对独立的学问或者学科加以对待并研究其发生发展过程的学科就是史学史，按照其发展的地域进行划分主要可以分为中国史学史和世界史学史（目前主要是西方史学史）两科。就史学史研究内容而言，目前比较有影响的观点主要有三种，这三种观点分别由梁启超、白寿彝和朱维铮提出。

梁启超在中国最早提出史学史的概念，他认为中国史学书籍要比外国多，“对于过去的事情看得重”深植于中国的国民性，由此对中国史学史的研究就显得颇为重要。就史学史的研究内容而言，梁启超认为：“中国史学史最少应对于下列各部分特别注意：一、史官，二、史家，三、史学的成立与发展，四、最近史学的趋势。”[②]在史学的成立与发展这一部分中，梁启超除了强调研究重要人物和著作之外，他还特别指出要研究两个问题，即史与道的关系和史与文的关系。对于这两个问题的研究明显具有哲学性质。梁启超所论述的史学史学科建设模式属于该学科草创阶段的观点，因为该学科从未有人系统研究过，也没有可参照的比较成熟的专门著作，所以他的观点难免具有一定的缺陷。这种缺陷主要表现为依照这种模式建设的史学史表现为以时间为主线对人物和著作及其主要思想的罗列，这种研究方

① 这正如朱维铮所指出的那样：“中国的史学遗产，以它在世界文库中无与伦比的丰富程度令人惊叹，更以它绚丽多彩的记录形式令人眼花缭乱。它的门类，照十八世纪目录学家的区别，便有正史、别史、杂史、传记、政书、史评等十五类。它的体裁，照古代历史学家自己的命名，大的有纪传、编年和纪事本末，小的有笔记、野史、家乘、谱牒等等。”“当今世界上几乎所有的历史编写形式，都已被我们的先辈所发现，至少创造过某种雏形。”（朱维铮：《中国史学史讲义稿》，复旦大学出版社 2015 年版，第 4 页）

② 梁启超：《中国历史研究法 中国历史研究法补编》，327 页，成都：四川人民出版社，2018。

式也被后学指称为“带有浓厚的史部目录学的气味”[①]，属于要籍解题式的中国史学史研究[②]。

白寿彝是用马克思主义史学观点来分析和建设中国史学史的典范。他认为历史学的研究范围包括四个方面，即历史理论、史料学、编撰学和历史文学。历史理论是史学理论的哲学问题，主要问题包括社会存在与社会意识的关系问题、人民群众在社会历史上的地位问题、历史进程有无规律可寻的问题。史料学主要针对史料的性质、特点、分类及其应用加以研究，分为四个部分，即理论的部分、历史的部分、分类的部分和实用的部分。历史编撰学说明的核心问题是历史著作如何进行编撰，这部分讲得最多的是史体和史例，史体是史书的体裁，史例是史书内部在组织形式上的安排。历史文学主要研究历史著作在文字表述上的特征，以及历史著作与文学作品之间的区别。[③]在明确了历史学的研究范围之后，他认为史学史一方面表现为史学发展的客观过程，另一方面是对于史学发展的过程及其规律的论述，史学发展表现为由低级到高级的发生、发展、衰老和更新的过程，其间也包含着重复甚至是倒退。白寿彝把他撰写的《中国史学史》这部书所论述的范围界定为四个方面，即“中国史学本身的发展，中国史学在发展中跟其它学科的关系，中国史学在发展中所反映的时代特点，以及中国史学的各种成果在社会上的影响”[④]。上述史学史研究范围的每一方面又可以根据历史学本身的研究范围分为历史理论、史料学、编撰学和历史文学四个方面，其核心问题是揭示史学发展的过程及其规律性，论述唯物史观在史学发展过程中的地位和作用，这种史学史研究模式有利于克服以时间为主轴的要籍解题式的史学史研究的缺陷，有利于从哲学层面上把推动历史学发展的动力和机制揭示出来。

朱维铮曾经梳理过中国古代的经史关系，这种关系表现为史学从经学

① 白寿彝：《中国史学史》第一册，166 页，上海：上海人民出版社，1986。

② 张越：《中国史学史学科的发展路径与研究趋向》，116 页，《学术月刊》2007 年第 11 期。

③ 以上内容参见白寿彝：《中国史学史》第一册，11—29 页，上海：上海人民出版社，1986。

④ 白寿彝：《中国史学史》第一册，29 页，上海：上海人民出版社，1986。

中独立，进而发展到六经皆史观念的过程，这表明他在中国史学史研究过程中非常强调历史学的独立性。他结合史学史的研究现状提出了史学史结构改革的任务和目标，他认为在史学史的结构改革中需要遵循三条基本原则，即“第一需立足于传承，不可学秦始皇将古典文化一扫而光；第二需立足于察变，不可以逻辑代替历史；第三需立足超脱，不可追求与时俱进而牺牲客观历史”①。依照这三条原则来研究史学史具有一定的合理性，这种合理性主要表现为有利于维持历史学以及史学史研究的学科独立性，有利于揭示史学本身发展的基本过程，但是同时也存在与逻辑和现实相脱离的危险，如果不能从历史中得出逻辑，再以逻辑来统摄历史，那么历史将会成为碎片化的事实材料汇集；如果不能用历史来关照现实并解决现实中存在的问题，历史研究也将从根本上丧失经世致用的功能。依照这三条原则，朱维铮主张从历史本身来说明历史，史学史的研究结构就包括交叉重叠的三个系统。首先是历史编撰学史，这一系统主要研究各种历史记录形式的递嬗与衍变、与重要作品攸关的人和事的历史真相、与作品作者密切相关的生态环境和重大事变。其次是历史观念史，他主张历史观念不是历史哲学，历史哲学类似于中国古代的经学，其本质上是一种辩护论，历史观念史的研究要超脱于辩护论的境地，从历时性和共时性两个方面来研究历史认知的复杂性。第三是中外史学的交流和比较，他希望改变史学史的教学与研究“分中外两门，却不互相沟通”的现状，在史学史研究过程中广泛开展比较史学的研究。②朱维铮所设想的史学史研究结构以区分和剥离为基本特征，区分和剥离的主要对象是哲学和政治，但是从另一方面而言，他所讲的历史观念很难与历史哲学相区分，因为辩护论并不是历史哲学的主要特征，以辩护论区分二者不能成立；此外，历史与当代之间的关系克罗齐、柯林武德、爱德华·卡尔等人已经进行了广泛论述，把历史从当代剥离出去也是一种很难实现的蓝图。

---

① 朱维铮：《史学史三题》，12页，《复旦学报（社会科学版）》2004年第3期。

② 以上观点参见朱维铮：《史学史三题》，2—12页，《复旦学报（社会科学版）》2004年第3期。

（2）**史学理论与哲学之间的交叉**

历史学除了需要针对史实开展研究之外，还需要开展理论方面的研究。正如陈启能所说的那样在理论层面研究的历史学可以分为历史理论和史学理论。历史理论研究客观历史过程的理论问题，历史理论既研究宏观层面的问题，也研究与某个专业或专门领域相关的问题，前者包括历史发展的动力、历史的统一性与多样性、历史人物的评价、历史的创造者以及亚细亚生产方式等；后者包括农民战争史中的皇权主义、让步政策，封建社会中的清官、贪官，以及文化史、现代化比较等。[①] 历史理论是对于史实的理论反思，其对象是客体。“史学理论则是对史学的理论反思，其中包括对历史理论的反思，它的对象是主体以及主体和客体的关系。”[②]就史学理论的研究内容而言，不同的学者曾经提出不同的看法，我们主要围绕宁可和李振宏的观点进行说明。

宁可曾经在首都师范大学开设“史学理论研讨”这门课程，该课程的讲义后来公开出版。他认为史学理论的核心是历史认识论，历史认识过程必然经过三个阶段，即事实——经验——规律，“历史的认识，就是这样从掌握个别的、具体的历史事实开始，经过对历史经验的概括，最后上升为规律和理论的”[③]。历史学最终导向规律和理论，史学理论这门学科应该是历史学自身发展的深化和总结。他所讲授的“史学理论研讨”主要包括六个方面的问题，其中包括导论，侧重于说明历史是什么；历史本体论，这里不涉及客观历史的具体内容，而是讲从历史认识论的角度看，要注意客观历史的哪些方面；历史认识论，主要讲怎样认识历史；历史价值论，主要讲怎样评价历史，这是历史认识论的延续；史学方法论，主要从历史认识的层次、规律的角度来研究认识历史的方法；历史学的任务和史学工作者的素养，主要讲为什么要探究历史和史学工作者应具备的条件。[④] 宁可的课

① 参见陈启能：《史学理论与历史研究》，53 页，北京：团结出版社，1993。

② 陈启能：《史学理论与历史研究》，54 页，北京：团结出版社，1993。

③ 宁可：《史学理论研讨讲义》，418 页，厦门：鹭江出版社，2005。

④ 参见宁可：《史学理论研讨讲义》，13 页，厦门：鹭江出版社，2005。

程讲授结构实质上说明了史学理论这门学科的研究结构，这种研究结构实质上是一般意义上的哲学研究结构在史学理论学科领域中的延伸。

李振宏与宁可所论述的史学理论研究结构有所不同。宁可把史学理论的研究内容总结为六个方面，而李振宏则把它概括为三个方面。李振宏认为史学理论是历史学对于本学科自身发展的理论研究，该学科应该包括三个部分，即史学本体论、历史认识论和史学方法论。史学本体论所研究的核心问题是“什么是历史科学”或者“历史科学是什么”，目的在于使历史学弄清自己的面貌。历史认识论主要回答在历史学研究过程中存在的康德式问题，即人们的历史知识如何形成、历史认识如何可能的问题。史学方法论的研究重点在于抽象出史学研究中的一些方法、原则，并形成一个具有内在联系的方法论体系。[①] 李振宏对于史学理论研究结构的论述更加接近哲学的研究结构，即本体论、认识论和方法论。他把哲学的研究结构与历史学的研究实际相结合，分别论述了各部分研究的问题和侧重点。

就史学理论在整个社会历史研究领域中的定位而言，具有比较典型意义的观点是“中间层次理论”，提出这种观点的是苏联学者巴尔格和科瓦利钦科等人。巴尔格主张历史科学应该有自己的理论层次，具体表现为三级结构，第一级是历史唯物主义的普遍规律，第二级是历史学依靠马克思主义哲学建立适合自身层次的范畴知识体系，第三级是历史学家的具体研究方法。在巴尔格看来，上述第二级的理论层次就是史学理论的研究对象，它处于普遍的哲学原理与历史学家具体研究方法的“半路”。科瓦利钦科与巴尔格大致持有相同的观点，他曾经在苏联《史学理论》杂志上发表《史学理论的建设工作应由史学家自己来承担》，他在该文中认为史学理论方法论研究的最高层次是从认识论角度进行的，在这一层次上开展研究工作的主要是哲学家，而历史学家对之则不感兴趣。最低层次的研究只针对具体历史问题来谈论理论和方法中的一些问题，在这一领域中，哲学家很少涉足，哲学理论的指导意义也相对有限，主要是由历史学家来开展工作。中

① 参见李振宏、刘京辉：《历史学的理论与方法》，1—6 页，开封：河南大学出版社，2008。

间层次的研究以历史整体为研究对象，用哲学语言来阐述史学理论方法论问题，它的指导意义既是普遍的，又是具体的。[①]

总结巴尔格和科瓦利钦科的相关观点可以看出，他们主张史学理论是处于普遍的哲学研究与具体的历史学研究之间的中间层次，它的研究工作主要由历史学家来承担。史学理论是在历史学学科门类中主要由历史学家承担研究工作的历史哲学，同样我们也可以说，历史哲学是在哲学学科门类中主要由哲学家承担研究工作的史学理论。不管是史学理论，还是历史哲学，它们都是以哲学的方式反思历史和历史学研究领域中存在的问题。

（3）**世界史与哲学之间的交叉**

就目前世界史的研究状况而言，世界史的研究方式主要有以下三种基本类型。第一种研究方式是与中国史相对而言的世界史，对中国史之外的其他国家、民族、事件和人物的研究都属于世界史的研究范围，例如美洲史、美国史、华盛顿研究以及独立战争史研究都被列入世界史的范围。第二种研究方式是以时间为主线分国别研究相应时期内的重要事件和人物，进而把这些在不同地点发生的事件汇聚在一本著作中加以论述，在论述过程中说明这些具有共时性和历时性特征的事件之间的相互影响、相互制约和相互作用。这种研究方式具有外部整合的特征，是各种历史事实的简单汇聚，并没有真正揭示出推动世界史发展的动力和机制。第三种研究方式是带有哲学性质的世界史研究，从长时段、宽地域和宏观的视角研究世界的整体进程和基本趋势，揭示世界历史发展的动力和机制，得出带有普遍性和一般性的结论。世界史的前身被称为普遍史，而普遍史的研究则起步于神学家和哲学家。早期比较成熟的代表作品包括法国主教波舒哀（Jacques-Bénigne Bossuet，1627—1704）所写的《普遍史论说》（*Discourse on Universal History*，1681），这部著作充满神学天启论的色彩，把国王视为上帝在人间的使者，以神权来维护国王的王权，以神学思想来构建人类社会的普遍史。康德则把普遍史从天国拉回到人间，于1784年撰写了《世

① 巴尔格和科瓦利钦科的相关观点参见陈启能、于沛、黄立莽：《苏联史学理论》，29页，北京：经济管理出版社，1996。

界公民观点之下的普遍历史观念》一文，他在该文中希望在人类理性的基础上来构建普遍的世界历史，这是“按照一场以人类物种的完美的公民结合状态为其宗旨的大自然计划加以处理”[①] 的哲学尝试。

在康德之后，黑格尔和马克思以两种不同的方式揭示了世界历史发展的动力和机制。黑格尔在总结和评价了原始历史和反省历史的得失之后，提出了哲学的世界历史方案，“一部历史如果要想涉历久长的时期，或者包罗整个的世界，那末，著史的人必须真正地放弃对于事实的个别描写，他必须用抽象的观念来缩短他的叙述”[②]。他认为理性是世界的主宰，世界历史就是一个合理的过程。世界历史中的“理性”表现为自由意识，世界历史本身就表现为自由意识的进展。“东方各国只知道一个人是自由的，希腊和罗马世界只知道一部分人是自由的，至于我们知道一切人们（人类之为人类）绝对是自由的——这种说法给予我们以世界历史之自然的划分，并且暗示了它的探讨的方式。”[③]

与黑格尔不同，马克思则是在生产力发展的基础上来解释世界历史的出现，在他看来，生产力的发展促进人们之间的普遍交往，普遍交往的发展打破地域性的历史，推动世界历史的产生和发展。“只有随着生产力的这种普遍发展，人们的普遍交往才能建立起来；普遍交往，一方面，可以产生一切民族中同时都存在着‘没有财产的’群众这一现象（普遍竞争），使每一民族都依赖于其他民族的变革；最后，地域性的个人为世界历史性的、经验上普遍的个人所代替。”[④]“各个相互影响的活动范围在这个发展进程中越是扩大，各民族的原始封闭状态由于日益完善的生产方式、交往以及因交往而自然形成的不同民族之间的分工消灭得越是彻底，历史也就越是成为世界历史。”[⑤]

历史学家虽然不能苟同于哲学家的世界历史建设方案，他们对于世界

---

① ［德］康德：《历史理性批判文集》，18 页，北京：商务印书馆，1990。

② ［德］黑格尔：《历史哲学》，5 页，上海：世纪出版集团，2006。

③ ［德］黑格尔：《历史哲学》，17 页，上海：世纪出版集团，2006。

④《马克思恩格斯文集》第 1 卷，538 页，北京：人民出版社，2009。

⑤《马克思恩格斯文集》第 1 卷，540—541 页，北京：人民出版社，2009。

史的研究与哲学家的研究相互区别的地方仅仅在于事实材料，他们主张在分析历史事实的基础上来构建世界历史。但是他们也认为仅仅有零碎的事实材料是远远不够的，还需要在事实的基础上发现普遍的原则，把事实的列举上升到一定的理论层次上进行研究。例如兰克曾经把“以不带偏见的眼光观看普遍史的发展”视为终生职志，对于普遍史所研究的主题，他认为：“不论是多少民族的汇集，绝不是我们意谓的‘普遍史’，因为如果这样，则本书相互的联系性就隐晦了；欲认识此中的关系，就必须探索那些结合支配所有民族的伟大事件及其命运的序列，此即‘普遍史’的主要课题。”[①]普遍史与民族史之间的区别不在于涉及民族是一个或者多个，不是在数量上的区别，而是在性质上的区别，世界史虽然涉及多个民族，但是其根本特征不在于列举各民族的人物和事件，而是要发现联系这些分属于不同民族的人物和事件的规则。这一研究使命决定了世界史研究必然突破事实的层面，上升到理论的层面，也就是说在事实基础上开展哲学研究。这种研究方式与哲学之间的区别仅仅在于哲学研究不依靠证据，而是通过思辨的方式进行；而历史学则必须要为自己的结论提供证据。

§3　哲学与历史学的融合

面对作为整体而存在的世界，人类分学科对之开展研究，其中始终存在一个困境，每个相对独立的学科限制了人们认识世界的视角，人类的知识难以避免地陷入盲人摸象、坐井观天、一叶障目的命运。由于世界之广大，我们不得不以片面、局部的视角对之进行观看和思考，但是人类不应放弃整体把握世界的努力。做出这种努力就需要现有学科体系的整合，从多学科的视角对世界本身进行把握。为了实现这一蓝图，国内的部分高校对原有的学院和学科布局进行相应的调整，建立学部一级的教学科研单位来加强学科之间的整合，例如北京大学设立了人文学部、社会科学学部、

① 转引自黄进兴：《从普遍史到世界史和全球史：以兰克史学为分析起点》，56页，《北京大学学报（哲学社会科学版）》2017年第2期。

经济与管理学部、理学部、信息与工程科学部、医学部、跨学科类等七个学部一级的管理单位；武汉大学与北京大学的学科专业管理模式类似，它在院系一级的管理机构之上分别设置了人文科学学部、社会科学学部、理学部、工学部、信息科学学部、医学部和跨学科类等七个学部。在学科发展过程中，分与合之间是一对充满张力的矛盾。随着人类认识层次和水平的进一步提升，学科之间的合作和融合也会得到进一步的加强。

在传统的人文学科中，哲学、历史学和文学是最具代表性的三个学科，对于这三个学科之间的关系，通常的观点认为“文史哲不分家”。哲学在逻辑的基础上进行概念分析，历史学是在事实的基础上再现过去，文学则侧重于研究语言和修辞。从上述任何一个学科出发，在它的内部同时包含着三者，哲学在事实的基础上追求“铁一般的逻辑，诗一般的语言”；历史学对于事实的研究需要上升到一定的理论层面，也需要通过语言和修辞来传达自己的思想；文学不仅仅是对语言形式的研究，它还需要对语言和修辞进行历史研究和理论研究，在其内部也包含着历史内容和哲学理论。就上述意义而言的“文史哲不分家”仅仅是我们在上文中提到的学科之间的互补和交叉的关系，从更加深层的意义而言，我们还应该意识到文史哲这三个学科是结合为一体的，历史学就是哲学和文学，哲学就是历史学和文学，文学的情况也大体相同，文学就是哲学和历史学。由于这本著作的主题是研究哲学与历史学的关系，所以我们下面暂且抛开文学，专门论述哲学与历史学的融合关系。哲学即是历史学，历史学即是哲学，这种观点并不是什么新观点，意大利的新黑格尔主义者克罗齐就曾经提出并论证过相关的观点，他认为：“哲学与史学携手并进，它们是不可分割地结合着的。”① 他在研究哲学的时候，可以宣称自己在研究历史学；他在研究历史学的时候，也可以宣称自己在研究哲学。

① [意] 克罗齐：《历史学的理论与实际》，92 页，北京：商务印书馆，1982。

(一)哲学即是历史学

马克思与恩格斯曾经在《德意志意识形态》的手稿中删掉了一段话，在这段话中，他们认为历史科学是“唯一的科学”[①]，历史科学进而分为自然史和人类史。现在稍纵即逝，不断地涌向过去，奔向未来。未来还没有来，它不可能成为我们认识的对象，只能是我们希望或恐惧的对象，我们只能说我希望未来是个什么样子或者我害怕未来是个什么样子，而不能说我知道未来是什么样子。我们能够认识的只有过去，过去是已经产生一定的结果的事件的汇集，我们站在事件的结束点上才能够回顾整个事件的发展过程，这正是黑格尔所讲的反思或者后思。从这种意义上而言，我们可以认识的对象只有过去，所有学科的研究基础都奠基于历史之上，自然科学研究的是自然史，人文社会科学研究的是人类史。

无独有偶，把马克思的唯物史观界定为“一般史”[②]并加以反对的克罗齐在这一点上却持有与马克思、恩格斯相同的观点和看法，他认为把历史界定为历史判断还不够，在这个基础上进一步扩展，人类认识所得出的“一切判断都是历史判断或历史”[③]。克罗齐得出这一结论的理由首先依据于判断的内在结构，它说明的是主词与谓词之间的关系，主词是被加以判断的事实，而事实本身处于不断变化的生成过程之中。这种观点类似于由黑格尔首先意识到并被恩格斯明确加以论述的一个基本思想，即“世界不是既成事物的集合体，而是过程的集合体，其中各个似乎稳定的事物同它们在我们头脑中的思想映像即概念一样都处在生成和灭亡的不断变化中”[④]。正如恩格斯所指出的那样，这一基本思想已经成为黑格尔以来一般人的意识。克罗齐把一切判断都视为历史判断的第二方面的理由是“历史判断还是最明显的判断性感知（若不判断，就不会有感知，只有盲目与沉默的感

① 对于马克思和恩格斯这一观点的分析详见本书第三章的引论部分的页下注。

② [意]克罗齐：《历史学的理论与实际》，93页，北京：商务印书馆，1982。

③ [意]克罗齐：《作为思想和行动的历史》，18页，北京：商务印书馆，2012。

④《马克思恩格斯文集》第4卷，298页，北京：人民出版社，2009。

觉）”[①]。因为要判断，才会有感知；在感知的基础上才会形成判断；人们对于事物的感知则呈现为一个历史过程。自然科学在做出自己特有的判断过程中需要从事长期、艰难的事实材料的收集过程。超验哲学也难以摆脱历史化的恶作剧，它的结论产生于某些特定的需求，都与产生它的历史条件结合在一起，它的概念和学说从实质上来说都是历史事实和历史判断，都要实现普遍和个别的统一、知性和直觉的统一。文学作品如果要避免“在虚无中游荡”[②]，如果要使它的判断具有具体性和充实性，那么它就要拥有直觉要素，这种直觉要素就离不开产生它的历史条件和历史过程。

既然一切判断从本质上来说都是历史判断，哲学学科所做的判断从本质属性上来看也是历史判断。不结合特定的历史条件和历史过程来研究哲学，就会使哲学陷入迷途，不会走得太远。哲学家素被看作“仰望星空”的群体，泰勒斯抬头看天而不注重眼前脚下的事物，结果掉到坑中，受到色雷斯女仆的嘲笑。哲学家这种关注天国、追求最高真理的品质固然值得尊敬，但是完全不顾人间的苦难和现实，则可能使哲学思想陷入荒谬的境地，难以避免遭受以自己头脑中的幻想来任意裁剪历史事实的非议。这正像克罗齐所说的那样，单纯追求普遍性、一般性的最高真理的历史哲学“将一排抽象观念置于粗糙事实之旁”，“凭借另一个无知完善了一个无知”，这是“精神衰弱的结果”，是“‘头脑贫乏’的产物”[③]。哲学不能凭借主观的臆测来得出自己的结论，普遍性的结论要同个别性的事实结合在一起，哲学家在开展研究工作过程中要像历史学家那样认真地开展事实的收集和整理工作。“哲学愈洞察和愈推敲它的差别，它就愈能洞察特殊；它愈精密地领会特殊，它就愈能精密地掌握自己的固有概念。”[④]哲学需要追求普遍与特殊、共性与个性之间的统一，对于特殊和个性的关注需要进行历史研究。哲学研究的任务不是要构建脱离特殊和个性的虚假的意识形态，而是要在

① ［意］克罗齐：《作为思想和行动的历史》，18 页，北京：商务印书馆，2012。
② ［意］克罗齐：《作为思想和行动的历史》，21 页，北京：商务印书馆，2012。
③ ［意］克罗齐：《作为思想和行动的历史》，21 页，北京：商务印书馆，2012。
④ ［意］克罗齐：《历史学的理论与实际》，92 页，北京：商务印书馆，1982。

历史事实的基础之上“从人间升到天国”[①]，也就是说哲学的结论需要建基于历史之上，做哲学研究就是在做历史研究。

（二）历史学即是哲学

正如克罗齐所言，“纯粹的历史学”建立在两个信念之上，一个信念是“为叙述历史需要超越激情并远离观念和预想判断”，由这一信念又会引发另一个信念，即“叙述历史应摆脱任何对生活斗争的共同参与和避免一切哲学损害”[②]。某些历史学家所追求的“纯粹”是不计社会后果、不关注现实、在故纸堆里关起门来搞研究的研究方式，这种研究方式把历史学孤立起来加以看待，杜绝了不同学科之间相互交流、相互渗透的可能性。他们把过去视为与现在相脱离的过程，把历史学视为独立的王国，其本意是使历史学摆脱外在条件的束缚，强调历史学本身的自主与自律。但是这种研究方式所造成的现实结果却是仅仅研究历史事件的过程，而这个过程对于历史事件本身而言恰恰是外在的，内在于历史行为主体的思想却被忽视，历史各个阶段之间的联系被忽略。依照这两种信念开展研究的历史学就会造成历史与现实之间的割裂，历史与哲学之间的分离，就会造成“没有历史问题的历史学”，这种历史学研究模式的典型代表是兰克。

兰克主张在文献档案的基础上对历史进行不偏不倚的“如实直书”。兰克在他的第一本著作《拉丁和条顿民族史，1494—1514》中引证了大量的原始资料，这是同时代的历史学家难以企及的，这些原始资料包括：论文集、日记、私人的和正式的信件、政府档案、外交通告以及目击证人的第一手的口述记录等。在开展历史研究过程中，他认为历史学的研究任务是“评判过去，教导现在，以利于未来。可是本书并不敢奢望完成这样崇高的任务，它的目的只不过是说明事情的真实情况而已”[③]。为了完成这一研究任务，历史学的根本原则是“在全部存在之中，即在每一种环境中，在每一种存在、源

① 《马克思恩格斯文集》第 1 卷，525 页，北京：人民出版社，2009。

② ［意］克罗齐：《作为思想和行动的历史》，64 页，北京：商务印书馆，2012。

③ 转引自张广智：《西方史学史》，232 页，上海：复旦大学出版社，2006 年第 2 版。

自上帝的永恒之物中，识别出永恒的事物”[①]。每一个事物都具有自身的特殊性，这一事物与那一事物之间存在着区别，兰克在说明事情的真实情况过程中片面夸大了具体事物的特殊性和个别性，把它们视为自为的个体，从而放弃对于它们的类特征的考察。兰克也强调构建普遍史，但是他所谓的“普遍”只是个别事实之间的关系及其整体，即在更宽广的范围之内发现各种事实之间的历时性和共时性特征，说明前后历史事件之间的关联以及解说不同的地域在相同的时间出现大致相同的事件。这里所说的普遍依然不能脱离具体的历史事件而存在，还不能在脱离具体历史事件的抽象层面上进行言说，也就是说还没有上升到哲学的高度。从这一角度而言，某些历史学家把自己不能（没有能力）穿越具体历史事件的丛林得出哲学结论的现实困境转化为不可以得出哲学结论，或者把哲学结论简单视为荒谬的与脱离实际的理论主张，从而否认历史学的哲学研究任务与目标。

由于兰克强调历史主体是自为的个体，于是他只承认历史之中存在变化，而不承认历史之中存在进步，否认人类历史是合乎逻辑的发展过程，“每个时代的价值不在于产生了什么而在于这个时代本身及其存在”[②]。他认为物质领域存在着进步，一种东西产生另一种东西。但是人类的精神和道德领域则不存在进步，就道德高度而言不存在更高的潜力，现在不仅无法超越过去世界的道德高度，还往往出现退步的现象，例如集约的道德变成了粗放的道德，今天的文学无法超越古典文学。他认为哲学也是这样，现在无法超越过去，“柏拉图和亚里士多德的哲学对我来讲已经足够了”[③]。克罗齐曾经就此感叹作为一位职业历史学家的兰克怎么可能说出这种有违常识的话，把公元前 4 世纪以后的全部哲学家的工作视如无物，把他们全部的研究工作视为虚度光阴。[④]兰克在承认物质领域进步的同时否认精神和道德领域的进步的观点明显是错误的，没有看到伴随着物质领域的进步，人

① ［德］兰克：《论历史科学的特征》，载刘北成、陈新主编《史学理论读本》，7 页，北京：北京大学出版社，2006。

② ［德］兰克：《历史上的各个世代：兰克史学文选之一》，7 页，北京：北京大学出版社，2010。

③ ［德］兰克：《历史上的各个世代：兰克史学文选之一》，12 页，北京：北京大学出版社，2010。

④ 参见［意］克罗齐：《作为思想和行动的历史》，76 页，北京：商务印书馆，2012。

类的精神和道德也在不断地发展和丰富，这正如马克思所说的那样，“物质生活的生产方式制约着整个社会生活、政治生活和精神生活的过程”[①]。伴随着物质领域的进步，人类社会从人的依赖关系起步，逐步发展到以物的依赖性为基础的人的独立性阶段，进而在第三阶段上产生人的自由个性[②]。毋庸讳言，每个历史阶段上的精神和道德都有其独特的价值和特征，但是后一个时代在前一个时代的基础上伴随着物质生产方式的变化所产生的人在精神和道德领域的继承和发展也是非常显而易见的，其间在某些方面可能存在退步的现象，但是从整体趋势而言则是进步的，我们不能以局部的退步来否定整体趋势的进步，不能因为我们研究过去就以过去在某些方面所具有的价值为基点否定现在。

克罗齐对于兰克史学的整体评价是它只提供了“半截真理”，“因为任何活动既自为又他为，既是休止又是阶梯，因为若不如此，则不能设想基于自身的历史发展，即缺乏进步概念，则不能思考任何历史，也不能解释历史向我们和我们的事业展示对过去事业的兴趣”[③]。兰克只是看到了历史的一个方面，片面地强调历史的自为性和休止性，而没有看到历史过程的关联性、连续性和统一性，从而以历史学的具体性研究来否定哲学的普遍性研究，把哲学研究视为鬼怪而加以排斥。排斥哲学的历史学只能被视为事实材料的汇集，至多揭示各种具体事件之间的关系，揭示其间存在的历时性和共时性特征，而不能从普遍的意义上加以言说，只是看到了历史事件的外部，而不能深入了解其内部；只是满足于眼睛所看到的东西，而不能够通过理性的抽象能力来把握历史的本质和规律。

历史学不能排斥哲学研究，哲学内在于历史研究过程之中。概括来讲，哲学在历史学研究中的存在方式主要包括：（1）历史学除了研究历史人物的行为和历史事件的发生发展过程之外，更重要的是研究历史人物的思想动机以及这些思想动机背后的动因。（2）历史学研究不断地超越个别和偶

---

① 《马克思恩格斯文集》第 2 卷，591 页，北京：人民出版社，2009。

② 参见《马克思恩格斯文集》第 8 卷，52 页，北京：人民出版社，2009。

③ ［意］克罗齐：《作为思想和行动的历史》，69 页，北京：商务印书馆，2012。

然的现象，得出具有普遍性和一般性的结论。（3）历史学研究的材料纷繁复杂，对于材料的整理需要一定的研究方法和理论框架，而研究方法和理论框架的建立就是一种哲学。任何一个史学流派（例如客观主义史学、马克思主义史学、年鉴学派、后现代史学等）都是在一定的历史观指导之下建立的，而历史观就是一系列脱离具体研究对象的方法和观点的集合，具有明显的哲学性质。“历史在本身以外无哲学，它和哲学是重合的，历史的确切形式和节奏的原由不在本身之外而在本身之内；这种历史观把历史和思想活动本身等同起来，思想活动永远兼是哲学和历史。”[①]哲学和历史学的研究都在追求具体和抽象、个体与整体、事实与价值二者之间的统一，哲学不能脱离具体事实，历史学不能脱离抽象理论；哲学之中有历史学，历史学之中有哲学；历史学是“通过例证进行的哲学教诲”[②]，哲学是通过思维抽象构建的历史学理论；哲学即是历史学，历史学即是哲学。

① ［意］克罗齐：《历史学的理论与实际》，90页，北京：商务印书馆，1982。

② ［美］海登·怀特：《历史学的重负》，载彭刚主编《后现代史学理论读本》，27页，北京：北京大学出版社，2016。

附　录

附录 1　近年来国内马克思主义历史认识论研究综述与展望[①]

按照传统的理解方式，马克思主义哲学的实质是辩证唯物主义与历史唯物主义。普列汉诺夫把历史唯物主义指认为“马克思的历史哲学”[②]，这种观点具有一定的合理性。马克思的历史哲学具有比较完善的历史本体论，历史认识论只是以萌芽的形式表现出来。“当代实践、科学和哲学本身的发展，都越来越突出了历史认识论问题，并使探讨历史认识论问题具有了普遍的必要性和现实的可能性。因此，历史认识论构成了历史唯物主义在当代的理论生长点。”[③] 基于这种原因，对于马克思主义历史认识论的研究成为马克思主义哲学研究的一个热点问题，对这一问题的研究主要遵循两条路线来开展，即辩护与创新。一方面，面对对于马克思的历史本体论思想的各种批评和质疑，有的学者为马克思的历史本体论进行辩护，以文本为依据探索马克思主义历史本体论思想的认识论基础；另一方面，伴随着时代

① 本文最初完稿于 2009 年 2 月，后来经过增补，作为河北省社会科学基金项目（项目编号：HB2011QR74）的阶段性研究成果发表于《贵州社会主义学院学报》2012 年第 2 期。本文梳理的文献发表于 1989—2006 年间。不管是写作日期、发表日期，还是所用材料，距离现在都有十年以上的时间了。这期间，理论界在马克思主义历史认识论领域产生了不少的成果，但是基本研究方向并没有发生根本性的转化，因此这篇具有综述和展望性质的文章除了说明特定历史阶段的研究状况之外，对于厘清相关问题也具有一定的借鉴意义。故而我们才把这篇论文作为本书的附录之一，目的在于增强这本著作在学术史梳理方面的分量。

②《普列汉诺夫哲学著作选集》第 2 卷，510 页，北京：生活 · 读书 · 新知三联书店，1961。

③ 杨耕：《为马克思辩护：对马克思哲学的一种新解读》，427 页，北京：北京师范大学出版社，2004。

和实践的发展，有的学者持续推动以萌芽形态表现出来的马克思的历史认识论思想的创新发展。

一

马克思曾经在《〈政治经济学批判〉序言》中指出："大体来说，亚细亚的、古代的、封建的和现代资产阶级的生产方式可以看作是经济的社会形态演进的几个时代。"[①]这一论述奠定了社会形态演进的"五形态"说的基础，这五种社会形态包括原始社会、奴隶社会、封建社会、资本主义社会和共产主义社会。有的学者针对"五形态"理论提出了质疑，反对"五形态"理论的依据主要有两点，其一，各民族、各地区、各国家具体发展道路没有严格按照"五形态"的顺序进行演进；其二，"五形态"理论是对以英国为代表的西欧地区的历史发展趋势的总结，英国的情况不同于俄国的情况，俄国的情况不同于中国的情况，每个国家都有其国情的特殊性。一般来说，所谓规律性的东西总是排斥反例，反例一出现规律就会瓦解。在这种意义上，我们就要思考，社会发展的"五形态"理论是不是规律性认识？如果是的话，这种规律适用的条件是什么？此外，国外学者认为唯物史观是单义的机械决定论，是一种经济决定论，从而否定马克思唯物史观的科学价值。这一观点也促使国内学者对历史规律和历史决定论在何种程度上是可能的这一问题展开了广泛的讨论。

在上述的理论背景下，我国学界讨论的主要问题包括下列三个方面。

（一）关于马克思社会形态演进理论的探讨

关于马克思社会形态演进理论的探讨一直以来是学术界研究的热点问题。学术界系统总结了马克思关于人类社会形态的演进阶段的相关理论，马克思在不同的语境中提出了几种不同但又相互联系、相互补充的观点。

① 《马克思恩格斯选集》第2卷，33页，北京：人民出版社，1995年第2版。

第一，五种社会形态论。这种理论以马克思《〈政治经济学批判〉序言》为依据，是关于原始社会、奴隶社会、封建社会、资本主义社会和共产主义社会这五种社会形态更替发展的理论。第二，三种社会形态论。马克思在两个文本中分别提出两种不同的理论。马克思在《1857—1858年经济学手稿》中从人的发展的角度把依次演进的社会形态表述为："人的依赖关系""以物的依赖性为基础的人的独立性"和"建立在个人全面发展和他们共同的社会生产能力成为他们的社会财富这一基础上的自由个性"①。另外一种"三形态"论是马克思在给查苏利奇的复信中提出的，这三种社会形态包括原生类型、次生类型与再次生类型②，由此强调特定的国家或民族在社会形态演进过程中前后历史阶段的关联。③

在上述几种社会形态演进模式中，五种社会形态理论影响最大，同时引起的争论也最多，这些争论主要围绕两个方面展开。

第一，五种社会形态理论是否符合马克思的原意？段忠桥把《〈政治经济学批判〉序言》与《政治经济学批判（1857—1858年草稿）》进行了比较研究，他认为，我们不能根据《序言》中的相关论述提出"五种社会形态理论"，这种理论与《草稿》中的相关论述矛盾。马克思主要把社会形态划分为三种，即前资本主义社会、资本主义社会和共产主义社会。亚细亚的、古代的和封建的生产方式并不是三种独立的社会形态，它们共同构成前资本主义社会。总之，"五种社会形态理论"不符合马克思的原意，马克思只提出过"三大社会形态理论"。④赵家祥针对段忠桥的观点提出了质疑，他认为全面考察马克思、恩格斯关于社会形态理论的各种论述，"五种社会形态理论"贯穿在马克思、恩格斯一切有代表性的著作之中，而且"五种社

① 《马克思恩格斯全集》第46卷上册，104页，北京：人民出版社，1979。

② 《马克思恩格斯全集》第19卷，432页，北京：人民出版社，1963。

③ 马克思关于社会形态演进模式的理论并不局限于上述三种，关于其他几种社会形态演进模式，可以参考韩庆祥、戚书平的文章《社会形态演变规律的历史探索及当代阐释》（《社会科学辑刊》2000年第5期）。

④ 段忠桥：《对"五种社会形态理论"一个主要依据的质疑——重释〈《政治经济学批判》序言〉的一段著名论述》，《南京大学学报（哲学·人文科学·社会科学）》2005年第2期。

会形态理论”符合客观的历史事实。[①]奚兆永也针对段忠桥的观点提出质疑，他认为段忠桥把《草稿》作为《序言》的基础，实际上是混淆了《草稿》与正式出版的《政治经济学批判。第一分册》一书，而其对《草稿》的相关论述的理解也很值得商榷，他在此基础上对“五种社会形态理论”的否定是不能成立的。[②]

第二，五种社会形态的演进是不是规律以及在何种程度上可以称之为规律？有的学者认为马克思的社会形态演进理论不能够称为规律，但我国绝大多数研究者认为在一定程度上它可以作为一种社会规律。江丹林、孙麾认为对单个的社会有机体来说，在历史上是很少依次经历五种所有制社会形态的，但就整个人类社会发展而言，用五种社会所有制形态来概括由低到高的发展序列，却是成立的。[③]何兆武把规律区分为两种，一种是“描叙性的”，另一种是“规范性的”，前者只是在陈述事实上的前后相续；后者则是绝对命令式的规定，是必然的、给定的、非如此不可的。马克思确实提到五种社会形态的相续，他的这一提法只是对西方历史发展历程的描述性的说明，并无意以此作为一种所谓不以人的意志为转移的（亦即“非如此不可”的）普遍必然的规律，即有似于19世纪实证主义者所设想的（并且刻意追求的）那种自然科学意义上（尤其是经典物理学那种意义上）的绝对不可更改的规律。[④]

（二）历史决定论与历史选择论的关系问题

就国内的马克思主义哲学研究者来说，公开否认唯物史观是一种历史决定论的人并不多见，争论的焦点在于：如何理解历史决定论？如何对待历史决定论与历史选择论的关系？是否存在一种“历史选择论”，它的内涵

① 赵家祥：《对质疑“五种社会形态理论”的质疑——与段忠桥教授商榷》，《北京大学学报（哲学社会科学版）》2006年第3期。

② 奚兆永：《关于五种社会形态理论的讨论——兼评〈对“五种社会形态理论”一个主要依据的质疑〉一文》，《教学与研究》2006年第2期。

③ 江丹林、孙麾：《论社会形态更替的普遍规律和各个民族国家的特殊道路》，《哲学动态》1993年第2期。

④ 何兆武：《社会形态与历史规律》，《历史研究》2000年第2期。

是什么？

在对唯物史观理论实质的认识问题上，有的学者认为唯物史观是辩证唯物的“选择论”，即历史决定论，不能用历史选择论取代历史唯物主义的决定论。[①]有的学者主张以历史选择论超越历史决定论与非决定论。[②]有的学者认为把马克思主义的历史观概括为什么并不重要，关键是如何理解和把握马克思主义揭示的历史规律性、历史必然性与人的自觉选择活动的关系。事实上，马克思并不排斥所谓的“历史选择论”，也包含所谓的“历史决定论”，可以把历史选择论和历史决定论看作同一个唯物史观的不同表述和两个有机组成部分。[③]

关于马克思主义历史决定论的实质和形式，有的学者认为，唯物史观的历史决定论包括三个方面的内容，即社会结构的层次决定论、历史发展的过程决定论以及历史主体的实践决定论。三者相互联系、相互补充，构成了完整而严谨的唯物史观的历史决定论理论体系。[④]有的学者认为，唯物史观坚持历史研究中的辩证决定论观点。这种辩证决定论区别于机械决定论的一个重要特征，就是承认并强调历史过程中因果联系的辩证性格。历史过程中因果联系的这种辩证性格，在社会运动的时－空关系上也得到了充分体现。[⑤]

关于马克思主义的历史选择论，有的学者指出，在历史过程中，人的选择作用在于：第一，选择历史发展的特定方向；第二，选择社会制度的特定样态；第三，选择自身历史活动的特定目标和活动方式。排除了历史决定论的历史选择论无异于形形色色的唯意志论。[⑥]有的学者认为，理论的理由和实践的理由，批判的理由和建设的理由，都促使我们探讨历史唯物主义的选择理论，阐明人们创造历史过程的选择机制。主体的历史创造

① 叶志坚：《不能用历史选择论取代历史唯物主义的决定论》，《理论学习月刊》1991 年第 4 期。

② 刘福森：《超越决定论与非决定论的两极对立》，《人文杂志》1989 年第 5 期。

③ 周文彰、吴建华：《人类历史活动中的“决定”与“选择”》，《求索》1991 年第 2 期。

④ 许俊达：《唯物史观的历史决定论探析》，《学术界》1991 年第 1 期。

⑤ 刘奔：《时间是人类发展的空间——社会时－空特性初探》，《哲学研究》1991 年第 10 期。

⑥ 周文彰、吴建华：《人类历史活动中的“决定”与“选择”》，《求索》1991 年第 2 期。

活动，既有可选择的一面，又有不可选择的一面。前者是由于存在着客观环境的可能性空间、主体需求的多层次结构、主客体相互关系的多重组合，后者是由于在客体可能性空间、主体需求体系、主客体相互关系这三方面都存在着边际制约。从抽象分析的角度，主体在历史创造活动中的一般选择机制可分为前选择行为、选择行为、后选择行为；从社会的现实历史的具体性上看，可分为社会个体选择、社会群体选择、社会全体选择这三类的社会选择，社会群体、社会全体在选择过程中又可分为思想选择、组织选择、政策选择等方面；纵观人类的历史发展，人类经历了自发的选择阶段、自觉的选择阶段、反思的选择阶段、自由的选择阶段。① 有的学者认为，如果我们承认理论世界根源于实践世界而又与之有根本区别，那么在理论世界中，我们便只能合理地谈论历史规律问题，而不能合理地谈论人的能动作用问题；在实践世界中，我们只能合理地谈论历史趋势以及历史趋势与人的能动作用的关系问题，但不能合理地谈论历史规律问题；而无论在何种意义上，我们都不能合理地谈论历史规律与人的能动作用的关系问题。② 这种观点无异于承认在实践世界中，也就是在现实的人类社会中，不存在历史规律，而只存在历史趋势，所谓的历史规律只是在人们的观念中才存在的东西而已。

（三）历史主体与历史客体的关系问题

在 1993 年，哲学研究有一个鲜明的特色，即对于主体性以及交往和主体间性的研究成为本年度的热点问题，其中有的学者撰文指出主体性原则主要是指要从人及其活动的主体性的视角来审视和对待问题，在研究和解决有关问题中体现和贯穿一种主体性精神，主要包含三个层次的意思：（1）对事物要从实践的角度去理解；（2）对实践要从人的角度去理解；（3）对人要从主体的角度去理解。③ 参加讨论的还包括黄楠森、韩庆祥、马智等人。这

---

① 陆剑杰：《历史创造活动中的选择机制》，《中国社会科学》1991 年第 1 期。

② 王南湜：《我们可以在何种意义上谈论历史规律与人的能动作用》，《学术月刊》2006 年第 5 期。

③ 袁贵仁：《主体性原则与马克思主义哲学》，《人文杂志》1993 年第 1 期。

一年的讨论对其后的主体性哲学、人学以及价值研究都产生了比较深远的影响。此后，国内马克思哲学研究领域出现一种主体性转向，在主体和客体关系的研究中倾向于主体，在主观与客观关系的研究中侧重主观，在历史选择和历史决定的关系中扩大人的选择的可能性空间。在社会和历史的研究领域，是否存在历史规律是一个疑问，但是基本上没有人否认精神或意志因素在人类历史中的作用，就这个问题讨论的主要倾向是研究精神或意志因素在多大范围内发挥作用，这是其后几年讨论的主要问题。

二

随着马克思主义历史哲学研究的深入和发展，许多学者在马克思主义历史哲学的范围内直接面对历史认识论问题。历史认识论在马克思那里是以胚胎、萌芽的形式表现出来的，有的学者通过对这些比较分散、不明确的观点进行梳理，以期达到比较系统化的认识；有的学者在坚持马克思哲学基本原则的基础上，结合中国和西方历史哲学的认识成果，对马克思主义历史认识论问题进行系统阐发。在这方面学者们讨论的主要问题包括五个方面。

（一）历史认识论是历史唯物主义的理论生长点

杨耕在 1989 年和 1990 年连续发表了两篇文章讨论历史唯物主义现代形态的建构问题，他在我国学界较早地把历史唯物主义理解为历史哲学，并在此基础上建构历史唯物主义现代形态。同时，他还对马克思主义历史哲学研究的基本内容和建构原则提出了自己的设想。这种历史哲学的基本内容，包括两个方面：（1）历史本身的演变规律，即历史本体论；（2）历史认识的特点和性质，即历史认识论。历史唯物主义作为马克思主义的历史哲学，既带有凝重的历史本体论色彩，同时又以胚胎、萌芽形式包含了历史认识论，这是历史哲学现代化的真正源头，历史唯物主义的现代形态应是历史本体论和历史认识论的统一。[①] 此外，他提出的关于历史唯物主义现代形态的建构原则包括：（1）把实践作为出发点范畴；（2）历史认识论应是历史唯物主义的理论生长点，实现其研究重心的转移；（3）在新的历史唯物主义的体系中，历史本体论和历史认识论应有机地统一起来，成为一种新的整体。[②]

（二）生活与意识的关系问题

1994 年，刘忠世根据马克思的观点强调"生活决定意识"，他说仅以"存在决定意识"为依据并不能显示新的唯物主义的特征，唯物史观认为"存在"即是人们的实际生活过程，存在决定意识也就是"生活决定意识"，意识是生活的表现，因而为生活所决定。[③]2001 年，李文阁从生活世界观视角提出，近代认识论和现代认识论的根本差异表现为是否对认识做了"生活"的理解：前者视认识为存在于生活之外的工具；而后者则把认识看作生活的一种形式，当作认识者自我生成、自我实现或自我完善的方式。[④] 这种观点和 1994 年刘忠世"生活决定意识"的观点形成前后呼应的关系，是"生活"概念在认识论领域中的渗透。

（三）历史认识的客观性与主观性

在这一问题上存在着三种观点，一种观点倾向于强调历史认识的主观性因素，以周建漳为代表；一种观点倾向于强调历史认识的客观性，以袁吉富为代表；第三种观点主张在历史唯物主义的范围内加强历史认识过程中的主体意识和主体创造性，以于沛为代表。

周建漳对"客观性"一词的三种含义进行了分析，其一，就主体和客体的关系而言，客观性是指客体固有的独立于主体的外部实在性；其二，

① 杨耕：《历史哲学：在哲学和历史科学的交叉点上——兼论历史唯物主义的现代形式》，《中国人民大学学报》1990 年第 2 期。

② 杨耕：《历史唯物主义现代形态的建构原则》，《学术月刊》1989 年第 11 期。

③ 刘忠世：《生活决定意识的诸含义》，《安徽大学学报（哲学社会科学版）》1994 年第 2 期。

④ 李文阁：《生活认识论：认识论之现代形象》，《南京社会科学》2001 年第 2 期。

作为思想和认识的规定性，客观性可以理解为真实性、有效性和一致性三种含义。在第一层含义上，思想或认识的客观性被看作是对认识对象的客观实在性的分有，客观性即反映的真实性，他根据普特南和罗蒂的观点认为这种客观性是不可能实现的。在第二层含义上，思想客观性的本质乃是其有效性，思想是否具有客观性乃是指思想或观念是否具有在实践中引发人们所预期的结果或反应的效力。这两层含义都是试图在外部实在和认识的关系中把握认识。第三层含义的客观性是作为“理论的一种性质”“只不过是表示了研究者之间一致性的存在或对一致性的期望而已”[①]，胡塞尔的“主体间性”概念和罗蒂的“协同性”概念都是在这一层意义上使用的。历史认识由于其对象的独特性，有效性标准很难适用，历史学者之间的一致性就成了判断历史认识的客观性的重要指标，但是由于历史学家之间存在不一致性这一事实引发了关于历史认识的客观性的疑问。对于历史客观性问题，学界存在三种态度，即怀疑论、绝对客观主义和相对客观主义。作者对历史认识中一致性难以达成的原因进行了分析（主要原因包括两点，即历史是不能实证的以及历史是对整全真理的认识），并认为历史认识领域中存在的不一致性是不能消除的，这并不影响历史学成为一门严肃的学术。[②]

袁吉富从诠释学的源头施莱尔马赫和狄尔泰分析了诠释学发展的逻辑演进，对伽达默尔的效果历史的观点以及他对历史客观主义的批评进行了分析评述，作者认为，第一，伽达默尔的效果历史的观点否认了历史对象离开研究者而独立存在的可能性，因而具有其自身的局限性；第二，伽达默尔的视域融合的观点片面提高了认识主体性的地位，同时，此观点自身也包含着客观性问题，视域融合的观点不适于描述历史认识；第三，伽达默尔把读者和文本之间的关系理解为问答逻辑，并进而理解为达成共识的过程，而这种共识是一种不同于二者的新思想，这是不可能实现的。通过分析，作者认为：“我们进行历史认识，其方法是通过发挥主体性，尽量作到‘我注六经’；如果采取‘六经注我’、‘视域融合’的办法，那就不是

① ［美］罗蒂：《哲学与自然之镜》，295 页和 293 页，北京：生活・读书・新知三联书店，1987。

② 周建漳：《历史认识的客观性问题反思》，《哲学研究》2000 年第 11 期。

在进行历史认识，而是在借历史来讲自己。”①

于沛认为强调认识主体的主体意识，不是宣扬历史唯心主义，而是历史唯物主义在当代的发展。他认为，长期以来，历史认识主体的主体意识和主体的创造性被忽略，这同忽略社会历史过程中的主体在历史矛盾运动过程中积极的、能动的创造性作用有直接的联系。历史观念的进步、历史学思想的发展和史学理论的创新，都离不开历史认识主体意识的提高和加强。以马克思主义哲学为指导的历史认识理论，是能动的反映论。历史认识不是、也不可能一成不变地再现历史，机械地重构历史。历史认识的过程，是历史认识主体依据一定的史学理论方法论进行积极的“创造”的过程。“创造”的目的是使主体认识的结果更加接近客观的历史本质，更加符合历史矛盾运动的客观规律性。②

（四）历史认识的性质与特点

对于历史认识的性质，林璧属认为，迄今为止至少存在着四种不同的论点，其一，以中国传统史学和西方兰克的实证主义史学为代表，把历史认识视为对历史实在的客观反映，强调还原历史的本来面目，在认识论上是一种典型的历史认识对历史客观实在的反映论。其二，19 世纪末 20 世纪初，西方分析历史哲学的发展，尤其是相对主义史学把历史看作是历史认识主体的能动创造，历史是历史学家主体思维的结果，在认识论中成为一种主体创造论。其三，20 世纪中叶以来，以爱德华·卡尔、伽达默尔为代表的一批历史学家和哲学家提出了历史认识主体与历史认识客体之间双向建构的建构说，强调主客体之间的双向建构。其四，改革开放以来，我国学者在传统史学－反映论的基础上，提出了历史认识本质上是一种历史认识主体与历史认识客体在历史资料研究基础上的能动统一的三极思维统一说。他在分析以上四种观点的基础上认为，历史认识的本质应当与其他人文科

① 袁吉富：《加达默尔超越历史认识客观性主张质疑》，《史学理论研究》2001 年第 3 期。

② 于沛：《历史认识：主体意识和主体的创造性》，《历史研究》2003 年第 1 期。

学一样，是一种观念认识，即用观念来把握和认识历史。①

对于历史认识的特点，万斌、王学川认为历史认识的特殊性可以从认识客体的特殊性、认识主体的特殊性、真理检验的特殊性等三个方面来分析。客体的特殊性主要表现在客体具有间接性、符号性、价值性。主体的特殊性主要表现在：历史认识理性的指导下自觉地、有意识地进行的，又内在地包含了人的动机、欲望、情感、意志这一类非理性因素。真理检验的特殊性表现在：检验历史认识的最终标准还是社会实践，但在具体的检验途径上则是分层次的。②徐复芝、高海清从历史认识的思维方式角度论述其特点，他们认为历史认识的思维方式既不是单纯的形象思维，也不是单纯的逻辑思维和直觉思维，历史认识的思维方式是由形象思维、逻辑思维、直觉思维和灵感综合而成的系统的、多维的、立体的思维方式。③张羽佳、贾慧媛对马克思历史认识的现实维度进行了说明，她们认为，从马克思的思想发展轨迹看，历史认识与现实批判有机结合是实现“两个转变”（马克思从唯心主义向唯物主义、由民主主义向共产主义的转变）的关键点；从理论构成看，从现实的人及其活动出发是马克思唯物史观建立的出发点；从认识方法上看，从现实追溯历史的“从后思索”法是马克思认识历史的基本方法。④

（五）历史认识的真理性及其检验

李振宏把曾经出现的历史认识检验标准划分为三类：（1）时代序列说。这种观点认为，检验历史认识的标准不在客观历史本身，而在于认识主体的时代序列，后代史家的认识是判断前代史家的认识的根据；（2）实践标准说。在历史认识领域生搬硬套实践标准，而且认为其是唯一的标准；（3）史家实践标准说。把社会实践和史家实践简单类同起来，把社会实践对一般

---

① 林璧属：《历史认识性质辨析》，《史学理论研究》2000 年第 3 期。

② 万斌、王学川：《论历史认识的特殊性》，《青海社会科学》2007 年第 5 期。

③ 徐复芝、高海清：《简论历史认识的思维方式》，《松辽学刊（社会科学版）》1999 年第 2 期。

④ 张羽佳、贾慧媛：《论马克思历史认识的现实维度》，《理论探讨》2003 年第 5 期。

理论认识的检验作用，简单武断地赋予“史学实践”。他认为，历史认识的检验，可以区分为以下三种形式：（1）现实社会实践的检验。它可以适用于两种情况，其一是对于社会历史发展的一般规律的认识，其二是仍然以某种形态存在于现实社会的历史事物；（2）社会化石的检验。不同民族历史发展的不平衡，使处在各个不同历史阶段上的民族的现在状况，为认识先进民族已经消亡了的历史阶段，提供了重要参证；（3）证据检验。适用于大量的具体历史现象的认识，例如，一个历史人物的评价，一个历史现象的基本面貌的澄清，等等。①

林璧属把历史认识的检验标准概括为四种：（1）历史观念；（2）历史文物、遗迹、历史文献和史料；（3）权威历史学家的意见；（4）社会实践。他主张实践是历史认识的检验标准，但是具体的检验过程依历史认识的类型的不同而发生着变化。对于考实性认识，即历史事实的确定，这需要首先经过对史料及历史遗存物的检验，然后还要经过史家科研实践的不断检验。对于抽象性认识，即透过历史的表象看本质，发现历史的内在联系的认识活动，这需要经过科研实践的检验和现实社会实践的检验两个步骤。对于评价性认识，即对历史和某一时代的价值关系的认识，它的检验标准有两个，第一个标准是社会历史实践，第二个标准是社会主体间的交往实践。②

邓京力认为学术界在历史认识与历史评价的检验问题上有三种态度，首先是史料检验说，以兰克等人的客观主义史学为代表，他们认为对历史认识的检验只有通过对史料的检验，特别是对原始文字材料的检验来完成。其次是观念检验说，以分析或批判的历史哲学为代表，他们认为历史认识只是历史学家在心灵中对过去思想的重演，事实只有在主体思想的介入过程中才成为历史知识。因此，检验历史认识真理性的标准“乃是历史观念本身，即关于过去的一幅想象的画面这一观念。这种观念用笛卡尔的语言

① 李振宏：《试论历史认识的检验问题》，《河南大学学报（哲学社会科学版）》1989 年第 4 期。

② 林璧属：《检验历史认识真理性的标准问题》，《江汉论坛》1995 年第 5 期。

说，就是内在的；用康德的语言说，就是priori（先验的）”[①]。作者认为以上两种说法都具有缺陷，比较合理的是实践检验说，因为实践是联结认识与客观世界的纽带，在实践过程中可以实现将认识结果与客观世界相互比较的验证活动，这种实践可以理解为社会实践、史学实践以及“历史之真”等几个方面。[②]

从我国马克思主义历史认识论三十年的研究发展历程来看，学界对于历史认识论各领域的研究都有所加强，认识也在逐步加深，相信将来在这个领域能够开辟更加广阔的研究空间。

① ［英］柯林武德：《历史的观念》，248—249页，北京：北京大学出版社，2010。

② 邓京力：《关于历史认识与历史评价的检验问题》，《历史教学问题》2004年第3期。

附录2 当代西方历史哲学研究的主要趋向①

与一些古老的哲学门类相比，历史哲学的出现及其发展的时间并不长，18世纪的意大利思想家维柯第一次把历史学和哲学这两个过去截然分开的领域融合在一起，并在此基础上开始建构“新科学”的尝试。但是，维柯并没有提出“历史哲学”的概念，明确提出“历史哲学”这一概念的人是法国思想家伏尔泰。自从历史哲学作为一个特殊的研究领域出现以来，它就成为许多伟大思想家的研究主题，这些思想家包括康德、赫尔德、黑格尔、马克思、狄尔泰、克罗齐、柯林武德等人。在历史哲学的发展中，学者们的研究视角曾经发生重大的转变，本文试图从这种转变的背景和趋向的角度分析当代西方历史哲学的研究旨趣。当代西方历史哲学的研究视角主要发生了三重转换，它们分别是由思辨的历史哲学转向批判或分析的历史哲学、由实证主义历史哲学转向德国西南学派的理路、由批判客观主义史学发生的历史哲学的隐喻学转向。

一、思辨的历史哲学的式微，分析或批判的历史哲学的兴起

思辨的历史哲学传统始于维柯或者更远地追溯到圣奥古斯丁的著作，后来经过康德和赫尔德，在黑格尔那里达到完成状态，这种传统的继承者包括马克思、斯宾格勒和汤因比等人。思辨的历史哲学“乃是一种形而上

① 本文发表于《重庆社会科学》2008年第9期。

学的思辨。它的目的是要达到把历史过程作为一个整体来理解，是要表明，尽管历史呈现出许多明显的不规则和不连贯，它却可以被看作是形成为体现出一种全面计划的整体；而这种计划，如果我们一旦掌握了它，就既会阐明各种事件的详细过程，又会使我们把历史进程在一种特殊的意义上看作是能满足理性的”①。他们在不断地追问“有关历史过程以及历史思维的性质问题”②，以极大的理论兴趣从纷乱复杂的社会现象中总结历史发展的规律性，对历史规律的发掘是他们共同的理论追求。

奥古斯丁确立了基督教的世界史理论，他认为上帝之城是上帝的天国，地上之城是亚当的儿子该隐首先创造的，前者是光明、善良的象征，后者则是黑暗、邪恶的象征。教会是上帝在地上之城的代表，它的目的就是竭尽全力使上帝之城在人间实现。为了实现它，上帝之城与地上之城就会发生不间断的斗争，直到地上之城被彻底消灭。维柯在《新科学》一书中把历史发展的过程理解为一个从低级向高级发展的进化过程，认为每个民族在其历史发展的过程中，都要经过三个阶段，即宗教的时期、拘泥细节的时期和文明的时期，在这三个时期奉行三种权威，“第一种权威是神的，神的安排是不要辩护理由的。第二种权威是英雄的，完全要依据法律的正式条文。第三种权威是人的，依据对在实践事务方面所信任的人，须在实践方面有经验而且特别审慎，而在理智事务方面又有崇高的智慧”③。这三个阶段并不是经过一次循环就终止了，而是一个不断复归和复演的过程，人类在历史发展的第三期结束之后，将会经历第一个野蛮时期的复演历程，这就是维柯所谓的“比起第一个野蛮时代显得还更黑暗难解”④的第二个野蛮时代，由此开始人类历史的第二次发展历程。

康德认为人类历史是合目的性和合规律性的统一，历史根据一个合理的且可以为人理解的计划展开，同时，它又朝着一个为理性所裁可的目标

---

① ［英］沃尔什：《历史哲学——导论》，4页，桂林：广西师范大学出版社，2001。

② ［英］沃尔什：《历史哲学——导论》，18页，桂林：广西师范大学出版社，2001。

③ ［意］维柯：《新科学》，503页，北京：商务印书馆，1989。

④ ［意］维柯：《新科学》，571页，北京：商务印书馆，1989。

前进，他认为："人类历史大体上可以看作是大自然的一项隐蔽计划的实现，为的是要奠定一种对内的、并且为此目的同时也就是对外的完美的国家宪法，作为大自然得以在人类身上充分发展其全部秉赋的唯一状态。"[①]这种唯一状态就是普遍的世界公民状态，在这种状态下将实现世界的永久和平。实现世界的永久和平包括三项正式条款，即"每个国家的公民体制都应该是共和制"，"国际权利应该以自由国家的联盟制度为基础"，"世界公民权利将限于以普遍的友好为其条件"[②]。赫尔德是康德的学生，他系统地探讨过人类历史的发展进程，坚信人类历史是不断进步的，他曾把人类社会分成三个依次递进的发展阶段：最初是诗歌时代，这是人类的童年时期；接着是散文时代，这是人类的壮年时期；最后是哲学时代，这是人类最成熟的时期[③]。赫尔德对历史进行分期的思想明显受到了维柯的影响，只是维柯以人类制度的发展水平为标准进行分期，而赫尔德则以人类知识和文学的发展历程为依据进行分期。

黑格尔和马克思之间有很密切的理论渊源，黑格尔以政治为主线，把人类历史的发展分为一个人的自由、一部分人的自由以及一切人的绝对自由三个阶段；马克思则以经济为主线，把人类社会发展划分为"五形态"或者"三形态"。斯宾格勒是文化形态学的创立者，他把文化（或文明）视为一种具有高度自律性，同时具有生、长、盛、衰等发展阶段的有机体，并试图通过比较各个文化的兴衰过程，揭示其不同的特点，以分析、解释人类历史的发展过程。[④]汤因比可以称为新斯宾格勒派，他也把文明作为历史研究的基本单位，对人类历史发展的客观进程做出了整体性与综合性的考察，他把人类文明分为二十六种，把各种文明进行比较分析，从而力图说明文明生长的尺度、文明衰落的原因、文明的解体过程以及西方文明的前景等问题。[⑤]

---

① ［德］康德：《历史理性批判文集》，15页，北京：商务印书馆，1990。

② ［德］康德：《历史理性批判文集》，105—118页，北京：商务印书馆，1990。

③ 参见张广智：《西方史学史》，159页，上海：复旦大学出版社，2006。

④ 参见张广智：《西方史学史》，311页，上海：复旦大学出版社，2006。

⑤ 参见张广智：《西方史学史》，302页，上海：复旦大学出版社，2006。

思辨的历史哲学具有很大的理论优势，它从人类历史发展的不同角度出发，对人类的整体历史进程进行描述，这有助于人们形成整体的历史观和价值观，同时，这在一定程度上也契合了人类寻求终极价值的特质。但是，思辨的历史哲学往往给人一种印象，即“大胆的想像、丰富的假设、一种追求统一性的热情，但那又不外是在蹂躏被归之为‘单纯’经验的各种事实而已”[①]。由此，对历史进行分期研究以及总结历史发展规律性的理论趋势引起反动，分析或批判的历史哲学开始崭露头角。

分析或批判的历史哲学是在批判思辨历史哲学的基础上发展起来的，思辨的历史哲学的研究重点是解释历史的性质，思考世界历史的行程与命运等形而上的问题；分析或批判的历史哲学把研究重点转向解释历史知识的性质，探究历史知识何以可能的基础等问题。二者的区分是由沃尔什在1951年提出的，但是属于分析或批判的历史哲学的学者却可以向前追溯，狄尔泰、克罗齐、柯林武德、雷蒙·阿隆、曼德尔鲍姆、波普儿、亨佩尔等人都可以列入分析或批判的历史哲学一派。关于这一派所研究的主要问题，比较系统的总结出现在沃尔什的著作中，主要包含着四组问题[②]。

第一，历史学和其他知识形式的关系。这一组问题是由有关历史思维的本性问题所构成的。历史学是一种什么性质的知识以及它与其他的研究有着什么样的关系？这里问题的要点是这一关键性的问题，即历史知识究竟是否自成一类，抑或它能被证明与某种其他知识的形式是同样的。有的学者，例如实证主义学者，认为历史知识与自然科学所追求的知识是同质的，有的学者则认为二者之间存在本质的区别，不应该把二者等同起来，关于这方面的论述，我们将在讨论德国西南学派的主要观点时展开。

第二，在何种程度上人们能期待历史学家为过去发生的事情提供客观的说明。每一个可尊敬的历史学家都希望在自己的著作中没有偏见和具有

① [英]沃尔什：《历史哲学——导论》，4页，桂林：广西师范大学出版社，2001。

② 沃尔什在1951年出版的《历史哲学——导论》中第一次对这四组问题进行了论述。他第二次论述这四组问题是在《再论历史中的真实性和事实》（该文发表于《历史与理论》1977年第16卷）一文中，该文的中译本收录于陈新主编的《当代西方历史哲学读本》（复旦大学出版社2006年版）。

某种客观性，并且谴责那些容许自己的感情或个人成见影响了自己对过去的重建工作的作家们乃是并不了解自己工作的坏工匠；但是事实却是历史学家之间存在着难以消解的差异，对同样的事实完全可以发展出完全不同的读法，并且他们都在顽固地坚持着自己的见解。由此就发展出了对历史认识的客观性的疑问。面对这些疑问，发展出了不同的解决方案，有的持怀疑主义，有的是客观主义，有的则是相对客观主义。

第三，如何看待历史学中的解释。这一组的中心问题是历史解释的性质问题。这里的问题是：关于历史学家解释（或者企图解释）他所研究的各种事件的方式是否有任何特殊性？这一点显然是和自然科学的解释是不同的，自然科学的解释是通过观察个别事物从而建立它们之间的联系，而并不以揭示自然界背后的目的为目标，在这一点上历史学和自然科学不同，历史学除了揭示各种行为的联系之外，还要揭示这种行为之后的目的。

第四，历史中的真实性和事实。沃尔什在1977年的文章中指出，以上三个问题在不同程度上得到了理论界广泛的关注，只有这第四组问题“至今在很大程度上仍未受到重视”。这一问题涉及什么是历史事实，或者我们凭借什么才能宣称历史学家们的陈述是真是假等方面。在知识的检验方面，传统的途径是一种符合论，也就是通过对于对象的直接检验来确定我们的认识是真是假，但是这一点在历史领域则是不可取的。历史学认识的对象是过去，而过去已经消失，留给现在的只是一些过去的痕迹，这些痕迹在很大程度上又是人们理解和解释的产物，所以与对象相符合的途径不适合历史领域，由此产生了历史中关于历史认识的真实性的思考。

二、德国西南学派对实证主义历史哲学的批判

实证主义思想是在自然科学蓬勃发展的背景下产生的，它在哲学方面的主要代表是孔德、约翰·穆勒和斯宾塞等人，在史学家中最重要的代表是英国的巴克尔和法国的泰纳、古朗治等人。

孔德毕生的理想就是遵循自然科学的模式来建设哲学和社会科学。他

认为，科学的唯一目的是发现自然规律或存在于事实中间的恒常的关系，这只有靠观察和经验才能做到。这样取得的知识是实证的知识，只有为实证科学所证实的知识才能成功地运用到人类实践的各个领域。凡是没有把握这种知识的地方，我们的任务是要靠模仿高等自然科学所用的方法，来取得这种知识。① 于是，在这个范围内理解的历史学就应该遵循两条基本原则：其一，历史学的任务是探寻历史规律；其二，历史学的研究方法是实证的方法，所谓实证指的是具有“实在”“有用”“确定”“精确”“肯定”“相对”等意义的东西，具体到历史学的知识主要是指靠观察和经验获得的具有以上特征的知识。

巴克尔把实证主义思想应用于史学研究中，他坚信历史学是一门科学。他认为，与其他的自然学科一样，历史学的“观察应当在发现之前，收集了事实才能发现规律”。他认为历史学家的崇高任务就在于寻找文明发展的规律，他的著作《英国、法国、西班牙和苏格兰文明史》开卷的标题便是：“叙述历史研究的方法和人类活动之规律性的证明。这些活动受精神和自然规律的支配，因此必须对此两组规律进行研究，而且不借助自然科学，历史学便不能建立。”巴克尔已经厌烦了那些一味热衷于编纂历史资料的历史著作，他要改变历史研究的现状，运用归纳法将历史规律揭示出来。寻求历史规律意味着要像孔德所说的那样找到万事万物之间的联系，而并非想了解万物的起源。巴克尔认为支配人类社会的客观规律有三种，其一是自然规律，主要是指地理环境对人类文明的影响；其二是道德规律，事实上是一种抽象的人性规律，其标准类似于孔德倡导的那种“普遍的爱”；其三是知识规律，他认为人类不断的实践与认识构成了知识的增长，并由此实现了社会的进步。②

实证主义历史哲学试图把历史学建立在实证的基础之上，但是他们却没有认识到自然科学和历史的人文科学有着本质的区别，把二者等同起来，必然导致历史认识的简单化、模式化、公式化的趋向，这对于人文科学的

① ［美］梯利：《西方哲学史》，553 页，北京：商务印书馆，1995。

② 参见张广智：《西方史学史》，244 页，上海：复旦大学出版社，2006。

研究没有丝毫益处，只可能使人文科学像在海妖塞壬的歌声中迷失方向的航船一样，处于重重的困难之中。为了走出这个困境，历史的人文科学开始寻找适合于自身的、与自然科学严格区分开来的独特的建设模式。在对人文科学研究模式的探索中，以文德尔班和李凯尔特为代表的新康德主义西南学派具有一定的代表性。

实证主义历史哲学试图在历史学和自然科学之间建立某种联系，而德国的西南学派则致力于把二者严格地区分开来。文德尔班认为，存在着两个不同的世界，一个是事实世界，一个是价值世界。事实世界是表象（现象）世界、理论世界，价值世界是本体（自在之物）世界、实践世界。这两个世界都不是实在的客观的世界，事实世界只是主体的表象，价值世界作为本体也不过是主体的一种公设。有两种不同的知识与这两个世界相适应，即理论知识和实践知识，或者说事实知识和价值知识。这两类知识有着重要的区别，一切关于事实知识的命题都是表示两种表现的内容的相互归属关系，而一切关于价值知识的命题则表示估价意识（主体）和被估价的对象的关系。事实命题都是普通的逻辑判断，它们决定着事实与事实之间的关系。价值命题则不表示事实之间的关系，而表示主体对于对象的估价和态度。自然科学的知识是关于事实世界的事实知识，它是以研究普遍规律为目的的，它所寻求的是常住不变的和永远如此的东西；社会历史科学的知识是关于价值世界的价值知识，它是以描述特征为目的，它所追求的是把一次性事件描述下来。①

李凯尔特围绕着科学的分类问题提出了他的历史哲学理论。他认为科学的分类有两条基本原则，其一是质料分类原则，其二是形式的分类原则。他依据质料分类原则，即根据科学研究的对象是否包含价值来进行分类，发展出自然和文化的对立，自然是那些从自身中生长起来的、自生自长的东西的总和，它不具有价值，不能看作是财富；文化则或者是人们按照预定目的生产出来的，或者虽然早已存在、但至少由于它所固有的价值

① 参见刘放桐：《新编现代西方哲学》，84—87 页，北京：人民出版社，2000。

而为人们特意保护着的。他依据形式的分类原则，即根据科学所采用的方法来对科学进行分类，又可以发展出自然和历史的对立，研究自然的自然科学的方法是从各种不同的对象之中总结出同质的连续性，即发展的规律性；研究历史的历史学的方法是从看似相同的对象之中总结出异质的间断性，即“个别记述的方法”。把质料和形式二者结合起来，于是就产生了自然科学和历史的文化科学的对立。一方面，自然科学把与任何价值都没有联系的事物和现象看作自己的对象，它的兴趣在于发现对于这些事物和现象都有效的普遍联系和规律，因此必须采用“普遍化的方法”。另一方面，历史的文化科学作为文化的科学来说，要研究与普遍的文化价值相关的对象；而作为历史的科学来说，则必须从对象的特殊性和个别性方面叙述对象的一次性发展，因此，对历史的文化科学来说，只有那些在其个别性方面对于作为指导原则的文化价值具有意义的事物，才是本质的。①

三、借助批判客观主义史学而发生的隐喻学转向

德国历史学家列奥波德·冯·兰克是客观主义史学的主要代表。能够代表其思想核心的一句话出自《拉丁和条顿民族史》的序言：“历史指定给本书的任务是：评判过去，教导现在，以利于未来。可是本书并不敢期望完成这样崇高的任务。它的目的只不过是说明历史的真实情况而已。”②“说明历史的真实情况”被后人称之为“如实直书”，具体来说，史实的根本任务就是要以一种超然物外、不偏不倚的冷静态度去看待过去，把历史上发生的事件和人物弄清楚，如实地记载下来。兰克的史学研究方法主要包括：（1）区分原始材料和间接材料，认为事件当事人的记录比历史学家的记载更有价值。（2）结合“外证”和“内证”对史料的真伪进行鉴别。所谓“外证”法即通过史料表现的形式，如语法、体例等是否合乎史料生成年代的规范以及不同著作、不同版本的互相校勘来确定史料的真伪。所谓

① ［德］李凯尔特：《文化科学和自然科学》，i—iii页，北京：商务印书馆，1986。

② 转引自张广智：《西方史学史》，232页，上海：复旦大学出版社，2006。

“内证”法是通过对那些不同人所著内容相同的史料进行参照分析，结合撰述人的身世、性格、心理等各方面的考察，确定史料的可信度。（3）重视对档案资料的分析和整理。档案是历史的记忆，是历史事件当事人遗存的第一手资料，具有非常重要的历史价值。兰克“如实直书”的有效途径就是利用历史档案，还原历史真相。

兰克的客观主义史学的优势在于以事实为依据来撰写历史，但是当人们在当代学术背景下对他的这种客观主义精神进行哲学反思时，他的缺陷主要表现在两个方面。其一，任何记载或著述都是在人的理解和解释的基础上进行的，这种理解和解释的过程就给历史抹上了浓重的主观色彩，剔除主观因素的“如实直书”是不可能办到的。对于兰克所绝对信任的档案，E.H. 卡尔就曾认为那些档案只是档案作者想象的结果，“没有什么档案告诉我们的东西能超出这些档案作者所想的——他想象中的已经发生了的事情，他想象中应该发生或将要发生的事情，或者只是他想让别人知道他想象中的事情，甚至只是他自己认为他想了的事情”[①]。对于兰克所认为的“客观性”，克罗齐、海登·怀特、伊格尔斯等人也曾提出过批评。其二，“如实直书”的结果可能是材料的堆积，从而损害了历史著作的修辞和结构编排，使其不具有可读性，怀特曾经认为：“兰克这个可怜的灵魂，终身研究，为了做到‘讲述事情的真实情况’而毁掉了自己的视力。”[②]

在客观主义史学弊端暴露无遗之后，在历史哲学的研究中出现了隐喻学转向。历史哲学的隐喻学转向通常也被标识为后现代主义历史哲学，它主要是对以客观主义史学为代表的若干传统历史哲学观点的一种反叛，这种思潮的主要代表人物是海登·怀特和安克施密特等人。

海登·怀特认为，历史哲学“要对历史学和其他学科之间的关系问题进行反思。比方说，历史写作与小说——文学写作——之间是什么关系？

① ［英］爱德华·卡尔：《历史是什么》，98—99 页，北京：商务印书馆，2007。

② 转引自［美］理查德·汪：《转向语言学：1960—1975 年的历史与理论和〈历史与理论〉》，载于陈新主编《当代西方历史哲学读本》，27 页，上海：复旦大学出版社，2006。

历史研究与社会学研究之间是什么关系？这是些哲学问题”[①]。他把历史写作等同于小说创作，比喻为讲故事，从而对历史文本开展形式主义的研究。讲故事是不需要逻辑蕴含在其中的，没有任何叙事需要体现出某种逻辑推演的融贯性，如果有人写了一个故事，提供了可以从故事的一个片断推演出另外一个片断的规则的话，他不会是一个成功地讲故事的人。历史学有两张面孔，一张是科学的，一张是艺术的。历史写作在第一个层次上是各种事实的构成物，也就是编年；而后在下一个层次上，是情节，要将这些事实编排成为情节。情节化的叙事编排使历史写作类似于文学创作或者讲故事。他在影响历史写作的各种因素中突出了修辞和情节化的重要性。他在其代表作《元史学：十九世纪欧洲的历史想像》中按照隐喻的类型对不同时期的历史哲学家进行了分类描述，他认为十九世纪历史写作中有四种“实在论”，即米什莱的作为浪漫剧的历史实在论、兰克的作为喜剧的历史实在论、托克维尔的作为悲剧的历史实在论和布克哈特的作为讽刺剧的历史实在论。十九世纪晚期，历史哲学对“实在论”的摒弃又以三种方式来展开，即马克思以转喻模式为史学进行哲学辩护、尼采以隐喻模式为史学作诗学辩护以及克罗齐以反讽模式为史学作哲学辩护。他在另一部代表作《形式的内容：叙事话语与历史再现》则力图要说明叙事话语与历史再现的关系问题，他主张表现形式乃是内容本身的一部分，意识形态与事物的形式相关联，正如它与特定表现的内容相关联，选择形式就已经是在选择某个语义领域了，他赋予形式以某种实在的内涵。

安克施密特明确提出“为历史主观性而辩”（In Praise of Subjectivity）[②]，《历史与转义：隐喻的兴衰》是他的代表著作。在这本著作中，安克施密特具有借鉴意义的观点包括下述几个方面。首先，他认为如果对历史写作的内容和风格进行比较，“我们可以认定风格优先于内容”[③]，内容是风格的派

① ［美］海登·怀特、［波兰］埃娃·多曼斯卡：《过去是一个神奇之地——海登·怀特访谈录》，80 页，《学术研究》2007 年第 8 期。

② 这是安克斯密特一篇文章的中文标题，该文连载于《学术研究》2003 年第 3 期和第 4 期，同时也被收录于陈新主编的《当代西方历史哲学读本》（复旦大学出版社 2006 年版）。

③ ［荷兰］安克斯密特：《历史与转义：隐喻的兴衰》，214 页，北京：文津出版社，2005。

生物，而风格是带有很大主观色彩的东西。第二，当学术界遇到分歧的时候，人们往往求助于文本来解决这些分歧，但是安克施密特则认为“我们不再有任何文本、任何过去，而只有关于它们的解释”①，因为文本在各种各样的解释中已经变得模糊不清了，成了一幅线条相互交错的水彩画，人们只有穿过解释的丛林才能开辟出一条路来，对文本进行有意义的解读。第三，安克施密特引证尼采的观点对一般意义上的因果关系进行了解构。根据因果关系的术语，我们通常认为，原因是根源，结果则是次级假设；而尼采指出，我们只有在对结果的观察的基础上，才被引导着去寻找原因，因此结果实际上是原初假设，而原因则是次级假设，历史研究踏上了一条与历史事件实际发生过程完全相反的道路，因此在由结果出发对原因进行重构的过程中，研究者很难达到客观性的目标。

历史哲学在两个多世纪的发展中累积了大量优秀的思想资源，除了本文论述的当代西方历史哲学研究的主要趋向外，还有一些重要的思想家，例如狄尔泰、波普儿、利科、普特南、罗蒂、哈贝马斯等人在相关领域中都有一些精辟的论述，期待能够另文详述。

① ［荷兰］安克斯密特：《历史与转义：隐喻的兴衰》，204 页，北京：文津出版社，2005。

附录3 马克思哲学的历史之维①

马克思哲学的实质历来是学界讨论的热点问题，观点有所不同，但是不管是把马克思哲学理解为“历史科学”，还是“历史唯物主义”，或是“现实的人及其历史发展的科学”，历史都构成马克思哲学的基本视域。可以说，历史曾经在马克思哲学中呈现出不同的面相，不涉及历史就不能正确理解马克思的哲学。学者们从不同方面研究了马克思哲学中的“历史”，但是作为前提性的问题——“历史到底是什么”——还需要进一步加以探析。②

一、作为逻辑起点的历史

逻辑是一种观念或观念之间的关系，历史则是人的活动或者由人的活动构成的事件的集合。某些哲学家从逻辑出发统摄历史（例如黑格尔的“哲学的世界历史”），某些历史学家从原始文献出发构筑观念（例如兰克的“如实直书”），马克思则是在哲学家和历史学家之间选择了一条构筑观念的

① 本文作为河北省社会科学基金项目（项目编号：HB2011QR74）的阶段性研究成果发表于《吉首大学学报（社会科学版）》2012年第4期。

② 张一兵教授曾经在1998年撰文指出：“历史唯物主义，我们已经讲了很长很长时间。可是，人们很少去认真追问马克思的历史唯物主义中的这个‘历史’究竟意指什么。”（《马克思历史唯物主义中的历史概念》，《哲学研究》1998年第9期）现在，对于这个问题的研究有了很大的进展，不同的学者从不同的视角分析了这个问题，这些视角包括经济、现实性以及本体论等，这些研究成果从不同方面推进了相关问题的研究。与这些研究成果相比较，本文从三个维度，即逻辑起点、哲学目标和人的存在方式，系统阐发历史在马克思哲学中的功能定位。

现实路径。在他看来，历史是逻辑的起点，逻辑是对历史的总结和提升。

逻辑存在于人的意识之中，而对于意识的分析，马克思有着自己系统的观点。他认为意识具有以下几个方面的显著特征：（1）意识与语言相伴随。"'精神'从一开始就很倒霉，受到物质的'纠缠'，物质在这里表现为震动着的空气层、声音，简言之，即语言。语言和意识具有同样长久的历史；语言是一种实践的、既为别人存在因而也为我自身存在的、现实的意识。"[①] 可见，没有语言，意识就是一种没有区分、没有界限和关联的混沌体；没有意识，语言就是一种纯粹的动物式的鸣叫，语言和意识具有直接同一的关系。（2）意识具有对象性。马克思认为不指向于任何对象的意识是不存在的，"意识在任何时候都只能是被意识到了的存在，而人们的存在就是他们的现实生活过程"[②]。马克思所讲的"存在"不是简单的物质对象，而是与人们的现实生活过程相联系的环境和自然界。环境表现为具有主体意识的人与其他人和物的联系；自然界只可能是与人存在紧密联系的自然界，"被抽象地理解的，自为的，被确定为与人分割开来的自然界，对人来说也是无"[③]。（3）意识具有超越性。意识的超越性主要表现为它可以帮助人们克服自身所具有的动物本性，使人具有区别于动物的行为方式。马克思认为："人和绵羊不同的地方只是在于：他的意识代替了他的本能，或者说他的本能是被意识到了的本能。"[④] 绵羊只能依靠自己的本能延续自己的生命，它不能改变自己的本能；而人具有意识，在意识的指导下可以控制和超越自己的本能。（4）意识具有独立性。意识之所以具有独立性，其根本原因在于人类社会的分工。分工包括三种情形，首先是性行为方面的分工，其次是由于天赋（例如体力）、需要、偶然性等等自发地"自然形成"的分工，而真正的分工是物质劳动和精神劳动的分离。"从这时候起意识才能现实的想象：它是和现存实践的意识不同的某种东西；它不用想象某种现实

---

①《马克思恩格斯选集》第1卷，81页，北京：人民出版社，1995年第2版。

②《马克思恩格斯选集》第1卷，72页，北京：人民出版社，1995年第2版。

③［德］马克思：《1844年经济学哲学手稿》，116页，北京：人民出版社，2000年第3版。

④《马克思恩格斯选集》第1卷，82页，北京：人民出版社，1995年第2版。

的东西就能现实地想象某种东西。从这时候起，意识才能摆脱世界而去构造‘纯粹的’理论、神学、哲学、道德等等。”①但是，意识的这种独立性仅仅是意识所具有的外观而已，它自身没有历史，没有发展，是“发展着自己的物质生产和物质交往的人们，在改变自己的这个现实的同时也改变着自己的思维和思维的产物”②。在马克思看来，由于意识具有上述四个方面的主要特征，意识就不可能是一种独立主体的思维创造过程，它是人们在物质生活和物质交往过程中形成的对于现实的反映，“观念的东西不外是移入人的头脑并在人的头脑中改造过的物质的东西而已”③。

意识本身不创造任何东西，一种意识的形成必须以一定的材料为基础，而材料的源点就在于历史。在这里，“历史不外是各个世代的依次交替。每一代都利用以前各代遗留下来的材料、资金和生产力；由于这个缘故，每一代一方面在完全改变了的环境下继续从事所继承的活动，另一方面又通过完全改变了的活动来变更旧的环境”④。于是，研究历史就是研究：（1）各个世代的依次交替关系，即在生产力发展的基础上，各个世代的社会结构、政治结构和观念结构的交替轨迹；（2）各个世代的物质生活条件，即他们面对的材料、资金和生产力，对于历史来说，重要的不是政治史和思想史，而是市民社会史、商业史和工业史；（3）各个世代的物质生产和物质交往活动以及在这些活动中形成的社会关系。这正像某位作者所指出的并且受到马克思肯定的观点那样，马克思竭力去做的只有一件事：通过准确的科学研究来证明社会关系的一定秩序的必然性，同时尽可能完善地指出那些作为他的出发点和根据的事实。

从事实出发总结和提升历史的逻辑，这在《资本论》“第二版跋”中就反映为马克思对于研究方法和叙述方法的区分。“研究必须充分地占有材料，分析它的各种发展形式，探寻这些形式的内在联系。只有这项工作完

① 《马克思恩格斯选集》第 1 卷，82 页，北京：人民出版社，1995 年第 2 版。

② 《马克思恩格斯选集》第 1 卷，73 页，北京：人民出版社，1995 年第 2 版。

③ 《马克思恩格斯全集》第 44 卷，22 页，北京：人民出版社，2001 年第 2 版。

④ 《马克思恩格斯选集》第 1 卷，88 页，北京：人民出版社，1995 年第 2 版。

成以后，现实的运动才能适当地叙述出来。这点一旦做到，材料的生命一旦在观念上反映出来，呈现在我们面前的就好像是一个先验的结构了。”[①]显然，这里所谓的研究方法和叙述方法的区别可以联系《1857—1858年经济学手稿》“导言”中的相关叙述得到说明。研究方法就是从现实具体上升为抽象，再从抽象上升为思维具体的过程。“在第一条道路上，完整的表象蒸发为抽象的规定；在第二条道路上，抽象的规定在思维行程中导致具体的再现。”[②]人们通过直观和表象把握到现实具体，但这只是关于整体的一个混沌的表象，对于这个混沌的表象，我们需要对它进行区分，在这种区分中获得越来越简单的概念，越来越稀薄的抽象。如果科学研究在这里停滞不前，那么只能获得关于现实的零碎的、表面的片段。在科学研究的过程中，我们还需要从抽象上升到思维具体，在思维中对于对象有一个整体的把握，“从抽象上升到具体的方法，只是思维用来掌握具体、把它当作一个精神上的具体再现出来的方式。”[③]于是，我们获得的是具体总体，它是总体，但是它同时又具有许多相互联系的规定性，是关于事物的各种规定性的综合。这种综合不是想象主体的想象的结果，而是把直观和表象加工成概念的这一过程的结果。研究过程结束之后才会有对研究结果的叙述过程，而叙述方法与研究方法不同，它必须以研究结果为开端走一条与研究过程相反的道路，即从思维具体出发回到关于思维具体的各种抽象的规定性，然后用这些抽象的规定性来说明现实具体的道路。于是，科学的研究方法与叙述方法相区别，研究方法是从现实的历史出发得出逻辑观念，而叙述方法则是用逻辑观念说明现实历史的过程。

历史是逻辑的起点还集中地表现在历史与逻辑的关系上，马克思认为，不是逻辑决定历史，而是历史产生逻辑。马克思在《哲学的贫困》中针对蒲鲁东提出的“适应观念顺序的历史”与“适应时间次序的历史”进行了批判性分析。蒲鲁东认为他所叙述的理论不是适应时间次序的历史，而是

①《马克思恩格斯全集》第44卷，21—22页，北京：人民出版社，2001年第2版。

②《马克思恩格斯选集》第2卷，18页，北京：人民出版社，1995年第2版。

③《马克思恩格斯选集》第2卷，19页，北京：人民出版社，1995年第2版。

适应观念顺序的历史，他自认为通过说明分工、信用、货币等经济范畴、原理、规律、观念、思想的形成情况和来历，发现了经济理论自身的逻辑顺序以及（纯粹的、永恒的、无人身的）理性自身演化的一定系列。马克思揭示了蒲鲁东与黑格尔之间的理论继承关系，黑格尔用概念的辩证法分析了宗教和法，蒲鲁东则试图把黑格尔的绝对方法运用于政治经济学。在分析蒲鲁东的经济范畴和理论的时候，实际上我们需要面临的是黑格尔的辩证法。这种辩证法是概念自身的演化规律，概念自身通过肯定与否定演化到第三个阶段——否定的否定，这也就是由正题与反题而演化出的合题的过程。概念的辩证运动产生思想，思想的辩证运动产生思想群，从群的辩证运动中产生系列，从系列的辩证运动中又产生整个体系。因此，“黑格尔认为，世界上过去发生的一切和现在还在发生的一切，就是他自己的思维中发生的一切。……没有‘适应时间次序的历史’，只有‘观念在理性中的顺序’。他以为他是在通过思想的运动建设世界；其实，他只是根据自己的绝对方法把所有人们头脑中的思想加以系统地改组和排列而已”[①]。与黑格尔、蒲鲁东等人试图建立“适应观念顺序的历史”相反，马克思针锋相对地论证了“适应时间次序的历史”的合理性。“适应时间次序的历史”就是按照事物的真实面目及其产生情况来理解事物，注重说明的是“范畴在其中出现的历史顺序”。与蒲鲁东不同，马克思认为经济范畴只不过是生产方面社会关系的理论表现，是对现实生产的抽象。一定社会的生产关系并不是存在于“人类的无人身的理性”之中的永恒之物，它是人们生产出来的，生产关系与生产力密切相联，生产关系必须与生产力发展的一定状况相适应。关于范畴的来源，真实的情况应该是这样：“人们按照自己的物质生产的发展建立相应的社会关系，正是这些人又按照自己的社会关系创造了相应的原理、观念和范畴。”[②]

①《马克思恩格斯全集》第4卷，143页，北京：人民出版社，1958。

②《马克思恩格斯全集》第4卷，144页，北京：人民出版社，1958。

二、作为哲学服务目标的历史

马克思在《〈黑格尔法哲学批判〉导言》中明确指出："真理的彼岸世界消逝之后，历史的任务就是确立此岸世界的真理。人的自我异化的神圣形象被揭穿以后，揭露具有非神圣形象的自我异化，就成了为历史服务的哲学的迫切任务。"①这里涉及的"为历史服务的哲学"显然是与"为宗教服务的哲学"相对而言的，哲学在中世纪是神学的婢女，在启蒙运动中伴随着人的觉醒，在德国哲学中完成了对宗教的批判（宗教被归之于人的世界，是人的自我异化的产物）。发展至此，哲学的任务不再是进行宗教批判，而是要进行现实批判，揭示人在现实中的自我异化。于是"为历史服务的哲学"的主题从"对天国的批判变成对尘世的批判，对宗教的批判变成对法的批判，对神学的批判变成对政治的批判"②。可见，这里的"历史"指的绝不是单纯的过去，也不是简单地针对现在，而是把过去、现在和未来贯穿起来的人类现实的生活过程，"为历史服务的哲学"就是要"通过批判旧世界发现新世界"③。

马克思对于旧世界的批判可以分为政治批判、哲学批判和政治经济学批判三个层面。政治批判主要表现于《莱茵报》时期发表的各种论文之中，这一时期马克思具有鲜明的激进革命民主主义倾向，主要关心的是国家、政治和法律领域中的问题，政治批判的巅峰之作是《共产党宣言》。哲学批判主要表现于流亡巴黎和布鲁塞尔时期的各种著作之中，这一时期马克思具有人道主义和哲学共产主义的倾向，主要关心的是哲学和意识形态领域中的问题，哲学批判的巅峰之作是《德意志意识形态》。政治经济学批判开始于《莱茵报》时期遇到的对于物质利益发表意见的"难事"，流亡巴黎和布鲁塞尔时期是准备阶段，在此期间历史唯物主义的基本原理（从直接生活的物质生产出发阐述人类社会的经济结构，并由此进一步阐发政治结构

① 《马克思恩格斯选集》第1卷，2页，北京：人民出版社，1995年第2版。

② 《马克思恩格斯选集》第1卷，2页，北京：人民出版社，1995年第2版。

③ 《马克思恩格斯全集》第47卷，64页，北京：人民出版社，2004年第2版。

和观念结构）基本成形，寓居伦敦时期是政治经济学批判的完成阶段。在政治经济学批判中马克思所研究的核心问题是“资本主义生产方式以及和它相适应的生产关系和交换关系”①，并围绕这个问题的研究，马克思完成了向新唯物主义和科学社会主义的转变。政治经济学批判的巅峰之作是《资本论·第一卷》。政治批判、哲学批判和政治经济学批判在马克思的思想发展过程中绝不是界限明显的、相互孤立的发展阶段，各种主题之间总是存在相互渗透、相互支援、共同发展的理论格局。最初，马克思认为解决人类历史问题的关键是国家和社会，于是开始政治批判的征程；其后，对于政治批判的前提进行反思，与德意志意识形态的传统观念相反，从物质生产和物质交往出发解释人的意识，确立了一般理论应该由之出发的哲学前提——“现实的个人”；最后，马克思意识到解决人类历史问题的关键不能停留在政治领域和意识领域，而是要深入到经济领域进行政治经济学批判，从物质生活的生产方式出发解释人类的政治结构和观念结构。马克思在政治经济学批判中不是单纯地对于经济现象的分析，而是要在对经济问题的分析中总结人类社会发展的基本规律，要在政治经济学批判中完成“为历史服务的哲学”。

“为历史服务的哲学”的根本目标不在于批判旧世界，而在于通过批判旧世界“发现新世界”。这个新世界的根本特征是“每个人的自由发展是一切人的自由发展的条件”②。只有社会中的每个人都得到自由发展才会有一切人的自由发展；如果社会中还有人得不到自由发展，那么类似情况就不是偶然现象，其他人随时随地都可能落入类似的境况之中。实现这个新世界的根本途径是在世界历史的基础上形成的无产阶级的日益联合，联合起来的无产阶级通过革命行动使自身从资本的统治下解放出来。无产阶级是与资本隔绝的阶级，“它必须承担社会的一切重负，而不能享受社会的福利，它被排斥于社会之外，因而不得不同其他一切阶级发生最激烈的对立”③。无

① 《马克思恩格斯全集》第 44 卷，8 页，北京：人民出版社，2001 年第 2 版。

② 《马克思恩格斯选集》第 1 卷，294 页，北京：人民出版社，1995 年第 2 版。

③ 《马克思恩格斯选集》第 1 卷，90 页，北京：人民出版社，1995 年第 2 版。

产阶级属于社会的最下层，只要无产阶级从它现存的生活条件中得到解放，“一切人的自由发展”才能够实现。马克思所设想的新世界的基本内容集中反映在《哥达纲领批判》中，他认为未来的共产主义社会高级阶段是“各尽所能，按需分配”的社会，实现这个社会需要具备以下三个方面的条件：（1）作为外在强制力量、从而使人感到厌倦的分工情形的消失，尤其是脑力劳动和体力劳动对立的消失；（2）劳动成为生活的第一需要；（3）个人的全面发展，并伴随着这种发展所带来的生产力的进步，使“集体财富的一切源泉都充分涌流”①。

马克思哲学为历史服务的基本理论路径是“通过批判旧世界发现新世界”，这与其他理论形态相比具有很大的合理性。有的学派的理论宗旨在于“回到旧世界说明现存世界”，德国以胡果、萨维尼为代表的历史法学派是其代表，他们“以昨天的卑鄙行为来说明今天的卑鄙行为是合法的”②，于是我们略加考证就能够“在种种天花乱坠的现代词句后面重新看出我们的旧制度的启蒙思想家的那种龌龊而陈旧的怪想”③。有的学派的理论宗旨在于“维护现存世界”，论证现存世界的永存与和谐，福山的“历史终结论”是其典型代表，这种观点没有看到人类社会是一种辩证发展的过程，没有从暂时性和否定性的角度去理解现存的制度。有的学派“批判现存世界回到旧世界”，这表现为各种理论中时常出现的复古主义倾向，他们试图“到我们史前的条顿原始森林去寻找我们的自由历史”④，在马克思看来，这种自由历史与野猪的自由历史毫无二致。有的学派“批判旧世界构想新世界”，以圣西门、傅立叶和欧文为代表的空想社会主义是其代表，他们对于资本主义世界进行了无情的批判，同时对于未来的理想世界进行了天才的设想，有其合理之处；但是他们的理想世界没有在旧世界中找到实现它的有效途径，从而流于空想。与上述各种理论形态相比，只有“通过批判旧

①《马克思恩格斯选集》第3卷，305—306页，北京：人民出版社，1995年第2版。

②《马克思恩格斯选集》第1卷，3页，北京：人民出版社，1995年第2版。

③《马克思恩格斯全集》第1卷，238页，北京：人民出版社，1995年第2版。

④《马克思恩格斯选集》第1卷，3页，北京：人民出版社，1995年第2版。

世界发现新世界”才能够真正地为历史服务，使新世界在历史的行程中转化为现实。

三、作为人的存在方式和根本特征的历史

历史对人来说绝不是像历史虚无主义所认为的那样是一种外在的东西，人类的进步绝不是简单地抛弃历史传统的过程，而是在传统的制约下不断实现创新发展的过程，从这一意义上来说，历史是人的存在方式和根本特征。

人有自身的形成过程，而这种形成过程就是历史。“合乎人性的人”即完全意义上的人并不是从一开始就存在的人，这种人是处于不断诞生、不断完善和不断发展过程中的人。在黑格尔看来，“世界历史无非是‘自由’意识的进展”，“东方各国只知道一个人是自由的，希腊和罗马世界只知道一部分人是自由的，至于我们知道一切人们（人类之为人类）绝对是自由的”①。黑格尔只是在观念的范围内论述了自由意识的进展，马克思则对限制人类自由的现实根源及实现人类自由的现实路径进行了探索。限制人类自由的现实根源在于私有财产的存在，私有财产造成了人的自我异化，因而“共产主义是对私有财产即人的自我异化的积极的扬弃，因而是通过人并且为了人而对人的本质的真正占有；因此，它是人向自身、也就是向社会即合乎人性的人的复归，这种复归是完全的复归，是自觉实现并在以往发展的全部财富的范围内实现的复归……它是人与自然界之间、人与人之间的矛盾的真正解决，是存在与本质、对象化和自我确证、自由与必然、个体和类之间的斗争的真正解决”②。实现一切人的自由发展的现实路径是无产阶级的革命解放运动，无产阶级在解放自身的同时解放全人类。只有无产阶级获得普遍解放的时刻，才是真正的完全意义上的人对人来说诞生的时候。

作为类的人是在历史中不断地形成和完善的，现实的个人也在历史活动中不断地发展和变化。马克思在《关于费尔巴哈的提纲》中批判了费尔

① ［德］黑格尔：《历史哲学》，17 页，上海：世纪出版集团，2006。

② ［德］马克思：《1844 年经济学哲学手稿》，81 页，北京：人民出版社，2000 年第 3 版。

巴哈对于人的本质的看法，他认为费尔巴哈对于人的本质的看法具有三个方面的局限性：（1）非历史性，把人的本质看作一种固定的、独立的东西，没有看到人的本质处于不断地变化之中；（2）抽象性，把人的本质理解为“类”，“理解为一种内在的、无声的、把许多个人自然地联系起来的普遍性”；（3）非社会性，他没有看到现实生活中的每个人都是属于一定的社会形式的，人是一种社会动物，只有在社会中才能独立的动物。在批评费尔巴哈对于人的本质的看法的基础上，马克思指出：“人的本质不是单个人所固有的抽象物，在其现实性上，它是一切社会关系的总和。”[①]在这里，马克思不是从人的外观，也不是从人的意识，更不是从人的技能出发界定人的本质，而是把人的本质界定为人与人之间联系的总和。既然是联系那就会处于不断地变动之中，伴随着人类生活过程，旧的联系不断地消灭，新的联系不断地建立，与此相应，人的本质也就不会是凝固不变的，而是处于不断地运动和变化之中。此外，马克思在《德意志意识形态》中主张，人与动物相区别的不是意识、宗教或随便什么其他东西，而是物质生产和物质交往，生产本身是“以个人彼此之间的交往为前提的。这种交往的形式又是由生产决定的”[②]。物质生产和物质交往构成人的物质生活，于是“个人怎样表现自己的生活，他们自己就是怎样。因此，他们是什么样的，这同他们的生产相一致——既和他们生产什么一致，又和他们怎样生产一致。因而，个人是什么样的，这取决于他们进行生产的物质条件”[③]。我们知道，《关于费尔巴哈的提纲》是《德意志意识形态》的准备材料，于是我们可以把上述两个方面联系起来进行解读。所谓人的本质，在其现实性上，就是在物质生产和物质交往过程中结成的一切社会关系的总和，这些社会关系包括人们在生产过程中结成的人与自然界的关系以及人与人之间的关系。这种关系绝不是处于凝固不变的静止状态，而是在人类历史过程中呈现出不同的面相。因此，不管是对于人的整体认识还是对于人类社会中的个体

① 《马克思恩格斯选集》第 1 卷，56 页，北京：人民出版社，1995 年第 2 版。

② 《马克思恩格斯选集》第 1 卷，68 页，北京：人民出版社，1995 年第 2 版。

③ 《马克思恩格斯选集》第 1 卷，67—68 页，北京：人民出版社，1995 年第 2 版。

认识，都要重视人的历史性，历史性是人的根本的存在方式。

历史中的每个人不是脱离人类的整体历史进程而独立存在的个体，个人总是在历史发展过程中获得自己的定位。在历史整体中获得对于个体的理解符合德国的思想传统。黑格尔的历史整体是绝对精神（客观精神或理念），绝对精神不断外化，在哲学家的头脑中达到自我意识。德罗伊森的历史整体是掌握在人们思想中的历史过程，在他看来，“个别的只能在整体中被理解，而整体也只能借着个别的事物来理解”①。历史研究的任务就是进行解释，“解释的本质是：把过去发生的各类事情，一方面视为是促使某个意念展开及其实现的原因，另一方面视之为其限制”②。在马克思哲学中，历史整体被理解为在一定历史阶段上生产力与生产关系的对立统一，每个人都是在一定的生产力基础上和一定的生产关系中进行活动，于是我们要理解一定历史阶段上的个人必须联系他的现实生活条件，即他所面对的生产力和生产关系。

对于这种历史整体与个体之间的关系，我们可以在马克思所撰写的多部著作中找到相关的论述。在《德意志意识形态》中，马克思揭示了每一代人进行活动的现实前提，即“每一代人都利用以前各代遗留下来的材料、资金和生产力”，以前各代遗留下来的材料、资金和生产力，一方面起着促进作用，使每一代人能够在一定的基础上更好地改造旧的环境；另一方面起着限制作用，使每一代人“在完全改变了的环境下继续从事所继承的活动”③。在《路易·波拿巴的雾月十八日》中，马克思认为“人们自己创造自己的历史，但是他们并不是随心所欲地创造，并不是在他们自己选定的条件下创造，而是在直接碰到的、既定的、从过去继承下来的条件下创造。一切已死的先辈们的传统，像梦魔一样纠缠着活人的头脑”④。这一思想更加简练地反映在《资本论》“第一版序言”中，“死人抓住活人！”这里的“死人”是指

① ［德］德罗伊森：《历史知识理论》，11 页，北京：北京大学出版社，2006。

② ［德］德罗伊森：《历史知识理论》，29 页，北京：北京大学出版社，2006。

③《马克思恩格斯选集》第 1 卷，88 页，北京：人民出版社，1995 年第 2 版。

④《马克思恩格斯全集》第 8 卷，121 页，北京：人民出版社，1961。

“古老的、陈旧的生产方式以及伴随着它们的过时的社会关系和政治关系”[①]。由此可见，在马克思看来，我们不能脱离具体的历史环境来看待历史人物和历史事件，我们必须在历史整体中考察历史个体，这就是所谓的历史分析方法，也就是在历史整体中对于个体进行定位的方法。马克思对于路易·波拿巴的分析，对于法兰西内战的评论是坚持历史分析方法的典范之作。

总之，历史是马克思哲学研究的关键维度，具有本质的重要性。历史构成马克思哲学研究的逻辑起点，构成他的哲学研究的服务目标，同时，他也用历史来说明人的存在方式和根本特征。

① 《马克思恩格斯全集》第44卷，9页，北京：人民出版社，2001年第2版。

附录 4　历史学含义的五个维度[①]

历史是人类所特有的一种自我意识，人类对自身的发生发展以及在未来的命运存在一种天然的关切。他们通过考察自身的历史以做成各种记录，建立各式各样的博物馆、档案馆、图书馆等来保存自己的历史，这种行为对于植物、动物等生命体来说是不可能具有的，有无历史顺理成章地也就成为人类区别于其他物种的重要特征之一。但不幸的是，自从历史学产生和发展以来，人们对于“历史学是什么”始终没有一个统一的认识，如果有一千位历史学家的话，很可能会提供一千种答案。本文并不试图对这一问题设立一个终极的答案，而只是想通过理论史的发掘，对历史学概念的认识过程梳理出一个基本的脉络。

一、历史与时间

如果说历史学致力于研究过去，这一点毋庸置疑，但是在对过去的理解上却容易出现分歧。因为过去本身就是一个界限模糊的概念，它是向着现在和未来无限延展的，现在是一个很短暂的时刻，它在不断地涌向过去，未来也是这样，现在还是现在的东西和现在还是未来的东西不断地成为过去，那么我们对于现在和未来的认识属不属于历史认识的范围呢？理论界对于这个问题的界定存在矛盾，例如李大钊就曾认为：“把人类生活整个的

① 本文发表于《北方论丛》2010 年第 5 期。

纵着去看，便是历史；横着去看，便是社会。历史与社会，同其内容，同其实质，只是观察的方面不同罢了。”①历史是纵着去看人类生活，那么历史就不仅仅局限于认识过去，现在和未来也同样应该成为它的认识对象。但是，关于未来的认识有一种学问被称为未来学，关于现在的认识也有不同的学科部门在开展，由此历史学就没有明确的界限与其他学科相区别，我们就可以说社会学是历史学，经济学也是历史学。这样做的后果或者是使其他的学科门类被归入历史学的范畴，或者是使历史学失去自身的明确界域而逐步地趋向崩溃，因此这种做法是不可取的。

到底应该如何界定过去这个概念呢？显然，我们不能抽象空洞地来理解过去，首先要问是什么东西构成了过去。对此，黑格尔给我们以启示，他认为：“哲学作为有关世界的思想，要直到现实结束其形成过程，并完成其自身之后，才会出现。概念所教导的也必然就是历史所启示的。这就是说，直到现实成熟了，理想的东西才会对实在的东西显现出来，并在把握了这同一个实在世界的实体之后，才把它建成为一个理智王国的形态。……密纳发的猫头鹰要等黄昏到来，才会起飞。”②哲学反思只有在现实结束其形成过程时才会出现，“概念所教导的也必然是历史所启示的”。可见，一个事物或事件在其形成过程全部结束之后就会成为过去，比如一个人在死亡之后就成为过去的人，一件事在产生明确的结果之后也会成为过去的事。依此，曾经存在，并且其形成和演变过程已经结束的东西，都可以称之为过去。

那么，历史学的对象就是上述含义上的过去吗？不是。因为并不是所有的过去都能进入历史学家的视线，进入他的视线的过去与现在存在莫大的关系，“只有我们记忆所及的事，才是真正尚未逝去的过去，才是虽然过去却有现在性的事”③。我们可以把过去分为两类，一类是真正消逝的过去，即在人们的记忆中没有留下任何痕迹的过去，过去的绝大多数的人和事对

① 李守常：《史学要论》，76 页，北京：商务印书馆，1999。

② ［德］黑格尔：《法哲学原理》，14 页，北京：商务印书馆，1961。

③ ［德］德罗伊森：《历史知识理论》，21 页，北京：北京大学出版社，2006。

于现在来说，都已经消逝不见了；另一类是融化于现在的过去，这种过去或者是以文字、遗物或口头传说等形式融化于现在，或者是以风俗、习惯、语言等形式保留到现在，这些只是过去曾经存在的人和事的一部分。这一部分再次经过历史学家的分类和选择之后就构成为历史事实，成为（某一项）历史认识的对象。

融化于现在的过去所具有的生命力在于它与现在存在紧密的关系，它总是能够引起人们当下的理论兴趣或者解决人们思想和生活中的问题。这种过去一旦和现在相脱节，那么它也会再次落入人类认识的灰色地带，直至被人类的历史意识所遗忘。这也就难怪一些历史哲学家会从过去和现在的关系角度去定义历史，其中影响最大的当然是克罗齐的那个观点，“历史、现在、过去、将来都是一样的，就是我们称之为活历史的，是合乎理想的当代史”[①]；雷蒙·阿隆也持有类似观点，他认为：“历史认识或被当作认识的历史是根据现存之物对以往之事的重建或重构。”[②] 可见，历史中存在着极为重要的现实维度，历史认识脱离了现在就会失去存在基础。

二、历史学的主体：人类有历史，自然没有历史

德罗伊森认为自然界中的事物不具有历史，历史是人类的专属名词。“只要是我们所能想到的永恒的东西，或无时间性的东西，都不是历史，能够让我们称之为历史的东西，是那些踏入时间之流的东西。”[③] 自然中的事物，包括花草树木、飞禽走兽等等，自身也存在着一定的变化，但是这种变化是以重复又重复的形态出现的，“我们的精神视此类事物为恒常的，为变的不变的，视之为规律性的、材料性的或空间性的；因为形态在这种情形下重复出现。也正因为这样单调地定期重复，使时间在这种活动中降为

① ［意］克罗齐：《历史学的理论和实际》，31 页，北京：商务印书馆，1982。

② ［法］雷蒙·阿隆：《论治史》，99 页，北京：生活·读书·新知三联书店，2003。

③ ［德］德罗伊森：《历史知识理论》，120 页，北京：北京大学出版社，2006。

次要的因素；时间对这些事物的存在并不重要”①。与自然中的事物不同，人类的存在“似同而有变”，人的精神在不断的活动过程中，不断有新的形态出现，这些新形态出现之后并不是趋向于消亡，而是通过文字记载或反思的形式，在历史上保持延续性，从而不断地扩大人类的知识和活动范围，这就使历史现象根本区别于自然现象。

马克思和德罗伊森的观点基本一致，他曾经认为：“印度社会根本没有历史，至少是没有为人所知的历史。我们通常所说的它的历史，不过是一个接着一个的入侵者的历史，他们就在这个一无抵抗、二无变化的社会的消极基础上建立了他们的帝国。”② 马克思之所以认为印度没有历史，是因为印度自身没有发生变化，除非发生民族入侵的事件，它才会引起人们的关注。历史与变化紧密联系，没有变化就没有历史。另外，马克思还特别看重历史的继承性，他曾经指出：“历史不外是各个世代的依次交替。每一代都利用以前各代遗留下来的材料、资金和生产力；由于这个缘故，每一代一方面在完全改变了的环境下继续从事所继承的活动，另一方面又通过完全改变了的活动来变更旧的环境。”③ 人类社会的变化性，以及在变化性基础上的对于变化的继承性，构成历史；而自然物并不具有这种特性，它们的继承性仅仅表现为生物遗传，表现为对环境的被动适应，所以它们没有历史。

既然说自然史不能成立，那么，康德为什么还要研究宇宙史，宇宙史不就是一种自然史吗？这里，我们需要区别两种不同的表述，“人类有历史”和“自然有历史”具有不同的含义。“人类有历史”是指人类作为认识主体，使用内在再造的方法对于人类发展过程的认识；“自然有历史”绝不能在相同的意义上加以使用，自然不能作为认识主体对自然本身加以认识，人类也不能深入到自然的内部对自然加以认识，人类只能采用类比的方法，

① [德]德罗伊森：《历史知识理论》，124页，北京：北京大学出版社，2006。

② 《马克思恩格斯选集》第1卷，767页，北京：人民出版社，1995年第2版。

③ 《德意志意识形态：节选本》，32页，北京：人民出版社，2003。

根据自然物的外在表现，构建“从简单到复杂的分类体系”[①]。所谓的“自然有历史”只是人类对于自然界发展过程的认识史而已，康德所主张的宇宙史仅仅是一种变相的人类史。

基于上述说明，自然史的成立缺乏充足证据，我们决不能在与人类史等同的意义上使用自然史的概念。

三、历史学的对象：绝对精神、人的思想、历史材料或客观现实

历史学是针对融化于现在的过去而开展认识的，我们也可以说这种过去就是历史认识的对象。但是我们不满足于这种回答，我们还要进一步追问这种过去是什么的过去，是什么东西在过去中敞开？这个问题有四种答案，即绝对精神、人的思想、历史材料或客观现实，这四种答案分别以黑格尔、柯林武德、傅斯年和马克思为代表。

黑格尔认为观察历史的方法有三种，即原始的历史、反省的历史以及哲学的历史。哲学的历史是黑格尔所倡导的一种历史形态，它的主要任务是考察这样一个原则，即“理性向来统治着世界、现在仍然统治着世界，因此也就统治着世界历史”[②]。他的《历史哲学》实质上就是为了说明这种观点而撰写的通史或世界史，他自己称之为“哲学的世界历史”。这本著作的核心问题就是：理性怎样在现实之中启示它自身？他认为，事实本身就是理智、理性或者精神的外在表现，理性是事物运行的法则。认识这些理性或法则就是认识事实本身。统治历史的理性或法则是“自由”，世界历史无非是“自由”意识的进展，世界历史的进程表现为自由意识的不断扩大，“东方各国只知道一个人是自由的，希腊和罗马世界只知道一部分人是自由的，至于我们知道一切人们（人类之为人类）绝对是自由的”[③]。黑格尔看到了人类思想意识在历史中的继承性和连续性，于是给人类意识的发展规定

① ［意］克罗齐：《历史学的理论和实际》，100 页，北京：商务印书馆，1982。

② ［德］黑格尔：《历史哲学》，10 页，上海：世纪出版集团，2006。

③ ［德］黑格尔：《历史哲学》，17 页，上海：世纪出版集团，2006。

了一个总的方向并把发展的每个阶段规定为这个总方向的外化，这个总方向就是绝对精神。

柯林武德认为历史学通过解释证据来研究或探讨人类在过去的所作所为。历史学的作用就是为了人类的自我-认识。“自我-认识不是指关于人的身体的性质的，即关于他的解剖学和生理学的知识；甚至也不是关于他的心灵的知识（就其包括感觉、知觉和情绪而言）；而是指关于他的认识能力、他的思想或理解力或理性的知识。”①柯林武德把一个事件区分为事件的内部和外部。所谓事件的外部，是指属于可以用身体和它们的运动来加以描述的一切事物，例如公元前49年恺撒率军渡过卢比康河。所谓事件的内部，是指其中只能以思想来加以描述的东西，例如恺撒回军罗马表现了他对共和国法律的蔑视。历史过程不是单纯事件（指只有外部而没有内部的事件，自然的过程可以被描述为单纯事件的序列）的过程，而是行动的过程，它有一个由思想过程所构成的内在方面；历史学家所要搜寻的正是这些思想过程。所以，他认为“一切历史都是思想史”②。

历史材料是开展历史研究的必备条件。孔子在《论语·八佾》中说：“夏礼，吾能言之，杞，不足征也；殷礼，吾能言之，宋，不足征也。文献不足故也。足，则吾能征之矣。”兰克也颇为重视原始文献的研究，提出在历史研究中要“如实直书”的要求。傅斯年受到兰克客观主义史学思想的影响，自称是中国的“朗克学派”，他认为：“近代的历史学只是史料学，利用自然科学供给我们的一切工具，整理一切可逢着的史料，所以近代史学所达到的范域，自地质学以至目下新闻纸，而史学外的达尔文论正是历史方法之大成。”③“我们反对疏通，我们只是把材料整理好，则事实自然显明了。一分材料出一分货，十分材料出十分货，没有材料便不出货。……材料之内使它发现无遗，材料之外我们一点也不越过去说。”④“我们不是读

①［英］柯林武德：《历史的观念》，290页，北京：商务印书馆，1997。

②［英］柯林武德：《历史的观念》，303页，北京：商务印书馆，1997。

③《傅斯年全集》第3册，3页，长沙：湖南教育出版社，2003。

④《傅斯年全集》第3册，9—10页，长沙：湖南教育出版社，2003。

书的人，我们只是上穷碧落下黄泉，动手动脚找东西！”[①]可见，傅斯年的史学观点受到自然科学模式的影响，把历史研究局限在能够提供实证的历史材料的范围之内，历史材料规定了历史研究的界限，有多少材料就说多少事情，没有材料就要杜绝一切想象和推测，绝不能越雷池一步。

马克思把“观念的历史”称为黑格尔式的废物，从而坚决捍卫“人类的历史”。他认为人类历史的前提是现实的个人，现实的个人“不是处在某种虚幻的离群索居和固定不变状态中的人，而是处在现实的、可以通过经验观察到的、在一定条件下进行的发展过程中的人。只要描绘出这个能动的生活过程，历史就不再像那些本身还是抽象的经验论者所认为的那样，是一些僵死的事实的汇集，也不再像唯心主义者所认为的那样，是想像的主体的想像活动”[②]。马克思给人规定了三个基本特征，首先他们具有现实性，“这些个人是从事活动的，进行物质生产的，因而是在一定的物质的、不受他们任意支配的界限、前提和条件下活动着的”[③]。其次他们具有可观察性，现实的个人从事各种活动，他的这些活动需要具备相应的物质生活条件，这些方面可以用纯粹经验的方法来确认。最后他们处于不断地变化和发展过程之中，“个人是什么样的，这取决于他们进行生产的物质条件”[④]。他们进行生产的物质条件处于不断地发展变化之中，因而现实的个人也就随之不断地发展和变化。马克思的历史观奠基于人的物质生活条件之上，历史不是观念，不是事实的汇集，而是客观现实的个人的发展。马克思的历史观在其变动性上区别于纯粹经验论者的历史观，在其现实性和可观察性上区别于唯心主义者的历史观。

黑格尔的学说具有强烈的历史感，但同时它也具有以观念任意裁剪现实的嫌疑。柯林武德过于强调了事件的内部，而刻意降低了事件的外部在历史研究中的地位和作用，我们知道只有通过研究人物的行为才能认识他

①《傅斯年全集》第3册，11页，长沙：湖南教育出版社，2003。

②《德意志意识形态：节选本》，17页，北京：人民出版社，2003。

③《德意志意识形态：节选本》，16页，北京：人民出版社，2003。

④《德意志意识形态：节选本》，12页，北京：人民出版社，2003。

的思想，思想和行为密不可分。同时，历史材料只是记载了历史的片段，研究历史须重视史料的研究，但它并不等同于全部的历史。马克思把“现实的个人”视为历史研究的前提，在这个前提条件下，把人类社会发展的总方向和现实的个人结合在一起；他强调人们的物质生活条件的决定和制约作用，但也并不否认或降低人的思想意识的重要作用；他重视对历史材料的研究，但并不单纯拘泥于历史材料。马克思的观点可视为前三种观点的辩证综合。

四、历史方法：反思、理解、解释与推论

在开展历史研究的诸种方法中，有的人推崇经验观察，但是这种方法在历史领域中的应用具有很大的局限性，经验观察法是直接面对对象的方法，而历史认识的对象已经在认识者面前消失，无法直接面对，因此它在历史研究中的效力甚微。除此之外，在关于历史研究方法的争论中，有四种方法受到较大的关注，这四种方法包括：反思、理解、解释和推论。

黑格尔非常推崇反思的方法，他明确区分了一般的思想与哲学上的反思。一般思想的对象是某物，以情感、直觉或表象等形式出现；哲学反思的对象是思想，“反思以思想的本身为内容，力求思想自觉其为思想”①。这种反思的实质是后思与反复思索，后思就是在事物结束其发展过程之后，站在事物发展的终点对思维对象开展的思索；反复思索说明反思过程的复杂性，对于事物的本质不可能通过一次思索过程来完成，而是要通过多次反复的思索才能达到。他所主张的哲学的历史以反思为基本特征。在黑格尔看来，反思活动普遍存在于儿童的思维活动中，也存在于日常生活中；同时，对自然现象的研究要通过反思，对人类社会的研究也要通过反思，认识人类社会与认识自然现象不存在差异，都要在认识过程中总结规律和普遍性原则，没有在自然和历史之间划分明确的界限。这种界限模糊的学

① ［德］黑格尔：《小逻辑》，39页，北京：商务印书馆，1980年第2版。

科分界很快受到批评质疑，引起了持久而深刻的理解与解释之间的争执。

德罗伊森对理解和解释的不同含义进行了区分，并在此基础上划分了自然科学与历史学之间的界限。他非常强调历史方法对于确定历史学范围的作用，“历史方法用得上的地方及范围，就是历史学的范围。历史方法与历史学及历史思考是同一范围而不同层次的问题”[①]。历史方法是科学方法的一种，它与玄思方法、物理方法相区别。（哲学、宗教的）玄思方法是运用逻辑工具对事物开展认识，物理方法是用物理工具对事物进行说明。与上述两种方法不同，“历史研究不是说明的工作，不是解说前事如何决定后事；不是把现象放在定律中，解说它的必然性；也就是说，不把后来发生的事仅仅视为是前事的结果及发展”[②]。历史研究不以发现因果定律为基本指针，历史方法的特色是以研究（主要是伦理方面）的方式进行理解的工作。所谓理解，就是指把个体放在历史整体之中进行归类、定位，从而进一步比较和检查个体之间存在的细微的差别和矛盾。例如，对于一个新创的艺术品的理解过程：首先需要把古典的艺术观在心中重温一遍并掌握它们的整体性，其后，新的艺术品就会在这个整体的脉络中具有其一定的地位，这样他就理解了那些新的创作。“人，只有在道德团体中（家庭、民族、国家、教会）理解别人以及被人理解之后，才具有自己的整体性。”[③]对人的理解实质上是使之融入整体并在整体中为之定位的过程，这就是历史方法的独特之处。

德罗伊森试图通过历史方法的界定在自然科学和历史学之间划定界限，后来狄尔泰、文德尔班、李凯尔特、马克斯·韦伯等都在不同程度上遵循了这一思想路线。但是，亨普尔提出的解释－覆盖律模型对于这种理论进行了强劲反弹。亨普尔认为，企图在科学研究的不同领域之间划出严格界限并使每一领域都自主发展是毫无根据的，在历史研究中，就像在自然科学研究中一样，对于事件和现象的解释需要依赖普遍假设，而进行解释的任

① ［德］德罗伊森：《历史知识理论》，2 页，北京：北京大学出版社，2006。

② ［德］德罗伊森：《历史知识理论》，29 页，北京：北京大学出版社，2006。

③ ［德］德罗伊森：《历史知识理论》，12 页，北京：北京大学出版社，2006。

务就是指出这些普遍假设，并还原促使事件发生的初始条件，这与自然科学中的解释具有相似的作用。因此，他认为："与经验科学的其他任何领域一样，在历史学中，对一个现象的解释在于把现象纳入普遍经验规律之下；解释的可靠性标准不在于它是否诉诸我们的想象，并不在于它是根据有启发的类比提出来的，或是使它显得似乎真实的其他方法——这一切在假解释中也可以存在——而唯一地在于它是否依赖于有关初始条件和普遍规律的被经验完全证实的假设。"①

在理解与解释的对立中，以德罗伊森为代表的观点主张历史学的特殊性，以亨普尔为代表的观点主张历史学与自然科学的一致性。柯林武德的观点是这两种对立观点的一种持中，他认为历史学是一种科学，但是一种特殊的科学。精确科学（柯林武德对自然科学的称谓）和历史学都是一种推论的过程，但是精确科学推论的出发点是假设，而历史学则是事实；精确科学得出的是一些关于在空间或时间中没有特殊定位的东西的结论，而历史学中，每个事件都有其自己的地点和时间；精确科学做出一种假设之后，需要发挥研究者的创造力，而历史学的任务不是创造任何事物，而是发现某种事物，因此历史学家自己会说："我现在所观察的各种事实，是我能从其中推论出关于我的问题的答案的那些事实。"② 精确科学和历史学对研究成果的组织方式也不同，精确科学是按照逻辑先后的关系来组织，历史学则遵循一种编年的图式，按照时间先后的关系来组织。因此，历史学是在证据的基础上开展推论的过程，这种推论过程与精确科学相比具有明显的区别。应该说，柯林武德的推论相比于反思、理解和解释的观点来说，为历史学方法提供了比较合理的说明。

五、历史学的内容：因果关系在历史认识中的地位

历史中是否有因果，这个问题牵涉颇多，譬如，原因与结果之间的关

① ［美］亨普尔：《普遍规律在历史中的作用》，52 页，《哲学译丛》1987 年第 4 期。

② ［英］柯林武德：《历史的观念》，350 页，北京：商务印书馆，1997。

系，因果与规律之间的关系，历史决定论与历史选择论之间的关系，必然与自由之间的关系等，这造成因果关系“至复赜而难理”。对于因果关系在历史认识中的地位，不同的人会有不同的看法，同一个人在前后两个时期也会有不同的看法，梁启超就曾经历由支持因果律转向否定因果律的心路历程，支持因果律的时候言之凿凿，反对因果律的时候又态度决绝，我们通过考察梁启超前后所表现出来的不同态度，大致可以看出支持或者反对因果律的原由。

梁启超在1921年论述了“史”的定义：“史者何？记述人类社会赓续活动之体相，校其总成绩，求得其因果关系，以为现代一般人活动之资鉴者也。”[①]在此时，梁启超认为“校其总成绩，求得其因果关系”是历史研究的题中应有之义。成绩包括两类，一类彰显而易见，“譬犹澍雨降而麦苗茁，烈风过而林木摧。历史上大圣哲、大英雄之出现，大战争、大革命之经过，是其类也”；另一类微细而难见，“譬犹退潮刷江岸而成淤滩，宿茶浸陶壶而留陈渍，虽聪察者犹之不觉，然其所演生之迹，乃不可磨灭”。可见，在人类历史中不管大事还是小情，都有因果关系存于其中，“夫成绩者，今所现之果，然必有昔之成绩以为之因。而今之成绩又自为因，以孕产将来之果。因果相续，如环无端。必寻出其因果关系，然后活动之继续性可得而悬解也”[②]。“不谈因果，则无量数繁赜变幻之史迹不能寻出一系统，而整理之术穷；不谈因果，则无以为鉴往知来之资，而史学之目的消灭。故吾侪常须以炯眼观察因果关系。”[③]

大约在1922年12月，梁启超撰写了《研究文化史的几个重要问题》，在该文中他对“历史里头是否有因果律”的问题进行了重新考量，认为前著中“求得其因果关系”一语是完全错了。在这篇文章中，梁启超对做出如此转变的原因进行了说明。他指出，在写作《中国历史研究法》的时候，他对于史的因果就很怀疑，但是那时候他希望自己所爱的学问取得科学的

① 梁启超：《中国历史研究法》，5页，上海：上海古籍出版社，2006。

② 梁启超：《中国历史研究法》，6页，上海：上海古籍出版社，2006。

③ 梁启超：《中国历史研究法》，105页，上海：上海古籍出版社，2006。

资格，同时又认定“因果律是科学万不容缺的属性”，所以不敢碰它。后来读到了李凯尔特的著作，认识到自然与文化本来就是两种不同的现象，两种现象“各有所依，正如鳞潜羽藏，不能相易亦不必相羡。历史为文化现象的复写品，何必把自然科学所用的工具扯来装自己门面？非惟不必，抑且不可”①。

为什么在研究历史的过程中发现因果关系“非惟不必，抑且不可”呢？我们先来看看梁启超对因果的界定，“有甲必有乙，必有甲才能有乙，于是命甲为因，命乙为甲之果”，“所以因果律也叫做‘必然的法则’。（科学上还有所谓‘盖然的法则’，不过‘必然性’稍弱耳，本质仍相同。）”②在他看来因果关系中包含着必然性和共同性，有因必有果，有果必有因；相同的因产生相同的果，相同的果出于相同的因。而历史现象不是这样，因为“历史现象只是‘一躺过’，自古及今从没有同铸一型的史迹”③。更深层的原因在于，史迹是人类自由意志的反映，而各人自由意志的内容绝对不会相同，“‘必然’和‘自由’是两极端，既必然便没有自由，既自由便没有必然，我们既承认历史为人类自由意志的创造品，当然不能又认他受因果必然法则的支配，其理甚明”④。

梁启超后来对于因果关系进行否定的病根在于把因果与必然性相等同，以人类历史中不存在必然或共相为理由否定因果关系在历史研究中的地位。这是一种错误的看法，因为因果和必然不是一个相等的概念，有因果可以不必然，历史上的一事一物的存在和发展都有一定的原因，但是这种原因并不必然导致某种结果，某一结果也并不是由固定的一种或几种原因所引发。一个事件的因果也并不适用于另一事件的因果，因果之间的关系并不是以重复的形态在历史上出现，往往是在自由意志的支配下“一躺过”。在这一方面，雷蒙·阿隆进行了细致的区分，他认为：“规律的概念和因果

① 梁启超：《中国历史研究法》，124 页，上海：上海古籍出版社，2006。
② 梁启超：《中国历史研究法》，125 页，上海：上海古籍出版社，2006。
③ 梁启超：《中国历史研究法》，124 页，上海：上海古籍出版社，2006。
④ 梁启超：《中国历史研究法》，125 页，上海：上海古籍出版社，2006。

的概念本来是毫无共同之处的。后者用来指力量，指产生效果的创造能力。前者是指规则性，而其本身又受另外一种更高级力量的支配。”① 所以，因果是在规律之外的，譬如，我们谈自杀的原因并不涉及自杀的规律。由规律所具有的必然性来否定历史中因果的存在并不能成立，所以在梁启超的论述中不免会存在矛盾，他否定了因果，却利用佛家的说法确立了历史现象中存在“互缘”，即“这件事和那件事有不断的联带关系，你靠我、我靠你才能成立，就在这种关系状态之下，前波后波衔接动荡，便成一个广大渊深的文化之海”②。梁启超所谓的“互缘”实质上是一种“互因”，换了一种说法，但最终还是没有逃出因果的圈子。一个人可以否定因果之间的必然性，但却不能否定因果关系本身，历史中总是有一种因果关系存焉。

综上，历史与过去存在莫大的关系，历史就是对融化于现在的过去进行认识的活动。历史具有时间性和变动性，自然事物是“变中的不变”，人类是“似同而有变”，所以人类社会有历史，而自然界没有历史。在客观现实的基础上统合绝对精神、人的思想与历史材料，它们共同构成历史学的对象，侧重于其中任何方面都是片面的。相比于反思、理解和解释，建立在证据基础上的推论是正确的历史研究方法。我们没有任何理由否定因果关系在历史研究中的地位，因果论证是历史学的题中应有之义。简言之，历史学是人类在证据的基础上以推论的方法研究过去的现实的人物和事件，以期发现其中的因果关系的学问。

---

① [法] 雷蒙·阿隆：《历史的规律》，载张文杰主编《现代西方历史哲学译文集》，59 页，上海：上海译文出版社，1984。

② 梁启超：《中国历史研究法》，126 页，上海：上海古籍出版社，2006。

附录5 哲学理论的历史感与历史叙述的哲学性

——哲学与历史学的关系研究[①]

不管是哲学家还是历史学家在界定自身研究领域的学科性质时，大多会在对比三个学科（哲学、历史和艺术）的基础上加以说明，哲学侧重于说明事物的普遍性和一般性，历史侧重于说明事物的个别性和特殊性，艺术则是底布上的蓝花，追求一种修辞的效果。哲学与历史学代表着人文社会科学研究的两种不同的趋向，深入研究哲学与历史学的关系具有重要的理论价值。恩格斯在评价黑格尔时曾经指出：他的思维方式以“巨大的历史感”作基础，他的著作贯穿着“宏伟的历史观”，“到处是历史地、在同历史的一定的（虽然是抽象地歪曲了的）联系中来处理材料的”[②]。在历史学研究领域，当代史学也出现了普遍史、全球史与概念史的研究，史学研究的哲学性质进一步凸显。哲学的生命力在于解释和统摄人类历史的深度，历史学研究侧重于揭示人类过去、现在和未来的异质性和同质性。“哲学理论的历史感”揭示了哲学靠近历史学的方式，“历史叙述的哲学性”则揭示了历史学靠近哲学的特点，本文以此为线索研究和阐述哲学与历史学的关系。

① 本文作为国家社会科学基金（编号13CZX007）的阶段性研究成果发表于《哲学研究》2020年第1期。

②《马克思恩格斯文集》第2卷，602页，北京：人民出版社，2009。

一、哲学与历史学关系的学术史梳理

哲学和历史学是人类的两个重要的知识部门，它们之间的关系一直比较微妙。如果把人类社会作为一个整体来看待，哲学和历史学有着共同的研究对象，只是它们以不同的方式方法对之进行研究。哲学注重概念推理，历史学注重对于历史事件的真实再现。正是因为这种差异的存在，哲学家和历史学家总是相互攻讦。历史学家对于哲学研究的质疑主要表现为三个方面：（1）站在历史学自律的原则立场上排斥哲学，有的历史学家认为哲学以概念演绎来取代外部的现实经验，哲学干涉历史研究，进而希望支配历史学，布克哈特把哲学视为怪物，“哲学力图高踞所有学科之上，这也同时导致它在所有学科那里做客”[①]；（2）哲学是以头脑中的概念来构建虚假的历史，兰克（Leopold Von Ranke）认为哲学家把自己的发明和先天的虚构放到了历史之中，“哲学家从他在别处发现的，并是他以作为哲学家的特有方式发现的某个真理开始，为自己建构起所有的历史”[②]；（3）哲学家希望以定理或者规律的方式来理解人类历史，但是历史本身巧妙地逃脱了必然性的束缚。哲学家对于历史学的质疑主要表现在四个方面：（1）历史学研究具体的一次性事件，其结论不具有普遍性的指导意义，基于此，亚里士多德认为历史学不如诗歌，“诗是一种比历史更富哲学性、更严肃的艺术”[③]；（2）历史文献本身是主观构建的产物，建立在文献档案基础上的历史只能归属于“假历史”的行列，不具有现实意义，此种观点的代表者是克罗齐[④]；（3）历史学家把自己的主观好恶植入了历史研究之中，“无知和偏袒把整个事情化了一次装”[⑤]；（4）历史学家书写的历史作品本身存在瑕疵，历史书写方式需要发生根本性变革，黑格尔认为以往所有的历史都是不成功的，

① Burckhardt J, *Reflections on History*, p30, London: George Allen & Unwin LTD, 1950.

② ［德］兰克：《论历史科学的特征》，载刘北成、陈新主编《史学理论读本》，5 页，北京：北京大学出版社，2006。

③ ［古希腊］亚里士多德：《诗学》，81 页，北京：商务印书馆，1996。

④ 参见［意］克罗齐：《历史学的理论和实践》，15 页，北京：商务印书馆，1982。

⑤ ［法］卢梭：《爱弥儿》，331 页，北京：商务印书馆，1978。

迫切需要建设哲学的世界历史，“哲学事业的努力似乎和历史家的努力恰好相反。对于这一矛盾，和因此而加在哲学思辨上的指摘，我们将加以解释，加以驳斥”①。

学者们除了注意到哲学和历史学的差异之外，更多的是关注它们之间的联系，这种联系的路径主要有三种：（1）哲学与历史学的互补。哲学所密切关注的是思想，但是思想本身是空洞的，思想的展开需要材料，这些材料来源于历史，于是马克思强调历史的起点就是逻辑的起点。同时，历史学侧重于重现过去的历史事件，但是这种重现并不满足于对于过去的历史事件发生发展过程的简单描述，更重要的是揭示历史事件背后的思想动机，正如柯林武德所言，“一切历史都是思想史”②。哲学离不开历史，历史学也离不开哲学，它们之间存在互补关系。（2）哲学与历史学的交叉。李大钊曾经认为：“哲学和历史相接触点有三，即是：哲学史；哲理的历史；历史哲学。”③哲学史是以哲学思想为研究对象，用历史的方法去考察它，其本质上属于哲学系统。哲理的历史，是用哲理的眼光去写历史，属于史的性质。历史哲学是一般哲学的一个特殊的研究领域，它是运用哲学的一般方法（用思想和概念反映现象）来研究实在历史与记述历史之间的关系问题（实在历史是过去确实发生过的各种事件的集合；记述历史是对于这些事件的记录）。（3）哲学与历史学的融合。李大钊论述了哲学和历史学的三个接触点，但是这三个接触点还仅仅是一种外部的结合，是在两个学科的交集范围之内形成的一系列边缘学科或分支学科。在进一步考察这两个学科性质的过程中，有的理论家——例如克罗齐——走得要远得多，他认为哲学和历史学本质上并不是两个相互独立的学科，而是相互重合的一个学科，哲学就是历史学，历史学就是哲学，从而主张“历史在本身以外无哲学”，“思想活动永远兼是哲学和历史”④。在当代分学科开展学术研究的整体背景

① ［德］黑格尔：《历史哲学》，8页，上海：世纪出版集团，2006。

② ［英］柯林武德：《历史的观念》，303页，北京：商务印书馆，1997。

③ 李守常：《史学要论》，61页，北京：商务印书馆，1999。

④ ［意］克罗齐：《历史学的理论和实践》，90页，北京：商务印书馆，1982。

下克罗齐两个学科合一的设想显得有些不切实际。

哲学与历史学的关系问题对于哲学社会科学话语体系的建构，对于哲学和历史学学科规范的形成和发展都是非常重要的理论问题，理论家们多有涉及，但是各种观点比较分散，缺乏比较系统的研究和阐述。在前人论述的基础上，对这个问题进行比较系统的梳理具有以下几个方面的意义与价值：（1）有利于在马克思主义哲学理论框架内推动关于哲学与历史学关系的研究。马克思在大学期间主要关注的是哲学和历史[①]；他和恩格斯曾经在《德意志意识形态》中认为唯一的科学是“历史科学”[②]；在《哲学的贫困》中他明确反对“与观念顺序相一致的历史”，倡导建立“与时间次序相一致的历史”[③]；在出版了《资本论·第一卷》之后，马克思又把主要精力转向人类学和历史学的研究。马克思在其学术思想发展过程中始终关注把自己的哲学理论建立在历史事实基础之上，哲学与历史相结合是研究人及人类社会的基本途径，我们将沿着马克思提示的这一基本思路开展相关研究。（2）有利于把以往的零碎分散的观点加以系统地总结和提升，推进学界对哲学和历史学关系的认识。理论家们关于哲学和历史学关系的论述散见于各种著作之中，有的从历史学出发论述历史学的哲学性，有的从哲学出发论述哲学的历史之维，专门以哲学和历史学的关系为主题的理论著述必将推进对于这种关系的研究。（3）有利于突破哲学与历史学相互独立、各自发展的学科格局，建立以人及人类社会研究为共同主题的交流互动。哲学家普遍地感到需要深入了解人和人类的历史，历史学家也在研究过程中强调把自己的研究成果上升到哲学的高度。但是在研究实践中，哲学和历史学建立起了一套各自独立的学科研究队伍和学术话语体系，突破这种格局需要相关理论研究作为基础。

①《马克思恩格斯文集》第2卷，588页，北京：人民出版社，2009。

②《马克思恩格斯文集》第1卷，516页，北京：人民出版社，2009。

③《马克思恩格斯文集》第1卷，598页，北京：人民出版社，2009。

二、哲学与历史学的互补共生

哲学凭借概念整体把握世界，强调的是概念之间的逻辑性，其研究结论往往以超越时空的形式存在。历史学则侧重于对历史事件的真实再现，它以事实为基础展开论证，时空在其研究过程和结论中具有本质的重要性。哲学理论要有历史感，哲学家注重历史在哲学中的作用；历史叙述要有哲学性，历史学家要超越流逝时间把握绝对，要透过历史表象把握历史发展的本质和规律。哲学与历史学在各自学科发展过程中始终处于相互依存、相互渗透、相互交融的互补共生关系之中。

（一）哲学中的历史：哲学理论的历史感

历史是人的存在方式与根本特征。历史对人来说不像历史虚无主义所认为的那样是一种外在的东西，人类的进步不是简单地抛弃历史传统的过程，而是在传统的制约下不断实现创新发展的过程，从这一意义上来说，历史是人的存在方式和根本特征。首先，人本身是历史的产物。人总是在一定的历史阶段上存在的人，而这个特定的历史阶段则是历史发展的结果。其次，只有在动态的历史生成过程中才能充分把握人的本质。马克思强调“人的本质不是单个人所固有的抽象物”[①]，不能撇开历史的过程以孤立的个人的一成不变的方式来对之进行理解，而要把它放在动态的社会关系中加以理解。第三，人类解放也需要通过历史进程加以实现。马克思奠定的新唯物主义的前提在于“现实的个人”，现实的个人所具有的基本特征在于“生活决定意识”[②]，于是马克思阐述了通过外部物质生活条件的改善来改变人的意识的现实道路，这条道路就是在生产力与生产关系发展成熟的基础上实现共产主义。

历史是哲学研究的逻辑起点。哲学是注重思维和语言表达逻辑性的一门学科。逻辑本身只是一种思维方式和思维程序，它需要一定的内容才能

---

①《马克思恩格斯文集》第1卷，501页，北京：人民出版社，2009。

②《马克思恩格斯文集》第1卷，525页，北京：人民出版社，2009。

充实起来。人类的思维是依照一定的程序逐步呈现的过程，它从一个起点开始逐步形成。马克思在论述研究方法和叙述方法的区别时注意到叙述的起点不同于研究的起点，叙述与研究是一种反向运动，但是叙述是以研究作为基础的。“研究必须充分地占有材料，分析它的各种发展形式，探寻这些形式的内在联系。只有这项工作完成以后，现实的运动才能适当地叙述出来。”[①]研究方法是从现实的历史出发得出逻辑观念，而叙述方法则是用逻辑观念说明现实历史的过程。研究的结论是从现实的历史中得来的，但是当它在文本中叙述出来之后，好像是从逻辑出发来整合历史，似乎呈现出一种先验的结构，但是这仅仅是叙述方法带来的假象而已，我们需要结合研究方法来全面地理解叙述方法，把叙述方法还原为现实的历史进程。

历史性是哲学看待事物的基本方式。把事物放在历史过程之中进行思考是哲学看待事物的基本方式。历史最初是作为历史事件的记录方式而出现的，随着物质生产方式和社会环境的变化，历史逐步作为事物的存在方式反映在人们的观念之中，由此发展出历史主义的观点和理论。正如马克思所指出的那样，“每个原理都有其出现的世纪”[②]。资本主义社会生产和生活的不断变动反映到人们的观念之中就是普遍的历史意识的觉醒，把一切对象都放在历史过程之中来进行研究，这种观念发展到极端就会产生历史主义的思想和观点。历史主义看到了人和人类社会的历史性，但是没有注意到历史性是人们看待事物的基本方式，但不是唯一的方式。我们在看到人类生存的历史性的同时还要看到它的自然制约性，我们在看到人在历史活动中的主观能动性的同时还要看到它的历史规律性，我们在看到历史的变动性的同时还要注意其稳定性，我们在看到一个事物的历史继承性的同时还要看到它的时代创新性。

历史是哲学的服务目标。哲学首先关注的是人，人存在于历史之中，为人服务的哲学也在为历史服务。马克思曾经明确提出“为历史服务的哲

①《马克思恩格斯文集》第 5 卷，21—22 页，北京：人民出版社，2009。

②《马克思恩格斯文集》第 1 卷，607 页，北京：人民出版社，2009。

学”[1]这一命题，“为历史服务的哲学”显然是与“为宗教服务的哲学”相对而言的，哲学在中世纪是神学的婢女，文艺复兴带来人的觉醒，进而德国哲学完成了对宗教的批判（宗教被归之于人的世界，是人的自我异化的产物）。发展至此，哲学的任务不再是进行宗教批判，而是进行现实批判，揭示人在现实中的自我异化。于是“为历史服务的哲学”的主题从“对天国的批判变成对尘世的批判，对宗教的批判变成对法的批判，对神学的批判变成对政治的批判”[2]。这里的“历史”指的不是单纯的过去，也不是简单地针对现在，而是把过去、现在和未来贯穿起来的人类现实的生活过程，“为历史服务的哲学”就是要“通过批判旧世界发现新世界”[3]。

（二）历史学中的思想：历史叙述的哲学性

历史学通过例证来开展研究，但如果只有单独的事例说明不了什么问题，这只能说明这个事例本身是怎样的，这对于现在人们思想和生活中的问题就没有什么教育或者借鉴意义。所以，许多历史学家意识到历史学研究需要“拔高”，所谓“拔高”就是通过历史事件和人物的研究得出普遍性结论，在一定的思想理论框架之中开展历史研究或者通过历史研究构建一定的思想理论框架。思想观念的最高层次构成为哲学，历史学像一切其他学科一样离不开思想观念的支撑，它从具体事例上升到思想观念的过程就是历史学导向哲学的过程。经过这个过程之后，历史学本身就会具有一定的哲学性质。

历史学需要构建超越偶然的普遍史。历史研究存在三个层次，第一层次是具体的历史事件和历史人物的研究；第二层次是揭示不同的历史事件与历史人物之间的关联；第三层次是脱离具体的历史事件和历史人物，在抽象思维的作用之下，得出普遍性的结论。兰克主要是在第二层次上做出

① 《马克思恩格斯文集》第 1 卷，4 页，北京：人民出版社，2009。

② 《马克思恩格斯文集》第 1 卷，4 页，北京：人民出版社，2009。

③ 《马克思恩格斯文集》第 10 卷，7 页，北京：人民出版社，2009。

努力，试图“以不带偏见的眼光观看普遍史的进展”①，“探索那些结合及支配所有民族的伟大事件及其命运的序列”②。伯里（John Bagnell Bury）则试图在第三层次上做出努力，柯林武德曾经评价他是“配备有十分不平凡的哲学训练”的历史学家，“他认识到有许多哲学问题是与历史研究有关”③。伯里的贡献在于他强调了进行史学研究不仅要有历史学知识，而且要有哲学知识；不仅要有对于历史偶然性的考查，而且要有对于历史必然性和普遍性的思考。

历史学需要构建超越局部的全球史。所谓全球史就是以全球视角来分析已经客观存在的世界历史的发展进程，把个体的、局部的历史联系在一起，构成整体的、全局的历史体系。全球史并不是区域史的简单汇集，它必然是超越局部区域的狭小视野从全球范围揭示历史发展整体趋势的历史。全球史并不是从来就有的，它是伴随着生产力和生产关系的变革而出现的全球交往的产物。全球生产体系和全球交往方式最终反映在历史学研究领域就是全球史学科（其前身是世界史）的建立和发展。这里的全球史包含两个方面的含义，一个方面是指现实的历史过程，人类行为突破区域的限制，开始在全球范围内的活动和交往；另一方面是指对于具有全球性质的问题与现实的研究，也就是作为一门学科而存在的全球史。不管是对全球问题的关注还是对全球史的书写都需要哲学的宏阔视野和整体把握对象的方法；离开哲学，以碎片化的、事例为主的方式来研究全球史是难以有所成就的。

历史学需要借助哲学系统总结研究方法。方法存在于具体的研究结果背后，是得出结论或产生结果的工具、程序和手段。方法起初只是自发地形成的，研究者经过系统总结和反思研究方法之后，方法就会上升为方法论，方法也会由自发状态转化为自觉状态。就历史研究领域而言，其研究

① 转引自黄进兴：《从普遍史到世界史和全球史：以兰克史学为分析始点》，55 页，载《北京大学学报（哲学社会科学版）》2017 年第 2 期。

② 转引自黄进兴：《从普遍史到世界史和全球史：以兰克史学为分析始点》，56 页，载《北京大学学报（哲学社会科学版）》2017 年第 2 期。

③［英］柯林武德：《历史的观念》，215 页，北京：商务印书馆，1997。

方法具有一定的层次性。第一个层次是来自哲学并运用于历史研究领域中的哲学方法；第二个层次是具有跨学科性质的、在多个领域中可以同时加以运用的一般研究方法；第三个层次是在长期的历史学研究实践中形成的、具有鲜明的历史学研究特征的特殊研究方法。当处于自发状态的方法上升为处于自觉状态的方法论时，也就是说当方法从实践层面上升到理论层面的时候，就其脱离具体的研究对象和研究环境而独立存在的性质而言，就会具有一定的哲学理论性质。

具有哲学性质的历史观为历史学研究提供理论框架和宏观指导。在历史研究的过程中，如果希望将零散的事例联络起来进一步深入挖掘其背后的逻辑关系，势必以哲学为导引探究历史发展的规律，在一定的历史观的指引之下开展历史书写。在不同的历史观指导之下进行的历史书写必然会呈现出不同的论证过程、不同的结论、不同的效果和影响。历史观是在历史书写背后存在的理论框架，是历史研究领域中的哲学，每一部历史著作都在一定程度上体现作者的历史观，或者是唯物史观，或者是唯心史观；或者是文化史观、政治史观、社会史观，或者是经济史观等。

导向哲学是历史研究的最高境界。历史学仅仅研究具体的历史事件是远远不够的，我们还需要借助理论来超越个体性、偶然性和局部性，而理论的最高层次就是哲学。具体的历史研究只是通过材料的梳理说明历史人物和历史事件的真实过程，而对于历史研究中存在的一系列前提性问题却需要借助哲学来进行，这些前提性问题包括历史是什么，历史学是什么，如何理解历史事实，如何理解历史学家在历史研究中的作用，如何理解人、意识形态、科学理论以及环境之间的相互作用等。这些问题的解决不仅需要借助事实的支撑，更重要的是要借助人类的抽象思维能力来进行解释，在这方面，哲学作为所有学科中距离事实最远的一门学科有其存在的价值，这种价值表现在历史学研究领域就是该领域中最高、最普遍的问题带有哲学性质，需要借助哲学思维来进行解释和解决。

三、哲学与历史学相统一的方法论基础

面对纷繁复杂的现象世界，人们总是试图从中寻出连续性和统一性，探索世界的本质和本原，这就像我们面对杂乱无章、物品随处摆放的房间，总是有一种想要收拾一下的冲动，使本来无序存在的事物各归其位。一切历史都已经成为过去，它就客观地存在在那里，逻辑是人们通过抽象思维得出的认识的结果，那么人类思维的逻辑与客观存在的历史是什么样的关系，纷繁复杂的历史事件与历史现象有没有连续性和统一性，这种连续性和统一性能不能通过逻辑的方式加以把握，这是众多理论家希望加以探索的问题，探索的结果就是逻辑与历史相统一的方法论原则，这是哲学与历史学相统一的方法论基础。

不同的理论家针对逻辑与历史相统一的方法论原则会有不同的看法。有的理论家在看待这个问题的时候，只是看到历史事件的差异性和偶然性，从而放弃对于历史统一性和必然性的探索。但是即使这样，他也是在历史中寻求逻辑，只是这种逻辑是建立在差异性基础上的逻辑，在他的思想中，他所讲的逻辑也是与历史相统一的。除了建立在差异性基础上的逻辑之外，更重要的是从存在差异性的历史事件中确定连续性和统一性，从历史事件的外部深入到内部，通过现象把握历史的本质和规律。不同的思想家和理论家实现逻辑与历史相统一的基础存在差异，这种差异主要表现在逻辑起点上的差异，有的主张神创论，天神意旨是逻辑与历史相统一的基础；有的主张客观唯心论，客观精神是现实事件的基础或者基质；有的主张主观唯心论，认为自我意识是历史活动的主体；有的主张唯物论，逻辑生成的基点是现实的生活世界。

神话和传说是人类对于社会和历史开展认识的原始方式，神创论的观点由来已久。这种观点可以集中反映于《圣经》的历史哲学之中。上帝是世界的创造者也是世间万事万物的策划者和决定者，这就使宗教理论具有明显的宿命论和循环论的倾向。例如《旧约·传道书》中指出："神造万物，各按其时成为美好，又将永生安置在世人心里。……现今的事早先就有

了，将来的事早已也有了，并且神使已过的事重新再来。”这就会造成两个方面的结果，一个方面是“凡事都有定期，天下万务都有定时”；另一方面是“已有的事，后必再有；已行的事，后必再行；日光之下，并无新事”。上帝的存在可以帮助我们化解理论无穷追溯的问题，构成对于人类生命和存在的终极关怀，上帝是一切问题的终极原因，上帝背后没有其他的原因存在。神创论是实现逻辑与历史相统一的原始模式，神的意志体现为历史，反过来也同样成立，即历史是由神的意志所创造。神学历史观在各种历史理论之中也有充分的表现，例如维柯的“新科学”就建立在三个基本原则之上，第一原则是天神意旨，第二原则是在各民族普遍存在的隆重的婚姻典礼，第三原则是埋葬制度所依据的灵魂不朽的普遍信仰。[①] 在维柯的著作中，天神意旨贯穿逻辑论证的始终。于是，在天神意旨的作用之下，人类依次经历三个时代，即“神、英雄和人的先后衔接的三个时代”，“诸民族都是按照这三个时代的划分向前发展，根据每个民族所特有的因与果之间经常的不间断的次第前进”[②]。各民族在经历了上述三个时代之后，又会在复兴时经历各种人类制度的复归历程。维柯的“新科学”开始在收集整理历史资料的基础上进行哲学论证，试图建立“权威（凭证）哲学”[③]，但是他的论证基础和论证结构依然不能摆脱神创论的影响，最终表现出宿命论和循环论的倾向。

随着人类对世界本质的认识不断深入，在东方和西方都产生了对神和上帝的怀疑甚至否定，中国人历来有“敬鬼神而远之”的传统，南北朝时期范缜就写出了《神灭论》，这一方面要远远早于西方。西方在文艺复兴时期出现理性的觉醒、人性的复归，有感于教廷的腐败，开始出现宗教的分裂和对宗教的批评。在德国，施特劳斯的《耶稣传》把神学拉回到人间，把耶稣当作历史人物进行研究，鲍威尔进一步把福音故事和耶稣视为历史的虚构，尼采则直接宣布“上帝已死”的结论。上帝死亡之后，学术主流

① ［意］维柯：《新科学》上册，13 页，北京：商务印书馆，1989。
② ［意］维柯：《新科学》下册，489 页，北京：商务印书馆，1989。
③ ［意］维柯：《新科学》上册，9 页，北京：商务印书馆，1989。

不再以上帝的名义开展研究，但是同时也出现了怀疑主义、相对主义和虚无主义的流行与泛滥，于是人们需要为历史的连续性和统一性寻求有别于神创论的基础和基质。客观唯心论把客观精神视为万事万物产生和发展的基础或者基质，在这里，客观精神具有类神性，毕竟把客观精神视为派生万物的东西与宗教的神创论之间的距离并不遥远。下面我们以黑格尔为例来考察在纯粹概念的基础上如何实现逻辑与历史的统一。

黑格尔在思想史中首先明确了历史与逻辑相统一的原则，但是他实现这种统一的基础却是纯粹概念。在他看来，逻辑是纯粹思维的科学，而关于这门科学的研究以往是存在着严重问题的，这些问题包括：（1）把逻辑视为抽去一切内容的思维规则，它只是知识的单纯形式，而知识的质料与这种形式之间没有任何的关联；（2）错置了思维与对象之间的关系，“对象被视为一种本身完满的、现成的东西，完全能够不需要思维以成其现实性”[①]，而思维必须适应和迁就对象，把思维看作为空的形式，其内容来自对象；（3）自从亚里士多德以来，逻辑就没有再向前发展，而亚里士多德的逻辑没有把辩证法容纳在逻辑之中，这种逻辑的滞后及其实践与宗教世界的精神以及科学精神的进步状态是不相适应的。基于上述的原因，黑格尔认为“逻辑更需要一番全盘改造”[②]。他对于逻辑进行改造的基本方向是在辩证否定的基础上把“有”与纯粹概念等同起来，“‘有’被意识到是纯粹概念自身，而纯粹概念也被意识到是真正的有”[③]，“逻辑思想比起一切别的内容来，倒并不只是形式，反之，一切别的内容比起逻辑思想来，却反而只是〔缺乏实质的〕形式”[④]。也就是说，逻辑研究纯粹概念，概念本身是自在自为的，它就是最为真实的“有”，逻辑就是内容和形式之间的统一，对象只有在概念中才能获得其现实性。“有”是自在的概念，它存在于无机的自然之中；而概念本身则是有意识的概念或者说是被意识到的概念，它存在

① ［德］黑格尔：《逻辑学》，25 页，北京：商务印书馆，1966。
② ［德］黑格尔：《逻辑学》，33 页，北京：商务印书馆，1966。
③ ［德］黑格尔：《逻辑学》，44 页，北京：商务印书馆，1966。
④ ［德］黑格尔：《小逻辑》，85 页，北京：商务印书馆，1980。

于有机的思维之中。基于这种区分，黑格尔把逻辑分为客观逻辑和主观逻辑，客观逻辑研究自在的概念，等同于传统的形而上学；主观逻辑则研究被意识到的概念，它的主题是研究“自由自立、自己规定自己的主观的东西”[①]。进一步而言，客观逻辑的研究对象是存在于自然、社会及其历史之中的概念，而主观逻辑则是研究概念的概念，即反映在意识之中的概念。对于概念的思维与概念相统一，主观逻辑与客观逻辑相统一，也就是历史与逻辑相统一，“世界历史无非是‘自由’意识的进展，这一种进展是我们必须在它的必然性中加以认识的”[②]。

在黑格尔那里，客观存在的绝对精神或者纯粹概念实质上是把认识过程中思维与存在的两级结构转化为三级结构，这种三级结构表现为：自在的概念（有）–存在（本质）–被意识到的概念（概念）。这种三级结构的优点在于解决了客观存在的事物是否内在地具有逻辑的问题，因为逻辑就是存在本身，客观逻辑（有的逻辑）与主观逻辑（概念的逻辑–本质的逻辑）存在内在的一致性。但是这仍然没有克服认识论所面临的传统困境，即我所意识到的东西只是我头脑中的东西，如何突破我的界限来认识处于我的头脑之外的事物。在这方面，主观唯心论比客观唯心论面临更少的逻辑矛盾，它在自我的基点上建立起全部理论和学说，把自我的界限视为绝对的、不可突破的界限。自我之外没有事物存在；即使存在我们也没有办法认识它。在西方哲学史中，主观唯心论比较具有典型意义的代表是贝克莱，他认为万物存在但只在我的心中存在。他把观念与对象等同起来加以考察，一方面认为物是观念的集合，“只是一些可感性质或观念的集合体”[③]；另一方面主张存在就是被感知，对于我而言，一个事物的存在就是我曾经感知过它，“要说有不思想的事物，离开知觉而外，绝对存在着，那似乎是完全不可理解的。所谓它们的存在就是被感知，因而它们离开能感知它们的心

① [德]黑格尔：《逻辑学》，48页，北京：商务印书馆，1966。

② [德]黑格尔：《历史哲学》，17页，上海：世纪出版集团，2006。

③ [英]贝克莱：《人类知识原理》，63页，北京：商务印书馆，1973。

灵或能思想的东西，便不能有任何存在”[①]。如果我们把贝克莱的主观唯心论运用于解说人类历史领域中存在的问题的话，他会认为历史本身并不存在，真实存在的只是我们对于历史的感知。在自我意识的基础上形成我的逻辑，而我的逻辑就是我的历史，历史与逻辑二者相统一。

众多的理论家都在探索逻辑与历史相统一的可能性，以天神意旨为基础实现二者之间的统一最终只能以信仰的方式来面对和解释理论中的疑难；以客观精神为基础来实现二者之间的统一最终还是难以逃离以主观臆造任意裁剪历史的责难；以自我意识为基础来实现二者之间的统一最终会造成历史是任人打扮的小姑娘的错觉。这些观点在一定的限度内可以对于历史现象进行解释，但只是一种片面的解释。唯心主义观点试图揭示对象背后的本质，有可能是深刻的，但是如果把精神性的实体放在客观存在的自然界之上来进行考察，试图通过精神或者意念的作用来改造世界，那就有可能得出荒谬的结论。马克思在批判超越唯物主义与唯心主义二元对立的基础上重新阐发了逻辑与历史相统一的原则，如果说黑格尔是从逻辑出发使历史与逻辑相统一的话，马克思则是从历史出发使逻辑与历史相统一。

马克思所创立的新唯物主义既批判了从前的一切唯物主义，也批判了唯心主义。从前的唯物主义只是从客体的或者直观的形式去理解对象、现实和感性，也就是说对象、现实和感性是作为一种外在被给予的、与人无关的东西而存在，马克思认为以这种方式去理解对象存在重大缺陷，即“被抽象地理解的、自为的、被确定为与人分隔开来的自然界，对人来说也是无”[②]。从这一点而言，马克思的观点接近唯心主义，与贝克莱的观点具有一定的类似性。马克思与唯心主义相同的地方在于充分地重视和发挥人的能动性，但是二者之间还存在本质的区别，这种区别表现为马克思是在“现实的、感性的活动”基础上来进行理论阐发的，而唯心主义者抽象地发展了人的能动性，从而根本不懂得“现实的、感性的活动本身”[③]。

① ［英］贝克莱：《人类知识原理》，21 页，北京：商务印书馆，1973。

②《马克思恩格斯文集》第 1 卷，220 页，北京：人民出版社，2009。

③《马克思恩格斯文集》第 1 卷，499 页，北京：人民出版社，2009。

在批判唯物主义和唯心主义的基础上，马克思超越了二者之间的对立，在实践基础上创立了新唯物主义，在马克思看来实践是具有能动性（革命性、批判性）与对象性的活动。实践活动的能动性表现为人是历史活动的主体，人们自己创造自己的历史，也就是说头脑中的逻辑可以转化为现实的历史；实践活动的对象性表现为人是在一定的物质生活条件制约之下针对现实的对象来开展活动的，也就是说现实的历史构成头脑中逻辑的来源和内容。实践活动能动性的发挥要以尊重其对象性作为基础，“人们为了能够‘创造历史’，必须能够生活”①。作为历史活动主体的人是处于“能动的生活过程”中的人，只要描绘出这个能动的生活过程，历史就不是僵死的事实的汇集（只看到历史的这一面），也不是想象的主体的想象活动（只看到逻辑这一面）。由此，我们可以进一步认为，在马克思看来，逻辑与历史的统一实质上是实践活动的能动性和对象性的统一，在对象性活动的基础上发挥人的能动性，同时，人的能动性的发挥以尊重对象性活动的客观性为前提。马克思在现实生活世界的基础上通过实践真正实现了逻辑与历史、哲学与历史学二者之间的统一。

我们可以从三个层面来理解马克思所确立的逻辑与历史相统一的原则。首先，从本体论层面而言，人类的历史本身既是客观的进程又是能动的创造，人在历史剧中既是剧作者也是剧中人物。马克思在博士论文中曾经提出“定在中的自由”②，这一观点在《德意志意识形态》中演化为“现实的个人”，这种个人的自由是物质生活条件制约下的自由，也就是说历史本身是主体的逻辑与客观的历史进程相统一的结果。其次，从认识论层面而言，思维与存在具有同一性，一方面是在历史的基础上构建逻辑，逻辑构建起来的是从人间升到天国的“与时间次序相一致的历史”③；另一方面是在逻辑的指导下自觉地从事历史活动，“一个社会即使探索到了本身运动的自然规律，……它还是既不能跳过也不能用法令取消自然的发展阶段。但是它能

①《马克思恩格斯文集》第1卷，531页，北京：人民出版社，2009。

②《马克思恩格斯文集》第1卷，50页，北京：人民出版社，2009。

③《马克思恩格斯文集》第1卷，607页，北京：人民出版社，2009。

缩短和减轻分娩的痛苦。”[①]第三，从方法论层面而言，逻辑与历史相统一的思维进程表现为从现实具体上升为思维抽象，再由思维抽象综合为思维具体的两条道路，“在第一条道路上，完整的表现蒸发为抽象的规定；在第二条道路上，抽象的规定在思维行程中导致具体的再现”[②]。就研究方法而言，逻辑是从历史中产生的；就叙述方法而言，历史是通过逻辑才得以呈现的。逻辑的典型代表是哲学，历史的典型代表是历史学，逻辑与历史的统一为哲学与历史学的统一奠定了方法论基础。

①《马克思恩格斯文集》第 5 卷，9—10 页，北京：人民出版社，2009。

②《马克思恩格斯文集》第 8 卷，25 页，北京：人民出版社，2009。

附录 6 作者与读者双重制约下的文本规划①

关于文本、作者与读者之间的互动结构的研究历来是哲学解释学（伽达默尔）、符号学（索绪尔、巴尔特等人）、后现代历史哲学（海登·怀特、安克斯密特）等思想流派的研究焦点。一般来说，文本不是凭空产生的，文本内在地隐含着它的创作者，即文本的作者；文本就像人们日常的言语一样，它的基本功能就在于表达和交流，它总有一个要对之诉说的对象，即文本的读者。在解释作者、读者与文本之间的关系时，一些学者强调作者出于自身立场对于文本的主观虚构以及读者在理解过程中对于文本的任意解构，进而构建以自我为中心、忽视客观实际的编撰学和诠释学。本文的主旨在于揭示作者、读者与文本之间真实的互动关系，消解文本阐释中的主观主义和相对主义。

一、作者的创作

作者与文本之间总会出现一个深层次的隐喻：造物主在造物的过程中总是以他的主观设想为起点的（上帝按照自己的形象造人）。作者是文本的创作者，他就不可能在文本中把他自身完全遮蔽起来。历史学家对于历史材料的取舍与编排（爱德华·卡尔），历史作品的情节化结构、论证模式与意识形态蕴含（海登·怀特），历史学家自身的风格（安克斯米特）等都赋

① 本文作为河北省高等学校人文社会科学研究青年拔尖人才项目（项目编号：BJ2014100）的阶段性研究成果发表于《南京社会科学》2017 年第 3 期。

予历史叙事许多主观的色彩。于是，在面对历史文本的时候，一系列古老的问题就又会呈现在思想者的面前，作者如何突破“我”的界限？在文本中表现出来的一切东西无疑是从我的思想中产生的，但是主要问题就在于我的思想与对象之间的关系是什么？我的思想能不能得到他者的认同？也就是思想是否具有普遍性的问题。

思想的普遍性表现为两个方面，一方面表现为思想中揭示的对象的性质具有恒常稳定的表现，在类似的条件下总是出现类似的结果；另一方面在于认识主体之间的观察的一致性，也就是说研究对象的性质对我是这样表现出来的，对他也是以同样的方式表现出来。前一方面是对象对于作者认识过程的约束，后一方面是主体之间的认同。自然对象之间的恒常结合以及它们的性质的稳定性是自然科学家在彼此之间取得一致的基础，认识主体之间的沟通相对来说要容易一些，如果遇到他人对自己的研究成果存在疑问，这种疑问完全可以通过实验或观察的途径取得共识。因此，自然科学能够揭示自然事物之间的恒常稳定的关系，进而能够在这种关系的基础上取得学术共同体的一致意见。

但是与自然研究状况不同，在历史研究领域达到思想的普遍性存在诸多的困难，这些困难主要表现为历史研究对象的特殊性和历史研究主体的局限性。历史研究对象具有两个较为明显的特征，一是它在历史上只出现一次，世界上只有一个孔子、一个苏格拉底；二是它已经过去，历史一去不复返，人们已经无法通过亲身观察或者模拟的方式与其照面，从而体现出历史研究对象的特殊性。所谓的历史研究主体的局限性主要是指研究者在从事历史研究的过程中，无法避免其自身具有的主体因素对于历史研究过程的干预，从而导致在历史研究结果中浸透着研究者的主体色彩。一种历史认识成果在从事历史研究的学术共同体内部很难获得一致性的意见。对于同样的一个问题，历史研究者之间总是存在着明显的差异。

某些后现代历史哲学家认为，历史文本只是一种由作者的误解所构成的虚构叙事。历史文本是否只是作者对于历史人物和事件的想法与意见的表达，而这种想法和意见又深刻浸染着作者的一些主观因素呢？不完全是这样。关于人类历史的思想并不能凭空产生，它和对象之间也保持着密切的关系，这一点我们从历史思想的产生过程中就可以看到。首先，任何系统的思想都是在专业训练的基础上展开的。黑格尔曾经指出常人所具有的一种错误的看法，在他们看来，如果要想制成一双鞋子，必须具有鞋匠的技术，一个人未经学习专门的手艺，就不敢妄事制作。但是对于哲学的态度却不是这样，人们往往认为对它没有研究、学习和费力从事的必要，只要有脑袋就能进行思考。① 事实正相反，任何思想都有对象，而对于对象的把握需要专业技能，只有经过系统化的训练之后，人们才能够进行有效的思维。其次，思想的产生还需要对于自己的研究对象保持专注，这种专注往往不是一小时、一天或者一个月，在有的情况下需要用一生的时间专注于一个对象才能最终有所发现。最后，思想的产生还需要借助于语言。语言并不是一个人可以任意加以改变的私人工具，它的基本属性就是社会性。使用语言的过程就是接受社会影响的过程，是在社会的语言结构中进行写作的过程。通过语言，时代和社会的内容在文本中得以体现。可见，任何思想并不是无缘由地来到一个人的头脑之中的，没有广博的关于外界对象的知识和阅历，没有相关语言工具的把握，就不能开展有效的思维。思想脱离积累，脱离学习，脱离对对象的认识和把握，就不可能产生和发展。思想并不仅是虚构，或者说思想不可能是虚构，任何思想都有其现实的根源。

语言是人类从传统中继承而来，它具有很大的稳定性，它的变化比较缓慢；人类的认识必须通过语言来进行表达，脱离语言，人类就不可能开展任何形式的认识。但是语言本身能够容纳所有的认识成果吗？语言提供了足够满足人类表达的所有的符号吗？对于这个问题，有两个方面的事实可以确定，其一，我们的思想往往不能通过语言得到全部无遗的表达，我们说出的话不是我们思想的精确再现；其二，语言与对象的性质也不存在精确对应，任何一种现象都不能被语言精确再现。面对语言现象，维特根斯坦曾经认识到许多事情（主要是指伦理和形而上学命题）是不可言说的，

---

① ［德］黑格尔：《小逻辑》，42 页，北京：商务印书馆，1980 年第 2 版。

因此，他在《逻辑哲学论》中的最后一个命题便是："一个人对于不能谈的事情就应当沉默。"① 语言现象还具有一个特点，这个特点被某些人概括为"不可说，一说就错"，任何说出来的话都有自身的缺陷，从而造成一定的误解，这是语言现象的不周全性的表现。可见，语言的缺陷主要表现在两个方面，首先是我们的思想感情或者是认识对象的性质不能通过语言得到精确的表达，也就是人们想说但是由于语言的局限性而"不能说"；其次是语言和思想的明显的偏离，人们在通常的境况下，并不是有什么样的思想就用什么样的语言对之进行表达，语言具有修饰的作用，语言文字所表达的内容并不一定是说话者和作者的真实想法和态度，人们对之能说但是"不想说"。"不能说"反映出人类语言具有局限性，"不想说"反映出人类语言具有欺骗性。

语言的缺陷可以通过语言自身的发展来进行弥补。著名语言学家索绪尔除了揭示语言在时间和大众之中保持稳定性之外，还揭示了声音材料与观念之间自由建立任何关系的可能性，他认为，语言的"这种发展是逃避不了的；我们找不到任何语言抗拒发展的例子"②。海德格尔在他与法国学者的讨论班上曾经就语言发展的途径进行了探讨，其中之一是同一个外壳获得了另一个意义，即"旧词新用"；与此不同，人们基于对存在的领悟，也会"自铸新词"③。除了语言符号的所指与能指关系的转移之外，还会发生语言结构的变化，中国的文言文向白话文的转变就说明了这种语言结构的变迁。可见，语言是处于不断地变化和发展之中的，伴随着新时代、新思想和新意义的出现，也必然带来与之相适应的语言的变化和发展。语言的缺陷是在语言发展过程中出现的问题，这些问题必然伴随着语言的发展而不断地得到解决，过去不能用语言表达的东西，现在能够用语言表达了；现在不能用语言表达的东西，将来一定能够通过语言得到表达。这样，语言的局限性完全可以在发展中得到解决。同时，语言的欺骗性与人的实践联

① [奥地利] 维特根斯坦：《逻辑哲学论》，97页，北京：商务印书馆，1962。

② [瑞士] 索绪尔：《普通语言学教程》，113—114页，北京：人民出版社，1980。

③ [法] 费迪耶等：《晚期海德格尔的三天讨论班纪要》，52页，《哲学译丛》2001年第3期。

系起来也可以得到合理解决。马克思认为思维的现实性与非现实性的争论必须建立在实践的基础之上，脱离实践就会走入纯粹经院哲学的迷途，只有通过实践才能解决思维的客观真理性问题。[①] 人的思维通过语言进行表达，思维的客观真理性问题实质上就是语言的客观真理性问题。语言的欺骗性，即语言的非现实性，完全可以在实践之中得到合理的解决。具体到历史认识过程而言，历史研究实践不断丰富着历史研究的方法和途径，其中包括文本互证、遗迹与遗物的考察、当代风俗习惯的考察（“人体解剖对猴体解剖是一把钥匙”）等，通过这些方面的研究我们可以在一定程度上达到历史的真实。

综上可见，文本是建立在思想与对象的基本一致以及语言与思想或对象的基本一致的基础上的。作者在文本中添加的内容不是凭空产生的，不是作者的任意虚构，脱离对象的思想是根本不存在的；脱离思想和对象的纯粹的语言形式也是根本不存在的，有的人希望构建“语言的乌托邦”，那只能是一种理论乌托邦。

二、读者的期待

作者首先是作为读者而存在的，没有作为读者的过程就不会成为作者。有的人可能会说，这种说法太过于绝对了，在没有文本的情况下产生的第一位作者怎么可能成为读者呢？这是一个鸡－蛋问题。人类历史上的第一位作者很难进行确认，如果说写作的起源的话，那就很可能要上溯到人类在自己走过的路上或去过的地方留下痕迹的本能。动物为了防止迷路也具有这样的本能，例如蚂蚁会分泌一种示踪激素，它把这种激素遗留在自己走过的路上，依靠触角对气味的感知找到通往自己巢穴的路。人类也喜欢在自己走过的路上或去过的地方留下自己的痕迹。可以设想，最初的对于道路的标记行为是非常简单的，也许只是在沿途划上自己可以识别的划痕，

①《马克思恩格斯选集》第1卷，55页，北京：人民出版社，1995年第2版。

这种划痕的不断演变就形成了图画和文字。文本从最广泛的意义上来说，也包括这些简单的标记性的符号。因此，我们不能确切地来说，第一位作者是谁或者在何时产生。从我们现在能够面对的古代文本来说，最古老的应该是埃及发现的纸草文，这种纸草文上的古象形文字已经是对各种文字符号的阅读和综合的产物了，它的作者首先必须是一位读者。我们也可以设想，在完全没有任何符号和文字的情况下，最初的符号和文字的作者所阅读的正是事物本身，他也脱离不了读者的地位，因为思想不可能在一个封闭的头脑中神秘地产生，作者只有作为读者面对外部的事物时才能产生自己的思想。作者首先必须作为读者而出现的地位和现实标志着作者反映在文本中的任何内容都不可能是纯粹的虚构。

在当今的理论界比较流行的一种观点认为读者对于文本的解读总是与作者的原意存在严重的偏离，从而导致对于文本的一切解读都是误读。在后现代的情景中，尤其是在巴尔特、德里达以及海登·怀特和安克斯密特等人的理论中，所有的历史都是诠释的，而且从来不是名副其实的真实，这正像巴尔特所下的断言那样："历史的话语从没有依据'真实'而言说，它也不再能够指示真实。"[①] 历史的话语之所以不真实，其主要原因在于历史文本作者的读者地位受到质疑，也就是说当作者还处于读者地位时，他对于以往的历史文本的理解和诠释是不真实的。他在对历史文本的理解和诠释过程中加入了过多的主观因素，这些主观因素并不是历史对象本身所具有的性质，也不是读者在阅读过程中所产生的，而是在他开展阅读之前就先在地具有的，这些主观因素包括读者的情感、政治的和伦理的标准、意识形态和自己的风格等等。在启蒙时代，这些因素构成"偏见"的主要内容，它们是受到传统和权威的影响而形成。这些因素在解释学中不再以"偏见"的名义而出现，而是用"前见""前把握""前见解""前结构"等名称取而代之。伽达默尔在理解和前见解之间建立了必然的联系，只要你

① [英]伯恩斯、[英]皮卡德：《历史哲学：从启蒙到后现代性》，379页，北京：北京师范大学出版社，2008。

试图去理解，就不可避免地受到前见解的干扰。[①]除了读者所具有的前见对于理解过程的干扰之外，读者在投入阅读时还具有一定的意义期待，也就是抱着为自己的问题寻求论证的态度去阅读文本。意义期待来自读者的前见，读者思想中已经具有了一种意义，只是希望在文本中获得明确的支持和说明，于是在阅读过程中，择取对说明这一种意义有利的证据，而放弃其他方面的证据；或者在没有开始阅读一本书之前，就对于作者抱有一定的好感或成见，于是在这种基本态度之下开展阅读，读者从自己对之有好感的作者的文本之中发现的是其论证的合理性，而从自己对之有成见的作者的文本之中随处可见令人厌恶的东西。这些因素都说明读者在开始阅读之前所具有的意义期待在发挥着作用。由于读者的前见和意义期待等因素的存在，在读者和文本之间总是存在一定的间距，也就是读者的思想与文本的意义之间存在着差异和不同，这种间距的固定化和不可撤销造成了理解的不可能性。由于上述原因，主观主义文本观把一切理解当作一种误解，建立在这种误解基础上的文本就只能是虚构。

上述问题的关键所在就是把读者的前见、意义期待以及读者和文本之间的间距进行固定化，文本如果能够和读者的前见和期待的意义相融合，它就对读者的论证提供了支持；如果文本和读者的前见以及期待的意义相左，那么文本就对读者产生消极的影响，读者就会排斥或放弃文本中的意义。总之，读者的前见和意义期待是不可改变的，可以改变的只是文本的状态。但是事实并不是如此，在读者头脑中旧的前见不断地被新的前见所取代，期待中的意义也在不断地被新的意义所改变。读者和文本之间的间距不仅不能构成理解的障碍，而且是理解得以展开的必要的条件，没有间距也就没有理解的必要，在理解过程中，读者和文本之间的间距不断缩小，从而出现读者和文本之间的“视域融合”。在此，有必要指出的是，这种“视域融合”不是读者的前见以及期待的意义完全取代文本的内容，也不是相反的状况，而是读者和文本之间的水乳交融、相互改变和相互接纳。伽

① [德]伽达默尔：《诠释学Ⅰ：真理与方法——哲学诠释学的基本特征》，364页，北京：商务印书馆，2007。

达默尔把读者阅读文本的过程称为一种“自身置入”，这种“自身置入”是“向一个更高的普遍性的提升”，在读者阅读文本过程中实现读者与作者之间的“视域融合”，读者“获得一个视域，……为了在一个更大的整体中按照一个更正确的尺度去更好地观看这种东西”[①]。

总之，读者对于文本的理解不可能是纯粹的由读者视角出发的虚构，也不可能是以“惟一的绝对正确的方式”去把握作者在文本中体现的原意，理解的结果总是二者融合的过程，这样使理解的结果超越了自我的牢笼，与他者融合为一种具有更高普遍性的认识，从而使我们的认识更加靠近事物本身。

三、文本的社会定位

作者在创作文本之前，首先要预设读者，理想读者的预设时刻改变着文本规划，贯彻于作者写作过程的始终。文本的社会定位就是作者从事文本创作之初对于文本读者的预设。作者对于理想读者的预设主要有五种类型，我们分别以康德、黑格尔、尼采和马克思（可以代表其中的两种类型）的相关论述为基础进行说明。

（1）**裁判型的读者：以康德为代表**

康德曾针对某些人提出的使《纯粹理性批判》通俗化的要求发表自己的看法，康德拒绝实现这种通俗化，因为这本书不是为了供给大众阅读的，“真正的科学内行”才是这本书适合的读者，而他们并不需要通俗化的实例和说明，一本书的生命力不在于它的篇幅和页数，而在于人们理解它需要的时间的长短。[②]康德在这里表达了以下四个方面的意思：首先，康德所设想的理想读者不是大众，而是真正的科学内行。其次，由于这本书的读者是真正的科学内行，所以在这本书中不会凭借一些实例和说明来使其内容

① ［德］伽达默尔：《诠释学Ⅰ：真理与方法——哲学诠释学的基本特征》，415页，北京：商务印书馆，2007。

② ［德］康德：《纯粹理性批判》，2页，北京：人民出版社，2004。

通俗化。第三，在论证的“骨架”中运用一些实例和说明会加大这本书的篇幅，这种做法不可取，因为一本书的生命力并不在于其篇幅的长短，而在于读者对其理解时间的长短，文本只有在读者不断重读的过程才能保持旺盛的生命力。第四，真正的科学内行所要求的明晰性不是对相关的概念和观点举出实例和进行说明，而是要求概念的演进具有逻辑的一致性和连贯性，“不要缺乏任何派生出来的概念，这些概念不能先天地凭跳跃产生出来，而必须逐步逐步地去探寻”[①]。康德所希望建立的是一种“纯粹的（思辨的）理性的体系”，这个体系正是因为它说得并不那么明晰（没有具体的实例和说明），所以它才更加明晰得多（概念逻辑的一致性和连贯性）。康德期待他的读者在进行文本解读的过程中承担两个角色，一方面是“一位法官的耐心和不偏不倚”，另一方面是“一位帮手的襄助和支持”，这两种作用也只有真正的科学内行才能提供。

（2）**好人型的读者：以黑格尔为代表**

黑格尔与康德有所差别，他一方面认为他所提出的科学赖以存在的东西是概念的自身运动，这种观点和当时流行的关于真理的性质和形态的见解大有出入，甚至于完全相反，所以他感到他的理论体系是“不会受到读者欢迎的”；但是，另一方面他又相信自己的理论体系的“科学性”能够征服读者，“能够由于事情的内在真理性而替自己开辟出道路来”[②]。在黑格尔看来，科学的理论产生于成熟的时代，这个时代使问题变得成熟起来，同时也会出现理解这个问题的成熟的读者；对于解决时代问题的真理，读者应该能够予以接受；读者对于作者观点的理解和接受是这种观点超越特殊性而具有普遍性的过程，这在真理的发展过程中具有重要的地位和作用。读者能够接受具有科学性的真理，但并不是所有的读者都能接受它，于是黑格尔区分了“读者”和“自命为读者的代表和代言人的那些人”，这两种人对待文本的态度有本质的区别，读者在阅读一本哲学著作时如果遇到与自己不相投合的意见，总是“好心地”寻找自身的原因，把过错归咎于自

① ［德］康德：《纯粹理性批判》，8页，北京：人民出版社，2004。

② ［德］黑格尔：《精神现象学》上卷，49页，北京：商务印书馆，1979年第2版。

己；那些代表和代言人们深信自己的裁判能力，把与自己不同的观点和意见推诿于作者的过错。[①] 黑格尔把后一种人称为“死人”，并借用《圣经》中的话称抬他们出去的人们的脚已经到了门口。康德心中的理想读者是法官和助手，黑格尔的理想读者则是把过错一味地归咎于自己的好心人，他似乎是在说谁同意我的观点谁就是我的读者；如果谁不同意我的观点并且批判我的观点，谁就是行将被抬出去的“死人”。

（3）**信徒型的读者：以尼采为代表**

尼采在《苏鲁支语录》中专辟一节论述了“读与写”的关系。在这一部分之中，他首先论述了作者与读者之间的地位的不同：“我已不和你们同感，我看这下方的云，笑其浓黑与沉重——刚刚这是你们的雨云。你们望着上方，倘若你们希望高超。但我向下看，因为我已在高处。”[②] 作者处于云层之上嘲笑着云层的浓黑与沉重，而读者则处于云层之下，刚刚被作者所嘲笑的云层在他们的头顶降落了一场大雨；作者是站在高处俯瞰世界，读者则处于低处而仰视世界，二者的地位有本质不同。其次，他论述了作者在文本之中写下了什么，他说：“凡一切已经写下的，我只爱其人用其血写下的。用血写：然后你将会体会到，血便是精义。”[③] 血写的文字是生命的体现。尼采贬低那些没有血也没有自己生命表现的文字，他认为这样的作品出现的原因是因为读者的普遍化，一切人都能够学读书，这将是精神的灾难和没落，“在从前精神便是上帝，于是化为人，在现在是变了下流”[④]。第三，尼采论述了阅读作者用血写成的作品的读者应该具有什么样的品质，“谁写着心血，写着格言，是不要人读过便完，却是要人背诵的。在山谷间，从这一峰到那一峰是最近底路，但你必须有长腿方能跨越。格言便如峰头，其所诉与的人，应该伟大，高岸”[⑤]。只有长着长腿的伟大、高岸的读者才能理解作者用血写成的格言，因此在尼采心中的理想读者具有一种品质，那就

① [德] 黑格尔：《精神现象学》上卷，49 页，北京：商务印书馆，1979 年第 2 版。

② [德] 尼采：《苏鲁支语录》，34—35 页，北京：商务印书馆，1992。

③ [德] 尼采：《苏鲁支语录》，34 页，北京：商务印书馆，1992。

④ [德] 尼采：《苏鲁支语录》，34 页，北京：商务印书馆，1992。

⑤ [德] 尼采：《苏鲁支语录》，34 页，北京：商务印书馆，1992。

是“伟大”和“高岸”。可见，尼采所设想的理想读者与康德近似，他们不是一般的大众，而是与文本相称的那些人们；但二者之间也有所不同，在康德看来读者是法官和助手，而在尼采看来读者处于低于作者的地位，作者与读者之间的关系类似于上帝和信徒之间的关系，读者不仅要去阅读作者创作的文本，而且要去背诵这些文本。

（4）**自我型的读者与大众型的读者：以马克思为代表**

马克思所预设的理想读者有两类，一类是自我型的读者（把自我视为文本的第一位读者），一类是大众型的读者。马克思预设的理想读者首先是进行严格自我批判的作者本人。马克思与恩格斯为了共同阐述自己的见解，从而与德国哲学的意识形态相区别，也是为了把自己从前的信仰清算一下，共同撰写了他们在哲学领域中最具代表性的著作《德意志意识形态》。这部著作被送到出版社，但是并没有出版。对此，马克思是这样评论的：“既然我们已经达到了我们的主要目的——自己弄清问题，我们就情愿让原稿留给老鼠的牙齿去批判了。”[①]可见，马克思的第一个读者就是自己，“自己弄清问题”，自己说服自己，这反映出一种深刻的自我批判精神。马克思的传记作家梅林曾经这样评价马克思的自我批判精神：“不知餍足的求知欲迫使他迅速地投身于最困难的问题，而无情的自我批判精神却妨碍他同样迅速地解决这些问题。”[②]说服别人在有些情况下也许是一项简单的任务，最为困难的往往是说服自己，把自我作为自己的第一位读者，这显示了马克思严谨的学术作风。

马克思预设的理想读者的第二层次是工人和群众，即大众型的读者。马克思早期关于哲学与无产阶级关系的论述充分表明马克思自己对理想作者的预设，哲学是无产阶级的精神武器，无产阶级则是哲学的物质武器。[③]理论的任务就是把现实的压迫和耻辱公开化，从而使人们认识到这种现实的不可忍受，使革命的要求成为群众自己的要求。由于马克思的哲学是为

①《马克思恩格斯选集》第2卷，34页，北京：人民出版社，1995年第2版。

②［德］梅林：《马克思传》，36页，北京：人民出版社，1965。

③《马克思恩格斯选集》第1卷，15—16页，北京：人民出版社，1995年第2版。

无产阶级和群众服务的，因此并不是所有人都能理解马克思的学说。1868年，马克思在致路·库格曼的信中曾指出一些“博学的（！）著作家”并不理解他的著作，并把这些著作家称为“资产阶级的传教士”；与此相反，工人，甚至工场主和商人却能充分地理解他的著作。[①]“博学的著作家”不能理解马克思的哲学，主要是因为马克思高度地肯定了经济力量在社会发展中的作用，从而使文化成为附属于经济的一种社会要素，“博学的著作家”所代表的正是文化的力量，因此他们批评马克思哲学把人类的全部发展归根到底看作“为在食槽旁边占得一个位置而斗争”[②]。马克思不是为了“博学的著作家”的理解而进行写作，而是为了在工人解放基础上的人类解放而写作，所以他首先考虑的是他的文本能否代表工人的利益，能不能被工人和广大群众所理解。

总之，作者所预设的理想读者主要包括五种类型：读者是自我（以马克思为代表），作者作为第一个读者，自己弄清问题；读者是裁判（以康德为代表），把读者看作自己文本的裁判员和法官；读者是好人（以黑格尔为代表），读者在阅读过程中不是要批判否定文本，而是接受文本否定自身；读者是信徒（以尼采为代表），读者的任务不是要阅读文本，而是要背诵文本；读者是大众（以马克思为代表），他们为了实践的需要并且为了解决实践中的问题才去阅读文本。

---

① 《马克思恩格斯选集》第4卷，581页，北京：人民出版社，1995年第2版。

② ［德］李凯尔特：《文化科学和自然科学》，101页，北京：人民出版社，1986。

参考文献

[1]马克思:《历史学笔记》，北京：中国人民大学出版社，2005。

[2]马克思:《资本论（根据作者修订的法文版第一卷翻译)》，北京：中国社会科学出版社，1983。

[3]《马克思恩格斯全集》第1卷，北京：人民出版社，1995年第2版。

[4]《马克思恩格斯全集》第2卷，北京：人民出版社，1957。

[5]《马克思恩格斯全集》第3卷，北京：人民出版社，1960。

[6]《马克思恩格斯全集》第4卷，北京：人民出版社，1958。

[7]《马克思恩格斯全集》第8卷，北京：人民出版社，1961。

[8]《马克思恩格斯全集》第9卷，北京：人民出版社，1961。

[9]《马克思恩格斯全集》第13卷，北京：人民出版社，1962。

[10]《马克思恩格斯全集》第19卷，北京：人民出版社，1963。

[11]《马克思恩格斯全集》第20卷，北京：人民出版社，1971。

[12]《马克思恩格斯全集》第21卷，北京：人民出版社，1965。

[13]《马克思恩格斯全集》第22卷，北京：人民出版社，1965。

[14]《马克思恩格斯全集》第23卷，北京：人民出版社，1972。

[15]《马克思恩格斯全集》第25卷，北京：人民出版社，1974。

[16]《马克思恩格斯全集》第37卷，北京：人民出版社，1971。

[17]《马克思恩格斯全集》第42卷，北京：人民出版社，1979。

[18]《马克思恩格斯全集》第44卷，北京：人民出版社，2001年第2版。

[19]《马克思恩格斯全集》第46卷上册，北京：人民出版社，1979。

[20]《马克思恩格斯全集》第 47 卷，北京：人民出版社，2004 年第 2 版。
[21]《马克思恩格斯文集》第 1—10 卷，北京：人民出版社，2009。
[22]《马克思恩格斯选集》第 1—4 卷，北京：人民出版社，1995。
[23] 列宁：《哲学笔记》，北京：人民出版社，1993 年第 2 版。
[24]《列宁全集》第 11 卷，北京：人民出版社，1987。
[25]《列宁全集》第 26 卷，北京：人民出版社，1988。
[26]《列宁选集》第 4 卷，北京：人民出版社，1995。
[27]《毛泽东选集》第 1 卷，北京：人民出版社，1991。
[28]《毛泽东选集》第 3 卷，北京：人民出版社，1991。
[29] 白寿彝：《史学概论》，北京：中国友谊出版公司，2012。
[30] 白寿彝：《中国史学史》，上海：上海人民出版社，1986。
[31] 北京大学《荀子》注释组：《荀子新注》，北京：中华书局，1979。
[32] 北京大学哲学系外国哲学史教研室：《西方哲学原著选读》，北京：商务印书馆，1981。
[33] 陈启能、于沛、黄立茀：《苏联史学理论》，北京：经济管理出版社，1996。
[34] 陈启能：《史学理论与历史研究》，北京：团结出版社，1993。
[35] 陈寅恪：《金明馆丛稿二编》，台北：里仁书局，1981。
[36] 杜维运：《史学方法论》，北京：北京大学出版社，2006。
[37] 冯友兰：《冯友兰自选集》，北京：首都师范大学出版社，2008。
[38] 冯友兰：《中国现代哲学史》，广州：广东人民出版社，1999。
[39] 冯友兰：《中国哲学简史》，北京：北京大学出版社，1996。
[40] 傅斯年：《傅斯年讲史学》，南京：凤凰出版社，2008。
[41]《傅斯年全集》第 3 册，长沙：湖南教育出版社，2003。
[42] 韩愈：《韩昌黎全集》，上海：世界书局，1935。
[43] 胡壮麟：《语言学教程》，北京：北京大学出版社，2007 年第 2 版。
[44] 金哲等：《世界新学科总览》，重庆：重庆出版社，1986。
[45] 孔子：《论语》，刘兆伟译注，北京：人民教育出版社，2015。

[46]李安瑜、杨泰俊:《新学科之父》，南京：江苏人民出版社，1986。
[47]李守常:《史学要论》，北京：商务印书馆，1999。
[48]李振宏、刘京辉:《历史学的理论与方法》，开封：河南大学出版社，2008。
[49]梁启超:《中国历史研究法》，上海：上海古籍出版社，2006。
[50]刘放桐:《新编现代西方哲学》，北京：人民出版社，2000。
[51]孟轲:《孟子》，王丽华、蓝旭译注，北京：中华书局，2006。
[52]宁可:《史学理论研讨讲义》，厦门：鹭江出版社，2005。
[53]庞卓恒:《史学概论》，北京：高等教育出版社，1995。
[54]漆侠:《历史研究法》，保定：河北大学出版社，2003。
[55]司马迁:《史记》，郭灿金、魏明云注译，郑州：中州古籍出版社，2010。
[56]宋友文:《历史主义与现代价值危机》，北京：人民出版社，2012。
[57]孙正聿:《简明哲学通论》，北京：高等教育出版社，2000。
[58]孙正聿:《思想中的时代：当代哲学的理论自觉》，北京：北京师范大学出版社，2004。
[59]孙正聿:《哲学通论》，上海：复旦大学出版社，2007。
[60]王充:《论衡校注》，张宗祥校注，郑绍昌标点，上海：上海古籍出版社，2013。
[61]王国维:《古史新证》，北京：清华大学出版社，1994。
[62]王阳明:《传习录》，于自力、孔薇等注译，郑州：中州古籍出版社，2008。
[63]王岳川:《当代西方最新文论教程》，上海：复旦大学出版社，2008。
[64]翁其根:《交叉新学科便览》，石家庄：河北人民出版社，1989。
[65]陈乐素、陈智超编校:《陈垣史学论著选》，上海：上海人民出版社，1981。
[66]熊任望:《屈原辞译注》，保定：河北大学出版社，2004。
[67]杨耕:《为马克思辩护：对马克思哲学的一种新解读》，北京：北京师

范大学出版社，2004。
[68] 于沛：《历史认识概论》，北京：中国社会科学出版社，2008。
[69] 俞吾金：《意识形态论》（修订版），北京：人民出版社，2009。
[70] 袁曦临：《学科的迷思》，南京：东南大学出版社，2017。
[71] 张广智：《西方史学史》，上海：复旦大学出版社，2006 年第 2 版。
[72] 朱维铮：《中国史学史讲义稿》，上海：复旦大学出版社，2015。
[73] 庄子：《庄子》，思履主编，北京：中国华侨出版社，2013。
[74] [奥地利] 维特根斯坦：《逻辑哲学论》，郭英译，北京：商务印书馆，1962。
[75] [奥地利] 维特根斯坦：《哲学研究》，李步楼译，北京：商务印书馆，1996。
[76] [波兰] 托波尔斯基：《历史学方法论》，张家哲、王寅等译，北京：华夏出版社，1990。
[77] [德]《爱因斯坦文集》第 1 卷，许良英、范岱年编译，北京：商务印书馆，1976。
[78] [德] 阿佩尔：《解释－理解争论的历史回顾》，王龙译，《哲学译丛》1987 年第 6 期。
[79] [德] 德罗伊森：《历史知识理论》，北京：北京大学出版社，2006。
[80] [德] 伽达默尔：《诠释学Ⅰ：真理与方法——哲学诠释学的基本特征》，洪汉鼎译，北京：商务印书馆，2007。
[81] [德] 伽达默尔：《诠释学Ⅱ：真理与方法——补充和索引》，洪汉鼎译，北京：商务印书馆，2007。
[82] [德] 海德格尔：《存在与时间》，陈嘉映、王庆节译，北京：生活 · 读书 · 新知三联书店，2006 年第 3 版。
[83] [德] 海德格尔：《面向思的事情》，陈小文、孙周兴译，北京：商务印书馆，1996。
[84] [德] 黑格尔：《法哲学原理》，范扬、陈企泰译，北京：商务印书馆，1961。

[85][德]黑格尔：《精神现象学》，贺麟、王玖兴译，北京：商务印书馆，1979年第2版。

[86][德]黑格尔：《历史哲学》，王造时译，上海：世纪出版集团，上海书店出版社，2006。

[87][德]黑格尔：《逻辑学》，杨一之译，北京：商务印书馆，1966。

[88][德]黑格尔：《小逻辑》，贺麟译，北京：商务印书馆，1980年第2版。

[89][德]黑格尔：《哲学史讲演录》，贺麟、王太庆译，北京：商务印书馆，1959。

[90][德]亨普尔：《普遍规律在历史中的作用》，黄爱华译，《哲学译丛》1987年第4期。

[91][德]胡塞尔：《哲学作为严格的科学》，倪梁康译，北京：商务印书馆，1999。

[92][德]卡尔·曼海姆：《意识形态与乌托邦：知识社会学导论》，李步楼等译，北京：商务印书馆，2014。

[93][德]康德：《纯粹理性批判》，邓晓芒译，北京：人民出版社，2004。

[94][德]康德：《历史理性批判文集》，何兆武译，北京：商务印书馆，1990。

[95][德]康德：《学科之争》，载《康德著作全集》（典藏本）第7卷，李秋零译，北京：中国人民大学出版社，2013。

[96][德]兰克：《历史上的各个时代：兰克史学文选之一》，杨培英译，北京：北京大学出版社，2010。

[97][德]兰克：《论历史科学的特征》，载刘北成、陈新主编《史学理论读本》，北京：北京大学出版社，2006。

[98][德]李凯尔特：《文化科学和自然科学》，涂纪亮译，北京：商务印书馆，1986。

[99][德]梅林：《马克思传》，樊集译，北京：人民出版社，1965。

[100][德]尼采：《悲剧的诞生》，杨恒达译，南京：译林出版社，2007。

[101][德]尼采：《苏鲁支语录》，徐梵澄译，北京：商务印书馆，1992。

[102] [德] 萨维尼：《论立法与法学的当代使命》，许章润译，北京：中国法制出版社，2011。

[103] [德] 石里克：《普通认识论》，李步楼译，北京：商务印书馆，2005。

[104] [德] 威廉·狄尔泰：《精神科学引论（第一卷）》，艾彦译，北京：北京联合出版公司，2014。

[105] [德] 雅斯贝尔斯：《大哲学家》，李雪涛译，北京：社会科学文献出版社，2005。

[106] [俄]《普列汉诺夫哲学著作选集》第 2 卷，晏成书等译，北京：生活·读书·新知三联书店，1961。

[107] [法] 安托万·普罗斯特：《历史学十二讲》（增订本），王春华译，北京：北京大学出版社，2018。

[108] [法] 布罗代尔：《地中海与菲利普二世时代的地中海世界》，唐家龙等译，北京：商务印书馆，2013。

[109] [法] 布罗代尔：《论历史》，刘北成、周立红译，北京：北京大学出版社，2008。

[110] [法] 笛卡尔：《谈谈方法》，王太庆译，北京：商务印书馆，2000。

[111] [法] 笛卡尔：《探求真理的指导原则》，管震湖译，北京：商务印书馆，1991。

[112] [法] 伏尔泰：《路易十四时代》，吴模信、沈怀洁等译，北京：商务印书馆，1982。

[113] [法] 朗格诺瓦、[法] 瑟诺博司：《历史研究导论》，李思纯译，北京：中国人民大学出版社，2011。

[114] [法] 雷蒙·阿隆：《历史的规律》，载张文杰主编《现代西方历史哲学译文集》，上海：上海译文出版社，1984。

[115] [法] 雷蒙·阿隆：《论治史》，冯学俊、吴弘渺译，北京：生活·读书·新知三联书店，2003。

[116] [法] 雷蒙·阿隆：《历史意识的维度》，董子云译，上海：华东师范大学出版社，2017。

[117] [法] 列维-斯特劳斯：《野性的思维》，李幼蒸译，北京：商务印书馆，1987。
[118] [法] 卢梭：《爱弥儿》，李平沤译，北京：商务印书馆，1978。
[119] [法] 卢梭：《论人类不平等的起源和基础》，李常山译，北京：商务印书馆，1962。
[120] [法] 马克·布洛赫：《历史学家的技艺》，张和声、程郁译，上海：上海社会科学院出版社，1992。
[121] [法] 雅克·勒高夫：《历史与记忆》，方仁杰、倪复生译，北京：中国人民大学出版社，2010。
[122] [古罗马] 奥古斯丁：《忏悔录》，周士良译，北京：商务印书馆，1963。
[123] [古罗马] 奥古斯丁：《上帝之城》，吴飞译，上海：上海三联书店，2007。
[124] [古希腊] 柏拉图：《理想国》，郭斌和、张竹明译，北京：商务印书馆，1986。
[125] [古希腊] 柏拉图：《泰阿泰德篇》，载《柏拉图全集》第二卷，王晓朝译，北京：人民出版社，2003。
[126] [古希腊] 修昔底德：《伯罗奔尼撒战争史》，谢德风译，北京：商务印书馆，1960。
[127] [古希腊] 亚里士多德：《诗学》，陈中梅译，北京：商务印书馆，1996。
[128] [古希腊] 亚里士多德：《形而上学》，吴寿彭译，北京：商务印书馆，1959。
[129] [荷兰] 安克斯密特：《历史与转义：隐喻的兴衰》，韩震译，北京：文津出版社，2005。
[130] [加] 诺斯罗普·弗莱：《批评的解剖》，陈慧等译，天津：百花文艺出版社，2006。
[131] [美] 贝克尔：《什么是历史事实》，载张文杰主编《现代西方历史哲

学译文集》，上海：上海译文出版社，1984。
[132] [美] 法伊尔阿本德：《反对方法：无政府主义知识论纲要》，周昌忠译，上海：上海译文出版社，1992。
[133] [美] 格奥尔格·伊格尔斯：《德国的历史观》，彭刚、顾杭译，南京：译林出版社，2006。
[134] [美] 海登·怀特：《历史学的重负》，载彭刚主编《后现代史学理论读本》，北京：北京大学出版社，2016。
[135] [美] 海登·怀特：《元史学：十九世纪欧洲的历史想像》，陈新译，南京：译林出版社，2004。
[136] [美] 赫克斯特：《历史的修辞》，载陈新主编《当代西方历史哲学读本》，上海：复旦大学出版社，2006。
[137] [美] 亨普尔：《普遍规律在历史中的作用》，《哲学译丛》1987 年第 4 期。
[138] [美] 理查德·汪：《转向语言学：1960—1975 年的历史与理论和〈历史与理论〉》，载陈新主编《当代西方历史哲学读本》，上海：复旦大学出版社，2006。
[139] [美] 鲁滨孙：《新史学》，何炳松译，北京：中国人民大学出版社，2011。
[140] [美] 罗伯特·所罗门、[美] 凯思林·希金斯：《大问题》，张卜天译，桂林：广西师范大学出版社，2014 年第 4 版。
[141] [美] 罗蒂：《哲学与自然之镜》，李幼蒸译，北京：商务印书馆，2003。
[142] [美] 莫迪凯·罗什瓦尔德：《对历史的理解：寻求流逝时间中的绝对》，载《第欧根尼》中文精选版编辑委员会主编《对历史的理解》，北京：商务印书馆，2007。
[143] [美] 汤普森：《历史著作史》，孙秉莹、谢德风译，北京：商务印书馆，1992。
[144] [美] 梯利：《西方哲学史》，葛力译，北京：商务印书馆，1995。

[145][美]托马斯·内格尔：《你的第一本哲学书》，宝树译，北京：当代中国出版社，2008年第2版。

[146][美]希梅尔法布：《新旧历史学》，余伟译，北京：新星出版社，2007。

[147][美]詹姆士：《实用主义：一些旧思想方法的新名称》，陈羽伦、孙端禾译，北京：商务印书馆，1979。

[148][瑞士]布克哈特：《世界历史沉思录》，金寿福译，北京：北京大学出版社，2007。

[149][瑞士]皮亚杰：《发生认识论原理》，王宪钿等译，北京：商务印书馆，1981。

[150][瑞士]索绪尔：《普通语言学教程》，高名凯译，北京：人民出版社，1980。

[151][瑞士]西斯蒙第：《政治经济学研究》第1卷，胡尧步等译，北京：商务印书馆，1989。

[152][意]克罗齐：《历史学的理论和实际》，傅任敢译，北京：商务印书馆，1982。

[153][意]克罗齐：《作为思想和行动的历史》，田时纲译，北京：商务印书馆，2012。

[154][意]维柯：《新科学》，朱光潜译，北京：商务印书馆，1989。

[155][英]爱德华·卡尔：《历史是什么》，陈恒译，北京：商务印书馆，2007。

[156][英]巴勒克拉夫：《当代史学主要趋势》，杨豫译，北京：北京大学出版社，2006。

[157][英]贝克莱：《人类知识原理》，关文运译，北京：商务印书馆，1973。

[158][英]伯恩斯、[英]皮卡德：《历史哲学：从启蒙到后现代性》，张羽佳译，北京：北京师范大学出版社，2008。

[159][英]弗朗西斯·培根：《新工具》，许宝骙译，北京：商务印书馆，

1984。
[160][英]弗朗西斯·培根：《学术的进展》，刘运同译，上海：上海人民出版社，2015。
[161][英]怀特海：《过程与实在：宇宙论研究》，杨富斌译，北京：中国城市出版社，2003。
[162][英]柯林武德：《历史的观念》，何兆武、张文杰译，北京：商务印书馆，1997。
[163][英]西蒙·克里切利：《哲学家死亡录》，王志超、黄超译，北京：商务印书馆，2015。
[164][英]罗素：《历史作为一种艺术》，载张文杰主编《现代西方历史哲学译文集》，上海：上海译文出版社，1984。
[165][英]罗素：《西方哲学史》，何兆武、李约瑟译，北京：商务印书馆，1963。
[166][英]罗素：《哲学问题》，何兆武译，北京：商务印书馆，2007。
[167][英]牛顿：《自然哲学的数学原理》，王克迪译，西安：陕西人民出版社，2000。
[168][英]汤因比、[英]厄本：《汤因比论汤因比：汤因比与厄本对话录》，王少如、沈晓红译，上海：生活·读书·新知三联书店上海分店，1989。
[169][英]汤因比：《历史研究》，刘北成、郭小凌译，上海：上海人民出版社，2005。
[170][英]沃尔什：《历史哲学——导论》，何兆武译，桂林：广西师范大学出版社，2001。
[171][英]沃尔什：《再论历史中的真实性和事实》，载陈新主编《当代西方历史哲学读本》，上海：复旦大学出版社，2006。
[172][英]约翰·托什：《史学导论：现代历史学的目标、方法和新方向》，吴英译，北京：北京大学出版社，2007。
[173]Arnold J H, *History: A Very Short Introduction*, Oxford: Oxford

University Press, 2000.

[174] Barraclough G, *An Introduction to Contemporary History*, Middlesex: Penguin Books, 1967.

[175] Burckhardt J, *Reflections on History*, London: George Allen & Unwin LTD, 1950.

[176] Eagleton T, *Ideology: an Introduction*, London and New York: Verso, 1991.

[177] Garraghan G J, *A Guide to Historical Method*, New York: Fordham University Press, 1946.

[178] Head B W, *Ideology and Social Science: Destutt de Tracy and French Liberalism*, Dordrecht: Martinus Nijhoff Publishers, 1985.

[179] Hinde J R, *Jacob Burckhardt and the Crisis of Modernity*, Quebec: McGill-Queen's University Press, 2000.

[180] Humboldt W V, *On Language: The Diversity of Human Language-Structure and its Influence on the Mental Development of Mankind*, Translated by Peter Heath, Cambridge: Cambridge University Press, 1988.

[181] Jaspers K, *The Perennial Scope of Philosophy*, Translated by Ralph Manheim, LondonL: Routledge & Kegan Paul LTD, 1950.

[182] Jaspers K, *The Origin and Goal of History*, New Haven and London: Yale University Press, 1953.

[183] Langlois C V, Seignobos C, *Introduction to the Study of History*, Translated by G. G. Berry, New York: Henry Holt and Company, 1904.

[184] Lemon M C, *The Discipline of History and the History of Thought*, London and New York: Routledge, 1995.

[185] Robinow P, *The Foucault Reader*, New York: Pantheon Books, 1984.

[186] Russell B, *Portrait from Memory and other Essays*, New York: Simon and Schuster, 1956.

[187] Russell B. *History of Western Philosophy and its Connection with Political and Social Circumstances from the Earliest Times to the Present Day*, London: George Allen and Unwin LTD, 1946.

[188] Waismann F, Harré R, *How I See Philosophy*, London: Macmillan, 1968.

[189] White H, "The Burden of History", *History and Theory*, Vol.5, No.2, 1966.

后　记

这本著作是国家社会科学基金项目“哲学理论的历史感与历史叙述的哲学性：哲学与历史学的关系研究”（课题编号：13CZX007）的结题成果。这个项目2013年正式立项，经过前后七年的研究，2019年5月正式完成了初稿的写作。经过后期润色加工，于同年10月获准结项。结项后，恰逢学校首次设立优秀学术著作及教材出版基金。非常荣幸这本著作能够通过评委会的评审，作为燕山大学首批资助的十本著作之一获得出版机会。在此，感谢学校、社会科学处和燕山大学出版社领导和同事们的信任支持，特别感谢出版社裴立超同志做出的大量基础性工作，同时感谢责任编辑柯亚莉同志认真细致的审校工作。

在书稿写作过程中，作为这本著作的共同作者，张云飞所学专业是马克思主义哲学，李秀红所学专业是世界史。张云飞主要从哲学角度开展论证，李秀红则主要从历史学角度开展论证，二人通力合作最终才有这本著作的面世。我的研究生李国伟、金萧、张嘉慧、王未冲、阮洋分工撰写了第五章第一至四节的初稿。索建华、赵文苑、孙楠、康子瑄、周梦杰、赵怡、徐铭泽等人参加了本书书稿的编校工作，为这本著作最终付梓作出了贡献。在此，对他们的辛苦付出一并表示衷心的感谢。

张云飞

2022年9月10日